コミュニティ・スタディーズ

災害と復興、無縁化、ポスト成長の中で、
新たな共生社会を展望する

吉原直樹

作品社

［はじめに］

未曾有の大災害と復興、無縁社会、ポスト成長の中で、いかに私たちは、コミュニティを再構築するべきか？

歴史的な転回局面におけるコミュニティ

二〇一一年三月一一日、「一〇〇〇年に一度」といわれる地震が発生した。東北地方の太平洋側地域／地帯を襲った大地震は、日本にとどまらず世界を震撼させた。マグニチュード9・0という地震の規模にみられるように、そのエネルギーは途方もないものであり、関東大震災（一九二三年）の約四五倍、阪神大震災（一九九五年）の約一四五〇倍を記録した。地震によって発生した津波は、市や町をのみこみ、三万人近くの犠牲者をもたらした（三月三一日現在）。そして、膨大な人々の生活を根底から破壊したのである。

あらためて問われるのは、震災、そしてその後の復旧・復興の際に、コミュニティがどのような動きをみせたか、そして現にみせているかという点である。われわれが直後に行なったヒヤリングでは、区とか町内会の姿がよくみえなかった、という声が多かった。他方で、避難所などでボランティアの助けを得て、困難ながらも「生活の共同」を織り上げている人びとの営みに、現場力の勁《つよ》さといったものを再認識させられたのも事実である。結局、どれほど迂遠であるようにみえても、「生活の共同」が切り結ばれる地点から、再びコミュニティにたいする問いを発することが避けて通れない。

目を転じて、昨年より問題になっている、「孤独死」「無縁死」が年間三万二〇〇〇件にもおよぶという現在の「無縁社会」に照準すると、ここでもコミュニティのありようが大きく問い込まれている。多くの論者は、「無縁化」として、従来のインフォーマルなセーフティネットワークの役割を果たしていた多種多様なつながりや絆が失われ、高齢者の放置・遺棄が広範囲にみられるようになった点に着目した。そして、その原因として、家族の崩壊とともに地域社会の解体を指摘した。

問題は、そうした無縁社会の病理の背後に、社会の効率化と人びとの個人化を最高度にまで推し進める競争社会が、厳然と存在するという点である。この事実を踏まえて、無縁社会に代わる新たな「社会」の開示において、「公的なもの」がやみくもに官の肥大につながらないこと、また「私的なもの」が一方的な「自己責任の強調」に終わらないことがきわめて重要になるとともに、いわゆる「共的なもの」の位置づけがポイントになっている。そして、この「共的なもの」に根ざすコミュニティのありようが、深く問われているのである。

こうしてみると、いま現在、コミュニティの復権が声高に叫ばれるのには、それなりの必然性がある。しかし、まなざされるコミュニティは、けっして伝統的な共助の世界に立ち返っていくものでもなければ、「公的なもの」に丸ごと抱合されるものでもない。「公的なもの」（＝公助）、「私的なもの」（＝自助）、そして「共的なもの」（＝共助）に起きている質的な変化を見据えたうえで、「生活の共同」から立ち上がるコミュニティを想到する必要がある。まさに、社会的紐帯からの離脱を意味する社会的排除の克服が第一級の課題となる「ポスト成長社会」におけるコミュニティのかたちが、こうした文脈において探究されることになるのである。

コミュニティ・スタディーズは何をめざすのか？――交錯する「グローバル化」「コミュニティ」「モビリティ」

いうまでもなく、以上のようなコミュニティにたいする問いは、社会の諸相を、それぞれの守備範囲《レゾンデートル》ごとに切り取る専門知のもとでは容易に成り立ちえない。「生活の共同」、そしてコミュニティとして語られるものにはさまざまな力が作用しており、専門知をいくら糾合しても複雑に絡みあった全体を明らかにすることはできない。上述したことでいうと、被災の現場でコミュニティが十分に機能しなかったにもかかわらず、コミュニティがまなざされるといった現在の状況は、専門知において語られてきたことを、いくらつなぎあわせても説明することはできない。コミュニティ自体、変転が著しいうえに、多義性を帯びているのである。重要なのは、専門知の知見をつなぎあわせるのではなく、節合《アーティキュレイト》することである。ここでいう「コミュニティ・スタディーズ」は、そうしたところにおいて成り立つ。まさに複合的な体系からなるコミュニティ・スタディーズこそ、現にさまざまなベクトルを包含するコミュニティの動態をえぐりだすことができるのである。

とはいえ、こんにち確立しているようにみえる専門知がかつてそうであったように、コミュニティ・スタディーズはいまだ確立したものとはなっていない。また、さまざまな専門知の節合にもとづいてコミュニティ・スタディーズが成り立つとしても、そこに至るプロセスは多様である。筆者についていうなら、まぎれもなく社会学から出発している。したがって、社会学に特有の偏向《バイアス》をともなっているかもしれない。筆者は、社会学は横並びの専門知のなかではコミュニティに関する知見を比較的豊かに累積していると考えているが、それでも外からみれば、特異な文法にこだわって落ち穂拾いに興じていると映るかもしれない。ともあれ、コミュニティ・スタディーズは、それぞれが拠って立つ専門知の轍《わだち》から自由ではない。だが、そのことを強く意識していればこそ、コミュニティ・スタディーズは専門知を超える可能性を育むのである。

コミュニティ・スタディーズについて、いま一つ指摘しておくなら、それはこの間に確実に論の実績を積み上げてきた「グローバリゼーション・スタディーズ」、そして近年とみに活況を呈するようになっている「モビリティ・スタディーズ」と深く響き合っているという点である。先に述べたことに立ち返るなら、グローバル・ガバナンスの展開がローカル・ガバナンスの展開とは結びつかず、そのことが避難民の「行き先不明」／宙吊りの状態をもたらしているといった、相互に密接に関連しながらも、一方の展開が他方の展開をさまたげるといった関係として表出している。それが成功しているかどうかはさておき、本書は迂遠ながら三つのスタディーズが解けがたく結びついていることを示そうとしたものである。むろん、それは「グローバル化」の進展とともに、「コミュニティ」、そして「モビリティ」が、新たな含意を担って登場していることと無関係ではない。詳述はさておき「グローバル化」「コミュニティ」「モビリティ」は複雑に交わり合いながら、関係的なものとして立ち現われているコミュニティを新たな位相でさし示すようになっている。

さて、こうしてみると、本書は、いまコミュニティに関する知が「コミュニティ・スタディーズ」として展開される根拠について、あるいはその背後要因について、ある程度示し得たのではないかと思う。あとは本書の刊行を一つの契機として、コミュニティ・スタディーズの熱いうねりが起こることを期待したい。そしてそれが、コミュニティ・パラダイムを刷新し、被災地の復興や共存・共生の社会構築の展望につながっていくことを願うばかりである。

二〇一一年三月三一日

コミュニティ・スタディーズ――目次

はじめに――未曾有の大災害と復興、無縁社会、ポスト成長の中で、いかに私たちは、コミュニティを再構築するべきか？　001

序章　コミュニティ・スタディーズのために　015
1……いま、なぜコミュニティなのか　015
2……コミュニティをどうとらえるか――弱い普遍主義と弱い文脈依存性　017
3……コミュニティ論議の射程　020
4……何が問われているのか　024
5……コミュニティ・スタディーズのために　027

第I部◉ゆらぐコミュニティ　033

第1章　コミュニティへの多元的な問いかけ　035
1……いま問い直すコミュニティ（一）　035
一、防災、防犯の現場で強調されるコミュニティ　035

二、不安の無限連鎖のなかで語られるコミュニティ 038
2……いま問い直すコミュニティ（二） 040
一、「多文化共生」のなかで取りざたされるコミュニティ 041
二、格差と不平等、排除と包摂のなかのコミュニティ 043
三、グローバルとローカルのせめぎあいのなかで浮かびあがるコミュニティ 045
3……集団・状況としてのコミュニティ 046
一、「コミュニティ‐アソシエーション」図式の終焉 046
二、うつろう町内会 048
三、集団から状況へ――ネットワーク型コミュニティの跳梁の意味するもの 051
4……「自治・分権」論議のなかでのコミュニティ 053
一、合併のなかからみえてきたコミュニティ 053
二、「都市内分権」と町内会 054
5……思想として問うコミュニティの内実 056
一、共同体の再発見 056
二、モデルなき座標軸 058
6……反措定としてのコミュニティをどう描くか――東北の二つの風景から 060
第2章 地縁と町内会の間…… 063
1……はじめに――「モビリティと場所」へ／から 063
2……錯綜する場所論議 065
3……地縁／町内会への否定的なまなざし 070
4……「選べない縁」の裏側――「文化現象」としてみた地縁／町内会 081

5……歪められた創発性の「かたち」 086
6……むすびにかえて――「国民の物語」からの離床に向けて 090

第3章 「戦後社会」と町内会……093

1……はじめに 093
2……町内会小史――発足から解散まで 094
一、戦前期の展開 095
二、戦後改革期の動向 099
3……「戦後社会」と町内会 101
一、出張所廃止から町会連合会結成まで 101
二、町内会と街灯費、募金・寄附金 103
三、地域政治体制の再編 104
四、安全で清潔な都市 106
五、町内会と「戦後社会」の構図 108
4……むすびにかえて――ポスト「戦後社会」と『町会』の現在性 110

第4章 防災コミュニティの社会設計の条件――防災ガバナンスの確立のために……113

1……いまなぜ防災コミュニティなのか 113
2……防災ガバナンスとは何か 116
3……さまざまな協働のかたち 118
4……防災ガバナンス確立に向けての地域コミュニティの社会設計の前提 124
一、地域コミュニティ再編成の前提 124
二、防災をめぐる町内会の存在形態／態様 126

5……防災ガバナンスのめざすもの 134

第5章 開かれた都市空間と安全安心まちづくりの課題……137

1……はじめに――相互監視と異端摘発の社会にならないために 137
2……開かれた都市空間 139
3……安全安心まちづくりの動向 144
一、グローバル化と安全神話の崩壊 144
二、閉鎖的な「セキュリティ都市」への傾斜 146
三、「セキュリティ都市」のメンタリティ 149
4……「開いて守る」安全安心まちづくりのための要件 151
一、不安の無限連鎖からの脱却 151
二、「差異」や「他者」を受け入れるコミュニティの形成 152
三、近隣／コミュニティの〈再発見〉 152
四、協治型コミュニティの樹立 154
5……むすびにかえて 155

第6章 ソーシャル・キャピタルとしての地域通貨の可能性と課題
――アーバンネットの活動に寄せて……159

1……はじめに 159
2……「グローバルとローカル」のなかの地域通貨 162
一、グローバル・マネーの暴力 162
二、地域通貨におけるローカリティの位相 164
三、地域通貨における時間 166

四、地域通貨における空間 170
五、地域通貨における「つながり」の位相――アーバンネットの活動に即して 174
六、ソーシャル・キャピタルのジレンマ 178
3……むすびにかえて 182

第7章 まちづくりの論理と倫理……185
1……はじめに――近代のジレンマから 185
2……「都市計画」から「まちづくり」へ 187
3……まちづくりの論理 191
4……まちづくりの倫理 194
5……むすびにかえて――「まち」の再審へ 200

第II部◉転回するコミュニティ 207

第8章 グローバル化とコミュニティ――ゆらぐ境界とオルタナティヴの可能性……209
1……はじめに 209
2……「境界」へのまなざし――フィールド・ワークの現場から 212
3……ゆらぐ「境界」とさまざまな場所論議――コミュニティ再審の地層 215
一、分岐する場所論議 215

二、コミュニティへの相克するまなざし　220
4……「創発性」のかたち　222
一、「創発性」とは　222
二、地縁における「創発性」の契機　224
三、経験場における地縁――近代における町内会物語　226
5……オルタナティヴ・コミュニティの形成に向けて　228
一、節合の機制　228
二、西田幾多郎における節合の契機　231
6……むすびにかえて　232

第9章　ゲーテッドコミュニティ再考――新自由主義の建造環境……235
1……はじめに　235
2……スラムから、ゲーテッドコミュニティへ　238
3……都市中間層と郊外化（一）　242
4……都市中間層と郊外化（二）　246
5……ゲーテッドコミュニティの一存在形態――リッポ・カラワチの事例　250
6……むすびにかえて　256

第10章　「ポスト開発」のグラスルーツ――バリ・コミュニティと多元的集団構成……261
1……はじめに　261
2……多元的集団構成　263
3……デサとバンジャール　265

4……バリにおけるツーリズムと都市化　268
5……都市インナーエリアのバンジャール（事例1）　272
一、組織構成と活動（その1）　272
二、組織構成と活動（その2）　275
6……都市近郊のバンジャール（事例2）　278
一、組織構成と活動（その1）　278
二、組織構成と活動（その2）　282
三、組織構成と活動（その3）　285
7……むすびにかえて　291

第11章　変容する移民コミュニティ——バリ日本人社会の存在形態……295
1……はじめに　295
2……バリの日本人とバリ日本人会　298
一、バリの日本人　298
二、バリ日本人会——一つの日本人社会　300
三、バリ在住の日本人とバリ日本人会の間　302
3……ライフヒストリーからみたバリ在住の日本人　306
4……バリ滞在日本人の意識と行動——アンケート調査結果を読みとく　322
一、基本属性　322
二、バリ居住以前　323
三、バリ居住以降　327
四、今後の展望　332
5……多重化する情報環境　334

一、ポスト「文化的エンクレイブ化」 334
二、複層化する日常使用言語 335
三、接触情報メディアの動向 338
6……接触情報メディアの出自国化 343
7……むすびにかえて 344

終章 「ポスト成長」社会におけるコミュニティの社会設計のために
——隣接の再発見……347
1……はじめに——縮小社会から「ポスト成長」社会へ 347
2……コミュニティとして語られてきたもの 350
3……「生きられる共同性」からの出発 354
4……つながりと隣接の再発見 358
5……むすびにかえて——市民的互酬領域へ／から 361

あとがき 365 第3刷にあたって 364

引用・参照文献一覧 379 人名索引 382 事項索引 391 著者紹介 392

■図表一覧■

第2章
表1　縁の諸類型 …… 072
表2　大宝・養老律令によって制度化された五人組制度の3つの機能 …… 074
表3　幕藩体制下の五人組の機能 …… 075
第3章
図1　二之部町会連合会の沿革 …… 097
表1　『町会』『町と生活』原本と復刻版との対照表 …… 098
第4章
表1　大地震発生時の救援活動において重要な役割を果たすアクター …… 122
表2　大地震発生後の共同生活において重要な役割を果たすアクター …… 123
表3　町内会単独の活動 …… 128
表4　防災についての話し合いの有無と内容 …… 129
表5　大地震への対策 …… 130
表6　防災マップやハザードマップなどの防災対策資料 …… 131
表7　大地震を想定した自主防災訓練の実施・参加状況 …… 132
第6章
写真1　『モモ』 …… 167
写真2　地域通貨「まちづくりチケット」 …… 175
表1　まちづくりチケットの発行目安 …… 175
第7章
写真1　消費者金融の看板が立ち並ぶ仙台駅前 …… 196
写真2　繁華街の一角を占めるパチンコ店 …… 196
図1　仙台市中心部の商店街における監視カメラの分布 …… 201
図2　自主防災組織の推移 …… 204
第9章
写真1　ニューリッチ …… 244
写真2　ゴールデン・トライアングル …… 248
表1　ボタベックの住宅団地 …… 251
図1　ボタベックの住宅団地 …… 253
写真3　リッポ・カラワチのゲート …… 255
写真4　リッポ・カラワチの街並み …… 255

第10章
図1　1979年デサ行政法下での地方行政階統システム……265
表1　バンジャールとその他地域内集団との関係……266
表2　県・第2級自治体別人口および世帯の推移……270
図2　バンジャールGの組織構成……273
表3　デンパサール市南デンパサール区の人口推移……280
図3　カンポンIの組織体制（ドゥスン／バンジャール・ディナス）……281
図4　カンポンIの組織体制（バンジャール・アダット）……283
図5　RT・Bの組織体制……290
第11章
表1　調査概要……298
表2　在留日本人の推移……298
表3　地域別在留日本人数……300
写真1『ケチャック瓦版』……302
図1　調査対象者のライフヒストリー……309
表4　バリ在住日本人の意識と行動（1）――バリ居住以前……311
表5　バリ在住日本人の意識と行動（2）――バリ居住以降と今後の展開……315
表6　バリ在住日本人が接触する情報メディア……337
表7　バリ在住日本人が読む雑誌……341

序章

コミュニティ・スタディーズのために

世界のあらゆる活動は交接のほうへと導く傾きがある。
モンテーニュ『エセー』

1……いま、なぜコミュニティなのか

中野重治に倣っていうと、序章であるここは「コミュニティに関する走り書的覚え書」ということになる。コミュニティというと、それについて真剣に考えたことがない人でも、ある程度のイメージを抱くことができる。しかしそうしたものを一定の共通了解事項として練り上げようとすれば、たちまち壁にぶつかってしまう。そうした状況をつくりだしているのは、皮肉にも、コミュニティという言葉がわれわれのまわりに氾濫しているせいでもある。ちょっと試みたことがある人ならわかるが、こんにち、コミュニティについて何か「解釈」を施すことはとても難しいし、ひとたびその「解釈」にのめりこんでしまうと今

度は簡単にひきかえせなくなる。それでも、コミュニティについて問い込むことは必要であるし、筆者はそれについて強くひかれている。いま、なぜコミュニティなのか？

コミュニティを問い込むことの「当面性」については、今世紀になって立て続けにあらわれた二つの著作が参考になる。ひとつはデランティの『コミュニティ』であり〔デランティ、二〇〇六〕、ひとつはパットナムの『孤独なボウリング——米国コミュニティの崩壊と再生』である〔パットナム、二〇〇六〕。いずれもグローバル化にぶつかって危機に瀕しているコミュニティに照準し、その復活もしくは再生の可能性をただすことが基調《キーノート》となっている。だが、二つの議論の立てかたは対照的である。前者はコミュニティを帰属ととらえ、コミュニティの危機を「帰属の悪化の危機」〔デランティ、二〇〇六：四〕とみなす。そして「場所と関係する帰属」〔同上：二七二〕を早急に打ちたてることが急務であると述べる。他方、後者はコミュニティの崩壊を「コミュニティの結束が弱っている状況」に「学校や近隣関係が〔……〕うまく機能しないこと」〔パットナム、二〇〇六：二八〕にもとめている。パットナムによれば、こうした「機能しないこと」にうちかつには、「社会的ネットワーク、およびそこから生じる互酬性と信頼性の規範」〔同上：一四〕の確立がさけられないという。ともあれ、こうして社会関係資本《ソーシャル・キャピタル》の蓄積に思いをめぐらすことになる。

二つの議論を並びたててみると、違いは明白である。一方はきわめて感覚的であり、もう一方はあまりにも思索的である。だがここで強調したいのはそのことではない。複雑な言い回しをさけて一言でいうと、両者の議論にコミュニタリアンとリバタリアンの主張の範型をなすようなものをみることができるといいたいのである。二つはちょっと似ている、しかし根本的に違っている。それはこの点に因《よ》る。やや強引かもしれないが、現実にわれわれがまのあたりにしているコミュニティに関する論議は、ほとんどがこの二つの議論に収斂し得ると考えられる。いずれにせよ、コミュニティを問い込むことの「当面性」が、グローバルにたいする戦略拠点をコミュニティにおいてどう打ちたてるかという点で鋭い対立をはらみながら、いままさに立ちあがってきているのである。

2……コミュニティをどうとらえるか――弱い普遍主義と弱い文脈依存性

もっともここでは、コミュニタリアンの主張とリバタリアンの主張にたいして思想的な棚卸しをおこなうのが目的ではない。二つの主張ががっぷりと組み合うなかで、「ローカル－ナショナル－グローバル」と「国家－中間領域－市場」、言い換えるなら「公－共－私」との関係構造のありかたが多元的市民社会の形成とかかわって問われるようになっている、といいたいのである。この二つの関係構造は、たしかにそのままでは一方が空間的視座の下に、他方が非空間的視座の下にあるのだから、とても結びつきそうにないといえるのだが、実は比較的容易に対応していることが広井良典によってあきらかにされている。やや長いものになるが、引用してみよう〔広井、二〇〇九：九七〕。

互酬性が基調をなす「共」的関係が主に展開するのはローカルな地域コミュニティ（家族を含む）のレベルであり、他方、「公」的な原理あるいは「政府」が主たる役割を果たすのは「ナショナル」（ないし国家）というレベルであり、さらに、交換を基本原理とする「市場」は、本来的に〝国境（あるいは境界boundary）をもたない〟性格のものであるから、自ずと「世界市場」に行き着く、という基本的な構図である。つまりここにおいて、「公－共－私」という、社会的な関係における三つの原理（あるいは主体の構造）と、ローカル－ナショナル－グローバルという、それ自体としては空間的な性格に由来する三つのレベルとの間で、ある種の構造的な対応関係が作られたことになる。

きわめて明確である。この説明によると、コミュニティはさしあたり「共」⇅「ローカル」のレベルにおさまる。あらためて興味を抱かせるのは、そうしたレベルに対応する中間領域のありかたである。この中間領域について、実は田島英一がおもしろいことをいっている。田島にとって、ここでいう中間領域は国家および市場と対置される中間組織のことであり、市民社会に近いものである。そして中間組織の諸条件がコミュニティを決定づけることになる。田島の説明は、こうである［田島、二〇〇九：六〜一六］。

まず国家であるが、そこでは「『国民』と非『国民』の間に横たわる差異だけが実体化され、国境を超えうる公共性の可能性や『国民』内部の多様性は不当に軽視される。」つまり、「外に対してユニークな『共同体』として振る舞い、強い文脈依存性を主張する。その一方で、内に対してユニヴァーサルな『共同体』として振る舞い、強い普遍主義を主張する。」他方、市場はといえば、それが想定する「ホモ・エコノミクス」は「強い普遍主義に属する。」同時に、市場自体、「福祉国家や社会主義が退役した後の世界を席捲し、格差の再生産によって人々を上昇への憧憬と周縁化への恐怖によって煽動する、一つの文脈」として存在する。こうして市場において、国家と同じように強い文脈依存性と強い普遍主義が共犯関係を構築している。

こう説明して、田島は、「多元的市民社会」が生まれるためには、「多様な価値観、動機を基礎に、『国家』『市場』の『強い普遍主義‐強い文脈依存性』に抗い得るような橋頭堡が複数築かれていなければならない」とする。そしてそこから導き出されるのが、「個別の文脈、具体的経験を出発点として行動を起こし、他者と協働する」、しかも「変化に向けて開かれている」、「弱い普遍主義と弱い文脈依存性」に特徴づけられる中間組織である。なるほど中間組織はそのままコミュニティではない。しかしグローバル化が所与の普遍的環境のようになりつつあるこんにち、コミュニティを想到する際に、この「弱い普遍主義と弱い文脈依存性」が鍵《キー》となることはたしかである。

ここで振り出しに戻ることにする。デランティがいう「場所と関係する帰属」は、「場所」をどうとらえるかがはっきりしないので簡単にはいえないが、「強い文脈依存性」のにおいがする（デランティの意図は別にして）。逆に、パットナムのいう「互酬性」とか「信頼性」には「強い普遍主義」のにおいがする。だから、ここが重要なのだが、両方を「弱い普遍主義と弱い文脈依存性」からなる社会的な布置構成（constellation）のなかに置きなおしてやると、二つは響きあい、コミュニティの復活とか再生といわれるものに向けて、あらたな枠組み提示の役割を果たしうるかもしれない。だがこのままでは、「ナショナル」ないし「グローバル」に呑み込まれる惧《おそ》れがあまりにもあり、「国家」と「市場」の彼岸に立つようになるとはとても思われない。ここではどちらかというと、パットナムの立論に与《くみ》するが、それでも各個人が置かれた具体的文脈にどう立つのか、また「無知のヴェール」（the weil of ignorance）というような仮構からどの程度自由であるのかが気がかりである。

再度、中間組織に関する議論に立ち返ってみる。まず立ち返ったついでに指摘しておきたいのは、「弱い普遍主義と弱い文脈依存性」の共存する状態によって特徴づけられるコミュニティは、もともと、コミュニティが始原からもつ外に開かれた性格をあらわしているという点である。このことについて、前掲の広井は、コミュニティを「重層社会における中間的な集団」とみなし、以下のように述べている［広井、二〇〇九：二四、ただし、傍点は原文］。

「重層社会における中間的な集団」こそがすなわち「コミュニティ」というものの本質的な意味になるのではないだろうか。したがって、コミュニティはその原初から、その「内部」的な関係性と、「外部」との関係性の両者をもっていることになる。このいわば〃関係の二重性（ないし二層性）〃にこそコミュニティの本質があるといえるだろう。

慧眼であるとしかいいようがない。もはや指摘するまでもないが、「弱い普遍主義と弱い文脈依存性」の共存状態が、本質に立ち返って「関係の二重性」として、これ以上ないほど達意に述べられているのである。さて、みてきたような「普遍」と「文脈依存」の関係を中心的な問題構制《プロブレマティーク》としながら、「ローカル－ナショナル－グローバル」ないし「公－共－私」の関係構造をめぐって、これまでいくつもの問いがたてられてきたことは、あらためて指摘するまでもない。一つひとつあげればきりがないので、ここではさしあたり、二つのテーマにしぼってみておくことにする。ひとつは「共同性と公共性」、ひとつは「ガバメントとガバナンス」である。前者は古くて新しいテーマであり、後者はようやくファースト・ステージの議論を終えたばかりのテーマである。次節でやや詳しく述べることにする。

3……コミュニティ論議の射程

いささか荒っぽい言い方になるが、都市とか地域を対象にする社会学がコミュニティを見据えて「共同性」を論じるときにある種のかたよりがあったことは否めない。それを肯定するにせよ、否定するにせよ、「共同性」が「地縁的共同性」と置き換えられて、同一性／アイデンティティの機制を読みとることがもっぱらなされてきたのである。だがそこでは、地縁を契機として生まれた「隣り合うこと」が一貫して外に開かれていたこと、けれど近代になって制度のなかに組み込まれるや（最初は外に置かれたが）閉じたものになってしまったことについての認識が皆無であった。だから、近代主義的に切ってしまうか、底のない文化に貶めるかのいずれかにならざるを得なかったのである。

この「共同性」への視線の偏向は、「公共性」へのとらえかたにも大きなゆがみをもたらした。「共同性」の否定の上に「公共性」を描述するか、そうでなければ、「共同性」から「公共性」への単線的な発展（かりに推敲の契機を内包するものであっても）を説くといった方法的態度が支配的にみられた。▼1 この二つは一見したところ大きく異なっているようにみえるが、二分法《ディコトミー》的発想の上にあったという点では共通の地平に立っていた。もとより、「公共性」をどうとらえるかはむずかしい問題である。だがかりに、アーレント－齋藤純一に準拠して、「公共性」を同一性によってではなく「相互性」によって媒介される「共同性」ととらえる立場にたつなら［齋藤、二〇〇〇／二〇〇八］、そうした「相互性」は「地縁的共同性」として貶められるか、あるいは過度に持ちあげられるかであった「共同性」に始原的に存在していたのである。

もっとも、いちどゆがめられてしまった「共同性」は、異主体、異階層の人びとが織りなす歴史を貫いてある「相互性」の再生には向かわなかった。そうではなく、たえず同一性／アイデンティティを再生産しようとする近代の物語とともにあった。そして「公共性」はといえば、古きよき「内発性」をベースにする

▼1　もちろん、どちらにも立たないという「例外」はある。たとえば、有賀喜左衛門とか柳田國男の「共同性と公共性」に関する立論は、いずれにも属さない。とりわけ有賀の「公私未分化」に立脚する「公共性」論議は、これに寄せるコミュニタリアンの思い入れ／偏愛は別にして、ポスト「戦後社会」のいま、「共同性」の脱－中心化の動きにもとづいて「公共性」の議論を打ちたてる場合、何らかの光芒をはなつことになるであろう。もっともその場合でも、「公私未分化」論のもつ時代制約性はきちんと踏まえるべきであろうし、その「現在性」についての一方的な再審にも慎重であるべきであろう。

「共同性」、もしくはごく最近とみにみられる、「安心／安全」＝「よき生活」に照準した「共同性」に回収されてきた／いる。[2] だからこそ、たぶん閉鎖性／排除性と同一性にもとづく「共同性」を批判するのはたいせつなことに違いない。だが、いまもとめられているのは、さしあたりそのことではないように思われる。歴史を貫いてある「隣り合うこと」への想像力を持ちえなかったことにたいする反省に立って、齋藤に倣っていうと、多様性ではなく、一つひとつが互いに還元不可能なしかたで存立していること、つまり「生の複数性」を根にもつ「公共性」を介して歴史の基層に分け入ることではないだろうか。これは、とても難しい課題だけれど、「共同性と公共性」の再定立には避けて通ることができないものである。あらためていうまでもないが、その要をなす「生の複数性」から「公共性」への道筋は、みてきたような「弱い普遍主義と弱い文脈依存性」の共存状態があってはじめて可能になるものである。

さて、二つ目のテーマである「ガバメントとガバナンス」に話をすすめる。これは、いま垣間みた「共同性と公共性」をもう一度「ローカル－ナショナル－グローバル」／「公－共－私」の関係構造に落とし込むときに浮上してくるテーマであるが、より直接的には、先の「普遍」と「文脈依存」の関係と交錯して立ちあらわれるテーマである。先を急ごう。

ガバナンスが論議されるようになってから、かなりの日時が経っている。筆者自身、地域のイッシューをめぐって生じている、多様なステーク・ホルダー間の協調、対立をふくむ「せめぎあい」の様相――必ずしも「上から」の同定にからめとられていない事態――に着目して、かなり早い段階からこの論議に加わった［吉原、二〇〇四］。だがその後、論議はいっそうの深まりをみせるとともに、政策のみならずまちづくりの現場でガバナンスという言葉が多用されるようになっている。そしていまや、ガバナンスが社会にどう埋め込まれているかを問うことは、当該社会の市民社会の形成および成熟のありようを検討する上できわめて重要な課題となっている。しかし、ガバナンスは社会に骨肉化されているというよりは、むしろ上滑りしているような印象を受ける。だからこそ、定式化の基底をなすものが何であったのかを、そもそもガバナンスが制度設計の思想であるということを踏まえた上で確認することがもとめられている。この点に関して、三点ばかり指摘しておこう［吉原、二〇一一］。

一つは、旧来のガバメント（統治）によるトップダウンの「統制」（control）とか市場を介して私化された関係による「調整」（coordination）といったものに回収されていかない「節合」（articulation）の機制に着目していることである。二つ目は、そうした「節合」の具体的な「かたち」を、地域を構成する諸アクター間のステイク（利害）の違いを認識した上で、せめぎあいつつ交渉するといった動的関係をめぐって生起する、脱統合的で非強制的な集合的実践の裡にもとめていることである。そして三つ目は、このような集合的実践への照準を可能ならしめるものとして、ゆらぐプロセスに歩調をあわせて捉えるという視点を導入していることである。繰り返すまでもないが、これらはすぐれて思想的次元のものとしてある。

残念ながら、これまでのガバナンスに関する論議では、この思想的次元のことがらが全くといっていいほど顧みられることはなかった。詳述はさておき、これまでの議論では、主に三つの問題点、すなわち、「（一）「原理」とか「精神」抜きの技法に特化、（二）「かたち」と作用の混同、そして（三）線形的発想

▼2　ここには、コミュニタリアンとリバタリアンの奇妙な交響の構図が観てとれる。これは、ネオリベラリズムの、同一性／アイデンティティに準拠する「共同性」の簒奪のひとつの「かたち」を示していると考えられるが（それがポスト近代の風景であるかどうかは問わない）、問題は、こうした簒奪によって、互いに異なっていることを前提とし、その上で相互の交渉がおこなわれていく可能性をもつ空間が事実上閉ざされてしまうことである。だからこそ、この後触れる「生の複数性」から「公共性」への道筋をたしかなものにすることがたいせつになってくるのだが。

の限界」〔吉原、同上〕、を読み取ることができる。（二）については後ほど詳しく述べる。ここであらためて想起されるのは、「ネオリベラリズムとガバナンスは一体である」とするハーヴェイの言説である〔ハーヴェイ、二〇〇五a〕。ガバナンスが叫ばれれば叫ばれるほど、それがネオリベラリズムと響き合うという現実がみられることを考えると、このハーヴェイの言説は当を得ている。何はともあれ、制度設計の思想としてのガバナンスが壁にぶつかっているのである。そしてそうであればこそ、始原に立ち返ってガバナンスのありかたを問い込むことがいま深くもとめられているといえる。むろん、それにはさまざまなやりかたがあるだろう。だがどのような問い込みをおこなうにしても、先にみた「弱い普遍主義と弱い文脈依存性」の共存状態へのまなざしが要をなしていることはあきらかである。

4……何が問われているのか

このようにみていくと、コミュニティはたしかにマジック・ミラーのようなものであり、奥が深いといわざるをえない。そして現実に、「つながり」の欠如に由来するとみなされるさまざまな問題状況の噴出を向うにして、コミュニティに過剰な期待が寄せられれば寄せられるほど、その感を強くせざるをえない。コミュニティ・イリュージョンが拡がっているのも、同じ事態から説明できる。とはいえ、コミュニティは無限の負荷にさらされているだけではない。多元的市民社会の形成に向けて可能性も広げているのである。現実に目を向ければ、相変わらず「行政べったり」、「利用されているだけだ」といったような批判があてはまるものが多い。だがそれとともに、輝いているさまざまな事例にもでくわす。過剰な期待は禁物だが、捨てたものではない。何よりも、すでに何度も触れてきた「弱い普遍主義と弱い文脈依存性」の共存状態を埋め込むことから立ちあがる可能性に目を瞠《みは》ることがたいせつになっているように思われる。ここでは、そこに潜む可能性をとりあえず問いの形式で浮き彫りにしてみる。いったい、何が問われているのか。

周辺的な問いはさておき、「普遍」と「文脈依存」のありかたに大きく規定される「公共性」、そして「ガバナンス」から派生《ペイ・オフ》してくる問いは、少しくだけた言い方をすると、「形が定まっておらず、ごちゃごちゃしていてわかりにくいじゃないか」というものである。こうした問いは、考えようによっては、社会科学の問いから大きく逸れているようにみえる。しかし非社会科学的な問い（？）に合わせてあえて応えるなら、「公共性」にしても「ガバナンス」にしても、それ自体、動的であり、あらかじめ何か形あるものを想定して裁断するというのにはなじまないということである。形あるものに達するか否かはさておき、何かへのプロセスが重要になってくるのである。ところがそのプロセスはおよそ定型的なものではない。つまり、「ごちゃごちゃしてわかりにくい」というのは、至極あたりまえのこと、ということになる。

だが、これ以上、筆者のひとり合点をおしつけるわけにはいかないので、少しくだいて説明をする。先にコミュニティを問い込む際に、そこにおける「公共性」が「生の複数性」を主指標《メルクマール》とする「相互性」に根ざすこと、また「ガバナンス」が「節合」にもとづくことが鍵になる、というようなことをたしかいった。実はそこからきわめて重要な含意を読み取ることができるのである。コミュニティを構成する人びと、あるいは諸主体はそれぞれの文脈から出発しながら、せめぎ合いつつ離接的で脱-中心化された集合性をはぐくむ、しかもそれは常に暫定的で過渡的なものである。だから、いつまでも未完成なものにとどまっている。たいせつなことは、そこではぐくまれる集合性がけっして同一化に向かうのではないこと、そして何よりも、人びと、諸主体がたえず自己変容を繰り返すプロセスとしてあることである。考えてみれば、このプロセスが「ごちゃごちゃしていてわかりにくい」のである。

具体的にイメージするとすれば、さしあたり、穂坂光彦のいう次のようなプロセス、すなわち「現場の人たちがさまざまな解を生み出し、それが変化し、新たな合意形成がなされ、それに対して政策も変化していく、そして人びとの関係が変わり、関係の構造が変わっていく」〔穂坂、二〇〇五〕というプロセスになろうか。まさにオーセンティシティ（本道）がなく、「特権的主体」も介在しないプロセスである。もはや、これ以上方向をつけることはしないが、要は田島が「協働という名の永遠の過程」と呼ぶものが、ここでは特に想起されるのである。田島はいう。「AとBは、対話し協働する。それを終えた時、彼らは昔日のA、BからA'、B'へと変容を遂げている。『合意』という終極の解はない」〔田島、二〇〇九：一五〕と。

さて、これまでこなれの悪い言い回しに終始してきたが、偶然にもここまでやって来て、筆者自身、この間躍起になって論じてきた「創発性」が非常に大きなテーマになっていることに気づいている。もっとも、「創発性」についてはもう嫌というほど述べてきたので（そのくせ核心にせまるようなことは何もいっていない）繰り返すことはしない。ここで指摘しておきたいのは、「創発性」を持ち出すことで、コミュニティについて何が問われているのか、という問いにたいする現に考えられる解としてはもっとも適切なものを用意できているという点である。とはいっても、その意味するところを簡単にまとめることは難しい。いわんやそれを達意に述べるのは、至難の業であるといわざるを得ない。

「創発性」についてかなり立ち入った説明を断念するときに次善の策として浮かびあがってくるのは、「創発性」を「内発性」と比較してその特徴を述べることである。「創発性」は一見したところ「内発性」と非常に近しいもののようにみえる。だが両者は基本的に異なっている。いずれも人と人が「隣り合う」ことを起点に据えているが、「内発性」がどちらかというと領域的に囲われた同一性／アイデンティティにこだわるのにたいして、「創発性」はまぎれもなくそうした同一性／アイデンティティへの攪乱要素として存在し、作用する。「創発性」にはあきらかに「異質なものとの出会い・対質を通して内からの動的な関係を築きあげていく〔……〕メカニズム」〔吉原、二〇一〇：二九〕が埋め込まれ《ビルトイン》ているが、「内発性」にはこうしたメカニズムは存在しない。それだけに、最強のコミュニタリアンにとって「内発性」は御しやすいが、「創発性」はもっとも厄介なものであり、極北のものにならざるをえない。

いずれにせよ、こう述べていくと、「創発性」と「内発性」の違いはかなりあきらかになるだろう。ただ真に問題となるのは、そこから先である。かりに「内発性」ではない「創発性」に裏打ちされたコミュニティを考えてみたとする。そうなれば、かなり立ち入った説明以上の現実に寄り添った説明がもとめられることになるだろう。これは考えてみたら、当たり前のことなのかもしれないが、正直いってごまかすことのできない気の遠くなるような現実との往還が予想されて、反ってたじろいてしまうことになるのである。本書はそうした強い戸惑いの下にある。それでも「創発性」に裏打ちされたコミュニティをめざすことには変わりない。「多元的市民社会」はまぎれもなくそうしたコミュニティの間にあるのだから。

5……コミュニティ・スタディーズのために

最後に、以上のことを踏まえた上で、コミュニティ・スタディーズの要件をなすものについて言及する。とはいっても、ここで累々述べるわけではない。これまで述べてきたことを反芻しながら、頭に浮かぶことを指摘するにすぎない。

ひとつは、コミュニティ・スタディーズがグローバリゼーション・スタディーズと市民社会論を二本柱とするということを指摘したい。これについては、コミュニティがグローバル化を規定要因とし（むろん、そこに文化・歴史的要因、畢竟、ローカルなものが複雑にからまってくることはいうまでもない）、また現に、ナショナリティとせめぎあっている市民社会のありかたを事実上示すものとなっていることから必然的にいえることである。だが厳密にいうと、コミュニティ・スタディーズとグローバリゼーション・スタディーズ、そして市民社会論との間で、どれが主で、どれが従であるかといった問いは立てられない。三者は、いわば相互に「内包と外延」の関係にあるのである。

コミュニティ・スタディーズの存立にかかわるいまひとつの要件は、先に「線形的発想の限界」と述べたことと深くかかわっている。それはキーワードとして用いてきた「節合」とか「創発性」からある程度推察できることであるが、要は、コミュニティ・スタディーズは「非線形的思考」によって貫かれているということである。[3] このことは、コミュニティ・スタディーズが既存知のありかたを根底から問うという性格をもっていることを如実に示している。過度に単純化した言い方になるが、AとBとのつながりを一方向的にとらえること（A→B）を否定する「非線形的思考」は、「経験科学にせよ社会科学にせよ、現実世界と取り組む知的営みに、およそ唯一の解などというものはありえない」［田島、二〇〇九：一三］という言述の基底をなすものである。ちなみに、前掲の広井は、彼のいう「コミュニティの科学」の基底に「〝文系と理系〟、あるいは人文科学、社会科学、自然科学」にまたがる境界知を置いている［広井、二〇〇九：二〇四～五］。詳述はさておき、境界知としての「コミュニティの科学」はあきらかに「非線形的思考」を柱としている。

さて本書では、前述の二つの要件をゆるやかに意識しながら、しかもおりおりにフィールドの成果を織りまぜて論を展開する。まず第Ⅰ部では、ゆらぐコミュニティの諸相を多面的にとらえ、コミュニティを再審するための課題の抽出につとめる。

第1章では、いまコミュニティが社会の途方もない変容とともに、さまざまな文脈において論議されるようになっていること、同時に、そうした論議にたいして、社会の「いま」をどう読み込み、社会の「これから」をどう構想しようとしているのかが、あらためて問われるようになっていることが指摘される。

ここでは、コミュニティを問うことが、現代を生きる人びとにとって自分たちの「立ち位置」を検討し、振幅を拡げていくことであることが確認される。

第2章では、地縁はもともと異主体、異階層の人びとが自由にまじわるところから派生しているにもかかわらず、近代において町内会という形で制度化されることによって非選択縁へと矮小化されてしまったことが指摘される。ここでは日本の地域コミュニティの原型が権力の姿意によっていかにゆがめられたかを社会史をベースに据えて論じるとともに、近年のコミュニタリアンの議論が地縁の誤読に基づいていることをあきらかにする。

さて第3章からは、具体的に「戦後社会」、そして「ポスト戦後社会」に視線が移される。まず第3章では、五五年体制の下で成立した「戦後社会」が、コミュニティを家族、学校、会社（企業）と緊密にリンクさせながら、戦後体制の再末端に位置づけることによって自らの存続を可能にしてきたことが検証される。ここでは昭和三〇年代に刊行された『町会』誌および『町と生活』誌を紐解くなかで、東都政が町内会を上から再編していくことを通して東京オリンピックへの地ならしをおこない、「戦

▼3　「非線形思考」は、基本的には、「現象」を一定の境界の下におく命題、社会的な原因が社会的な帰結にいたるという命題を否定する思考である。だからそれは、社会的なパターンを合理的、線形的なさまざまな行為モデルに還元することをうながす「合理的行為理論」にはなじまず、むしろ現象は複雑に織り合う出来事の集列としてあらわれ、そして多様なつながりが交互に並び合い、交わり合い、結び合って、全体の織地ができあがるといった複雑系の思考となじむ［Urry 2003］。こうした複雑系の思考はもともと自然科学から出てきたものであるが、こんにち、自己組織系の思考とともに境界知／融合知において中心的な命題になっている。ちなみに、今後「創発性にもとづくコミュニティ」の形成にかかわってキーワードとなるような「あいだ」、「すきま」、そして「むすぶ」というようなしくみは、「非線形的思考」にとって重要な問題構制になるであろう。

後社会」への離陸《テイクオフ》を遂げたことがあきらかにされる。

次に第4章では、地域コミュニティが、「戦後社会」を経て今日にいたるまで一貫して上からの動員体制の下にあったことが防災にかかわって示される。防災についていうと、自主防災組織が全国津々浦々に組織されているが、それは町内会の動員が基調をなしている。同時に、町内会主導の「ガバメント（統治）」型の防災コミュニティとは異なる、町内会を地域の多様な主体の一つ（one of them）とするような「ガバナンス（共治／協治）」型の防災コミュニティも立ちあらわれている。ここではそうしたものの社会設計の条件が経験的事例に即して検討される。

ところでこんにち、都市空間を特徴づけるものは、多重的な地理的範囲にまたがるさまざまなレベルの相互作用であるが、そうしたものの叢生とともに、コミュニタリアンが熱っぽく語るような追憶とか運命としてのコミュニティをもとめる動き、そして「異なる他者」にたいして非寛容である安全安心まちづくりをすすめる動きが台頭している。第5章ではこうした動きを見据えながら、異質性および外部性／他者性を担保した安全安心まちづくりの可能性が追求される。

ちなみに、このような可能性は、人びとの間でのゆるやかな関係性とかつながりの創出とともにある。第6章では、地域通貨に目を転じて、そうしたものが地域力＝「コミュニティのちから」の形成および強化を通して、社会的資源としてのソーシャル・キャピタルを可視化していることを、事例分析を介して明らかにする。同時に、地域通貨の可能性と課題を浮き彫りにすることによって、コミュニティの〈現在性〉に迫る。

第7章では、以上みたような動向を頭において、「利便性（快適性）が反転して利便性（利便性）を否定する」といった近代に特有のジレンマの只中から立ち上がるまちづくりの可能性と課題について、そうしたものが帯同せざるを得ない集合的／協同的主体のありようとかかわらせて論じられる。その際要となる

郵便はがき

料金受取人払郵便

麹町支店承認

6747

差出有効期間
平成29年1月
9日まで

切手を貼らずに
お出しください

102-8790

102

[受取人]
東京都千代田区
飯田橋2−7−4
株式会社作品社
営業部読者係　行

【書籍ご購入お申し込み欄】

お問い合わせ　作品社営業部
TEL 03(3262)9753／FAX 03(3262)9

小社へ直接ご注文の場合は、このはがきでお申し込み下さい。宅急便でご自宅までお届けいたしま
送料は冊数に関係なく300円（ただしご購入の金額が1500円以上の場合は無料）、手数料は一律23
です。お申し込みから一週間前後で宅配いたします。書籍代金（税込）、送料、手数料は、お届け
お支払い下さい。

書名		定価	円
書名		定価	円
書名		定価	円
お名前	TEL（　　）		
ご住所	〒		

ガナ
名前

男・女　　　歳

住所

メール
ドレス

職業

購入図書名

●本書をお求めになった書店名

●ご購読の新聞・雑誌名

●本書を何でお知りになりましたか。

イ　店頭で

ロ　友人・知人の推薦

ハ　広告をみて（　　　　　　　　）

ニ　書評・紹介記事をみて（　　　　　　）

ホ　その他（　　　　　　　　　　）

●本書についてのご感想をお聞かせください。

購入ありがとうございました。このカードによる皆様のご意見は、今後の出版の貴重な資料として生かしていきたいと存じます。また、ご記入いただいたご住所、Eメールアドレスに、小社の出版物のご案内をさしあげることがあります。上記以外の目的で、お客様の個人情報を使用することはありません。

のは、対他的な関係を通して「市民協働の作品」をつくるためのまちづくりの論理と、それに必要な創発的なルールを決めるまちづくりの倫理である。

続いて第Ⅱ部では、グローバリゼーション・スタディーズの成果を部分的に活かしながら、しかも比較社会論的な視座に立って、コミュニティの転回の動向に光があてられる。そしてコミュニティを再審するための方向性をあぶりだす。

まず第8章では、ネグリとハートの『帝国』の論議、この間行ってきた筆者のジョン・アーリの〈読み〉、さらにフィールド・ワークの経験に基づきながら、ゆらぐ「境界」へのまなざしから、もうひとつのコミュニティに至る視軸／思考回路が新たに開かれていることを呈示する。具体的には、「創発性」という概念を下敷きにして、新自由主義的な上からの再生産領域の組み込みの中にあって、コミュニティがなおも地域に生きる人びとの「生活の共同」に深くかかわっていることを明らかにする。

第9章では、欧米のみならず、いまや汎世界的な現象として拡がりをみせているゲーテッドコミュニティが公の否定をメルクマールとする新自由主義の建造環境（built environment）としてあることをあきらかにする。同時に、ゲーテッドコミュニティがミドルクラスのためのセーフティネットの役割を果たしているだけでなく、グローバルな社会秩序の編成においても重要な役割を担っていることが示される。

次いで第10章では、「ポスト開発」のバリ社会を事例にして、コミュニティにおける「貧困の共有」（shared poverty）という慣行が多元的集団構成のなかで変容しながらも構造的に継続していることをあきらかにする。その一方で、そうした構造的継起性もグローバル化（グローバル・ツーリズム）の進展とともにより多層性を帯び、地域を越えるさまざまなネットワークとの相補性の下に置かれるようになっていることが指摘される。

同じバリ社会をフィールドに据える第11章では、ヒトのボーダレスな移動が、ナショナリティと直接つながらない「移民コミュニティ」を広範囲に生みだしていることを、バリ日本人の間でさまざまにきりむすばれているネットワークを追うことによって、「国策移民」とか「企業移民」とは異なる「文化移民」が海外日本人社会の中心となっていることを浮き彫りにするなかであきらかにする。同時に、こうした「文化移民」もさまざまなレイヤー（layer）からなり、ナショナリティとの距離のとりかたが微妙に違っていることが論じられる。

最後に終章では、第1章から第11章までの展開を踏まえて、生活に根ざすことを共通の立ち上がりの契機としながらも、「囲むこと」に回収されていかない、すなわち〈領域〉としてではなく、人と人との対他的な複合的つながり／協働態としてあるコミュニティを展望する。その際、議論の中心に据えられるのは、非線形的で常に生成（becoming）途上にある創発性の概念である。この概念を鍵概念としてコミュニティ・パラダイムの刷新をこころみる。

第I部

ゆらぐコミュニティ

[扉写真]
仙台市青葉区宮町の民間交番。安心安全まちづくりでの現場では、住民としての義務の側面が強調され、コミュニティへの参加がもとめられるようになっている。

第1章 コミュニティへの多元的な問いかけ

真理とは作ったもののことである。

ヴィーコ『イタリア人の太古の知恵』

1……いま問い直すコミュニティ（一）

一、防災、防犯の現場で強調されるコミュニティ

日本列島は地震列島である。日本列島の歴史は震災の歴史でもあった。日本列島には災害をめぐる人びとのさまざまな記憶が埋め込まれている。そしてそれらは夥しい数の生活の言説となって今日まで継承さ

れている。たとえば、津波。それはいまやツナミ（tsunami）という世界標準語になっているが、日本における津波にたいする人びとの知恵ははんぱなものではない。人びとが津波とせめぎ合ってきた苦闘の歴史がそうした知恵に凝縮されている。それはある意味でプレ科学、つまり民俗の知としてある。しかもそうした知はコミュニティの存続とともに再編され更新されてきた。しかしわれわれが知る近年の津波は、考えようによっては、そうしたものをまるであざわらうかのように破壊的な被害をもたらしている。そこからかすかにみえてくるのは、コミュニティのゆらぎである。

　さてこのところ、近未来の地震予知が日本列島をかけめぐっている。たとえば宮城県では、向う三〇年以内に九九パーセントの確率で宮城県沖地震と同規模の地震が起こるといわれている（文科省地震調査研究推進本部、二〇〇〇年）。それにたいする人びとの受け止め方は一見他人まかせのように見えるが、それでいてまったくリアリティ感覚をもちあわせていないのかといえば、必ずしもそうではない。ちなみに、町内会の総会とか役員会で近年とみに話題になるのが地震のことである。ところで、こうした動向を見据えてのことかどうかわからないが、今日、防災の現場においてすさまじい勢いでコミュニティの「活用」がすすんでいる。いまやどの自治体においても防災訓練が行われるようになっているが、その場合、学区レベルの防災訓練行事に単位町内会を動員するというのが日常の風景となっている。また行政サイドからの強い働きかけによって今日単位町内会において防災対策として広範囲にみられるようになっているのが町内会の名簿づくりである。ここでは、個人情報保護法の施行以降生じた行政とコミュニティの間の「すきま」[1]を見据えて、災害弱者を保護するという名目で一挙に上から町内会の把握が行われようとしている。いずれにせよ、いま防災の現場では、人びとの間で長い間担保されてきた、コミュニティとともにあった〈防災の知〉がほとんど顧みられないままに、「ガバメント」（統治）型のコミュニティのキャッチアップがすすんでいるようにみえる。

ところで今日、人びとの安全・安心な生活にとって防災とともに重要なアイテムとなっているのが防犯である。実はこの防犯の現場でもコミュニティを取り込もうという動きが顕著にみられるようになっている。日本社会では長い間、「昼間の世界」と「夜の世界」、「明の世界」と「闇の世界」との間にボーダー（境界）を設けて、犯罪を後者に閉じ込めることによって人びとの安全を担保するといった伝統を保持してきた［吉原、二〇〇七］。コミュニティの安寧もこうしたボーダーによって支えられてきた。だから町内等でおこなわれてきた夜回りも、犯罪者を取り締まるというよりはコミュニティの成員がお互いを見守り合うといった、ある種生活の風物詩としてあった。しかしグローバル化とともに上述のボーダーが機能しなくなり、夜回りがこれまでとは違った意味を担うようになっている。

今日、防犯の現場で頻繁に取り上げられるのが「割れ窓理論」である。犯罪都市ニューヨークが甦ったのは、「割れ窓理論」に基づいて犯罪の芽をあらかじめ摘み取ってしまったからである、とまことしやかに主張されている。その一方で、「割れ窓理論」が人種、階層毎にあらかじめ凝離している（segregated）アメリカのコミュニティを背後要因として生まれてきたことはことごとく無視されている。ともあれ、このところ「割れ窓理論」は防犯の現場で猛威を振るっている。[2] もっとも、「割れ窓理論」の適用は、住民の「自己責任」の強調と一体となっておし進められている。こうして住民の「自己責任で」という呼びか

▼1　個人情報保護法が定めているプライバシーの保護は、これまで行政が町内会に一方的に負荷してきた依頼業務の遂行をいわゆる最末端レヴェルできわめて困難なものにしている。町内会もまた構成員の掌握が難しくなるとともに、行政の要請に応えることが徐々にできなくなり、結果的に行政との距離を拡げることになってしまっている。さらに、こうした距離を縮減することを期待されている民生委員にしても、却って制度的に宙吊り状態にあることが露呈するようになっている。

けのもとに近隣の目による見守り体制が強化されているのである。それはもはや町内の人びととの等身大の視線による見守り合いといったものではなく、コミュニティを総動員した住民の囲い込みといった様相を呈している。かつてはコミュニティの防犯にたいするまなざしは物干しに洗濯物を通している住民が周囲を見渡す視界内にあった。しかしいまや、コミュニティの随所を各家庭から機械の目で二四時間監視するというような状況ができあがりつつある。そして夜の見回りもまた徐々に強制的契機とともに監視的機能を伴うようになっている[3]。

以上からどうやら言えることは、防災にしても防犯にしても活動の中心にコミュニティが据えられるようになっていることである。つまり、もっとわかりやすくいうと、今日の防災、防犯はそもそもコミュニティを土台にしているということである。とはいっても、関心が向けられているコミュニティはかつての町内が担っていた機能をすっかり喪失してしまっている、いわば欠如態としてのコミュニティである。そして道具主義的なコミュニティの「活用」において目だっているのは、人びとのセーフティネットの構築というよりは、体制の危機管理が優先されがちであるという点である。

二、不安の無限連鎖のなかで語られるコミュニティ

しかし併せてみておかなければならないのは、以上のようなコミュニティの動員が住民の側での生活上の底知れない不安と深く響き合っていることである。むろん、この場合に防災でいうと地震予知が、また防犯でいうと犯罪統計がきわめて重要な役割を果たしていることを指摘しておく必要がある。ちなみに、後者についていうと、犯罪が増えているように操作する統計のごまかしが無視できない［河合、二〇〇四］。こうした地震予知や統計の操作が結果的に人びとの災害不安や犯罪不安を高めることになっていることはやはり否定できない。だが不安ということでいうと、人びとの間で雇用不安、将来不安、格差不安、健康

不安、犯罪不安、災害不安等が複雑に渦巻くなかで、たまたま災害不安とか犯罪不安がそうした不安連鎖の一環として立ちあらわれているとみるべきであろう。

いまさらいうまでもないが、グローバル化の進展とともに人びとの生活環境が激変している。雇用からはじまって消費に至るまで人びとをさまざまに包み込んでいた制度／システムが機能しなくなり、二重、三重の生活苦に陥るものが層となって立ちあらわれている。大学、高校を出ても定職に就けない貧困予備軍が簇生している。行き場のない高齢者が溢れ出ている。中山間地域は無住の荒野となり、都市はといえば、再居住のままならない老朽化したマンションによって覆い尽くされている。だがとりわけ再生産領域は悲惨である。とどまることのない少子化。そしてそれが強調されればされるほど、政治の失敗が際立たせられるのである。それでも伝統的な市民的公共圏／中間集団が機能していればまだいい。しかし、いまやそうしたものの衰退は誰の目にも明らかであり、だいいち、人びとはそうしたものを全く信頼していな

▼2　ちなみに、二〇〇七年秋から翌年にかけて複数回開催された仙台市主催の防犯アカデミーでは、常に「割れ窓理論」が防犯活動の基軸をなすことが指摘され、「割れ窓理論」の日本における主唱者である小宮信夫の講演がとりおこなわれている。重要なことは、警察と行政の協働によってコミュニティが「割れ窓理論」の実験室として位置づけられ、そのための体制が着々と築かれつつあることである。なお、「割れ窓理論」については、第5章注10を参照されたい。

▼3　警察の要請に応えてはじまった仙台市青葉区のM町内会の夜回りは、班毎の輪番制になっている。ちなみに、この夜回りに参加したS・Tによると、参加しない世帯にたいして公然と「ただ乗り」という非難が浴びせられているという。また同じ青葉区のK町内会では、不参加世帯にたいして「金で代替」という案が出ているが、実際に夜回りに参加しているメンバーの間からは、「それでいいのか?」という疑問の声があがっているという。いずれにせよ、強制的契機がますます強まっていると考えてよい。

い。

だから人びとは、よるべき羅針盤をもたないままに不安の大海に漕ぎ出るしかない。待っているのは漂流だけであるとわかっていながら。もちろん漂流は命がけである。常に大波が待ち受けている。とすれば、かりに展望のない一時しのぎだとしても、人びとは停泊場所を必死になってもとめる。こうして一種のシェルター（避難所）としてのコミュニティへの期待が高まるのである。

他方、「ガバメント」の手法は巧みである。人びとの不安の根源に有効な手だてを講じないままに不安だけを掻き立てる。政府のやることには限界があり、民主導こそが効率的である、と一見自己否定的に語りながら[4]、人びとを袋小路に追い詰め、その挙句、コミュニティへと誘導していく。しかし、そこでいうコミュニティは、人びとの「生活の共同」に根ざす実体としてのコミュニティではなく「想像上のコミュニティ」である。同時に、それは上からの規範的なコミュニティの鼓吹と響き合う一面を持っている。たとえば、いまは頓挫しているようにみえるが、かつてかなりの熟度をもって論議されたコミュニティ活動基本法制定にかかわる動きでは、町内会、自治会等に照準する、住民主導の「地域の連帯・絆・教育力の再生」という主張が基調音をなしていた。興味深いことは、上述の基本法制定にかかわる論議において、ＮＨＫのテレビ番組「ご近所の底力」にたいして一貫して熱いまなざしが向けられていたことである。コミュニタリアンの目からすれば、「ご近所の底力」はきわめて良質の番組ということになるのかもしれないが、見方を変えれば、「ガバメント」の不安隠しの手法にたいして素材提供の役割を果たしているといえないこともないのである。

2……いま問い直すコミュニティ（二）

一、「多文化共生」のなかで取りざたされるコミュニティ

みてきたように、グローバル化の進展とこれを所与のものとして受け止めるだけでなく、むしろ積極的に推し進める一連の政策が不安社会を増幅／加速させている。そしてこうした不安社会と隣り合わせで「多文化共生」社会が進んでいる。しかし日本社会に関するかぎり、「多文化共生」社会は内容を伴ったものとしては未だ立ちあらわれていない［伊藤、二〇〇九］。むしろ急速なハイブリッド社会へと移行するなかで、過去に多様なエスニシティを抱え込みながらも、多文化性をはぐくんでこなかった日本社会の「特殊性」への自己反省的な総括が避けられなくなっている。「多文化共生」が言葉だけの前のめりの状態ですすみ、一足跳びあるいは二足跳びで「多文化共生」の先進国であるカナダとかオーストラリアに追いつこうとしている。それはまるで、かつて日本が辿った魂のない近代化過程の再現図を見ているようだ。その一方で周縁化してきたエスニシティの声は依然として国民国家の内部に閉じ込めたままである。そして残念なことに、こうした状況を内破する市民社会の機制は一向に見えてこない。

▼4　政府自らが自己を否定するのはいわゆる新自由主義に特有のものであるが、新自由主義にもバリエーションを伴うことを忘れてはならない。二〇〇九年八月末に始まった新たな「政治の季節」は、人によってはポスト新自由主義のはじまりだとされるが、そう簡単に言っていいのだろうか。たとえば、マスコミを総動員して政府自らが盛り上げることに腐心した「仕分け」は、果たして新自由主義からの離陸《テイク・オフ》に向けての一歩といえるのだろうか。パフォーマンスとしての「脱官僚」が容易に「民間の効率」に収斂するというシナリオは全く絵空事であろうか。「大きな政府」の根源にかかわる総括がなされない状態で「脱官僚」を前面に持ち出すことに内在する「危うさ」にもっと気を配るべきであろう。

さてあらためて気になるのは、「多文化共生」／「多文化主義」が強調されればされるほど「単一文化への希求」が深まるという、世界のあちこちでみられる光景である。その典型事例は、ヨーロッパを憂鬱の海に陥れている極右政党による移民の排斥である。そこでは文化の無比性を文化の独自性に変換する「差異論的人種主義」〔斉藤・岩永、一九九六〕の巧妙な手口もさることながら、そうした巧妙さに戸惑いをみせながらもそれを受容してしまっている市民社会のゆらぎが気がかりである。とはいえ、市民社会がヨーロッパのように発達していないアジアでも例外ではない。たとえば、いまバリ社会を混迷に陥れているアジエグ・バリ（バリ復興運動）についてみてみると、それはたしかに、当初、小学校におけるバリ語のカリキュラム化をめざす文化運動としてあった。しかしいまや島外から移入してきたムスリムであるキプム（短期季節労働者）をバンジャール（集落）と協働して摘発／排除する担い手と化している〔吉原、二〇〇八b〕。これ以外にもあげれば枚挙にいとまがないが、単一文化を希求する動きが世界のいろいろなところから沸き上がっている。

日本に目を転じてみると、周辺のエスニシティにたいして相変わらず「モデル・マイノリティ」であることを強いながら、町内会等を通して新たに参入しようとするマイノリティを排除するといった錯誤の文化を編み続けている。▼5 しかしそこを通底するのは、何らかの同質性／共同性を担保するコミュニティへの願望《ノスタルジア》であり、それは明らかに上述の「単一文化への希求」の水脈を成している。注目されるのは、その結果、「異なる他者」にたいして寛容であることは、コミュニティを強めるというよりはむしろ弱めるものであるとみなされるようになっていることである。これは、先に述べた防犯の現場でみられる、「割れ窓理論」によって裏打ちされたゼロ・トレランスの思想に通脈している。いずれにせよ、「多文化共生」は、いまのところ同質性／共同性の幻想に根ざすコミュニティの生理と病理をカムフラージュするといった役割を担っているのである。

二、格差と不平等、排除と包摂のなかのコミュニティ

こうしてみると、いまコミュニティが取りざたされる文脈からどうやらみえてくるのは、社会の排除と包摂の構造である。いやむしろ、後者がより鮮明にあらわれているのがコミュニティであると言ったほうがいいのかもしれない。もっとも、そのあらわれかたは、グローバル化以前のそれとは大きく異なっている。グローバル化以前の国民国家が放恣な展開をみせていたときには、排除と包摂は国民国家の「中心と周辺」の構造に回収され、コミュニティにおいて矛盾をはらむものとして表出することはなかった。しかしグローバル化以降になると、国民国家のゆらぎとともに排除と包摂が（国民国家の）円環の構造に解消／回収されなくなり、むしろコミュニティにおいてその矛盾する構造が表面化することになったのである。

今日、グローバル化の進展を背後要因として立ちあらわれている、コミュニティをベースとする排除と包摂の構造は、対立しながらも相補するといった屈曲した図柄にもはやおさまらなくなっている。別のところでも述べたように、町内に代表される日本のコミュニティは、長い間、異主体、異階層が雑然と共住するといった形を示していた。近代になってこの形が壊れはじめ、排除と包摂が町内会を特徴づけるようになった［吉原、二〇〇九a］。しかしそれは、グローバル化のインパクトがコミュニティを呑み込むように

▼5　今日町内会でしばしば耳にするのは、ニューカマーの外国人が町内会のルールを守らないといった苦情である。たしかにゴミの分別回収に非協力的であるとか夜遅くまで騒いで近隣に迷惑をかけているといった苦情は後をたたない。そういった苦情は外国人もまた町内会の構成員であると考えれば、普段よく耳にするものとして聞き流すことができる。しかし、そうした苦情を「郷に入っては郷に従え」という常套句に帰着させるなら、逆に「異なる他者」の排除のスタンスが際立つようになる。

なるまでは、未だ上述した屈曲した図柄のなかにあったといえる。いまは違う。排除と包摂が対立するものとしてくっきり立ちあらわれている。それが象徴的な形であらわれているのがゲーテッドコミュニティとスラムである。

ちなみに、ゲーテッドコミュニティとスラムの「原型」は、すでに一九二〇年代にゾーボーによって「ゴールド・コーストとスラム」という対蹠的図柄で示されている〔ゾーボー、一九九七〕。しかしゾーボーが提示した対蹠的図柄は、レッセフェールの機制の下に都市的拡大がすすむ時代相において、コミュニティが排除と包摂を繰り返しながら都市のメタボリズムに組み込まれていく過程の一齣としてあった。まさにコミュニティが遷移地帯（zone in transition）に特有の状況を呈していたのである。いま、われわれの前に立ちあらわれているゲーテッドコミュニティとスラムは、そうしたエコロジカルな自然地域（natural area）の下にあるものとは明らかに異なる。そこにはたしかに都市の歴史的・文化的要因が複雑にからんでいるが、より基底的には、グローバル化の進展に符節を合わせたアーバン・リストラクチャリング（都市構造再編）によって造りだされ再編されたものである〔吉原、二〇〇八ａ〕。そしてそうであればこそ、ゲーテッドコミュニティとスラムは、今日社会全体を覆っている格差と不平等の「写し鏡」として存在するといえる。

ともあれ、いま、制度の改編および都市構造再編の場面ですすむ排除と包摂の構図をあらわすものとしてコミュニティを読み解く動きが強まっている。それは同時に、コミュニティが人びとの社会における立ち位置を示すものとして認識されるようになっていることでもある。そしてそうした意味では、前に言ったこととやや矛盾するようだが、コミュニティはもはや想像上のものではなくアクチュアルに存在するものなのである。

三、グローバルとローカルのせめぎあいのなかで浮かびあがるコミュニティ

もっとも、以上のような排除と包摂をどのような位相で、どのような観点から読み解くかという点でいうと、論者の間でさまざまに分化しているというのが実状である。にもかかわらず、興味深いことは、グローバルによるローカルの構造化を認める立場の場合でも、そうしたものを否認する立場の場合でも、排除と包摂は大筋のところで「しかたない」とみなされていることである。なるほど、前者の場合、排除と包摂はこれが過度にすすむと競争の桎梏になるゆえのぞましくないとされる。しかし競争の結果、排除と包摂がある程度すすむことは過渡的な現象／事態として許容される。他方、後者の場合、排除は市場の暴力性をあらわす非人間的なものとみなされる。しかし排除から自分を守るために無限の包摂のなかに身を置くことによって、結果的に排除を首肯してしまうのである。こうしてみると、積極的であるか消極的であるかの違いはあるにせよ、いずれも、コミュニティに埋め込まれた排除と包摂を事実上肯認しているということになる。

　ここでやや単純化していうなら、みてきたグローバル化を首肯する立場とそれを否定する立場との対立関係は、コミュニティの位置づけをめぐるリバタリアン（自由主義者）とコミュニタリアン（共同体主義者）との間のせめぎあいとして類同的にとらえることができる。そしてそのようにとらえると、一方がコミュニティをそこから出発し越え出るものとみなし、他方がそこに帰り守るものとみなすといった、外見上の違いがはっきりとしているにもかかわらず、両者は意外に「遠くて近い」関係にあることがわかる。リバタリアンとコミュニタリアンの間でみられるこうした収斂化傾向は、まぎれもなく近年際立った形であらわれているコミュニティ・インフレーション▼6を促す要因ともなっている。つまりリバタリアンを経由するにせよ、コミュニタリアンを経由するにせよ、グローバル化がすすめばすすむほど、コミュニティ論が活

況を呈するようになるというのがいまの状況なのである。

ところで、グローバル化をとらえるまなざしがみてきたような排除と包摂の作用を介してコミュニティに反転する構図は、排除と包摂を制度の再編とかかわらせて抱合しようとする国民国家の論理によって一層強くうながされる。それはグローバル化によって存立基盤が大きく損なわれてしまった「ガバメント」の復位をこれまでとは違ったやり方で、つまり分権と自治のデザインを描くなかでコミュニティの位置づけと再定式化を明確にするといったやり方を通して達成しようとしている。考えてみれば、国民国家の物語では、コミュニティというカテゴリーをどう組み込むかが常に中心的な争点をなしてきた。いまやそうした争点は、国民国家を越えてグローバル化と直接連動するなかで再浮上している。ここでもリバタリアンとコミュニタリアンが複雑にからんでくるが、析出されることになるコミュニティはもはや国民国家の「中心と周辺」の構造に閉じていくものではない。にもかかわらず、危機管理を至上のものとする「ガバメント」の諸要素に融通無碍に混淆し合うといった性格からは脱し切れていない。いずれにせよ、分権と自治の文脈でコミュニティを読もうとする試みは、まったく無駄ではないにしても、「ガバメント」と紙一重のところにあることはたしかである。

3……集団・状況としてのコミュニティ

一、「コミュニティ－アソシエーション」図式の終焉

さて以上の展開より明らかになったことはどのようなことであろうか。それはひとことでいうと、今日、グローバル化の進展の下で「ガバメント」の再構築をはかろうとする方向からのコミュニティへの期待が

高まっていることである。同時に、そのことは逆説的にではあるが、方法としてのコミュニティについて再審することを強く要請するようになっている。まず、これまで社会学領域において根強く存在していた、いわゆる「コミュニティ－アソシエーション」図式の限界が明らかになってきたことを指摘しなければならない。考えてみれば、これまで述べてきた事態と隣り合わせで、いやむしろそうした事態を貫いて見られるのは、コミュニティとアソシエーションが相互浸透し、両者の境目が皆目わからなくなっているという点である。上からのコミュニティとアソシエーションへの着目はある意味でその境目を維持しようとするものであるといえるが、結果としてはコミュニティとアソシエーションの相互浸透を上塗りしているだけである。当然のことながら、それとともに中間集団の位置づけも曖昧にならざるを得ない。[7] 中間集団そのものの変容に加えて、それらをめぐる綱引きにおいて新たな様相が生じているのである。

▼6　ここでは、コミュニティが問われる存在根拠ないし〈現在性〉が十分に検証されないままに、コミュニティに関する論議がブーム性を帯びて立ちあらわれていることを意味している。考えてみれば、この間、夥しい数のコミュニティと銘打った刊行物（翻訳本を含めて）が出され、それとともにコミュニティに関する数多の言説が飛び交っている。しかしそれらの多くは、コミュニティ論議が湧き上がるに至った現実的必然性の解明に無関心であり、かえってそのことによってコミュニティに関する幻想が拡がるのに貢献するようになっている。実は、そのこと自体、一つの社会学的問題構制になっているのだが、いわゆるコミュニティ・スタディーズではほとんど取り上げられていない。

▼7　ここで中間集団とは、これまで「市民的公共圏」として取り扱われてきたものである。「それは具体的には労働組合、経営者団体、職能団体、教会、政党組織などの公共組織、さらに地域、家族、宗教組織に代表される伝統的な共同組織などの、近代市民社会と政治的国家をきりむすぶ中間領域集団として存在し、市民社会の私的で階級的な諸矛盾・対立を緩和し調整する場を形成してきた」［吉原、二〇〇二：八三〜八四］。

地域づくり／まちづくりの現場からの問いはそのことを端的に示している。今日、日本社会のさまざまなところから聞こえてくる地域づくり／まちづくりのうねりは、その多くが中間集団なきあとの、つまり「存在はするが、実質的には機能していない」「すきま」から生じたものである。それらは一見根無し草のように見える。だがそう見えるのは、それらがあるテーマに寄り沿いながら、ネットワークを拡げているからである。そうした状景をボランタリー・アソシエーションとかＮＰＯの跳梁と重ね合わせるのは、ある意味で早計であるかもしれない。しかし件の地域づくり／まちづくりを、みてきたような上からのコミュニティへの期待と合奏させようとする動きが強まっているのを見るにつけ、中間集団のゆらぎ、そのなきあとの（あらたな中間集団の台頭を含む）状景がリアルに浮かび上がってくる。

「ガバメント」をコミュニティの取り込みによって再樹立しようとするサイドで、「ガバナンス」（協治／共治）が有力な戦略的拠点になりつつある現状をやはり無視するわけにはいかない。詳述はさておき、「ガバメントからガバナンスへ」という、それ自体リバタリアンが嬉々として受け入れるスローガンがコミュニタリアンにも心地よい響きとなって受容されるとき、それは不安におびえる人びとにとってはおそらくは「修羅のささやき」に聞こえるに違いない。ハーヴェイがガバナンスに新自由主義の影をみるのはまさにこの局面においてである［ハーヴェイ、二〇〇七ａ］。もちろん、こうした局面では、かつての町内が豊かに内蔵していた「現場の知」（local knowledge）との乖離が決定的なものとなり、その分、相補い、相反撥するコミュニティの創発的な契機が殺がれてしまう。何もそんなに考えなくてもよいのかもしれないが、このことの持つ意味は、以下のような町内会の転態を視野におさめるときに決して小さくはないのである。

二、うつろう町内会

町内会が「ガバメント」の末端に組み入れられてから久しい。というよりは、もともと町内会は上意下達の受け皿としてはじまったといってよい。これまで幾たびかあった町内会の整備を振り返ってみると、決まってそこには上からの意思が色濃く作用している。いまその町内会が大きく揺らいでいる。鉄壁の組織体制にひびが入っている。「全員一致」の原則はとうに崩れている。かつて指摘されたトップヘヴィの状況と底辺での無関心層の増大〔奥田、一九六四〕は一層すすみ、組織自体の形骸化が著しい。[8] リーダー資源が枯渇し、メンバーの高齢化は止まりそうにない。町内会をめぐる環境は日々悪化しているにもかかわらず、それを受け止める力量を全く持ち合わせていない。町内会はもはや死に体であるのか。早急な判断を下すことは避けたいが、ボランタリー・アソシエーションとかＮＰＯの跳梁を向うにして、町内会の衰退はもはや誰の目にも明らかである。

だが、いやだからこそ、そうした町内会をみてきたような防災とか防犯の現場で起用することに意味があるのである。それは町内会の再生という以上に「ガバメント」の再構築に資するための再編という性格を帯びている。そこでの起用はきわめて巧妙である。コミュニタリアンの再領域化の志向に寄り添いながら、グローバル化と共振する地平でリバタリアンの脱領域化の志向にも与する。むろん、基本は新自由主

[8] 町内会は「古くて使いものにならない」と言われるようになってから随分経つが、いまなお高い加入率を維持しており、組織としては安定しているようにみえる。しかし、私たちが二〇〇五年から二〇〇八年にかけて仙台市、山形市、青森市、秋田市の全町内会にたいしておこなったアンケート調査結果では、組織の弱体化は驚くほどどすすんでおり、「あるが、実質的にはない」ような状態の町内会がかなりの比率で存在することがわかった〔東北都市社会学研究会編、二〇〇六・二〇〇八ａ・二〇〇八ｂ・二〇〇八ｃ〕。それではほとんど機能していないのに組織だけはなぜ存在するのであろうか。いろいろな要因が考えられるが、やはり大きいのは、「ガバメント」への日常的な取り込みである。実際、行政のテコ入れがなければ、組織の維持に窮する町内会が頻出するであろう。

義的な施策を堅持するところにあるので、指摘されるような起用は、そうした施策に適う危機管理の性格を色濃く留めることはあっても、人びとのセーフティネット構築のためのコミュニティ再編という意味を持つことはない。

町内会の行政的起用が町内会に内在する自治的能力を殺いでしまった、とよく言われるが、日本の官治的自治の伝統下では、むしろそうした自治的能力が上からの支配に適合的であったということこそが問われるべきであろう。かりにそうした自治的能力に内発性という言葉をあてるのなら、そうした内発性はかつての町内がもっていた創発性とは区別する必要がある。創発性は内発性とは違って外に開かれているということがメルクマールとなる[9]〔吉原、二〇〇九a〕。だから、逆に内に閉じられているということを特徴とするような自治的能力＝内発性に依拠するのが町内会であるとするなら、町内会をいくらテコ入れしたところで、グローバル化の波間にあっては衰退せざるを得ない。かりに活性化したとしても、町内会そのものがウイングを広げないかぎり、ハイブリッド化する社会に生きる人びとのセーフティネット構築に向けてのコミュニティになるとは考えにくい。

それでも、町内会を「地域の連帯・絆・教育力の再生」という名のもとにコミュニティ再編の基軸に据えるのは、いったい、どういうことであろうか。ひとつは、そこに観取される「ガバメント」再構築の志向がグローバル化の進展に照準しているものの、相変わらず旧来型の官治的自治の枠内にあるということである。そしていまひとつは、そのようなコミュニティの再編自体、地域社会において噴出するさまざまなイッシューを危機ととらえかえした上で、それらにたいする一種の弥縫策として立ちあらわれているということである。だが、視野に入れられているイッシュー→危機は、その多くが脱領域的なものとしてある。ここに町内会を基軸に据えるコミュニティ再編が「ガバナンス」型に向かう必然性がある。少なくとも、フットワークの軽いネットワーク型の組織を消極的にではあれ、取り込まざるを得なくなるのである。

とはいえ、「ガバメント」再構築の志向は維持したままである。

三、集団から状況へ——ネットワーク型コミュニティの跳梁の意味するもの

ところで、かなり前のことになるが、NPOが日本に導入された頃、長くは続かないであろうと言われた。西欧と文化圏を異にする日本では、もとより、そのようなものが育つはずはないとされたのである。たしかに、その後、常に多産多死の状態にはあった。しかしボランタリー・アソシエーションを含めてNPO等のいわゆるネットワーク型コミュニティは、伝統的な市民的公共圏／中間集団の変容や衰退以降にできた「公」と「私」の間の「すきま」を埋めたという点でいうと、町内会の比ではなかった。ネットワーク型コミュニティの叢生には、どちらかというとボランタリー・アソシエーションとかNPOとは異系のさまざまな「縁」も含まれていた。それらは町内会が常に領域的なものと一体であったのにたいして、脱領域をベースに「つなぐこと」へのこだわりによって成り立っている。それらはアプリオリに人を選ばない。何らかの志があるところにさまざまな人が集まる。そして「異なる他者」との間に緩やかな横結的なつながりをつくり（あるいはそうしたつながりを解消したりして）、根茎《リゾーム》状に立ちあがるのである。そ

▼9　創発性は、社会学の分野では成熟した概念とはなっていない。アーリはそれを「不均等で平衡から遠く離れた相互依存プロセスの諸集合を映しとらえるもの」であり、そうした相互作用は「多様で重なり合った〔……〕ネットワークと流動体を通じてリレーされ、実にさまざまな時間スケール上に広がってゆく」としている［Urry 2003: 94］。ここでは創発性が節合（articulation）を要として外に開かれた性格を担保していることが暗喩的《メタフォリック》に示されている。後述する「反措定としてのコミュニティ」は、コミュニタリアンが親近感を抱く内発的なコミュニティとは異なる創発的なコミュニティのことであるが、その場合、ここでいう創発性が前提要件となっている。

れが「節合」（articulation）と言われるものである。

さてこのように言うと、ネットワーク型コミュニティはいかにも根無し草のように受け取られがちであるが、それは、町内会が長い間の「生活の共同」によって培われた町内に累積されてきた「現場の知」から切り離されたところで制度化されてきたという来歴をもつのとは逆に、「生活の共同」に深く根ざした文化の構造に縁由されて立ちあらわれているのである。たとえば、金子郁容等は、ボランタリー・アソシエーションの淵源を遠く中世にまで遡り、入会の存在形態の裡に見出している［金子ほか、一九九八］。このことは見方を変えると、ネットワーク型コミュニティにはおよそ定型的なものはなく、むしろさまざまなバリエーションを伴っているということになる。

「脱領域」、「脱組織」によって特徴づけられるネットワーク型コミュニティは、ある意味で「反コミュニティ」として存在する。たえず「動いてあること」がそうした措定を可能にするのである。ネットワーク型コミュニティは「つなぐこと」にこだわるが、それ以上に「囲われること」に抵抗する。領域に固定（化）されるのではなく、状況にしたがってそのウイングを広げたり、縮めたりするのが得意なのである。こうしたあり様は、考えようによっては、グローバル化の進展に符節を合わせたものであるといえないこともない。実際、今日、人びとが自らのセーフティネットを構築しようとする際に身を寄せるのは、圧倒的にこのネットワーク型コミュニティである。だが、そうであればこそ、「ガバメント」の再構築にとっては、町内会のテコ入れを中心にしながらも、ネットワーク型コミュニティにも触手を伸ばさざるを得なくなるのである。すでに述べたように、そこに「ガバナンス」への志向が芽生えることになるのだが、それもつまるところ、体制の危機管理に向けられている。だからネットワーク型コミュニティを受け入れながらも、実際は拒否しているということになる。いずれにせよ、こうしてみると、「ガバナンス」は宙吊り状態にあると言わざるを得ない。

4……「自治・分権」論議のなかでのコミュニティ

一、合併のなかからみえてきたコミュニティ

いわゆる「平成の大合併」を促した一九九九年施行の合併特例旧法はアメとムチを伴うものであった。「合併特例債」という懐柔策と「交付税の削減」という恫喝の下で「平成の大合併」がおこなわれた。総務省の圧力にはすさまじいものがあった。そして府県は知事による合併推進勧告権の発動によって国に積極的に呼応した。ところで二〇〇〇年四月施行の地方分権一括法は上記の合併特例旧法とともに「平成の大合併」を活発化させることになった。そこで謳われた「自己決定・自己責任のルールに基づく行政システムの確立」は基本的にグローバル化の進展を見据えた構造改革推進の一環としてあったし、合併特例旧法の掲げる効率的な行政運営（自治体のコスト削減）に共振するものであった。結果として、一九九九年三月三一日現在、三二三二あった自治体数が、二〇一〇年三月三一日現在、一七二七にまで減少した（総務省、www.soumu.go.jp/kouiki/kouiki.html）。

ちなみに、「平成の大合併」の誘因となった合併特例旧法と地方分権一括法において共通に基調音を成していたのは、自治体のコスト削減と自治体への権限と財源の移譲であった。これらによって自治体の「自主性」に基づく地域間競争が行われるとともに、自治体内の格差が是正されるであろうと言われた。しかしそれはコストの削減を与件とした、自治体への権限と財源の移譲なき格差の是正、まさにコストを削るほうに合わせて格差の是正をおこなうというものであった。ともあれ、税源移譲を欠いた、きわめて不透明な自治体「自律」時代へと突入するなかで、「ガバメント」主導の半強制的な合併がなし崩しに進

んだのである。当初、地方分権一括法に後押しされた「平成の大合併」の進展とともに、中央地方関係が大きく変わるかもしれない、と一部で言われた。だがそれは結局のところ、グローバル化に符節を合わせた中央地方関係の再編でしかなかったのである。

「平成の大合併」は「ガバメント」のサイドからすれば、自治体の財源の充実、権限・裁量の拡大を伴わないで、職員総数削減、業務の効率化等によってコストの削減をおしすすめたという点で、「上々の出来」であったといえる。しかし他方で、行政サービスの質・量の両面において著しい低下を招いた。加えて地域内の格差が一層拡がることになった。したがって、合併の成果を過大視する「ガバメント」の側の評価を向うにして合併の弊害が声高に叫ばれるようになったのである。地方六団体が合併によって地域の疲弊がかえって進んでしまったと国を非難するに至ったのは、まさにこうした動きを象徴的に示すものであったといえよう。

さて合併の弊害が表出し、地域の疲弊が進むなかで、あらためて熱いまなざしが向けられるようになっているのがコミュニティである。もともと合併当初から、合併によって基礎自治体が拡大するのに伴って、生活地に足を下すコミュニティの重要性は増すだろうと言われていた。しかし現在コミュニティに向けられるまなざしは、むしろ合併の「失敗」を積極的に補塡《カバー》しようとする「ガバメント」サイドのものが目立っている。そこには、合併市町村が本来扱うはずの広域課題を個別課題に細分化してコミュニティ／住民に肩代わりさせようとする意図が見え隠れしている。

二、「都市内分権」と町内会

だが、こうしたまなざし／意図はけっして単焦点のものとしてあるのではない。周知のように、二〇〇四年に地方自治法および合併特例法が改正されて、「地域自治区」／「合併特例区」制度が導入された。そして首長選任による「協議会」が設置され、首長への意見を述べる権限が付与された。その結果、あちこちで協議会が設置された。ちなみに、二〇〇七年一〇月一日現在の地域審議会、地域自治区および合併特例区の設置は二七八ヶ所におよんでいる（総務省、www.soumu.go.jp/sechiyokyo01.html）。そうしたなかで地域協議会委員を準公選で選ぶ上越市方式[10]が特に注目されている。さてこうした「協議会」の設置とともに、コミュニティとりわけ町内会の位置づけがあらたな争点になっている。鳴り物入りの「協議会」が予算などの決定権限が与えられていないことを考えるなら、そこでの町内会の位置づけも基本的には「ガバメント」サイドに偏しているといえる。しかし、そこには新しい可能性がないわけではない。「協議会」が公選制へと移行するなかで、必然的に「協議会」を「ガバメント」の機制のなかにとどめようとする動きとせめぎ合うことになる。このせめぎ合いは、いまのところ、既述したグローバル化の進展に符節を合わせた中央地方関係の再編の動きに深く組み込まれているが、同時にそこから何らかの決定権限を有する「都市内分権」への芽が吹き出る可能性がまったくないとはいえない。この間議論されてきた近隣政府はそうした可能性を見据えたものである〔日本都市センター、二〇〇四〕。もちろんそうした「都市内分権」／近隣政府は、イギリスのパリッシュとかイタリアの地区評議会のようなものからはほど遠い[11]。しかし、「ガバメント」に馴致した町内会に何らかの変容の契機を埋め込む可能性は十分にある。

▼10　新潟県上越市では、二〇〇五年二月、地域協議会の委員を事実上、選挙で選んだ。準公選制ではあるが、これによって公選制の地域議会への第一歩を踏み出したとして注目された。しかし二〇〇九年の二回目の選挙は、立候補者が定員に達せず実施されなかった。それにはさまざまな原因が考えられるが、ひとつには、予算などの決定権限が与えられていないことが影響している。権限なき議会は、公選制の意義を著しく損なっている。なお、この上越市方式の「地域内分権」として有する意義については、前山［二〇〇九ａ］を参照のこと。

「協議会」が公選制になり実質的な地域議会ができあがると、公的な決定がそこで行われるようになる。そしてそれとともに、「ガバメント」に抱合されていた町内会が動員型からテイクオフする可能性が拡がる。町内会が一定の「創発性」をもつ活動組織として、また自治体や地域議会が決定権限を持つ公的事業の受託者として社会の前景に立ちあらわれることになるのである〔後編、二〇〇七〕。ともあれ、こうして町内会が集権体制の最末端の単位《ユニット》としてではなく、地方分権の受け皿として、さらに「都市内分権」の有力な担い手として台頭することになる。もっとも、その場合でも、「ガバメント」から完全に脱し切れているわけではない。というのも、「ガバメント」が新自由主義を基調音とするグローバル化に共振すればするほど、地方分権とか「都市内分権」を自己体内化する傾向が見られるようになるからである。そして実際、町内会はこうした「内」と「外」に照準した「ガバメント」の動向にますます晒されるようになっている。反語的に言うと、今日の町内会は、「外」にウイングを拡げた「ガバメント」の機制を介して新自由主義的なグローバル化に容易に回収されるようになっているのである。

いずれにせよ、「平成の大合併」を経て明らかになったのは、この社会では分権と自治のデザインが容易に描けそうにないこと、そして多重期待のなかにあってコミュニティの自由な創出が妨げられていることである。

5……思想として問うコミュニティの内実

一、共同体の再発見

みてきたように、今日、コミュニティが上からしきりに鼓吹されている。この場合、考えておかなければばならないのは、そうした上からのコミュニティの強調を受容する共同体主義が社会のすみずみまで浸透していることである。かつて「個と共同体」という問題設定がなされた。そして共同体からの個の解放あるいは自律ということがいわれた。しかし西欧社会では、「裸のエゴの孤独」（J＝L・ナンシー）が深まるとともに、かなり早い段階で「共同体の回復」への願望がみられるようになった。長い間、「社会主義の実験」と直接結びついていたマルクス主義はこうした願望の回転子の役割を担ってきた。それは資本主義が標榜する個の「自由」を徹底的に批判し、共同体に底礎する「平等」をそれに代置させてきた。皮肉なことに、そうした「共同体の回復」を極点にまで高めたのは、ドイツのナチズムであった。「至上のドイツ」を掲げて、ブルジョワ的な「自由」を排撃し、個人を凌駕する「共同性」の樹立を標榜した。いうまでもなく、そこで含意された共同体は「個が十全に開花するための土壌」〔中村、一九九七：六六〕としてのそれではなかった。

今日、グローバル資本主義が内包する「自由」のもつよりむき出しの暴力を前にして、「共同体の再発見」を声高に唱える共同体主義が台頭している。それは「悪」としての全体主義の克服への対決がもはや時代の課題とならないような段階での、生権力の専制によって誘われた共同体主義である。これまでみてきた上からのコミュニティの鼓吹／再編は、そうした共同体主義の上に展開されているものである。特徴的なのは、そのような共同体主義→コミュニティの強調が人びとの間で拡がっているある種のナルシズムと底のないノスタルジアに根ざしているようにみえることである。それらは同時に、ナショナリズムに繋

▼11　本格的な都市内分権は、パリッシュとか地区評議会以外にも、スウェーデンの地区委員会とかドイツの市区委員会（ミュンヘン）、あるいはアメリカの近隣議会（ロサンジェルス）等々、数々の先行事例があり、いまや世界的に広がっている。近隣政府構想はそうした都市内分権に向けての一歩を記すものではあるが、そこに至るまでにはまだまだ距離がある。

留される可能性があり、ここに今日コミュニティを論じる際の難しさと厄介さがある。もちろん、ここで共同体主義が深い関心を寄せる共同体／コミュニティは、異なった個が（場合によっては自ら移動することも厭わず）自由に交わって開花することになる拠点のようなものとしてあるのではない。

だが、それにしてもグローバル化は、さまざまな場所、さまざまな場面において共同体主義の台頭とコミュニティ論の〈沸騰〉をもたらしている。これまでのようなアジア的特質という問いの立て方とは違った、グローバル化と連動したアジェンダ設定のなかでアジア的共同体論が再論されるようになっている。そして、コロニアル／開発体制の下での「ガバメント」に必ずしも同定されないような、たとえばギアツのいう「劇場国家」論のようなもの〔ギアツ、一九九〇〕に熱いまなざしが注がれるようになっている。日本に目を向けると、「入会をどう読むか」というようなテーマが相も変わらず問われ続けているし、そこに互酬の思想とか「内発的なもの」／「ヴァナキュラーなもの」を読み込む試みが一種ブーム性を帯びてあらわれている。「コモンズとボランタリズム」、「コモンズとコミュニティの実践」等の問いの立て方もそうした視圏内にある。いずれも、共同体主義の文脈において一度は検討されるべきテーマ設定としてあるように思われる。もちろん、共同体主義を越えてそれらから新たな可能性をすくいだすということも十分に考えられる。この点については、項をあらためて少しばかり検討することにしよう。

二、モデルなき座標軸

前項の末尾のような問いを立てたときに、これまで述べてきた諸事象の裡に何をみてとるかがあらためて問われるが、その際ポイントとなるのは、みられるような諸事象に内在する諸主体がハイブリッドな構成＝集合態《アセンブリッジ》を織り成しているかどうか、つまり「〈みんなと違う〉ことは、それ自身が悪である」〔加藤二〇〇九：三九〕という言説に明確にノーといえるような諸主体のつながりを（諸事象が）担保しているかどうかという点である。このつながりを、アーリは「自己組織的かつオートポイエティックな非線形的システム」［Urry 2005: 27］の裡に観て取ろうとしているが、要は集団への共属と垂直的な権力システムへの帰依から自由であるような諸主体のつながり、流動的な相互連関の形を見出すことができるかどうかである。この場合、考察の糸口となるのは、オートポイエーシス論とか複雑性ないしは自己組織化という定式化である。つまりそうした定式化を用いて、みてきたような諸事象に共同体主義に回収されない新しい共同性（→創発性）の創出の契機を読み取ることができるかどうかが最大の課題となるのである。

もっとも、そうはいっても、コミュニティを共同体主義とは明らかに異なる上述のような見地からとらえかえすことは、それほど容易なことではない。考えようによっては、先の諸事象が含む可能性をいきなりそうした見地にあてはめて読み込もうとすれば、かえって、そうしたものが共同体主義とどう絡み合って生じているのかが見えなくなってしまう惧れがある。この点で、中村雄二郎が着目する、ナンシーのいう「無為の共同体」が興味深い。ナンシーは、共同体の本質を「無為なもの」ととらえることによって、固定されたものや制度化されたものをたえず解体させる共同体の働きがみえてくるという［中村、一九九七：七〇］。この共同体の働きは、明らかにかつての社会システム論が想定したものの「外」にある。むしろアーリのいう非線形的システムに共振している。またそうした点で、オートポイエーシス論とか複雑性の理論の視圏内にあるともいえる。[12]

グローバル資本主義とこれに親和的な共同体主義にけっして絡めとられることのない、「いま＝ここ」に定立されるべきコミュニティの思想的基盤は、もはや「個と共同体」という問題設定の「内」にはない。

▼12　ちなみに、マトゥラーナは、オートポイエーシスを「構成作用が、自らを生産するネットワークをその相互作用によって回帰的に生成かつ実現させ、そして、そのネットワークの実現に与ることで、自らが存在する空間のなかにネットワークの境界を形成する生産ネットワーク」［Maturana 1981: 21］と定義している。

「個と共同体」は、長い間、両者の調整の問題として、また見る者の力点の置き方の問題として論じられてきた。だが、グローバル化の進展とこれに符節を合わせた「ガバメント」の再編は、「個と共同体」の存立基盤を根底から掘り崩してしまった。そこでコミュニティの思想的基盤をなすさしせまった問題として立ちあらわれているのが（「個と共同体」が壊れた後の）「共同体の再発見」である。それは、かつてのような「社会主義の実験」に同体化されてしまうようなものとしては存在しない。その対向にある新しい共同性の創出を模索する動きがそうであるように、それはモデルなき座標軸の上にある。そしていままさにこの座標軸に寄り添って、「共同体の再発見」という問題設定を脱構築するようなコミュニティにたいする新しい〈読み〉がはじまろうとしている。

6……反措定としてのコミュニティをどう描くか――東北の二つの風景から

コミュニティにたいするさまざまな問いかけの後におこなわれる新しい〈読み〉は、当然、制度化されているコミュニティにたいする「反措定としてのコミュニティ」を対象とするものであるが、いまのところ具体的に提示できるようなものとしてはない。そこでここでは、あたらしい〈読み〉がいま視界に入れているものをとりあえず記すことで提示にかえることにする。

偶然にも、いま東北ではコミュニティの再編／再形成につながる可能性のある、二つの好対照をなす風景が立ちあらわれている。ひとつは、トヨタ自動車の完成車製造子会社セントラル自動車の新本社工場の立地でゆれる宮城県大衡村の光景である。「巨像出現」というセンセーショナルな見出しとともに、工場進出が地域経済の活性化につながると報じる地元紙『河北新報』によると、地域に地殻変動が生じ、さまざまな地域像の模索がはじまっているという（『河北新報』二〇一〇年一月三日～一月五日）。とりわけ商店街および地元不動産業界では、自動車産業の集積にともない新住民が増えることによって集客がすすみ、（住居）入居者が増え、結局、コミュニティの再生につながるだろうという期待をふくらませている、と報じている。しかし工場の立地によって地域経済がグローバルな景気変動（好不況の波）に直接晒されるようになること、そしてそのことが結果的にコミュニティをきわめて不安定なものにしてしまう可能性があることについてはほとんど触れられていない。ここでは外来種の、「ガバメント」に誘導された地域経済の振興がコミュニティの活性化をもたらすという従来型のモデル／発想が踏襲されており、これらの多くがこれまでコミュニティの活性化どころか、かえって衰退を招いたことについての学習の痕跡がまったく見られない。[13]

いまひとつは、東北各地で起こっている「B級世界大会」の風景である。同じ『河北新報』が「あそびのチカラ」として前後九回にわたって紹介している（『河北新報』二〇一〇年一月一日〜一月一〇日）。一位を競わない風変わりな世界大会が次々と繰り広げられていく。スコップ三味線、スリッパ卓球、ちゃぶ台返し、ゴニンカントランプ等々、あげればきりがない。文字通り、三味線代わりにスコップをたたき、スリッパで卓球に興じ、ちゃぶ台をひっくり返して競い合う。やろうという意思があり、楽しむ気持ちがあれば、誰だって参加できる。負けて落ち込むことはない。勝っても賞讃されることはない。地域の底上げに貢献するわけでもない。大文字の地域振興とはとてもいえない。それでも地域の人たちは、世界のさまざ

▼13　東北の製造品出荷額において電子部品が食料品を抜いてトップに立ったのは一九八〇年のことである。以来、電子部品は東北のリーディング産業であり続けた（『河北新報』二〇一〇年一月三日）。そうしたなかで一九八七年に仙台市泉区に泉パークタウン工業流通団地が「北の拠点」的機能を担うものとして鳴り物入りで設立された。しかしそこはいま閑古鳥が鳴いている。かつての地域振興が結果的に地域にどうにもならない苦しみを与えながら、その苦しみの根源に向かって根本的な検討を加えないままに、いままた同じようなことをやろうとしているのである。

まなところから来て競技を楽しむ人びとを快く受け入れる。出場者はといえば、他者との「つながり」の上にある自分に気づく。そんな世界大会がいま東北で拡がっているのである。「勝手気ままに演奏し選曲する」、「勝ち負けよりラリーを楽しむ」、「損得抜きで仲間が集まる」、「人の輪が記録を伸ばす」……。すべて「意図せざる結果」である。気がついたら、さまざまな人が集まり、地域とつながっているのである。

ここでは自己責任が強調されることはない。裸のエゴが跳梁することもない。「有用性」とか「意味あるもの」はどこかに捨ててきている。競技なのに、スキルアップとか効率アップをそれほど重視しない。もちろん、「ガバメント」にも頼らない。かつて東北地方を席捲した地域振興は、交流人口の獲得に重きを置き、交流人口の果実がコミュニティの活性化につながると考えていた。こうした地域振興は、先の事例にもみられるように、いまなお根強く続いている。しかし上記の「B級世界大会」では、そうした線形的発想には立たない。さまざまな人びとが勝手気ままに集まり、ひたすら楽しみながら「合奏」するなかで交流が生まれ、気がついたら新しい共同性の基盤ができている。もちろん、そうしたものがここでいう「反措定としてのコミュニティ」そのものというわけではない。そうではなくて、みられるような競技がグローバル化の強制する「競争」の「外」にあり、そうしたものに参加する人たちが「異なる他者」と伸縮自在に交わるなかで地域の自己形成をうながしていること、それゆえ「反措定としてのコミュニティ」の磁場を形成しているということを、ここでは指摘しておきたいのである。もはや繰り返すまでもないが、そこでは「さまざまな種類のつながりが交互に並び合い、交わり合い、結び合って、そうして全体の織地が決まる」[Capra 1996: 30] 創発メカニズムの端緒形態を観ることができる。

いずれにせよ、以上、垣間みた二つの風景を後者に力点を置きつつ比較参照しながらとらえるときにみえてくる、グローバル化の量的世界の豊かさと貧しさによって塗り潰すことのできない異風景に、「反措定としてのコミュニティ」を描く際の有力な手がかりを得ることができるようになるであろう。

第2章 地縁と町内会の間

自分自身を措定しないということ……そのことこそが、私には、今日そもそも、個々の人間に求められるべきことの核心であると思われます。

アドルノ『道徳哲学講義』

1……はじめに――「モビリティと場所」へ／から

グローバル化の進展によって空間とともに場所のあり様が種々取りざたされるようになっている。場所については、たとえば哲学ではハイデッガーをはじめとしてこれまでたびたび論じられてきた。しかし社会科学で論議されるということはほとんどなかった。だがここに来て、グローバル化がローカリティを存立場として展開していることが誰の目にも明らかになるなかで、場所が社会科学上の第一級の問題構制《プロブレマティーク》として立ちあらわれるようになっている。いわゆる九・一一以降、グローバルな文化政治はグローバリズムを全面賛美することから、むしろそれにたいして懐疑的な立場をとる方向に微妙にシフトしているように思われる。

グローバル化はヒト、モノ、カネ、コトのボーダレスな移動を旋回基軸としている。そしてそれとともに、ハイブリッドな社会がどこにおいても観取されるようになっている。それらは文化の複数性を高らかに謳いあげる「多文化共生」といったスローガンとともにある。しかしこれらのスローガンとは裏腹に、現に社会の基層から立ち上がっているのは、多様性と相容れない単一の地域文化への希求である。いまやヨーロッパを越えて世界のあちこちでみられるようになっている、かつて斉藤日出治らが指摘した以下のような「差異論的人種主義」は、そうしたものと相同的《アナロジカル》に論じることができる〔斉藤・岩永、一九九六：二四九〜二五〇〕。

それ〔差異論的人種主義〕は〔……〕、人類学的な文化論を逆手にとって主張される。レヴィ＝ストロースに代表される構造主義的人類学は、文化の多様性と平等性を尊重し、それらの差異の還元不可能性を強調した。新しい人種主義は、この文化人類学的認識を根拠にする。諸文化の混合や文化的な距離の消滅は、人間的知性の解体を意味する。それは人類の存続と発展を保証していた規制の崩壊にほかならない。だから文化的伝統を維持することによって、集団としてのアイデンティティを維持しなければならない。かつて反人種主義が唱えていた諸文化の「相違への権利」がフランス文化についても認められるべきだ。移民の「侵入」によって不純になりつつある文化の伝統を守り、異文化を排撃しようとする動きがこうして正当化される。他の集団に対する優越性を想定するのではなく、もっぱら境界や差異の消滅がもたらす危険だけを強調する人種主義がこうして生まれる。

こうした動向は、リベラル・ナショナリズムとかコミュニタリアンに主導されたコミュニティ論が隆盛をきわめている時代相あればこそ観取し得るものであるが、ここであらためて注目したいのは、如上の動向と共振／共進するような形で場所論議が立ちあらわれていることである。つまりグローバル化がかつてのように一方向的なものとしてではなく、いくつかのヴェクトルの交差する地平で論じられるのと符節を合わせるようにして、場所論がさまざまに展開されている。筆者はそうした場所論を通底する社会学的問題構制を近著において「モビリティと場所」というテーマ設定の下に論じたが［吉原、二〇〇八a］、ここでは近年、コミュニタリアンが熱いまなざしを向ける地縁の再定式化を介して再論してみることにする。後述するように、こうした試みは同時に論者のポジショナリティ（立ち位置）を問い込むといった一面も有している。

2……錯綜する場所論議

ところで、場所に関する議論で当初目立っていたのは、グローバル化をスチュアート・ホール流に「資本主義による世界の構造化」ととらえ、ローカルなものが断片化され溶解されるといった類の解釈から派生したものである。それは一つは、グローバル化をひとつの単体として擬人化された資本主義のダイナミックスに引き寄せて読み込み、場所を資本にとっての差異化戦略の拠点とみなす論調である。こうした論調を積極的に導いてきたのが、批判地理学の才幹ハーヴェイである。彼はグローバル化によって「空間的障壁が重要でなくなるにつれ、空間内における場所のバリエーションにたいして資本はより敏感になるとともに、資本を引きつけるように場所の差異をつくりだそうという誘因が高まる」、そして「特別な質を持った場所の生産をめぐって、ローカリティ、都市、地域、国家の間で空間的競争が行われるようになる」という［ハーヴェイ、二〇〇〇：三八〇〜三八一］。ここでは明らかに、資本によって導かれた場所間競争の高まり＝場所性の強化に照準している。こうした場所論議は、グレゴリーのいう「ネオリベラル的なスタンス」［Gregory 2000: 315］、つまりグローバル化は容赦ないものであり、事実上止めることはできない、したがって抵抗するよりは受け入れるしかないといった立場にたいする批判的認識の上に構築されたはずであるが、現実には「ネオリベラル的なスタンス」と微妙に響き合っている（ただし、『ポストモダニティの条件』以降のハーヴェイは明らかに異なる）。▼1

いま一つの論調は、グローバル化にたいする以上のような認識を共有しながらも、指摘されるようなローカルなものの断片化／溶解を一種の「脅し」＝「恐怖」としてとらえ、その対向に「安定性やなんら問題のないアイデンティティの拠り所」として場所を措定する、いわばコミュニタリアン的な論調である。それはマッシーがハイデッガーに縁由して「進歩的な場所感覚」としてとらえるものである［マッシー、二〇〇二］。マッシーによると、それは概ね、場所には単一の本質的アイデンティティがあるとする観念、内面化された起源を求めて過去を掘り下げ、それに基づいて内向化された歴史から場所のアイデンティティ――場所感覚――が構築されるとする観念、さらに「場所のまわりに線を引くこと」を特徴としているという［Ibid.: 39］。それは、筆者流に言えば、「人びとの『生きられた世界』への、まるでわが家に戻るときのような帰属感（アットホームネス）や原生的なアイデンティティを強調する論に色濃くみられる『場所のまわりに線を引く』傾向」［吉原、二〇〇四：一八〇］ということになる。こんにち、世界のいたる所で反グローバリズムの運動が芽を吹いているが、それらの少なからぬ部分が如上の「場所のまわりに線を引く傾向」を抱合していることは事実である。

さてこうした論調は一見したところ、「ネオリベラル的なスタンス」と共振している第一の論調の対極にあるようにみえる。しかしながら、つまるところ「ローカル（化）がグローバル化の一方向的な規定にさらされている」［同上：一七六〜一七七］という立場を共有しているという点で同根であるといえる。つまり両者は「遠くて近い」関係にあるのである。▼2

いずれにせよ、擬人化された資本のリストラクチャリングという大きな物語《グランド・ナラティヴ》から派生している、以上概観したような二つの論調は、場所論としてはすでに一定の広がりをみせている。だがここに来てそうした大きな物語に必ずしも回収／同定されていかない場所論議が立ちあらわれている。前掲のマッシーの言葉を借りれば、以下のように記される「場所のオルタナティヴな解釈」がそれである［マッシー、二〇〇二：四二］。

▼1　もともとハーヴェイの一瞥したような立論には、「ルフェーヴルの『資本主義の存続』（*The Survival of Capitalism*）および『空間の生産』（*The Production of Space*）における理論的立場、すなわち資本主義の存続の条件が変わり、生産の社会関係の迅速で効率的な再生産を保証し、調整するトータルなシステムの構築の過程において空間の生産が重要な役割を担うようになっているとする立場が少なからず影響を及ぼしている」。しかし「『ポストモダニティの条件』以降の論調において見出されるハーヴェイの場所理解には、いわゆる存在ではなく生成のプロジェクトに即して資本の欲動への対抗戦略を練り上げる拠点としての場所という含意も込められるようになっている」のである［吉原、二〇〇八c：一一〇〜一一一］。

▼2　スミスによれば、いずれの立場もグローバルとローカルの二項対立図式《ディコトミー》に底礎しており、畢竟、「『グローバルなもの』をトップダウンの政治経済的権力が跳梁する空間と見なし、他方、『ローカルなもの』を階級的分極化の場もしくはグローバルな資本主義の容赦ない行進にたいする無力な文化的抵抗の場に還元していく」立場の上にあるという［Smith 2001: 12］。

この解釈では、ある場所にその種別性を付与するのは、ずっと過去にまでさかのぼって内面化される歴史ではない。それは、ある特定の位置で一まとめに節合された諸関係の特定の布置から構築されるという事実なのである。そのような社会的諸関係、そして移動とコミュニケーションのあらゆるネットワークを思い浮かべながら、人工衛星から地球に向かって移動しているとすれば、それぞれの場所はそのネットワークが交差する、特定の、つまり唯一の点とみなすことができるだろう。換言すれば、場所の唯一性、つまりローカリティは、社会的諸関係、社会プロセス、そして経験と理解がともに現前する状況のなかで、その特定の相互作用と相互の節合から構築される。

まさに「社会的諸関係と理解のネットワークが根茎状《リゾーム》に節合《アーティキュレイト》され、しかも外に向かって開かれている状景を念頭においてなされる場所解釈」［吉原、二〇〇四：一七九］であるといえるが、先に概観した二つの論調がいまなお力を持っている上に、世界のマクドナルド化と土着（indigenous）の欲望が混然と渦巻いている「いま」を視野に入れるなら、そうした場所理解からグローバル化という修辞に内在する、以下のような可能性が直接導き出されるというわけではない［モーリス、二〇〇二：二二六］。

境界を越える文化の流れは一方で国民体を掘り崩すかもしれないが、他方で同時に、多重多様のアイデンティティを活性化し、伝承された市民のありかたに、潜在的により大きな流動性を導き入れる〔……〕。ネイティヴなものと外なるものとのあいだの境界が透過しやすいものになるにつれて、周縁部ではディアスポラ＝離散という境遇が特別なものではなくなり、「国家と市場主義システムの外部にある、国家－国民を横断する連携」によって構成される新たな「公共圏」の形成が促進される〔……〕。

「『ディアスポラ的』と呼ぶものの枝の繁る樹木のように横断的な諸関係」［ホール、二〇〇二：一二二］が指摘されるような「新たな『公共圏』」、ここでいう場所の形成にむすびつくには、何よりもまず、先のマッシーの言述を援用していうなら「社会的諸関係、社会プロセス、そして経験と理解がともに現前する状況」を具体的に示す必要がある。以下、ここではそれを創発性という概念に寄り添いながら、しかもその内面を構成している社会・文化構造に立ち返るなかで検討してみよう。いうまでもなく、その際鍵となるのは創発性（the emergent）である。もっとも、それは未だ開発途上のものなので、ここではミニマムな約言にとどめておく。

ここでいう創発性は「ヒト、モノ、コトの複合的なつながりから生じる、『一方で開放性を、他方で異質性を』兼ね備えた動的な関係の総体」［吉原、二〇〇八a：二六〇］のことである。この場合、人と人、人と自然との「あいだ」をどうとらえるかがポイントとなるが、何よりも自由自在に生起し広がるプロセスを把握することが避けられない。こうしたプロセスは、たとえばベルクのいう「通態《トラジェ》」（＝「行程」）の主内容となっているもの、すなわち環境を媒介にして諸個人間で「……を越えて」と「……を横切って」という形で築きあげられる関係づけ（相互作用）をメルクマールとしているが[3]［ベルク、一九八八：一六七］、要

▼3　ベルクは通態を「風土を構成する諸項間の『相互作用』（ピアジェ）として、またそれらの項のあるものから他のものへの『可逆的往来』（デュラン）として考察」［ベルク、一九八八：一六二］することができるといい、畢竟、「通態性という語は、ある状態または特性の概念であるが、これは同時に通態（trajection）というプロセスでもある。この語は時空のうちで、物質的と非物質的な移転が動的に同時に発生することを示す」［ベルク、二〇〇二：一六六］と述べている。

は関係が創られては壊され、再び形態化されていく生成（becoming）の行程《トラジェ》としてあるということである。

こうみていくと、あらためてこれまでしばしば論じられてきた内発的発展[4]（⇩内発性）との異同が問題になってくる。考えてみれば、創発性も内発性も「住むこと」、すなわち五感を駆使して大地を領有するといった「根ざすこと」を共通の立ち上がりの契機としているが、後者ではその「住むこと」＝「根ざすこと」が人と人、人と自然との「あいだ」を一定領域内で完結する閉じた関係性に収斂させる「囲むこと」に深く繋留されているのにたいして、前者では「住むこと」＝「根ざすこと」が「囲むこと」に決して回収されていかない。だからこそ、内発的発展を何らかの「慣習化したもの」として捉え、そこに相互作用ネットワークの豊かな可能性をみようとすれば、「内面化された起源」＝「内向化された歴史」に立ち返るのではなく、むしろ創発性に重ね合わせることがもとめられる。とはいえ、創発性の内奥に地域の人びとの生活の履歴が深く刻み込まれた「物語《ナラティヴ》」がひそんでいるのも事実である。創発性という形での、人と人、人と自然との「あいだ」の存立態様の後に隠れている社会・文化構造に思いをめぐらせる所以である。以下、地縁に言及することによって、この社会・文化構造の一つの「かたち」を示すことにしよう。

3……地縁／町内会への否定的なまなざし

一般に地縁という言葉は、社会科学ではネガティヴにとらえられがちである。たとえば以下にみる上野千鶴子の理論整序はその典型例である。上野によると、社会関係を「縁」としてとらえた場合、表1のように二つのカテゴリーで整理することができるという。ここでは各論者の議論を類型化した上で、総括的に既存の縁としての血縁、地縁、社縁と、今日的な縁としての選択縁（たとえば、主婦やシングルの有職女性の間でみられる女縁）にカテゴライズしている。そして上野は、最初の三つの縁が「選べない縁」であるのにたいして、後者の縁は自らの選択によって構成される社会関係であり、集団の形成であるとする［上野、一九八七］。米山、網野の場合は別にして、ここでの上野の立場はテンニース、マッキーバー、クーリーと同様に、社会学的近代主義に特有のディコトミーに底礎しているようにみえる。そして「選べない縁」としての地縁は、まぎれもなく「自由で開放的な集団」の対極に据えられている。上野の意図は明確である。地縁から「選べる縁」への移行を見据えている。[5]

さてこうした場合、これまで地縁の具体的な「かたち」として語られてきたのは町内会である。それでは、実際に町内会はどのように論じられてきたのであろうか。ここで範例としてとりあげるのは、少々古くなるが、GHQ民政情報教育局調査分析部が一九四八年一月二三日付で著わした冊子『日本における隣保組織――隣組の予備的研究』である[6]［GHQ/SCAP CIE 1948］。冊子の内容構成は次の通りである。

▼4　周知のように、内発的発展については、宮本憲一、鶴見和子等による論の累積がみられる［宮本・遠藤編著、一九九八］［鶴見・川田編、一九八九］［鶴見、一九九六］。また近年、多様な人びとが入り合う／入り会うコモンズの空間との関連で再び論議されるようになっている。それらは総じて内発的資源の布置状況および所有／利用形態に力点が置かれ、関係論的定式化にはあまり熱心でないようにみえる。中村尚志の言葉を援用するなら、たしかに循環性にたいする議論は秀でているが、多様性と関係性についてはどちらかというと後景に退いてしまっているという印象は拭えない［中村、一九九四：一八七〜一九三］。

▼5　こうした認識は上野に特有のものではない。たとえば、松下圭一はより早い段階で「工業化、民主化につれて生活機能分化にともなう包括的地縁共同体から多元的機能集団への移行がおこるはずである」［松下、一九六八：八九］と述べている。ちなみに、松下は別のところで地縁（社会）／町内会を「官治下請の『包括』加入をめざしたムラ規制の形骸」と論難し、「『選択加入』の自治会への転換」を説いている［松下、一九九九：八八］。

表1 ■ 縁の諸類型

米山俊直	血縁	地縁	社縁	
テンニース	ゲマインシャフト		ゲゼルシャフト	
マッキーバー	コミュニティ		アソシエーション	
クーリー	第一次集団		第二次集団	
磯村英一	第一空間		第二空間	第三空間
望月照彦	血縁	地縁	値縁	知縁
上野千鶴子	血縁	地縁	社縁	選択縁
	（選べない縁）			（選べる縁）
網野善彦	有縁			無縁

出典：上野［1987: 229］

序
第一章　隣保組織の歴史的背景
第二章　一九三〇年代以降における隣保組織の国家統制
第三章　東京都の隣保組織
第四章　隣保組織の解体
付録　A　部落会および町内会の整備
　　　B　関連法規の抜粋
　　　C　町内会および部落会の指導および運営
　　　D　一九四七年一月二九日内務大臣声明
　　　E　ポツダム政令第一五号

まず序で、「共同体組織（community organization）としての隣保制度は、一九四〇年から四七年の廃止にいたるまで日本人の日常生活を管理する国家統制的なハイアラーキカルな機構であった」と位置づけられ、冊子を貫く問題意識の所在が明らかにされる。そしてこの位置づけの下に「起源」からはじまって隣保組織（事実上、隣組）の歴史が、以下の三つの局面、すなわち、（一）大化の改新時における五人組隣保制度の導入、（二）徳川封建体制下における地方行政組織としての「五人組」（以上、第一章）、（三）日中事変と欧米諸国との戦争期に見られた、国策を押しつけ、仲介し、遂行した近代的「隣組」（第二章）、に遡及して考察される。以下、述べられているところを簡単に概観してみよう。

第一章の嚆矢をなす「起源」では、「日本の社会が血縁的な紐帯から徐々に解放され、非血縁的で地縁的な集団、すなわち隣保組織が発展」（二頁）してくるプロセスが述べられ、近隣組織のプロトタイプとしての「結」と「講」に言及される。これらは「近隣者の自発的な集団化」（三〜四頁）であり、「大体、基準にして一〇世帯ぐらいが標準であった」（四頁）。したがって五人組制度の起点をそこに見出すことが可能であるが、同時にそれが大化の改新時の唐の保甲制度の導入と無関係でないことが論じられる。さて、そうした始源を有する隣組は、これまで少なくとも三つの基本的な機能が支配的であった、という。


まず、隣組は共同労働、借金、介護、救護、その他多くの行為が見られる相互扶助組織であった。次に、それは連帯責任を負う制度であり、成員たちはそこで仲間たちの行動や公的活動にたいして責任を負い、そうすることを余儀なくされた。第三に、それは上位にある政治権力から発せられる命令を伝達する制度であった。

日本の歴史を通して、ある時にはこれら機能の一つが、またある時には別の機能が表出した。封建体制以前の日本では最も重要なものは相互扶助機能であり、徳川時代には連帯責任という機能が主要な社会的統制の手段となり、近代では命令伝達機能が特に目立つようになった。しかし基本的には、これら三つの機能は常に混ぜあわさって存在していたのである。（一頁）

▼6　なお、この箇所は吉原［二〇〇〇b：七〜一五］からの再録である。それは単にＧＨＱの町内会認識を知るだけでなく、戦後改革の基調をなすものを知る上でも欠かせない。

表2 大宝・養老律令によって制度化された五人組制度の3つの機能

機能	内容
1. 秩序維持機能	a. 隣保組織のメンバーは過誤をおかさないように相互に監視しなければならない。 b. メンバーが罪を犯した場合、それを告発しなければならない。 c. 隣保組織内で盗難や殺人が起きた場合、解決に手を貸し、速やかに報告しなければならない。 d. 旅行で逗留している者は届けなければならない。
2. 経済的連帯責任機能	a. 隣保組織のメンバーである家族が逃散した場合、誰であろうと隣保組織が探しだすか、年貢を代納しなければならない。 b. 家が断絶した場合、遺された財産は隣保組織のメンバーが処理しなければならない。
3. 互助機能	a. 身寄りのない孤児にたいしては、隣保組織のメンバーが世話をしなければならない。 b. 隣保組織のメンバーは相互に保証しあい、遺失が生じた場合には相互に補償しあわなければならない。

（6～7頁）

そこで、先にふれた（一）の局面に立ちかえって詳しく観てみることにしよう。隣保制度に関して遡及できる日本最古の記録資料は『日本書紀』であるが、五世帯から構成される隣保組織が制度化されるのは、大宝律令（七〇一年）であり養老律令（七一八年）である。ところでそこでは、表2にみるような五人組制度の三つの機能が確立された、という。

その後、数次にわたる法令改正および適用範囲の拡大がこころみられ、上述の機能の円滑な遂行がはかられたが、人びとの無関心や否定的態度に遭遇し、必ずしも社会全体に浸透したわけではない。そして「法令によって確立した五人組制度は平安時代になると衰退し、平安時代半ばには全く消滅してしまった」とする穂積陳重の言述を引用した後で、鎌倉時代にはいるや、武家のさまざまな制度（江戸後期に「武家名目抄」に体系化）が整備される中でこの制度が名前だけのものになってしまったことが指摘される。同時に、「保」の系譜をひく近隣集団化の動きがチョウやマチでもって確認される。ところで、五人組制度が封建体制のはじまりとともに衰退してしまった理由としては、「一般的には土地配分制度（班

表3 ■ 幕藩体制下の五人組の機能

機能	内容
1. 公序良俗の維持	規則の実施・宿泊の拒否・放浪者の捕縛・違反者の通報／捕縛、上記のことがらにたいする連帯責任、洪水・火事・地震などの災害─危機の際の共同行為、窃盗・追いはぎ行為を規制するための共同防衛、番小屋の設置と維持、など。
2. 宗教の統制	キリスト教徒・日蓮教団の禁制への協力の強制（密告の奨励、匿った者の厳罰と連帯責任）、寺社の状態の報告および修繕責任、など。
3. 年貢納入の保証	年貢規則の細目制定と実施、納入不可の場合の連帯責任、など。
4. 勤勉貯蓄の奨励	生産的職業の怠業にたいする監視や通告、耕地・耕作・森林の維持責任、支出の節約と勤勉の奨励、衣食住の奢侈禁止、上記のことがらにたいする連帯責任、など。
5. 相互扶助	必要とされるときや災害時の相互扶助、年貢負担能力を欠いている者（病人、無分別者、罹災者など）の生活支援および年貢代納、など。
6. 道徳教育	村の協働義務（協働防衛、公的福祉）、村役場案内（公明正大な年貢徴収・賦役・村費支出、公私混同の回避、公正・正直・慈善）、村自身の道徳的責任（悪習の制限、望ましい慣習の奨励）、村費の節約、など。

（14～18頁）

田収授法）の廃絶にあったが、特別な原因としては、無報酬の近隣組織の義務が責任者にとって過重負担となりはじめるとともに人口調査・登録制度が十分実施されなくなり、業務を忌避する傾向が広範囲に立ちあらわれたこと、農家家族が散居していたため集団として活動することの価値が低減していたこと、そして農村と都市の人口構成に変化が見られたこと」（八頁）があげられている。

それでは、五人組制度の復活のきざしはいつ頃見られたのであろうか。それは室町時代の末期に特に「無法と争乱に対処する手段」（九頁）として立ちあらわれ、やがて封建的秩序を維持する制度として全国に拡がっていったとされる。特に徳川時代の三代将軍家光のときに、「キリスト教の禁止を実施し、増加する放浪者、特に浪人を取り締まり、次第に負担が重くなる年貢の取り立てを確実なものにする」（同頁）ためにテコ入れがなされて以降、急速に定着することになった。そして、組帳や「寺小屋」の教科書に上述のことを強調した文章がしるされるほどになった。ところが、徳川時代初期には総じて平和維持機能の遂行が期待されていた五人組制度も、幕藩体制の安定化とともに徐々に道徳的経済的諸機能が強調されるようになり、またそれと符節を合わせるようにして日常生活の支配細目からなる規則がどんどん付け加えられていった、という。こうして五人組の規則と誓約は日常生活のほとんどすべての領域を覆うまでになったのであり、それは以下の六つのカテゴリー、すなわち一、公序良俗の維持、二、宗教の統制、三、年貢納入の保障、四、勤勉貯蓄の奨励、五、相互扶助、六、道徳教育、によって説明されている。表3はその内容を示したものであるが、明らかに「軍事的秩序よりも民衆支配、教育、道徳心、相互扶助」（一一頁）が強調されており、畢竟、連帯責任の観念が基軸をなしていることが観てとれる。

いうまでもなく、連帯責任を鼓吹するこうした五人組は、農村、そして農民が「国富と年貢収奪制度の基礎」（一八頁）であったからこそ、幕府の目がいっそう強く向けられた農村に深く定着することになったのである。一方、都市では、幕府じたい「都市の住民にたいして比較的寛容」（同頁）であったことに加えて、「都市では貧富の差が農村よりもはるかに大きかったため、富やその他諸々の事情の垣根を超えた相互扶助にもとづく五人組制度は、都市部の深いところに入り込むことができなかった」（福田徳三）ことが指摘される。[▼7] しかしいずれにせよ、濃淡の違いはあったものの、隣保制度は徳川時代を通じて全国の隅々まで浸透したのであり、それは「責任ある地方行政単位であり、基本的な地域住民の共同集団でもあった」（一九頁）と主張される。

明治維新は、こうした隣保制度を大きく変えた。それはまさに、隣保制度が「明治維新という社会革命の初期の犠牲者」（同頁）といわれるほどであった。ちなみに、維新を経て隣保組織の機能が根こそぎ奪われていくプロセスが、次のように叙述されている。

一八七二（明治五）年二月、戸籍制度が法制化された。同年四月、地域や隣保組織の長をあらわしていた古い名称が廃止され、新しい名称に置き換えられた。

租税、戸籍、軍事、農事をあつかう新しい管轄主体が徐々に立ちあらわれてくるにしたがって、以前の五人組制度の諸機能が置き換えられた。封建体制下で五人組に義務として割り当てられていた多くのことがらが、村、町、市、郡、県といったより大きな機能・行政単位に再び割り当てられたのである。それとともに、五人組は数においても重要性においても大きく後退した。五人組は新しい行政制度によって、法にもとづいて施行され、国民に大きな影響力を与える国家制度としては解体させられてしまったのである。（二〇頁）

さて、一八八八（明治二一）年の市制・町村制の公布によって行政機関としての性質を喪失した五人組は、その後しばらくの間、「自発的な集団として残った」のである。つまり「政治や教育、その他公的な義務から切りはなされて、多くの場所で、農繁期や法事・結婚式・葬式・祖先崇拝といった主要な儀式において、相互に助けあう近隣互助組織として存続した」（二二頁）と。ところで、このように一旦歴史の表舞台から退いた五人組制度が再び公的な場で息を吹きかえしてくるのは、日露戦争（一九〇四〜五年）を経て、一九〇八年の戊申詔書の勅令の際に五人組制度の復活が謳われて以降のことである、といわれる。そして、五人組制度の復興運動は大正期を通してさまざまな形で観られるが、その直接的な契機をなしたのは、昭

▼7　私見によれば、このことは、五人組制度が都市における住み分け状態（実質的には空間的混在状態）を克服できなかったことを意味しており、後述する総力戦体制下の町内会－隣組の展開――いわゆる空間的混在から社会的混在へ――を考えるにつけ、日本の隣保制度のあり様を示唆していて興味深い。

和恐慌後の農村経済更正運動であり、日中事変の勃発であると指摘される。いうまでもなく、それらにおいては「現下の経済問題にたいして住時の互助で対応」（二四頁）し、また「戦争とのかかわりで銃後の必要性」（二五頁）に応えようとする意図が見え隠れしていたのである。

以上、第一章の概要であるが、そこを貫いているキーノートは、いうなれば一九三〇年代以降に進展する隣保組織にたいする国家統制のための長い歴史的な序曲をなすというものである。そして第二章からは、いよいよ近隣組織の政府統制のプロセスが叙述されることになる。その直接的なきざしは一九二九年の府県制、市制、町村制の改正以降、地方自治体の再編にかかわる様々な政府計画において見られるが、いずれも挫折し、結局、一九四〇（昭和一五）年九月一一日の内務省訓令第一七号の発令によって「全国的体制の組織化」がなされるというわけである。訓令を叙述した部分を取りあげてみよう。

訓令は市、町、村を場所と地域活動によって適切な範域に区分し、「市、町、村を補助する副次的な制度を樹立する」ために部落会と町内会を組織化することを命じた。各部落会もしくは町内会はそれらの会員によって推薦もしくは選出された、しかし実際は市長、町長、村長によって指名された会長によって統率された。部落会もしくは町内会の許で実際の活動をおこなう近隣集団として職務を遂行するために、隣保班と隣組の設置と再編成が命じられた。そしてその後に、昔の五人組や十人組、そして近年の隣組を支配した適切な原理に基づいて再調整がおこなわれることになった。常会には地域の全住民が出席することになった。もっとも、極端に大きな地域の場合は、隣保班もしくは隣組の代表（班長もしくは組長）だけが参加することがもとめられた。多くの部落会もしくは町内会が存在するような地域では、部落会連合会もしくは町内会連合会として上層の組織を結成することが可能になった。

市、区、町もしくは村とその地域内に居住している住民との間の緊密な連携を維持する手段として、訓令は、地方自治体の住民と（一）部落会もしくは町内会および部落会連合会もしくは町内会連合会の指導的地位にある者、（二）「種々の関連諸組織の代表」そして（三）官公署の職員、地域リーダー、学校教師、学識経験者との月例会の開催を規定した。（三〇頁）

ところで、この訓令の効力については、「訓令発令の七ヶ月後の一九四一年四月に、内務省は全国で一九万九七〇〇の町内会と部落会、一一二万の下位の隣組と隣保班ができあがり、組織化は完了したと発表した」（三二頁）と述べているほどである。もっとも、このようにして組織化された部落会および町内会に下された各種指令は政府部局からバラバラに流されたために、これらを一本化する必要が生じ、各種指令が内務省地方局→都道府県→市、区、町、村→常会を経由して「徹底事項」として伝達され、しかもそれらのシステムが末端レヴェルで大政翼賛会によって導かれるようになったこと（四二年五月一五日、閣議決定）がしるされている。そして戦時中に「困難な銃後の状態」に対処するために、「種々の精神的、経済的、政治的職務や広報にかかわる職務」が部落会および町内会に課せられたという。いわば銃後のまもりとして部落会および町内会が果たした役割は、希少必需品の配給、そのための登録と配給手帳の発行（→四二年一〇月二九日、町内会、部落会内に消費経済部を設置）、銀行貯蓄・郵便貯金・国債の購入・その他貯蓄の奨励、納税業務の代行（→納税部の設置）、防空、婦人組織の組織化（→隣組の「家庭工場化」、保健衛生（→健民部の設置）、廃物利用と軍事物資の提供など、戦争の深まりとともにとてつもなく大きなものになった。繰り返すまでもなく、こうした役割遂行が先にふれた伝達経路を介して達成されたのである。ちなみに、東京のケース（通達の普及過程）を一瞥するなら、次の通りである（第三章、五五～五六頁）。

一、中央政府が東京市に最初の通達を出した。
二、区長が市吏員の加わる常会を開催し、そこで通達が伝えられ、説明された。
三、区役所で開かれるすべての町会長の常会で、通達がいっそう細かく伝えられた。
四、町会の指導者たちが各々、あらゆる隣組長からなる会合を開いた。
五、最終的に、各隣組長が情報を自分の組織内の五世帯から一〇世帯に伝達した。

ともあれ、このようにして隣保組織にたいする国家統制が戦時中に最高度に達し、それによって「国民に戦争勝利のプログラムと生活の節制を告げる政府」（三五頁）の意思が末端まで浸透することになったというわけである。

問題は、こうした経緯をたどって国民生活の戦争への動員の要となった町内会、部落会が敗戦とともにどうなったかという点である。第四章では、その点についてごく簡潔にしるされている。結局、結論は次のようなものである。すなわち「戦後の近隣組織は、戦前、それらが食料や衣料やその他必需品の回路として、さらに地方自治体の諸事業への従順を強いる代理機関として機能したのと同じように機能し続けた。戦時中、見られた中央政府の統制された情報の公的な撒布は止まったが、常会体制、配給、移転、その他政府問い合わせのための証明、保健や衛生計画のようなコミュニティの諸事業への近隣の協力は変わらないままであった」（六二頁）と。むしろ、東京の場合、今まで以上に「町内会は日常的必需品を支給する責を負う準行政的機関となり、迅速な調査をおこなう重要な単位となり、健康と暮らしを守る自治体の計画を遂行する際の補助者となった」（六一頁）のであり、したがってまた「戦時中のどの時期よりも終戦直後の方が仕事の量が多かった」（六〇頁）といわれる。そしてそうであればこそ、ポツダム政令第一五号によって町内会、部落会、隣組等の廃止措置（四七年五月）がとられたのは、当然のことと見なされるのである。いうまでもなく、それは冊子の冒頭で述べられているように、「戦争が終結した後、隣保組織の存在は非民主的な性格であったがゆえに、公けに論議された」（序）結果なのである。

さてこうしてみると、日本の隣保制度の歴史を通して、相互扶助機能、社会的統制機能そして命令伝達機能という「三つの機能は常に混ぜあわさって存在していた」という、先にとりあげた言述は、つまるところ、何らかの形で前者が後二者の補完としてあったということ、あるいはより正確にいうと、前者が後二者に継起的に取って代わられたということを、事実上、言明しているといえる。むろん、個々の記述に言及していくと、歴史のおりおりに社会的統制機能の衰微の後に相互扶助機能があらわれていることがわかる。しかし冊子では、この局面よりも相互扶助機能が社会的統制機能とか命令伝達機能にいわば「凌駕」されていくプロセスに力点が置かれている。つまり、そこでは明らかに、隣保制度を「上から」の支配の文脈に即してとらえていく視点が前面に躍り出ている。

4……「選べない縁」の裏側——「文化現象」としてみた地縁／町内会

みられるように、隣組はたしかに歴史を貫いて「上から」のガバメント（統治）の枠内にあった。したがって「選べない縁」ゆえの病理を表露してきたようにみえるのは否定しがたい。しかしそれは制度に組み込まれたがゆえの硬直化の果ての病理ではなかったのだろうか。そもそも地縁＝町内会は「選べない縁」なのだろうか。

このことを検討するにあたって、あらためて地縁／町内会をめぐって流布している通説らしきものについて言及する。それらはごく大雑把に言って、一つは地域性（＝狭域性）をめぐって、そしていま一つは同質性をめぐって展開されてきたものである。前者は明確に限定された物理的環境、自発性を欠いたメンバーシップとともにしばしば土着性として語られてきた。そしてその場合、各人の信条、それゆえ同意にもとづくメンバーシップとそれに照応する伸縮自在な活動の広がり（＝圏域）が対向に据えられるのが常であった。他方、後者は社会構成面での一体性というよりは、共感にもとづく承認をメルクマールとする集団主義的行動面での同調的態度に関連して指摘されることが多かった。[8] この場合も、一定の信条に裏打ちされた規範意識、集団の規則《ルール》への忠誠といったものが対向に置かれた。いずれも対向に立つサイドからすれば、原理にもとづかない／原理の検証を経ていないものということになる。だからこそ、「盟約もしくは契約を意味するコヴィナント（covenant）の論理」［中川、一九八〇：七〇］に寄り添う立場からすると、「あまりにも不条理で、あまりにも非合理的」ということになる。

　だがそうした通説から離れて、地縁／町内会を一つの文化としてみると、また違った相がみえてくる。まず地縁＝町内会が包合する地域性であるが、それは基本的には祭礼等[9]によって形象される、いわば大地にねざした共感、すなわち五感を駆使した「ふれあい」にもとづく人と人との「あいだ」の存立を可能とするような範域性のことであり、それゆえ如上の「あいだ」を具体的に視ることのできる広がりとしてある。重要なことは、指摘されるような「あいだ」＝広がりがその場その場の状況によって組成され、より大きな審級へと繋がっていくことである。こうした場の状況にしたがうこと、そしてそこから派生する集合意識（「ある種の秩序感覚」）が、実はmixed communityとしての地縁／町内会にとって不可欠の要件となるのである。

　先に通説としての同質性が集団主義的行動面での同調的態度に同定されている[10]と述べたが、もともと地縁／町内会では階級、職業が混在しており、宗教、信条もきわめて雑多である。そしてそのことがコミュニティ形成の障害にならなかったのが、これまでの地縁／町内会の最大の特徴であったのである。それではなにゆえ、差異が障害にならなかったのであろうか。それは一言でいうと、その場その場の状況にしたがうという「場の規範」が機能していたからである［同上：一〇六］。この点は既述した「コヴィナント（covenant）の論理」からすればいかにもわかりにくく、とらえどころがないが、まさに異質なものの集まりにおいて位相的秩序のなかで調和を維持していくということが地縁／町内会の真骨頂であったのである。この調和／統合のあり様を、菊池美代志は（英米との）比較社会論的視点を基軸に据えて、以下のように述べている［菊池（美）、一九七九：一三一～一三四］。

住民組織の階層的性格は、アメリカやイギリスのクラブが階層ごとに結成され、それへの所属が地位シンボルとして扱われる事態に典型を見る。住民組織もその例外ではなく、コミュニティは階層を異にする多数のアソシエーションから構成され、そのアソシエーションはメンバーの階層利益を徹底

▼8　管見によれば、こうした主張を行っている近年の最強の論者は井上達夫である。井上は、町内会に代表される中間的共同体は「下からの天皇制」の性格を拭いがたく内在させており、そこには「同質化強制圧力」が潜んでいるという［井上、二〇〇一］。

▼9　町内会の祭礼は、今日、夏祭りの盆踊りにみられるように、必ずしも地域的な信仰を想起させるものとはなっていない。しかしもともとはきわめて土着的なものであり、産土神、鎮守の神、氏神等のいわゆる場所の神の加護を祈るものとしてあった。いずれも「風土の母性と自然性」［中川、一九八〇：三〇六］に根ざしている。

▼10　この点に関連して、中川剛は「西欧ではキリスト教の各宗派が地域ごとに普及して、生活様式を同じくする者どうしの共同体―コミュニティが成立していた。日本では、信教のちがいにもかかわらず、産土神信仰を基礎とする町組、村の生活共同体が成立しており、信仰にもとづく生活様式の差は、世俗の秩序にかかわることがなかった」［中川、一九八二：六～七］。

して追求するし、異階層の人々に対し排他的ですらある。

ところで、都市再開発計画のように広域の異階層の人々が同時に問題の当事者となるとき、対応組織として急いで異階層を糾合したネイバーフッド・アソシエーションを結成しても、うまく機能するかという疑問が起こる。概してアソシエーション内の上位階層の利益が優先して、下位階層の利益が置き去りにされるケースが多いようである。わが国の住民組織は、地域単位に編成され、そこに居住している異階層の人々を過去・現在・未来にわたって統合しつつ永続せねばならない運命的性格を持っている。こうした本来的異階層組織のほうが、階層利益の調整に関してうまく機能しやすく、下位階層への配慮も行きとどきやすい〔……〕。

ちなみに、中川剛はこの菊池の議論に共振しながら、地縁／町内会の基層にあるものを「文化現象」〔中川、一九八〇：一二五〕として理解している。この「文化現象」としての地縁／町内会は原理がなく、教義も持っていない。それだけに権力の意のままになりやすく、そうした事例は歴史的にみて事欠かない。周知のように、そのきわめつけは、一九四〇（昭和一五）年の内務省訓令第一七号「部落会町内会等整備要領」による町内会の法制化である。それはまさに「無性格という特質」を逆手にとった政治的起用であったのである[11]。

だがここでは、この点についてこれ以上言及しない。むしろ如上の「文化現象」を通底するものを、先の創発性とかかわらせてもう少し掘り下げて検討してみることにする。繰り返すまでもなく、ここで「文化現象」としての地縁／町内会に向けられる視線の中心は、その場その場の状況に合わせながら雑然と規範を汲みあげていく際の、いわば媒質《メディウム》としての人と人との「あいだ」に向けられている。ところでこの「あいだ」に位相（学）的な指向を観取するのがベルクである。彼はこの位相的な指向の裡に「日本の社会が〔……〕仲介ということを、またその動作主体となる象徴的第三者を、きわめて重視している」〔ベルク、一九八八：三〇七〕ことを見出し、「縁」[12]を引例しながら次のように言述する〔同上：三〇七～三〇九〕。

第三項を排除しない論理、すなわち「縁」の論理は、不完全性の論理、すなわち「間《ま》」の論理を補強する。事実どちらも外的なもの（関係）を重視し、その分内的なもの（本質、固有の実質）を過少評価する。実体Ａは実体Ｂとの関係Ｃにおいてのみ真に存在するということが前提とされ、逆もまた然りなのである。〔……〕ＡもＢもそれ自体では完全には存在せず、他のものでもあるという限りにおいて存在するのである。

このようにベルクによれば、「二つの実体ＡとＢが互いに隣り合って位相的に関係づけられることは、ある程度まで一方が他方に入りこんで適合すること」〔Ibid. 309〕であり、そこに日本社会に特有のもの、すなわち文化の刻印を見出すことができるというのである。いずれにせよ、以上みてきたような位相的関係は、ヒト、モノ、コトの複合的なつながりから派生する、開放性と異質性を兼ね備えた動的な関係の只

▼11　ここで考えてみなければならないのは、これまで地縁＝町内会に遍在していた権威が超世俗的な指向性をもつものではなく、位相的秩序に向けられていたこと、そしてそれゆえにこそ、上からの政治的起用に親和的にならざるを得なかったという点である。

▼12　もともと「縁」は仏教用語である。それによると、現実の生存は「縁生」であり、何人もありとあらゆる関係に包まれて生きており、それらが一つでも欠けるとたちまち生きていけなくなるという。なお、併せて注16を参照のこと。

中にあり、しかもそうした関係が創られては壊され、再び形態化されていく生成（becoming）の行程《トラジェ》の基底をなしている。まさに創発性の社会・文化構造の一つの「かたち」を示しているといえる。

だが先にも一言触れたように、地縁／町内会はこれまでどちらかというと位相的秩序形成の脈絡から切り離されたところで制度化されたために、それ自体の開放性と異質性が内包するダイナミックスを十分に発揮し得なかったという憾みがある。むしろ制度化によって、地縁／町内会は内面化された起源を求めて過去を掘り下げ、それに基づいて内向化された歴史から文化を説き起こす一連の論議[13]のための素材提供の役割すら担ってきたといえよう。だからこそ、「町内会・地区会を『制度』として再編・利用していき、オノズカラシカル『自然』の組織、さらには日本の『独自の美風』とみなし」［松下、一九九九：九〇］てきたとする松下圭一の主張が説得力をもつのである。こうした主張の理論的当否はさておき、地縁／町内会が歴史的にみて「ヤヌスの双面」としてあったことはたしかである。さらに詳しくみてみよう。

5……歪められた創発性の「かたち」

これまでみてきたところから明らかなように、地縁／町内会を特徴づける「場の規範」＝位相的むすびつきは、複雑性（complexity）と節合（articulation）を二大誘因とする創発性が立ちあがるための社会・文化的条件を織りなしてきた。しかし歴史的には、こうした社会・文化的条件は容易に創発性の発現には結びつかなかった。よく知られているように、地縁／町内会に埋め込まれた「文化現象」としての人と人との「あいだ」は、同時に氏神信仰を媒体《メディア》とする人と自然との「あいだ」をも通底していた。つまり折々に前者を後者に、後者を前者に類比的／互換的に移してきたのである。そして両者に内在していた場所的な秩序は、一方が存在しなければ、もう一方の存在はあり得ないという近接性／隣接性（いうまでもなく、それは決して物理的な近接性／隣接性に解消されない）の論理をはらむものであった。

とりわけ氏神信仰の場合、人格的形姿をとらない、さまざまな無名の霊への融合という「かたち」をとって、自然をわがものとするのではなく、自然に同体化するという、近接性／隣接性の性格を色濃く帯びていた。あえていうなら、こうした位相的つながりを通して、生活する者の美的感受性、川田稔のいう「人々の共生をささえる倫理意識」〔川田、一九九八〕が培われることになったのである。つまり地縁／町内会はすぐれて生活する者の美的感受性／人びとの内面的な倫理意識の着床する場であったのである。だが町内会が国策にからめとられたように、氏神信仰が国教的性格を帯びた神社神道[14]、いわゆる国家神道に同定化されるなかで、ヨコの系列における規範意識／美的感受性は、日本人＝「国民」の底のない醇風美俗へと置き換えられ、タテの系列における秩序保持に貢献することになったのである[15]。だからこそ、地縁／町内会には不快な「記憶」がつきまとい、そこに内在する美的感受性が「醜」以外の何ものでもないとする感覚は一概に否定されるべきではないのだ。

▼13　町内会を日本独自の「文化型」ととらえる中村八朗の議論〔中村、一九九〇〕はその典型例である。中村は、町内会は江戸時代の「五人組」を祖型とするのではなく、あくまでも「自然発生的」にできたものである、と主張している。しかし彼のいう「自然発生性」は、（町内会が）「五人組」の系譜に位置づかないということを拠り所とするものであり、その点では、後述する菊池理夫のいう「自生的秩序」とは微妙に異なっている。ところでこうした議論で問題なのは、地縁＝町内会が事実上「選べない縁」に閑却視されてしまうことである。

▼14　そこでは、ベルクが「守護神礼拝に捧げられた寺社」にみるもの、すなわち「聖なる森に周囲を囲まれており、そこには原初の照葉樹林の最後の名残が生き延びている。〔……〕この都市組織の裂け目が、自然と神々の潜在的な秩序のなかに、共同体を繋ぎ留め続けている」〔ベルク、一九八八：三〇四〕とする場所的な秩序が瓦解してしまっている。

だが先にも一瞥したように、ここに来てこうした感覚をとらえかえすようにして、コミュニタリアンの側から地縁＝町内会に「自生的秩序」〔菊池（理）、二〇〇七：一四二〕の発現を観て取り、これを社会の前景に持ち込もうとする動きが立ちあらわれている。たとえば、菊池理夫は、彼のいう日本的「集団主義」と等置される「共同体主義」に距離を置きながらも、地縁＝町内会が「古くからの隣保自治の本来の性格からくる互助の伝統」に底礎する〈共同体主義〉を豊かに湛えている、と主張している〔菊池（理）、二〇〇四〕。こうした主張は、一見したところ創発性の文脈に通脈しているようにみえるが、その理論的環をなす「自生的秩序」は結局のところ、「内面化され、内向化された起源」＝「背後の底のない世界」に立ちかえっていく論理、つまり還元主義的立場の枠内にある。[16] そうすると、地縁／町内会を、河野哲也が着目する、世界に存在する諸々のものが多元的かつ入れ子状をなして布置することに伴って生じる創発性〔河野、二〇〇八a〕との類比[17]で把持することができなくなってしまう。そこでは、看取されるはずの「自生的秩序」の発現が地縁／町内会の有する、その場その場の状況のなかで織り成される横の位相的な秩序のダイナミズムとは結びつかず、むしろ先に指摘した日本人の底のない醇風美俗を表象するものになってしまっている。

だからこそ、私たちは、既述したような美的感受性が歴史的に、さらにイデオロギー的に捻じ曲げられてきた／捻じ曲げられている状況をしっかりと見据えたうえで、いま一度、私たちが場所として措定した立場、いうなればアーリの以下のような場所理解に立ちかえって、底流としてある創発性の「かたち」を確認しながら、地縁／町内会の〈いま〉を浮き彫りにする必要がある〔アーリ、二〇〇六：二四六〕。

場所には過程が伴い、この過程のなかで、よりローカルな社会関係とははるかに広範な社会関係とが結び付くことになる。〔……〕場所は、多重チャンネルとして、つまり関連のあるネットワークとフローが集まり、合体し、連接し、分解する空間の集まりとして理解することができよう。こうした場所は、一方の、非常に厚みのある共存的な相互作用を特徴とする近接性と、他方の、とどめなくフローする、身体的、バーチャル的、想像的に距離を越えて広がるウェブとネットワークとの特定の連鎖とみなすことができる。以上の近接性と広範囲にわたるネットワークとが合わさることによって、それぞれの場所のパフォーマンスが成り立っているのである。

▼15　しかし、もともと氏神信仰にこうした要素が内在していたのではないかという指摘がないわけではない。ちなみに、子安宣邦は柳田國男が好んでとりあげた氏神信仰を含む民俗的素材が、すぐれて「『国民』を主題とする『一国民俗学』の内部に読み込まれていく素材としてあるのだ」［子安、一九九六：二六］と述べている。ここでは「同郷人の学」としての柳田民俗学のもつイデオロギー性の剔抉が主題ではあるが、こうした言述自体、ポレミークな論点をはらんでいる。ちなみに、柳田民俗学の「同郷人の学」ゆえのイデオロギー性を、鶴見太郎は、戦時下の日本における〝モヤヒ〟の位相を抉り出すことによって明らかにしている［鶴見、二〇〇八］。

▼16　河野哲也はこうした還元主義を鋭く論難している。河野の論述（いわゆる「上方因果」と「下方因果」という論法）に従うなら、指摘されるような「自生的秩序」は下位の審級がそのまま上位の審級に移相することであり、下位の審級に還元され得ない上位の審級の独自な内容を含むものではないということになる［河野、二〇〇八ａ］。またそこに潜む節合（人と人、人と自然が相互に召喚し合うこと）の契機を縁由したものでもない。

▼17　ちなみに、有賀喜左衛門のように地縁を「公」と「私」の「入れ子構造」のなかに存在する「間」としてとらえると［有賀、一九六七］、自存的共同体（コモンズの空間）を組み上げる地縁の機制／仕組みが明確になり、河野のいう創発性がきわめて現実味を帯びてくる。

6……むすびにかえて──「国民の物語」からの離床に向けて

いうまでもなく、これまで述べてきたこととの関連で重要なのは、アーリによって以上のように表現される場所の基層に、創発性の一つの社会・文化構造の「かたち」である人と人、人と自然が相互に召喚し合う位相的関係態が底在していることを読み取ることができるという点である。そしてあらためて問い込まれるのは、地縁／町内会の「いま」である。果たして、上述の人と人、人と自然が相互に召喚し合う位相的関係態を地縁／町内会においてどのような「かたち」で観取することができるのであろうか。

私たちが行った二〇〇七年の山形市の町内会調査および二〇〇八年の青森市の町内会調査では、これまでつとに指摘されてきた「底辺の無関心層の増大と頂点におけるトップヘヴィ」という状況が裏づけられた。そして日常的に町内会の役員層を充足することができず、活動自体も行政の下請け業務といった性格のものに特化している風景が浮き彫りになった[18]。依然として町内会の行政的起用が続いていること、そして何よりも町内会の地域性、共同性の伝統をみる際にメルクマールになるとされてきた神社祭礼に至っては、それを実施している町内会がきわめて少数にとどまっていることがわかったのである。ちなみに、神社祭礼を実施していると答えた町内会は、山形市調査では全体の三七・五％、青森市調査では全体の二四・九％であった[19]［東北都市社会学研究会、二〇〇八a・二〇〇八b］。

調査から浮かび上がるこうした町内会の日常の風景に、指摘されるような人と人、人と自然が相互に召喚し合う位相的関係態が直接射影／写映しているとみるのはやはりむずかしい。もちろん、上述の位相的関係態は諸行事とか日常活動に直接結びつくのではなく、そうしたものに含まれる意味や象徴の体系といった次元で探りあてられるものである。しかしそれにしても、両者の間にある種の〝ずれ〟が存在するのは否めない。問題は、そうした〝ずれ〟を人びとの日常生活の基層に伏在する、指摘されるような位相的関係態をめぐる「記憶」を呼び喚すことを通してどう離接するかである。この作業は困難を伴う。なぜなら、こうした「記憶」は本来的に「囲むこと」への指向をもつ「国民の物語《ナラティブ》」に結びつく「もう一つの記憶」と表裏をなしているからだ。生活する者の美的感受性と強制された醇風美俗は歴史的にはまぎれもなく乖離しているが、人びとの習俗の次元ではとけがたく結びついているのである。

▼18　役員層をどうリクルートするかは、今日、町内会の「構成と機能」の面で最大のテーマとなっているが、みてきたような人と人との位相的なつながり／創発性の機制を念頭に置くなら、定型的な組織論に依拠するのではなく、活動に参加する者が各自の活動のなかで積み重ねた経験によって培われた人間関係によって役員層の選出を漸進的に行っていくのが望ましいと考えられる。

▼19　なお、東北都市社会学研究会では、これまでに山形市、青森市以外に仙台市の町内会調査（前後二回）を実施し、現在、秋田市の町内会調査を実施中である［東北都市社会学研究会、一九九五・二〇〇六・二〇〇八a・二〇〇八b］。また私自身についていうと、過去に盛岡市の町内会調査もおこなっている［吉原、二〇〇〇a］。ここで一瞥した町内会の動向はこうした一連の調査によって得られたfindingsを寸描したものである。

▼20　たとえば、岩崎信彦の「住縁アソシエーション」論はこうした議論の範型をなしている。それはマッキーバーの「コミュニティ－アソシエーション」概念にたいする岩崎の読み込みの所産であるが、注目されるのは、「住むこと」の基層に仏教用語である「縁生」という概念、すなわち「すべての存在は単独者としてではなく相依者としてのみ存在性をもちうること。いっさいのものはすべて独一存在でなく無我である。しかし、このように無我でありながら、無我のまま価値をもち存在性をもちうるのは、すべてが縁起であるからである」を置いていることである［岩崎、一九八九］。岩崎の慧眼は、こうした「縁生」を「コミュニティは、永続的なり一時的なりのアソシエーションのなかへと泡立っている」というマッキーバーの言述と重ね合わせて読み込むことによって、みてきたような創発性の境位に達していることである。

ともかく、場所（論）への旅が地縁／町内会を再審するさらなる旅へと発展することになった。それは生活する者の美的感受性／人びとの内面的な倫理意識を共時的に問い込む旅ではあるが、同時にグローバル化の機制の下で自己の立ち位置を確認する旅でもある。「囲むこと」を促す修羅のささやきが聞こえてくる。「開くこと」への志向を断念すれば、「いま」「ここ」を厚く覆っている「時代閉塞の状況」（石川啄木）を見ないですむ。しかしヒト、モノ、カネ、コトのボーダレスな移動のなかに身を置いている私たちには、「大地に根ざしながらも、翼をひろげていく」（見田宗介）生き方がより魅惑的に映る。地縁から住縁への道筋を説く議論[20]がいまも新鮮なのは、この「翼をひろげていく」ことへのまなざしにある。

［追記］

本章執筆後、ケーシー［二〇〇八］を手にした。哲学における場所論議を「空間から器へ」、「場所から空間へ」、「空間から覇権へ」という三つのサブテーマで整序したものであり、本章においても有益である。いずれ時期をみて、論及したいと考えている。

第3章
「戦後社会」と町内会

わたしたちは絶えず選択し、同じように絶えず多くのものを捨てている。わたしたちが時間のなかでたどる道は、存在しはじめたものや、なりえたものの残滓に覆われている。

ベルクソン『創造的進化』

1……はじめに

本章で紹介する『町会』は、日本経済がいわゆる「戦後段階」（玉垣良典）に突入する高度成長の端緒期から、その矛盾が先鋭的に立ちあらわれる、美濃部「革新都政」が出現する前夜までの時期の東京の町内会の航跡を記したものである。『町会』は途中から『町と生活』に改称されるが（昭和三六〔一九六一〕年一〇月）、この期間は東京の町内会が大々的に復活し、連合組織化の動きが公然化する時期であり、当時の町内会はこうした動きの中でいわゆる「権力」と「生活」の間を激しく揺れ動くことになった。東京は昭和三〇年代（一九五〇年代後半）から急速に肥大化し流動性がたかまり、地域の諸課題が噴出する時期を迎えた。そしてこうした状況を見据えながら、国策としての東京オリンピックが、新たな段階での首都のインフラ整備という役割をも担いながら展開された。いずれも草の根《グラスルーツ》の動員が喫緊の課題とされ、町内会の再編が上から強く要請された。むろんこれよりも前に、サンフランシスコ講和条約の締結によって町内会を禁止したポツダム政令が失効するとともに、町内会はいち早く復活を遂げていた。しかし相変わらず公私未分化といった状況の下で行政的起用が続く一方で、町内会自体、再生への方向を容易に摑みきれないでいた。本誌の刊行はそうした状況を脱して町内会が行政によって明確な位置づけを与えられるとともに、町内会もまた住民層の急激な流入および流出の中で自らの立ち位置を模索しはじめた時期と重なっていた。

　いうまでもなく、町内会再編が日程にのぼるまでには長い前史の時代がある。少なくとも、総力戦体制期前半から戦時体制期、そして占領期を通して培われてきた町内会の体験には、「権力」のそのときどきの恣意に翻弄されながら、地域とともに生きた人びとの骨太な生活の記録が埋め込まれている。そしてそうした町内会の体験＝生活の記録はまぎれもなく再編の基層に活きづいている。そこでさしあたり東京の町内会の歴史について簡単に概観しておこう[▼1]（なお、以下の第2項の叙述は、基本的に、吉原［一九九〇：一四〇〜一四五］に拠っている）。

2……町内会小史——発足から解散まで

一、戦前期の展開

町内会、部落会（以下、町内会と略称）の起源については、大化の改新時の五保の制度にまで遡るもの、あるいは近世の五人組制度にもとめるもの等、諸説さまざまである。しかし東京に限っていうなら、町内会が公的な次元で姿を見せはじめるのは概ね明治三〇年代に入ってからである。明治三三（一九〇〇）年、東京府令により各町単位に一斉に設置された衛生組合が町内会の前身（プロトタイプ）を成したといわれている。この衛生組合は市当局の衛生事業が進捗する中で漸次存続意義を失ったが、それを基盤にして各地に睦会に代表される町内親睦組織が結成された。そして第一次大戦後に町内会設置が一つのピークに達した。たとえば、大都市中心部に立地する伝統的商業地区の一郭を占める二之部町会連合会（日本橋）の沿革を示した図1からは、上述の過程を一つのパターンとして描述することができる。

ところでこれまで頻々指摘されてきたことは、以上のような経緯をたどって織りなされてきた町内会組織が概ね行政の日常業務（保健衛生、防犯・防火、納税等）の肩代わり組織として設置されたものであるか、関東大震災時に叢生した自警団から発展したものであったという点である。この指摘にしたがうなら、先に略述した衛生組合から町内親睦組織への展開／転回の過程が多分に地域の自律性《オートノミー》ないし内発性に裏打

▼1　本章は、もともと不二出版より復刻された『町会』（二〇〇八年）の解説として稿を起したものである。ちなみに、『町会』の発行主体は東京都自治振興会であり、それは定款もそなえた社団法人として存在した。しかし「都民自治の発展に、具体的な計画を立てて強力に推進する」という法人の趣旨にもかかわらず、活動の実績は『町会』の発行以外ほとんど認められない。ところで念のために、復刻版と原本の対照表を以下に掲げておく（表1）。

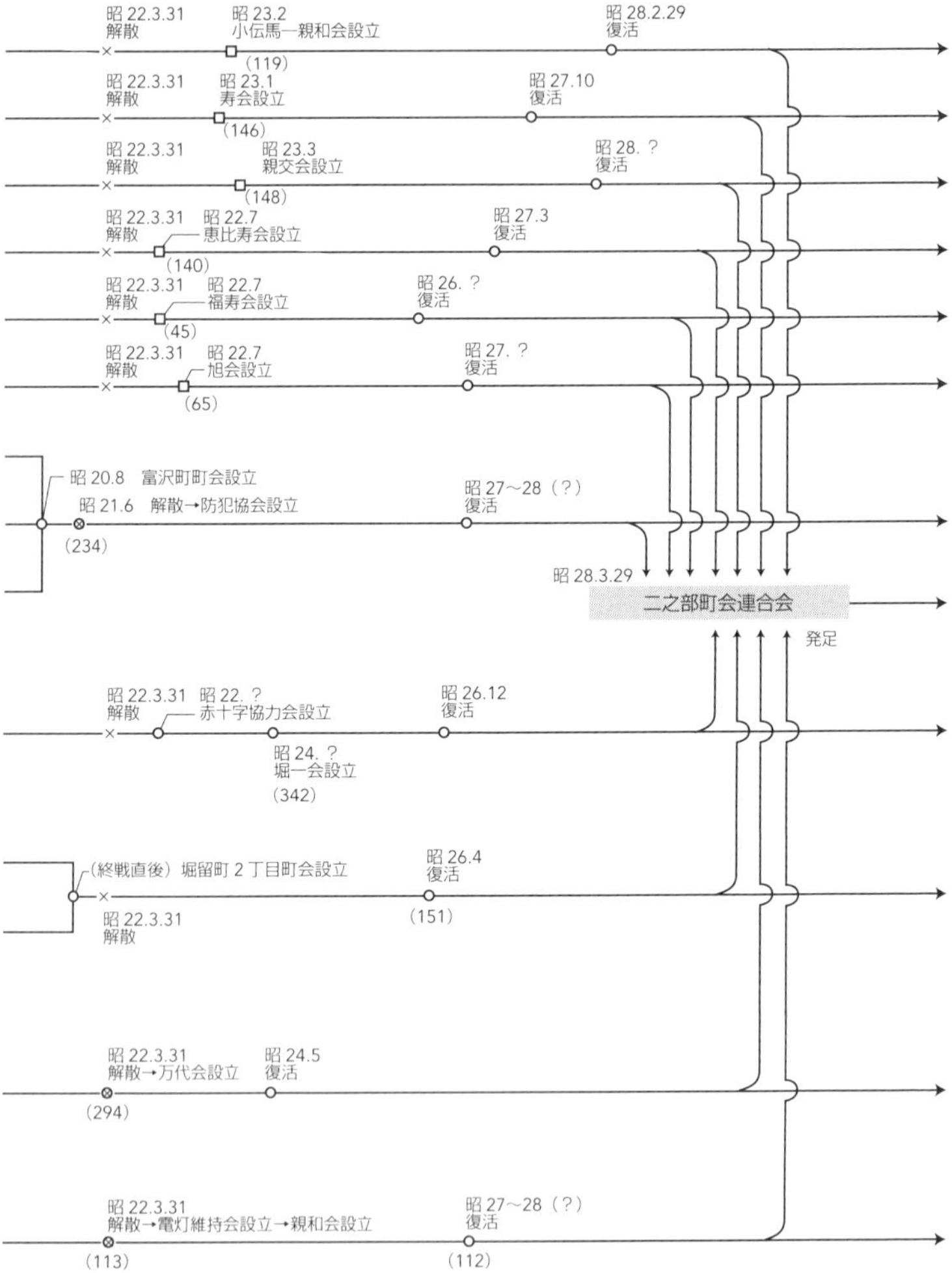
昭 22.3.31
解散
昭 23.2
小伝馬一親和会設立
(119)
昭 28.2.29
復活
昭 22.3.31
解散
昭 23.1
寿会設立
(146)
昭 27.10
復活
昭 22.3.31
解散
昭 23.3
親交会設立
(148)
昭 28. ?
復活
昭 22.3.31
解散
昭 22.7
恵比寿会設立
(140)
昭 27.3
復活
昭 22.3.31
解散
昭 22.7
福寿会設立
(45)
昭 26. ?
復活
昭 22.3.31
解散
昭 22.7
旭会設立
(65)
昭 27. ?
復活
昭 20.8　富沢町町会設立
昭 21.6　解散→防犯協会設立
(234)
昭 27～28（?）
復活
昭 28.3.29
二之部町会連合会
発足
昭 22.3.31
解散
昭 22. ?
赤十字協力会設立
昭 24. ?
堀一会設立
(342)
昭 26.12
復活
(終戦直後) 堀留町 2 丁目町会設立
昭 22.3.31
解散
昭 26.4
復活
(151)
昭 22.3.31
解散→万代会設立
(294)
昭 24.5
復活
昭 22.3.31
解散→電灯維持会設立→親和会設立
(113)
昭 27～28（?）
復活
(112)

図 1 ■二之部町会連合会の沿革

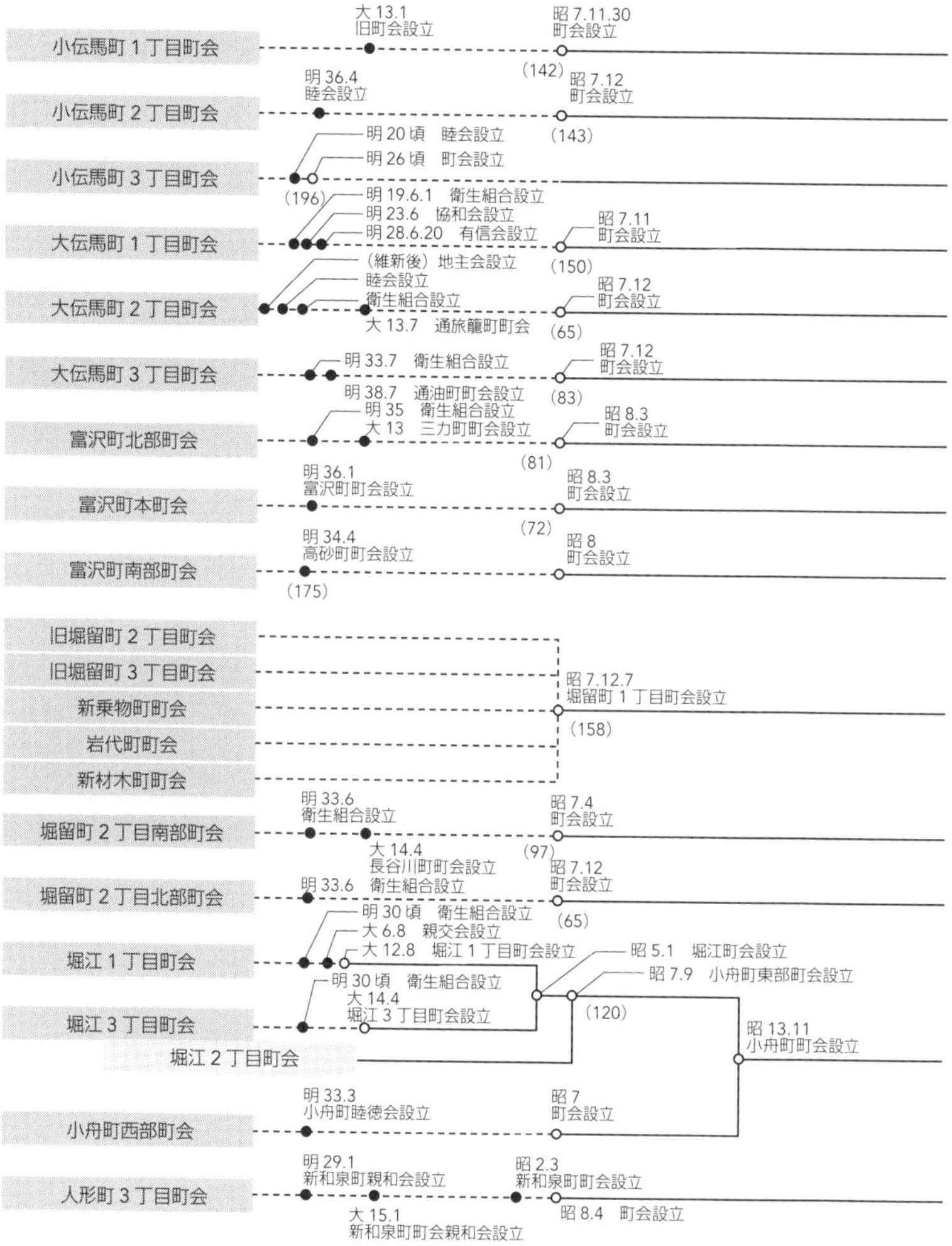

注）図中（　）内は会員数を示す。
出典）日本橋二之部町会連合会編『町のいしずえ・日本橋二之部町内会史』1966 年より作成。ただし、ここでは吉原［1990：142 ～ 143］より引用。

表1 ■『町会』『町と生活』原本と復刻版との対照表

復刻版巻数	原本巻号数	原本通巻号数	原本発行年月
第1巻	第1巻第1号～第2巻第7号	1～10号	昭和31（1956）年10月～昭和32（1957）年9月
第2巻	第3巻第1号～第10号	12～21号	昭和33（1958）年3月～12月
第3巻	第4巻第1号～第12号	22～33号	昭和34（1959）年1月～12月
第4巻	第5巻第1号～第12号	34～45号	昭和35（1960）年1月～12月
第5巻	第6巻第1号～第12号	46～57号	昭和36（1961）年1月～12月
第6巻	第7巻第1号～第12号	58～69号	昭和37（1962）年1月～12月
第7巻	第8巻第1号～第11号	70～80号	昭和38（1963）年1月～12月
第8巻	第9巻第1号～第7号	81～87号	昭和39（1964）年1月～8月
第9巻	第9巻第8号～第10巻第11号	88～102号	昭和39（1964）年9月～昭和40（1965）年12月
第10巻	第11巻第1号～第12号	103～114号	昭和41（1966）年1月～12月
第11巻	第12巻第1号～第9号	115～123号	昭和42（1967）年1月～9月

【原本の誌名・発行所の変遷】
誌名―『町会』第1巻第1号（昭和31年10月）～第6巻第9号（昭和36年9月）
『町と生活』第6巻第10号（昭和36年10月）～第10巻第3号（昭和40年3月）
『都民と生活』第10巻第4号（昭和40年4月）～第10巻第6号（昭和40年7月）
『町と生活』第10巻第7号（昭和40年10月）～第12巻第6号（昭和42年9月）
発行所―都政人協会　創刊号（昭和31年10月）～第2巻第6号（昭和32年7月）
㈳東京都自治振興会　第2巻第7号（昭和32年9月）～第12巻第9号（昭和42年9月）

ちされた〈共同性〉の内実を担保していたのにたいして、町内会が具体的な形姿をともなって立ちあらわれる後者の過程は徹頭徹尾公行政機構の規定性の中にある他律的なものとしてあったといえる。実際、こうした基調は、戦前段階における町内会の軌跡動向に通底するものであった。詳述はさておき、昭和一〇（一九三五）年から一二（一九三七）年にかけて立て続けにみられた選挙粛正運動や国民精神総動員運動において、町内会はいわゆる「体制の基底部分」からの役割を率先して担った。そしてこうした実績の上に、昭和一五（一九四〇）年九月、内務省訓令第一七号によって法制化された。つまり公的制度として行政に完全に取り込まれることになったのである。

ちなみに、総力戦体制、戦時体制

下の東京の町内会の動向を『中央区史』は以下のように伝えている〔東京都中央区役所編、一九五八：一〇九八〜一一〇〇〕。

従来からあった町会を、行政上の重要な機関として整備していこうとする準備が昭和十三年頃から進められ、再編成の第一歩をふみ出したのである。すなわち、平時の自治協力組織として、自然発生的に結成された町内会であったが、十四年市区の下部組織として整備され、これと同時にその細胞組織として隣組が十二年五月以来できていた家庭防火群と一体になって結成された。この組織内に区民の全部が否応なしに包括され、向う三軒両隣りのツキアイがしげくなった〔……〕隣組・町内会組織は時局の進展にともない、一層強化され、消費規正《ママ》の問題・防空防火の問題・資源回収の問題、国民貯蓄の問題、体位の向上・厚生の問題などと多くの新使命が負荷され、従来の町会隣組の根本的変換がなされた。とりわけ十六年五月改正の『東京市町会基準』以来、配給および防火のための組織が完備し、各組ごとに常会が開かれ、戦時下の上意下達の機関として市民生活のあらゆる面での根幹をなすものとなり、十八年五月には、さらに戦時体制に改組された。

いずれにせよ、こうして町内会の再編→統合を介して「権力」側の国民動員のための実行過程に国民＝地域住民を丸ごと包摂することで、戦争遂行、すなわち国民の戦争への参加（＝協力《コラボレーション》）が可能となったのである。

二、戦後改革期の動向

敗戦後、日本に進駐してきたGHQ／SCAP（連合国軍総司令部最高司令官）は、戦時体制下の町内会の強大な権限が日本の民主化＝非軍事化にとって重大な障壁になると見なし、町内会の廃止を命じた。しかし日本政府は国体護持という観点からこの意向をスポイルすることに終始した。その後、ＧＨＱと日本政府の間で町内会をめぐって厳しいやりとりが見られたが、昭和二二（一九四七）年五月、ポツダム政令第一五号の施行によって町内会は禁止された。だがフォーマルな組織としての町内会はたしかに解散したものの、日常的な庶民生活次元では実態としての町内会は形を変え存続することになった[▼2]［吉原、一九八九］。ちなみに、東京都区部では政令第一五号施行以降、「防犯灯、夜警等の防犯、防火あるいは保健衛生、日赤奉仕団等々の名目で、最小限度住民の共同生活の維持に必要な事業を処理する目的をもって、睦会、文化会、防犯（火）協会、日赤奉仕団、衛生組合等の組織を設け、限られた事業部門を担当していた」［東京都総務局行政部、一九五六：五］。これらが事実上、その後の町内会の母体をなしたのである。なお、前掲の図1でもこの過程を読み取ることができる。

　さてここであらためて注目したいのは、上述の過程がまず親睦会などの「疑似」団体や各級行政の「総合補完団体」が「旧」町内会に取って替わり、次にそうしたものを「新」町内会が引き継ぐという二段階からなるものであったこと、しかもそうした過程が官公庁の、出張所の設置等、一連の措置とか「指導」によって誘われていたことである。ここではアメリカの対日戦後政策の右よりでの転回《ターン》の中での町内会の行政的起用といった動きが通奏低音をなしていた。同時にそこには、上からの再組成の論理に必ずしも回収されてしまわない、町内会を一つの活動枠とする、生活の共同的な維持／再生産にかかわっての人びとの能動的な営みが見え隠れしていた。ともあれ、このようにして「権力」と「生活」が鋭く交錯するところで、解散以前の「旧」町内会は禁止期間にもかかわらず切れ目なく生き続け、やがて政令第一五号の失効前後に簇生した「新」町内会へとバトンタッチされていくことになったのである。

3……「戦後社会」と町内会

一、出張所廃止から町会連合会結成まで

町内会が政令第一五号の失効を経て本格的に復活し、文字通り「戦後」段階を記すようになるのは、昭和三〇年代、それも半ば(一九六〇年代)近くになってからである。ちょうどこの時期に『町会』は刊行され、巻を重ねていくことになったのである。そこで『町会』を通して、指摘される「戦後」段階がどのようなものであったかをとりあえず概観してみよう。

＊以下の文中では、原本および復刻版の両方を併記する[原本/復刻版]。そして『町会』からの引用については、たとえば[町一・二(巻・号)/一(巻)]とし、『町と生活』からの引用については、たとえば[生活四・五(巻・号)/三(巻)]というふうに表記する。なお、原本と復刻版の対照表については、表1参照。

まず上述の「戦後」段階の先駆けをなしたのは、都心区(中央区および港区)における出張所廃止の動きであり[町二・七/二][3]、豊島区および大田区における町会連合会結成の動きであった。とりわけ重要な意義を担ったのが後者である。豊島区および大田区の両区では禁止期間に設置された地区委員制をいち

▼2 禁止期間の動向についての分析は、吉原[一九八九]が嚆矢をなすと考えられるが、それを戦後のより広い文脈において多面的にとらえたものとしては、高木[二〇〇五]がある。それは文献の渉猟および論点の幅において、他者の追随を許さないものとなっている。

はやく町内会に切り替え町会連合会を結成した。この動きは他区に波及し［町一・二／一、三・五／二、三・八〜九／二、四・一〜四／三、四・六〜七／三、四・一二／三、五・一〜二・四］、昭和三四（一九五九）年には二三区を単位とする東京都町会連合会が都議会、区議会との連携の下に結成された。ちなみに、上記段階での町会連合会の結成状況は、全区的に結成されている区が千代田、文京、台東、目黒、大田、中野、豊島、練馬、足立、葛飾、江戸川の十一区、ほぼ全区的なものに近い状態で結成されている区が中央、港、江東、荒川の四区、そして支所別、出張所別、あるいは地域別に結成されている区が新宿、世田谷、渋谷、板橋の四区であった［町四・三／三］。

ところで、高木鉦作は、こうした連合会の登場には以下のような「戦後社会」の出現が背後要因をなしていたと指摘している［高木、一九六一：八五］。

戦後の諸変化すなわち農地改革その他の政治的社会的改革、住宅事情の変化、人口移動の激化などにより、旧来の名望家的な有力者の地元支配力は、いちじるしく弱体化している。しかも、そうした変化に伴って地域社会も分化し、地区内においても利害が多元化し複雑化してきている。

つまり連合会の登場の背後には、かつて旧地主層によって担われた名望家に入れ替わるようにして立ちあらわれた、旧中間層型の地付層を輩出母体とする「役職」有力者が、その実務的手腕によって地域住民の生活機能の分化や利害関心の多様化にこたえようとする一連の動きが伏在していたのである。それでは高木がいう「戦後社会」の出現、戦後派有力者ともいうべき新たな社会層の台頭とともに、町内会は具体的にどのような課題に向き合いながら連合組織化への道を直走ったのであろうか。換言するなら、地域を越えるより広域な連携を（もとめることを）必然化せしめるに至った、多様な地域に共通する課題とはどのようなものであったのだろうか。それは約言すると、街灯費および募金・寄附金にかかわる負担問題であったといえよう。

二、町内会と街灯費、募金・寄附金

ちなみに、街灯費についていては、どの町内会においても「最大の出費」となっており、[4]そのため「何ら町会独自の活動はできない」、まさに「町会運営のアイ路」、「町会運営の癌」となっていることが「全町会共通の問題」として認識されるとともに、町内会によっては「別途会計」にしたり、「会員外からも防犯灯維持費を」徴収するといった方策が講じられる一方で、「街路灯、電気料金不払い同盟」を結成するといった動きもみられるようになった。そしてこうした動きは、ナショナルなレベルでの街灯整備に関する法案提出の動きへと連動していった［町一・三／一、二・二／一、二・四〜五／一、二・七／一、三・四〜五／二、四・二／三、四・四／三、四・六〜七／三、四・一一／三、五・一〜二／四、五・四／四、五・六〜一〇／四、五・一二／四、六・一〜八／五、生活六・一〇／五］。

また募金・寄附金についていうと、町内会に「防犯協力会、赤、黄、緑、白の羽根募金、〇〇神宮の祭礼、その上にまた、あらゆる名目での寄附攻勢の波ならぬ高潮が押し寄せ」、まさに町内会が「募金団

▼3　なお、この時期廃止に至らなかったものの、大幅減少の動きは江戸川区とか豊島区でもみられた。ところでこうした廃止とか大幅縮小の動きにたいしては、「人員を浮かすため」の「政治の貧困」を示すものであるという指摘が、町内会の側からもなされている［町二・七／一］。

▼4　こころみに、昭和三五年八月段階で、都内で防犯灯と称されているものは一八万余灯を数え、その経費は約四億円弱に達していた。そしてそれらのうちの九割までが町内会によって維持管理されていたという［町五・八／四］。

体」になってしまった。このようにして、どの町内会も「天下り式に、一方的に割当を、そのまま受け」、「税の二重負担」、「税外負担」に喘ぐようになったのである。そしてここでも、「最大支出—募金」といった硬直した財政状況を打破しようとする動きが、たとえば、「募金の月掛け」といった「妙案」を生み出す一方で、寄付金募集を規制する法案制定の動きと部分的に共振することになった〔町一・三／一、二・二～三／一、二・五／一、二・七／一、三・五～六／二、三・九／二、四・五／三、四・九／三、五・一／四、六・二／五〕。

　詳述はさておき、連合会結成の動機／目的がこうした街灯費および募金／寄付金の負担、とりわけ前者の負担の軽減（←公費負担）を都区当局に求めるための共通の枠組みの構築と組織体制づくりにあったことは明らかである〔町四・二／三、四・四／三、五・一～二／四、五・四／四、五・六～一〇／四、五・一二／四、六・二～七／五、生活六・一〇／五〕。このことは昭和三六（一九六一）年一一月に全街灯の公営化を決定した庁議決定が出されて以降〔生活七・一／六〕、『町会』誌上から街灯に関する論議が事実上消えてしまったことからも推量できる。いずれにせよ、連合会結成の動機／目的は一応達成されたことになる。[5]

三、地域政治体制の再編

　もっとも以上みたような町内会の復活／再編→連合会の結成は、この時期都区関係の再編（→都区調整）をもくろんでいた東京都にとってきわめて好都合なものであった。少なくとも「都の区域内での国・都・区・市町村の事務を明確化し、相互の調整措置、事務配分、財源配分などを考慮した上で、都行政の効率的執行のための組織運営を検討すること」〔東京百年史編集委員会編、一九七二：五三五〕を当面の課題としていた東京都（都政調査会）には、上述の再編から連合会結成に至る動きは「地ならし」としての意味をもっていた。

　ここであらためて注目されるのは、上述の連合組織化の動きと符節を合わせるようにして先の旧中間層型の地付層をターゲットに据えた、上からの種々の「〝役職〟の撒布」がみられたことである。詳述はさておき、このことによって政府官僚機構の末端化＝系列化に呼応する地域政治体制の再編が可能になった。いうまでもなく、この再編は町内会が「自民党の選挙母体として機能する」こと、つまり「自民党の有力な基盤となる」ことを期したものであり、実際そうなった〔源川、二〇〇七：二四一〕。こうした地域政治体制の保守的再編[6]とこれに共振するトップヘヴィの町内会体制の確立とに支えられて国策としての東京オリンピックが強行され、そこに国民＝都民が広範囲に動員されることになったのである。

「『世紀の祭典』を成功させることを〝錦の御旗〟に〔……〕国家的規模で推進された」〔東京百年史編集委員会編、一九七二：一三二二〕オリンピックは、同時に地域コミュニティにも深く根を下ろしていた。「東洋の首都」東京を前面に掲げてのオリンピック開催に向けての取り組みは、すでに昭和三一（一九五六）年にはじまっていた。この年の一〇月に開都五百年記念と銘打って大東京祭が開催されたが、それはオリン

▼5 なお、連合会結成を促したより基底的な要因としては、町内会の法制化と財産の問題があった。特に、町内会の財産に関しては、どの町内会でも法人格をもたないゆえに、町内会長個人に課税されるといった積年の問題を抱えていた。それにたいして、「全都的な連合会が発会し、大きな力を持ち、住民の福祉、公共的事業を遂行し得る状態にいたれば、この問題はたやすく解決」すると考えられていたようだ〔町四・三〕。しかしこの問題が根本的に解決するようになるのはずっと後のことであり、地方自治法第二六〇条の二で町内会が「地縁による団体」と規定され、地方公共団体の長の認可を得て法人格取得の道がきり開かれるようになってからである。

▼6 このことに関連してしばしば論じられてきたのは、地域権力構造（コミュニティ・パワー・ストラクチャー）のあり様であり、そこから立ちあがる「草の根保守主義」の「かたち」である。それらは、五五年体制の「右寄り」の安定化を促すとともに、大衆民主主義の基層をなすものとして論じられた。しかしその反面、町内会を培養基とする生活世界の可能性については、まったくといっていいほど閑却視されてしまった。

ピックへの序曲を奏でるものであった。おりしも『町会』創刊号は大東京祭（に関する記事）で紙面を飾った。[7] 続いて昭和三三（一九五八）年にはＩＯＣ総会と第三回アジア競技大会が開催された〔町三・二〜四／二〕。アジア競技大会は「われわれ都民はこのときこそ常日頃の誇りを発揮すべく全都民をあげて〔……〕成功させよう」というスローガンの許に行われたが、まぎれもなくオリンピックに向かう道程にあったといえる。そして官民をあげての取り組みにおいて眼目をなしたのは、いわば外に向けての安全で清潔な都市の達成であり、そのための内にたいする愛都精神と公徳心の喚起であった。いずれも『町会』をメディアとして町会にたいして深く要請するものであった。

四、安全で清潔な都市

まず安全で清潔な都市ということでいえば、先に述べた街灯への取り組みがすでに柱をなしていた。ちなみに、それとともに重要な柱をなしていたのがハエと蚊にたいする取り組み（↓「蚊とハエをなくす都民運動」）であった。『町会』ではそのことについて切れ目なく取り上げている〔町二・二〜三／一、二・五〜七／一、三・一〜二／二、三・四〜六／二、四・三〜六／三、四・九／三、五・二〜六／四、六・四／五、六・七〜八／五、生活七・四／六〕。そこでは、「善人を多くし、よい隣人を助け合ってゆく〔……〕町内会の役目」を発揮し、「全町内が一致協力」して取り組むことによって、そして表彰（感謝状の贈呈）によって町内会間での「非衛生地区の汚名返上」のための競争を促すことによって、指摘されるような取り組み／運動が「都民の三分の二が参加する大運動」になっていくプロセスが描述されている。

もちろん、それだけではない。交通問題〔町三・二／二、三・四／二、三・六〜七／二、四・六／三、五・六／四〕やゴミ問題〔町二・三／一、三・五／二、生活七・二／六、八・一〜二／七〕への取り組み、愚連隊‐不良青少年〔町一・二／一、二・四／一、三・七／二、四・二／三〕や浮浪者〔町四・三／三〕への対策、さらに暴力追放運動〔町三・七／二〕や清掃活動〔町四・一／三〕等が、「清く美しく静かな首都」〔町四・三／三〕への展望を宿したものとして随時取り上げられている。ここであらためて注目したいのは、それらのいずれもが都区をあげての下からの運動に仕立て上げられていることである。いうまでもなく、この場合に要をなすのが町内会であり、「町内会という地域団体の精神に基き、お互いに注意しあう」〔町五・六／四〕ことが喚《よ》び起されている。

他方、「東洋最初の〝国家的行事〟を『世界に対して恥ずかしくないよう』遂行する」〔東京百年史編集委員会編、一九七二：五四四〕ための愛都精神と公徳心の高揚についてもたびたび紙面で取り上げられている。平たくいうと、そこでは「奉仕の旗を心に刻むこと」〔町一・二／一〕、「奉仕と献身」〔町四・一／三〕、「東京の土になること」〔町三・一／二〕等が強調され、「日本人を代表する立場の都民」の公徳心および愛都心の高（昂）揚が町内会に強く求められたのである〔生活六・一〇／五、七・二／六、七・九／六〕。愛都運動協会はそうした要請を受けて、町内会を組織資源として結成されたものであるが[8]〔生活七・二／六、八・二／七〕、愛都運動中央大会、推進地区大会の遂行を通して示すことになったその活動は、結局のところ、首都美化

▼7　ちなみに、『町会』創刊号では、大東京祭の中心行事である開都五百年記念大東京展の開催目的について、「現に世界で二番目の大都会にまで生成発展してきた首都大東京の移りかわり、その実体と底力、さらに将来の原子力平和利用の未来図に至るまでの各種資料を豊富に展示して一般都民に展覧、もって郷土及び祖先に対する正しい理解を深めるとともに、それに裏打ちされた新しい郷土愛の啓発を期するもの」と述べている〔町一・一／一〕。

▼8　愛都運動協会はもともと都に設けられた「首都美化推進本部と連絡を保ち、都下全域の自治団体、文化団体など地域組織を動員して一大都民運動を展開しよう」として結成されたものである〔生活七・二／六〕。つまり当初から「行政の下部機構としての町内会」という構図を踏襲するものとしてあったのである。もちろん、この場合、東京都町会連合会がきわめて重要な位置を占めていたのであるが。

のキャンペーンとともにオリンピック開催を下支えするものであった、ということができる［生活八・二／七、八・五／七］。

五、町内会と「戦後社会」の構図

ところで町内会を介してコミュニティを根こそぎ動員するといったみてきたような文脈／状況には、いまひとつの意味が含まれていた。「東京が直面する決定的に立ちおくれた都市施設の整備を、オリンピックという機会を利用して行なおうという計算が根強くあった」［東京百年史編集委員会編、一九七二：五四四］のである。オリンピックは「『復興』のための首都建設法による事業」から「『発展』のための首都圏整備法による事業に切りかえられて」もなお「社会資本投資はあくまでも副次的なものとして取り扱われてきた」［同上、一九七二：一八八］ことのツケを払うまさに千載一遇のチャンスであった。そして事実上、さまざまな都市インフラの整備を町内会に肩代わりさせ、町内会もまたそうした中で地域の運営の方向をさぐるということになったのである。そこには先の高木鉦作が「行政の貧困」と呼んだ事態とともに［高木、一九六二］、そうした事態に丸ごと包絡されながら自らの再編を行わざるを得なかった「戦後」段階の町内会に特有の状況を読み取ることができる。

もっとも「戦後」段階の町内会体制ということでいえば、昭和三〇年代から四〇年代初頭の時代相――それ自体、既述した「地域社会の分化、地区内における利害の多元化」という事態を包合した――がくっきりと影を落としていたことがあらためて注目される。たとえば、その時代に簇生した団地もしくはニュータウン。それは昭和三〇年七月に日本住宅公団が発足して以降、とりわけ都心部から二〇～四〇キロメートルの範囲に続々と立ちあらわれたが、それが「戦後社会」の卓抜した〝形姿〟をなした所以は、一つには〈nDK〉住居空間の上からの設定によって住居という都市住民の私的領域に公が関与するきっかけをつくり出したことによる［吉原、二〇〇四：一四〇～一四二］。

詳述はさておき、団地／ニュータウンにおける「〈ｎＤＫ〉住居空間は『都市における宅地供給問題』を『空間の〈狭さ〉に慣れさせるのと引き換えに家族員数の少ない核家族のモデルを住居空間に置き換え、住居空間（間取り）の主体的按分にゆだねる方法をもちいて解決しようとした』住宅政策の所産としてあったのであり、したがってまたそれは私有財でありながら、国民国家の政策・計画・施策によって組織されたナショナルな空間としての性格を帯びることになったのである」［同上：一四二～一四三］。さて『町会』では、そうした団地／ニュータウンについていくつか取り上げているが［町三・七／二、三・一〇／二、四・五／三、生活六・一一／五、七・四／六］、どちらかというと「人口過集中の落し子・団地」という把握の下に「隣保交渉を一切拒否するような利己主義のかたまり」という見方によって貫かれていた[9]［生活六・一一／五］。しかしそれは裏返すと、旧慣的な包括的合意システムにかげりが生じているという認識を内包するものでもあったのである。

いずれにせよ、『町会』は、新たな装いのナショナリティの下に、上からの権力作用が町内会の再編／再組成を通して「住民」を押し包む「戦後社会」の構図をあますところなくわれわれに伝えている。そしてそれが『町会』の果たした最大の貢献であったとすれば、問題は『町会』以降のポスト「戦後社会」の

▼9　団地／ニュータウンでは、奥田道大がかつて指摘した「個我」モデルに適合するような自治会が主流であった［奥田、一九八三］。したがって、「地域ぐるみ」の全員一致の原則を遵守する区部の町内会役職層からすれば、そうした自治会は求心力に欠け、多分にアナーキーなものと映らざるを得なかったようである。また団地／ニュータウンのインフラストックの整備のために、自分たちにたいする行政サービスが滞るのではないかという区部町内会側の危機意識が、団地／ニュータウンの自治会にたいする違和感の底流をなしていたといえないこともない。

あり様をどうみるかが次の課題となる。それが実際に視野に入るようになるのは、オリンピック開催に向けての「大規模な建設事業が一段落すると同時に、それまで建設のために等閑視され、あるいは無視され、また犠牲となっていた大都市東京の市民生活の実情を改めて直視する傾向――いわば内向的観察が行われる」［東京百年史編集委員会編、一九七二：五五六］ようになってからであるが、町内会が「戦後社会」の蹉跌からまがりなりにも解き放たれるようになるのは、転換期コミュニティ施策の「町内会はずし」が誰の目にもあきらかになる平成期（一九九〇年代）に入ってからのことである。

4……むすびにかえて――ポスト「戦後社会」と『町会』の現在性

　さて最後に視点を変え、最近取りざたされている東京スタディーズの文脈において『町会』がもつ意味についてひとこと触れておこう。東京スタディーズの最大の争点《イッシュー》がポスト・グローバルシティ東京の存在態様にあることはいまさら詳述するまでもないが、その際要となるのは、グローバルシティと帝都／首都との布置連関のあり様である。グローバルシティ東京についてはすでに多くのことが諮られているが、それらが共通に理論射程におさめていたのは、世界的な規模で統合・コントロール機能の形成をうながすことになった多国籍企業の本社機能の集積とかグローバルな金融センターの立地であり、そこから導き出される際限のない拡がりのなかで世界性《グローバリティ》を占有している首都であった。つまり多くの論者がみたグローバルシティ東京は、多国籍企業主導の世界市場の垂直的分業に裏打ちされた首都であった。

　しかしそれは「日本という国民国家のなかで中枢的な位置を占め、それが外に溢れ出ていくといった構図」［吉原、二〇〇二：二五八］から脱しきれないでいた。別の言い方をするなら、グローバルシティ東京は「『帝都』→『首都』を通して自らの体内に埋め込んできた国民国家のアイデンティティの物語」［同上：二五八〕にすっかり取り込まれていたのである。いずれにせよ、グローバルシティ東京は帝都および首都との〝断絶〟の上に存在したのではなく、むしろそれが示す世界性は戦前からの国民国家が育んできた特権的な中枢性を引き継ぐものであった。そしてこの特権的な中枢性こそ、みてきたような「戦後社会」のなかで町内会によって補強され支えられてきたものなのである。言い換えるなら、町内会が昭和三〇年代（一九五〇年代後半）から昭和四〇年代初頭（一九六〇年代後半）にかけて自らの再編を介して維持してきたものなのだ。

　考えてみれば、『町会』はこの局面を帝都から首都への接続地平において、しかも町内会が機構的に再編され、それとパラレルに国策としてのオリンピックに動員されていく二重過程に即してあきらかにしている点で、きわめて傑出した作品となっている。しかし『町会』のおよぶ射程は「戦後社会」までであり、ポスト「戦後社会」においてグローバルシティ東京の出現→転回《ターン》を経て指摘したような特権的な中枢性がいわば外から食いちぎられ、内から破られることになるポスト・グローバルシティ東京の位相を描くには、やはり別様の作品の登場を俟つしかない。

　東京スタディーズがあきらかにしているものの一つが、グローバル化の進展のなかで「権力」が地域社会への介入様式を模索する以前に空間の再構造化（いわゆるリストラクチャリング）が進んでいるといっ

▼10　もう一つの航海にとって要となるのは、いわゆる社会史、都市史のなかで町内会をどう位置づけるかという点である。ここでは二宮〔二〇〇〇〕以降の社会史の地平と成田龍一がきり開いた都市史の領野〔成田、二〇〇三〕が念頭にあるが、同時に考えておかねばならないのは、今日、すさまじい勢いでコミュニタリアン主導の「町内会の見直し」がすすんでいることである。「戦後社会」の問い込みとともに、コミュニタリアンからどう距離をとるかが、あらためて大きな争点を構成することになろう。

た事態にあったとすれば、上述の別様の作品の焦点は、必然的に町内会体制の再編ではもはや律することのできない（ジェンダー、エスニシティ、ジェネレーション等を含む）地域階層構成の偏倚《バイアス》と裂開《デバイド》をどう埋めるかという点に向かうことになるだろう。なぜなら、それはポスト・グローバルシティ東京がかかえる喫緊の問題構制《プロブレマチーク》でもあるからだ。同時にこうした場合に、前述した町内会に埋め込まれた《ビルトイン》、地域とともに生きた人びとの骨太な生活の記録をどう読み返すかということがきわめて重要な作業になるであろう。いずれにせよ、いったんは向うにやったはずの『町会』を再びたぐり寄せて、膨大な資料の海にこぎ出る舟のように、もう一つの航海を試みることが避けられないといえよう。▼10

ともあれ、今回復刻した『町会』は、さまざまな読みの機会をわれわれに与えるものであり、そこからまた奥の深い議論を巻き起こす可能性をもっている。そして何よりもグローバル化の進展のなかでコミュニティの存在意義が問われている今であればこそ、『町会』に真摯に立ち向かう必要があるのである。考えてみれば、社会のいっさいの矛盾がコミュニティに解消／回収されていくようなコミュニティ・インフレーションのなかに、われわれは置かれている。こうしたときに、地域に生きた人びとが記した航跡をたどることは、地域における自分たちの立ち位置を確認する上でももはや避けて通ることのできないことなのである。

第4章

防災コミュニティの社会設計の条件

——防災ガバナンスの確立のために

物体的なものにおいては、能動受動（actio et passio）はすべて場所的な運動において成立します。

デカルト「レギウス宛書簡」

1……いまなぜ防災コミュニティなのか

今日、さまざまなところから、地震にたいする不安の声が聞こえてくる。アジアのいろいろなところで生じている地震による惨禍は、こうした不安を増幅することはあっても鎮めることはない。[1] 当然のことながら、防災にたいする人びとの関心は高まらざるを得ないし、それにたいして社会（公）が何をしてくれるかについて期待が脹らんでいる。そうしたなかで、地方自治体ではさまざまな防災施策が講じられるようになっている。とりわけ自主防災組織の設置は、災害対策基本法第五条第二項で地方公共団体に設置義務が課されて以降、行政主導ですすめられている。[2] ちなみに、二〇〇七年度『消防白書』によると、自主防災組織は二〇〇七年四月一日現在で、全国一六三二市区町村に一二万七八二四存在している。全世帯の七割が自主防災組織に加入していることになる。国民保護法制において市民防衛組織《シビルディフェンス》として位置づけられてからは、ますますその存在が注目されるようになっている。

　高い組織率もあって、人びとの自主防災組織に寄せる期待には熱いものがあるが、他方で、自主防災組織が事実上町内会・自治会であることとも相俟って、（前者を後者にスライドさせて）不安視する向きもないわけではない。いずれにせよ、町内会・自治会等の地域コミュニティのあり様を含めて、防災ガバナンスへの関心は高まっている。われわれが二〇〇八年に東北六県の全市にたいしておこなったアンケート調査結果によると、全体の六〇パーセント強の自治体が防災ガバナンスに高い期待を寄せていることがわかった［仁平ほか、二〇〇八］。問題は、防災ガバナンスで具体的にどのようなことがイメージされ、そのなかで地域コミュニティがどのように位置づけられているかである。同じガバナンスといっても、地域内をさしていうのか、あるいは地域間でいうのかによってその内容が大きく変わらざるを得ない。[3] また地域コミュニティの再生を防災ガバナンス確立の一環として論じるのか、それともそうしたものとは一応切り離して論じるのかによって、その方向は違ってこざるを得ない。ところが、すべてがあいまいなままに論じられているような気がしてならない。ただガバナンスという言葉が氾濫し、地域コミュニティの再生といったことが野放図に叫ばれているのではないだろうか。

　もちろん、ここでは前者の文脈で、つまり防災ガバナンスの確立にかかわらせて防災コミュニティのあり様を考察する。同時に、あまりにも無造作に用いられているガバナンスについて概念的な定式化をおこない、防災の現場でその概念がどのような有効性を持ち、また限界を有するのかについて言及する。この作業を欠いては防災コミュニティの定式化はもちろんのこと、その社会設計にはとてもおよばないと考えられる。「いまなぜ防災コミュニティなのか?」という問いは、一見社会の要請にダイレクトに応えているように見えるが、問いのもつ意味ははるかに深く、広がりのあるものなのである。

とにかく、ここでは、以上のような問題意識の下に、フィールドで得たいくつかの知見を援用しながら表題に迫ることにする。

▼1　いま、この稿を起こしている最中にハイチからの震災の報に接した（二〇一〇年一月一二日）。いまのところどの程度の規模でどの程度の被害が出ているのかわからないが、インフラの整備状況から考えて相当の人的損傷が生じているものと推察される。震災後の危機管理が憂慮されるが、それとは別にコミュニティがセーフティネット機能をどの程度果たしているのかも気になる。

▼2　「自分たちのまちは自分で守る」というキャッチフレーズとともに全国くまなくはりめぐらされている自主防災組織は、任意団体であるにもかかわらず、行政の働きかけによって半強制的に設置されているというのが実状である。しかも今日、自主防災組織はますます多機能性を帯びるようになっており、そうした点でも町内会が事実上自主防災組織に取って代わられているのは何ら不思議なことではない。

▼3　もともとローカル・ガバナンスは、地域の枠組みで論じられる傾向にあったが、地域で表出するイッシューが地域を越えて広がるとともに、ガバナンスの機能領域も地域を越えて拡大するようになっている。いまや地域間ガバナンスといった言い方もさほどめずらしいことではない。しかし地域間ガバナンスの場合、ステークホルダーがより複雑に入り組み、それを整序するために、かえってより強力な「ガバメント」を招きかねないという惧れがある。

2……防災ガバナンスとは何か

まず防災ガバナンスについて定義することからはじめよう。とはいうものの、いざとなると、この定式化は厄介である。なぜなら、多くの通説がすでに社会に出回っているからだ。ここではそのことを念頭に置いて、さしあたり次のように言っておこう。

地方公共団体、地域コミュニティ、NGO／NPO、企業、地域団体、諸個人など、地域を構成する諸主体が防災というイッシューをめぐって織り成す多様な組合せの総体——対立、妥協、連携からなる重層的な制度編成。

ここで重要なのは、ガバナンスが複数の構成要素が交差するところに成立し、たえず状況依存的な状態にあり、再編途上にある制度編成であるという点である。人によっては、ガバナンスを理論上のモデルのように受け取る傾向があるが、こうしたとらえ方はガバナンスの本来のあり様からもっとも遠いところにあるといえる。防災ガバナンスは非定形的であることを最大の特徴としている。ガバナンスについては、よく「ガバメントからガバナンスへ」ということが言われ、従来の「タテ割り」のシステムから「ヨコ結び」のシステムへの移行と重ね合わせて言及されるが、それはあくまでも様式の形状の変化として述べられているにすぎない。したがって「作用のかたち」としてとらえ直す必要がある[4]。

ガバナンスを「作用のかたち」として語る際に鍵となるのは、それが「旧来のガバメント（統治）によるトップダウンの〈統制〉とか市場を介しての私化された関係による〈調整〉に決して回収されていかない」［吉原、二〇〇九b：一二二］「節合（articulation）」の機制に基づいているということである。それ（節合）は「地域を構成する諸アクターがステイク（利害）の違いを認識した上で、せめぎ合いつつ交渉するといった動的関係を基軸にしながら、脱統合的で非強制的な集合的実践を含み込むものとしてある」［同上：一二二］。防災ガバナンスは「そうした『節合』から派生する創発態、すなわちヒト、モノ、コトの複合的なつながりから生じる、開放性と異質性を兼ね備えた非線形で根茎状に立ち上がるネットワークの集列」［同上：一二二］を核としている。まさに節合と創発（emergence）が互換的に用いられる所以である。また近年、社会科学の領域で種々取りざたされている自己組織性とか複雑性あるいはアフォーダンスの諸理論が上記の節合と創発を説明するものとして援用されるのも、よく理解できる。[5]

いずれにせよ、以上より、ガバナンスが「アクター間の相互生成、またそれらのアクターのあるものから他のものへの自由な往来が不可避であること、そしてそのこと自体、関係が創られては壊され、再び形態化されていく生成（becoming）の行程《トラジェ》としてある」［同上：一二二］ことはたしかである。そしてそうであ

▼4　様式上の変化としてみるなら、ある意味でガバメントもガバナンスもガバニングの相反する二つの「かたち」としておさえることができる。「ガバメントからガバナンス」という言い方に即していうなら、ガバナンスはガバメントの変種ということになる。それにたいして、ガバナンスを「作用のかたち」としてとらえることがなぜ重要かといえば、ゆらぐプロセスに歩調をあわせることによって、ガバナンスの特性をより明晰に浮かびあがらせることができるからである。

▼5　ここでいう節合は統合（integration）との、また創発は内発との差異／違いの上に措定されるものである。いずれも、線形分析を基軸に据えるシステム論的発想に対置されるオートポイエーシス論、自己組織性論、複雑性論、アフォーダンス論等のコアに位置づく概念である。ただし、概念的には発展途上のものであり、論者によって含意するものにかなり幅がある。

ればこそ、どの主体／アクターも非定形で非線形なガバナンスにおいてイニシアティヴを握る可能性がある。いままで単視点で語られてきた行政主導とか市民／地域住民主導といったことが地域資源の布置状況（constellation）によってより多様な含意を担って展開されるようになるのである。またそのことがガバナンスの「たえず状況依存的で再編途上にある」〔同上〕ことの可能性を示すことにもなる。

だがここまで来て前言を翻すようだが、ガバナンスは制度そのものというよりは、実は制度のためのしくみづくりであると言ったほうが適切であろう。筆者はガバナンスを前述した定式化とともに「新たなアプローチの方法／問題を問うヴィジョンを提示する方式〔……〕つまり制度設計／構想の思想」〔吉原、二〇〇八ａ：一一二〕ととらえている。防災ガバナンスは防災をめぐる「討議的民主主義（deliberative democracy）」（コーエン）のための実験、またそうした点ではガバメント（統治）を問い返す思考実験としてあるのである。つまりガバナンスは新たな制度のための理念的基礎を提供するものであり、いったんできあがった制度が自己を検証する際に常に立ち返っていく起点としてある。▼6 だからこそ、ここでは、一部にみられるようなガバナンスを理念なきシステムととらえるような見方をまず峻拒することからはじめなければならない。

3……さまざまな協働のかたち

防災ガバナンスは、地域を構成する諸主体／アクター（以下、諸主体と略称）が防災というイッシューをめぐって織り成すさまざまな協働《コラボレーション》（の把握）を基軸に据えている。この場合重要なのは、指摘されるような協働が一点に収束しないベクトルをしるしながら、それらが多様かつ複層的に交わる地平で「生活の共同」にともなうさまざまな実を育む可能性を持っていることである。と同時に、防災というイッシューに立ち向かう際に市民・地域住民が自己決定の主体として存在するという基本原則を踏まえておく必要がある。▼7 防災を通して、市民・地域住民以外の諸主体がこの自己決定の主体としての市民・地域住民をどう支え、鍛えあげていくのかが、防災ガバナンスの確立にとって最大の要諦をなしているのである。

さてあらためて問われるのは、そうした市民・地域住民以外の諸主体が具体的にどのような役割を担うのかという点である。まず地方公共団体であるが、それは何よりも公的な防災施策をめぐる責任主体としてである。国の防災計画に依拠しながら、地域レベルで防災基本計画を策定する。そしてそれに即して施策の方針を立て具体的な施策を実施する。しかし策定および実施を担うのは公的主体だけではない。近年は策定から実施までの諸過程において、決定主体／権利主体である市民・地域住民が何らかの形でかかわることが多い。特に、ワークショップやパブリックコメント（意見公募）を導入するケースが目立っている。また施策の実施状況の監督とか事後評価に市民・地域住民がかかわることもめずらしいことではなくなっている。いずれにせよ、市民・地域住民と行政の協働が、前者が後者の責任を分有するという形で進んでいる。

▼6　近年、ガバナンスをモデル理論に組み込もうとする動きが活発になっている。そうしたなかで、システムとしてのガバナンスという考え方も立ちあらわれている。しかしこうした考え方は、ガバナンスが適用される範囲をたしかに広げるかもしれないが、ガバナンスが起点に据えたものから著しく乖離するといった結果を招きかねない。「原理」とか「精神」からかけ離れたところで一つの技法として発展するガバナンス論の現状に危惧を抱かざるを得ない［吉原、二〇〇九b：一二二］。

▼7　ここでいう自己決定とは、市民・地域住民が人間としての尊厳と生存の基盤を守るために自律的な意思決定をおこなうことであるが、その際重要なことは、それが他者との交わりを介して実現されるということである。しばしば自己責任とセットで語られる「自己決定」は、他者との競争の上に定立されるものであり、ここでいう自己決定とはおよそ似て非なるものである。

いる。そしてこの局面において、市民・地域住民の自己責任ということがいわれるようにもなっている。ところで国はといえば、財政支援を通して、以上のような性格を帯びた市民・地域住民と行政の協働のあり様を巧みにコントロールし、大枠としての方向づけをおこなっている。もちろん、地方自治を尊重するということが前提とされている。

防災に関与する主体として近年特に注目されているのがボランティアである。いわゆる「新しい公共」の担い手として脚光を浴びるようになっているボランティアは、市民・地域住民が防災に関して自己決定の領域を広げていくのを支援するだけでなく、その専門性を活かして行政との相互浸透も深めている。とりわけ減災および復興に実際にかかわってきたボランティアの場合、地方公共団体が減災施策および復興施策と一体化した防災施策を打ちたてるにあたって中心的な役割をになうことも少なくない。また広義のボランティアの一環をなす企業の場合も、いわゆるＣＳＲ（企業の社会的責任）という形で市民・地域住民および行政との結びつきを強めている。さて以上のような役割を担うことによってボランティアに期待されるのは、市民・地域住民と行政を有機的につなげることである。この間しばしば指摘されてきたことは、「公」と「私」の間に生じた「すきま」である。ボランティアにはこの「すきま」を埋めるものとして高い関心が寄せられている。「新しい公共」の担い手として取りざたされる所以である。いうまでもなく、ボランティアはそうした「新しい公共」の担い手として市民・地域住民の自律的な活動を支援し、また行政はといえば、自らの責務としてそのようなボランティアの支援活動をささえることが義務づけられている。だが現実には、以上のような市民・地域住民、ボランティア、行政の間の協働は、行政のコントロールが跳梁する一方向的なものに傾きがちである。

ところで、以上概観した三者間の協働のベースをなすものとして基底的な位置を占めているのが地域コミュニティである。このことは地方公共団体が最も強く認識しているところでもあり、事実、多くの地方公共団体では、市民・地域住民と行政を媒介する役割をボランティア以上に地域コミュニティに期待する傾向にある。[8]その結果として、フォーマルには防災ガバナンスの基礎を市民・地域住民、ボランティア、地域コミュニティ、行政の間の有機的な連携／協働に置くにもかかわらず、実際には、冒頭の自主防災組織への過剰な肩入れにみられるように、地域コミュニティにシフトした防災ガバナンスが展開されることになる。この場合、地域コミュニティ／自主防災組織が防災をめぐって人びとのセーフティネットを構築する機能を遂行しているのなら未だしも、実際には後述するように「上からの組織化」に適合したものとなってしまっている。だから、それは自己決定の主体としての市民・地域住民の力能アップに必ずしもつながっていかないのである。

こうしてみると、諸主体間の協働はいわゆる自律的人格の確保と地域自治を二本柱としながらも、およそ定形的なものとはなっておらず、またそのことと相まって防災ガバナンスが多様性を帯びざるを得なくなっている。それでは防災の現場では、防災ガバナンスの「かたち」はどのように考えられているのだろうか。ここでは、筆者たちがおこなった山形市、秋田市、福島市の各町内会調査の結果を援用することで、その「かたち」を明らかにしてみたい。[9]具体的には、町内会の担い手たちに大震災発生時の救援活動およ

8　今日、地方公共団体で一般的に観られるのは、市民活動を地域住民活動から峻別し、市民活動を特定非営利活動促進法の範囲内で支援する一方で、地域住民活動については従来通り地域コミュニティ＝町内会に一元化して把握するというやり方である。しかしこうしたやり方が限界にきていることはもはや明らかであるし、この数年、自民党が中心になってコミュニティ活動基本法の策定にこだわったのも、こうした限界を何とかして打破しようとする動きの一つとしてとらえることができよう。なお、コミュニティ活動基本法の策定の動きについては、日高［二〇〇九］を参照のこと。

表1 ▇ 大地震発生時の救援活動において重要な役割を果たすアクター

	「非常に重要」(%)			「重要」(%)		
	山形	秋田	福島	山形	秋田	福島
個人	36.4	30.7	4.9	30.7	40.8	48.3
隣近所・隣組	53.1	38.9	32.0	29.6	45.5	78.5
町内会	45.0	39.8	14.4	36.9	45.8	75.3
連合町内会	19.1	13.5	1.2	35.0	39.2	23.9
消防団	43.9	33.7	8.7	26.7	35.2	71.4
NPO等のネットワーク組織	8.1	8.0	0.2	23.2	23.8	8.5
民間企業	7.8	5.2	0.0	24.3	21.0	6.9
地方自治体	36.1	38.4	6.9	29.9	33.7	43.4
消防署	52.0	48.4	6.3	23.5	33.0	60.9
警察	48.0	43.6	0.2	25.3	34.2	48.3
自衛隊	42.0	40.8	2.6	22.6	28.8	34.7
国家	33.2	0.9	2.2	20.5	0.3	19.5

注1）山形市町内会調査N＝371、秋田市町内会調査N＝576、福島市町内会調査N＝493。
2）紙幅の都合上、無回答は除外した。
3）福島市調査では「非常に重要」は「もっとも重要」として聞いている。また「あまり重要でない」、「重要でない」、「分からない」の回答肢は設けていない。

び共同生活において重要な役割を果たすと思われるアクターを挙げてもらうことによって、彼らがガバナンスに内在するステーク・ホルダーとしての諸主体の布置構成をどのようなものとして考えているかを検討してみる。

まず大震災発生時の救援活動に目を向けてみる。表1によると、山形市の場合、「隣近所・隣組」、「町内会」、「消防団」、「消防署」を中心にして、これらに「警察」、「地方自治体」、「自衛隊」、「個人」が加わる連携の「かたち」が重要（「非常に重要」＋「重要」）とみなされている。秋田市の場合もほぼ同様の傾向がみられ、「町内会」、「隣近所・隣組」、「消防署」を中心にして、これらに「警察」、「地方自治体」、「個人」、「自衛隊」、「消防団」が加わる連携の「かたち」が重要（「非常に重要」＋「重要」）と考えられている。それにたいして福島市の場合、全体に重要性の認知度という点で上

表2 ■ 大地震発生後の共同生活において重要な役割を果たすアクター

	「非常に重要」(%)			「重要」(%)		
	山形	秋田	福島	山形	秋田	福島
個人	33.7	31.1	3.9	32.3	38.2	38.1
隣近所・隣組	46.6	34.9	14.4	31.0	43.9	65.5
町内会	44.2	37.0	12.0	35.0	42.9	68.8
連合町内会	19.4	15.1	1.8	33.7	37.8	28.4
消防団	30.7	21.9	6.1	28.0	33.9	61.3
NPO等のネットワーク組織	12.4	10.8	0.8	21.3	24.0	14.8
民間企業	8.6	5.9	0.0	21.8	20.3	8.1
地方自治体	36.1	38.0	21.9	25.6	31.4	52.7
消防署	37.5	36.1	4.3	24.8	30.6	56.8
警察	36.1	34.4	0.8	26.1	32.5	43.8
自衛隊	32.1	31.8	8.1	22.9	25.5	46.2
国家	29.6	31.9	5.3	19.1	22.9	28.2

注1）山形市町内会調査N＝371、秋田市町内会調査N＝576、福島市町内会調査N＝493。
2）紙幅の都合上、無回答は除外した。
3）福島市調査では「非常に重要」は「もっとも重要」として聞いている。また「あまり重要でない」、「重要でない」、「分からない」の回答肢は設けていない。

の二都市に比較して明らかに下回っている。そして「隣近所・隣組」および「町内会」に「消防団」および「消防署」が加わる小さな連携の「かたち」が重要（「非常に重要」＋「重要」）と考えられている。他方、「NPO等のネットワーク組織」および「民間企業」は、連携のアクターとしては極めて認知度が低い。とりわけ福島市の場合、この傾向が顕著に読み取れる。

続いて、大地震発生後の共同生活に目を移してみる。表2によると、山形市の場合も秋田市の場合も救援活動とほぼ同じ連携の「かたち」が重視されている。それにたいして福島市の場合、上述した救援活動の際の連携に「地方自治体」が加わるといった「かたち」になっている。ちなみに、山形市および秋田市の場合、「消防団」および「自衛隊」について、福島市の場合、「消防団」についてアクターとしての評価がやや低くなっている。これらの組織、とりわけ「消防団」については、共同生活よりは救援活動において主導的役割を果たすことが期待されているといえる。もっとも、アクターにたいする認知度はインフォーマントをどのアクターにするかによって異なってくる。またその点でいうと、「NPO等のネットワーク組織」にたいして総じて低い評価しか与えられていないのは、防災活動においてこれらの組織がアクターとしては未だよく視えないという現実の状況に加えて、町内会自体のこれらの組織への必ずしも好意的でない「まなざし」が大きく作用していると考えられる。[10] とはいえ、ここでも重要性の認知度において福島市は山形市および秋田市にたいして大きく後れをとっている。

4……防災ガバナンス確立に向けての地域コミュニティの社会設計の前提

一、地域コミュニティ再編成の前提

表1・表2にみられるように、防災ガバナンスは地域を構成する諸主体のさまざまな協働の上にある。もちろん、依拠した調査結果は町内会の担い手たちの意識にもとづくという限界をもっている。しかしそれにしても、防災ガバナンスを具体的に構想していく際に地域コミュニティ＝町内会がきわめて重要な役割をはたすことになるであろうことは、調査結果より明らかである。もっとも、この場合、役割というのはきわめて両価的なものである。なぜなら、地域コミュニティの存在態様によって、防災ガバナンスの具体化をうながすことにもなるし妨げることにもなるからだ。実際、後者を危惧するサイドからは、地域コミュニティ抜きのガバナンスの構想案が打ちだされている。しかしそれは、多くの地域において地域コミュニティが良くも悪くも要をなしているという現実を考えるなら、必ずしも適切なものとはいえないだろ

う。

地域コミュニティ＝町内会（以下、町内会と略称）が市民・地域住民の自律的人格の確保と地域自治にもとづく防災ガバナンスの確立の一環をなすためには、なによりも先ず、上からの「ガバメント（統治）」に馴致した動員型組織から離脱《テイクオフ》する必要がある。それは地域を構成するさまざまなアクターが防災をめぐってせめぎ合うなかで、ローカル・イニシアティヴを担い得る地域コミュニティの形成の条件（土台）をさぐることでもある。ところで、この動員型組織からの離陸は、町内会が近代日本においてぶあつく形成され今日まで続いている官治的自治の基底部分をなしてきたことを考えるなら、▼11 それほど容易なことではない。町内会は地域に根ざしながらも、上から矢継ぎ早に降りてくる行政業務《マター》の遂行に追われ、地域のイ

▼9　以下、論述の基礎に据えるのは、二〇〇五年仙台市町内会調査、二〇〇七年山形市町内会調査、二〇〇八年青森市町内会調査、秋田市町内会調査、二〇〇九年福島市町内会調査によって得られた知見の一部である［東北都市社会学研究会編、二〇〇六・二〇〇八a・二〇〇八b・二〇〇八c・二〇一〇］。また併せて、松本・吉原［二〇〇九］を参照のこと。

▼10　町内会とＮＰＯとの関係は、これまでコミュニティ論の重要な争点をなしてきた。しかし多くは、表層面での対立とか相補の関係に目を奪われ、コミュニティ感情とかコミュニティ意識にまで立ち入っての両者の関係の分析を避けてきたように思われる。だがいまや、コミュニティにおける〈地域性〉と〈共同性〉の再審をおこなう上でも、この分析を避けて通ることはできない。

▼11　よくいわれるように、戦前の地方自治制度は官治的自治制度と地方名望家層を媒介にした支配を二本柱として成りたっていた。そしてこの二本柱の底辺に隣保共助の組織である町内会がしっかりと位置づけられていた。したがって戦争を含め国策の進展に際しては、常に町内会を起点／基点として社会全体を動員するという方策（体制）がとられたのである。それはある意味で町内会の意思を越えるものとしてあったが、日本の近代を貫いて果たした町内会の「体制的」役割を等閑視することはできない。

ッシューを他のアクターとともにとりあげ処理する協働体（態）の要としてはもはや存在しない。

町内会に鋭く問い込まれている動員型組織からの離陸といった課題は、同時に組織自体の自律的基盤の確立という課題ともむすびついている。というのも、後者なくして前者は達成されないからである。しかし現実には、後述するように、町内会は自律的基盤をますます喪う方向へと向っている。かつて有賀喜左衛門が指摘したような「公私未分化」という状況が地域コミュニティをぶあつく覆っていたとすれば、いまの町内会は「公」と「私」の間に生じている「すきま」に埋没してしまっていて、自己の存在世界《レゾンデートル》を見いだせなくなっているといえる。だからこそ、かつて自分たちが担ってきた領域に自由に入ってきて上述の「すきま」を少しでも埋めようとするボランティアに複雑なまなざしを向けることになるし、ときとして彼らと敵対するようなことにもなるのである。いうまでもなく、動員型組織であるかぎり、こうした状況は続くことになるであろう。

ここでは、防災ガバナンスの確立に向けての地域コミュニティの再編の条件を二つに絞ってごく簡単に述べたが、以上の二点は、再編がどのような局面と位相のものであっても、基本的には踏まえなければならない条件であると考えられる。さてその上であらためて問われるのが、以上の二点を困難なものにしている町内会の現状＝存在形態をどうとらえるかという点である。そこで前記の町内会調査の結果を再び援用しながら、町内会の地域における立ち位置を検討してみることにする。

二、防災をめぐる町内会の存在形態／態様▼12

町内会が批判的に取りざたされる場合、多くは活動が行政補完的なものに特化していること、そして組織自体が硬直化していることに向けられる。たしかに、四都市の町内会調査の結果では、町内会で単独でおこなっている活動で多いのは、「ごみ処理収集協力」、「資源・廃品回収」、「地域の清掃美化」、「集会所等の施設管理」、「街灯等の設備管理」であり（表3参照）、これらは「地域の清掃美化」を除くと、すべて行政委託業務の枠内にある。他方、後者についてみてみると、四都市のいずれも未だ世帯加入率は高いものの（「全戸加入」＋「九〇％以上加入」：仙台調査七一・九％、山形調査八三・〇％、秋田調査八七・六％、福島調査八三・八％）、役職者のなり手がなく（「役員のなり手不足」：仙台調査七〇・三％、山形調査四九・三％、秋田調査三二・八％、福島調査五九・八％）、結果的に高齢の役職者層による町内会の運営が常態化している（「七〇歳代」＋「八〇歳代以上」：仙台調査五五・四％、山形調査四九・六％、秋田調査三九・六％、福島調査四五・一％）。いわゆるトップヘヴィの状態が観取されるのである。

以上のような状況下で、全体としてみれば、相当量の活動と人的資源を必要とする防災活動が上位にランクされることはない。しかし「町内会が果たすべき役割」として、防災活動が防犯活動とともに地域安全確保に不可欠のものとして重要視されるようになっていることはたしかである。ちなみに、仙台市では七九・九％の町内会、山形市では五八・三％の町内会、秋田市では五三・三％の町内会、そして福島市では七七・一％の町内会が防災活動の担い手として（町内会が）ますます重要になると答えている（ただし、仙台市の場合は防犯を含んだ数値となっている）。こうした動向は行政施策において防災と防犯がますます中心に位置するようになっていることと響き合っている。

それでは、町内会の防災活動の現状はどうなっているのであろうか。地域において防災活動をおこなうには、まず情報の共有が必要である。そしてそのためにはメンバー間での「話し合い」が不可欠となる。

▼12　以下の「4—二」の記述は、既発表の拙稿［吉原、二〇〇八d］に福島市のデータを加えた上で、大幅に縮減し、要約的に再構成したものである。ただし、分析については多少変更している。

表3■町内会単独の活動

町内会調査	活動順位		
	1位	2位	3位
仙台市町内会調査	「私道の管理」65.2%	「ごみ処理収集協力」52.7%	「地域の清掃美化」45.8%
山形市町内会調査	「街灯等の設備管理」88.9%	「ごみ処理収集協力」87.9%	「地域の清掃美化」77.6%
秋田市町内会調査	「街灯等の設備管理」93.2%	「ごみ処理収集協力」85.8%	「地域の清掃美化」79.7%
福島市町内会調査	「ごみ処理収集協力」81.9%	「地域の清掃美化」80.5% 「街灯等の設備管理」56.0%	
	4位	5位	
仙台市町内会調査	「集会所等の施設管理」37.6%	「公園・広場の管理」34.9%	
山形市町内会調査	「資源・廃品回収」54.7%	「集会所等の施設管理」51.5%	
秋田市町内会調査	「資源・廃品回収」59.0%	「集会所等の施設管理」49.1%	
福島市町内会調査	「集会所等の施設管理」44.6%	「資源・廃品回収」43.0%	

注 1）仙台市町内会調査N＝1,170、山形市町内会調査N＝371、秋田市町内会調査N＝576、福島市町内会調査N＝493（以下の表はすべて同じ）。
2）仙台市町内会調査では、「資源・廃品回収」および「街灯等の設備管理」の項目は未設定である。

表4によると、仙台市では六九・二％の町内会、山形市では五〇・九％、秋田市では四六・四％の町内会、そして福島市では四四・六％の町内会が過去に「話し合って来た」と答えている。仙台市が突出して高い比率を示しているのは、過去の災害経験（宮城沖地震）および近未来の高い確率での地震発生予知が影響していると考えられる。ちなみに、話し合いの内容として四市の町内会のほぼ六〇％以上で取り上げられているのが、「心がまえ」、「避難の方法、時期、場所」、そして「住民間の連絡」である。他方、ライフラインの重要な構成要素となる「食料・飲料水」、「非常持ち出し品」、「家屋の安全度」、「災害

表4 ■ 防災についての話し合いの有無と内容

話し合いの有無（%）

	仙台	山形	秋田	福島
Ⅰ．話し合って来た	69.2	50.9	46.4	44.6
Ⅱ．話し合ってない	22.4	46.4	49.5	48.1
Ⅲ．分からない	1.9	0.8	3.1	4.1
無回答	6.5	1.9	1.0	3.2

話し合いの内容（%）

	仙台	山形	秋田	福島
心がまえ	72.1	74.6	58.1	60.9
避難の方法、時期、場所	83.3	69.8	77.9	83.6
食料、飲料水	43.4	40.2	26.2	28.2
非常持ち出し品	41.8	32.3	24.0	34.1
住民間の連絡	63.3	60.3	70.8	64.1
家屋の安全度	26.3	12.2	12.0	13.2
災害危険箇所	44.9	32.8	31.1	34.1
その他	8.4	10.6	6.0	5.9

危険箇所」については、明らかに上記の三つよりもかなり下回っている。ここではライフラインの充足よりも、コミュニティの基層をなす〈地域性〉および〈共同性〉にかかわることが話し合いの主内容となっている。ライフラインにつながるものについてはある程度個人で対処すること、つまり個人化の領域に委ねられているようにみえる。

さて、大地震への具体的な対策として町内会がおこなっていることを次にみることにしよう。表5によると、四市の町内会に共通してメジャーな位置を占めているのは「避難場所の確立」であり、これに次ぐものとして「高齢単身世帯の把握」、「非常用品準備の呼びかけ」、「自治体の防災訓練に参加」が並んでいる。他方、「飲料水、食料品の備蓄のすすめ」、「家具の固定、ブロックの点検などの呼びかけ」、「地震保険への加入」についてはマイナーな位置にとど

表5 ■ 大地震への対策

(%)	仙台	山形	秋田	福島
非常用品準備の呼びかけ	⑤48.1	③39.1	③28.6	②38.3
飲料水、食料品の備蓄のすすめ	35.3	20.5	12.8	13.8
家具の固定、ブロックの点検などの呼びかけ	34.6	8.9	9.4	11.2
地震保険への加入	3.3	1.6	1.2	3.0
住民間の連絡方法の確立	②63.3	18.9	④47.4	22.9
避難場所の確立	①65.3	②53.4	②52.6	①49.5
防災に関するセミナーなどの啓発活動	32.1	⑤26.1	14.2	16.2
自治体の防災訓練に参加	④49.0	④35.8	⑤22.2	③34.3
高齢単身世帯の把握	③53.4	①54.7	①62.8	④31.2
その他	5.3	7.5	5.9	3.6
特に何もしない	10.8	21.6	18.4	⑤23.9

まっている。ここでは、先の表4でみた話し合いの内容にほぼ対応する動向を観て取ることができる。その上であらためて注目されるのは、高い割合でみられる「避難場所の確立」と「高齢単身世帯の把握」が一見コミュニティの〈地域性〉と〈共同性〉に根ざしているようにみえて、実はなにほどかは行政がコミュニティに期待するものであり、行政からの働きかけによるものでもあるという点である。つまり指摘されるような対策は「自生的」なもののようにみえても、「ガバメント」の論理に深く繋留されているのである。

こうした動きは、防災マップやハザードマップ等の防災対策資料の作成においてより明確にあらわれている。近年、このようなマップづくりにおいて目立っているのはワークショップの導入であるが、それとともに注目されるようになっているのが、日常活動の一環としておこなわれている防災プログラムの作成である。そこで強調されているのは「敢えて『防災』という言葉を出さず、自ら発見したり、気づける課題のひとつとして『さりげなく』防災を扱う」［菅、二〇〇七：二五六］ことである。しかしそれらは多くの場合、行政が

表6 ■ 防災マップやハザードマップなどの防災対策資料

<table>
<tr><th>(%)</th><th>仙台</th><th>山形</th><th>秋田</th><th>福島</th></tr>
<tr><td>独自で作成（作成中）</td><td rowspan="6">36.2</td><td>4.9</td><td>4.6</td><td rowspan="6">30.4</td></tr>
<tr><td>行政の指導下で作成（作成中）</td><td>12.7</td><td>6.3</td></tr>
<tr><td>行政が作成したもの（作成中）</td><td>56.9</td><td>30.7</td></tr>
<tr><td>独自で作成、行政の指導で作り直し（作成中）</td><td>0.5</td><td>0.2</td></tr>
<tr><td>行政の指導で作成し、独自に作り直し（作成中）</td><td>0.5</td><td>1.6</td></tr>
<tr><td>行政が作成、独自に作り直し（作成中）</td><td>1.6</td><td>0.5</td></tr>
<tr><td>持っていないが、見たことはある</td><td>27.4</td><td>5.7</td><td>10.8</td><td rowspan="3">60.4</td></tr>
<tr><td>持っていないが、聞いたことはある</td><td>12.7</td><td>4.0</td><td>16.8</td></tr>
<tr><td>見たことも聞いたこともない</td><td>7.7</td><td>2.2</td><td>12.3</td></tr>
<tr><td>わからない</td><td>5.6</td><td>2.4</td><td>8.7</td><td>4.7</td></tr>
<tr><td>無回答</td><td>10.4</td><td>8.6</td><td>7.1</td><td>4.5</td></tr>
</table>

深く関与している。表6によると、仙台市、秋田市、福島市の町内会で防災対策資料をもっているのは全体の半分にもみたない。とりわけ秋田市の場合、「独自で作成」の町内会は五%弱である。他方、山形市では、七七・一%の町内会が防災対策資料をもっている。しかしそれらのごくわずか（四・九%）を除いて、作成に至るまでに行政が何らかの形でかかわっている。

　このように「住民主導」が言われながらも、行政がキャッチアップしているというのが実態なのである。それでも、防災対策資料の作成には意味がある。なぜなら、そのことによって地域住民の防災知識や防災意識が向上し、結果として災害情報の受容において、地域住民の創意ある工夫がみられるようになるからである。問題は行政とコミュニティの間でみられる関係性の態様である。そこでは、長い間地縁が抱合していた「自生的秩序」、つまりその場その場の状況のなかで織り成される横の位相的な秩序のはらむダイナミズムの発現が妨げられているようにみえる。

　ところで、町内会における防災活動として、これまで述べてきたものとともに記さねばならないのは、自

表7　大地震を想定した自主防災訓練の実施・参加状況

(%)	町内会				連合町内会			
	仙台	山形	秋田	福島	仙台	山形	秋田	福島
Ⅰ．行っている								
数多くの会員が参加、見学	15.9	6.2	2.4	6.9	—	8.1	1.0	7.9
熱心な会員が参加、見学	—	7.8	5.2	9.1	—	9.4	6.8	9.3
参加、見学する会員は少数	31.1	11.6	9.4	13.8	—	12.9	9.0	12.0
Ⅱ．行っていない								
いずれ行いたい	32.6	35.3	41.0	26.0	—	20.2	15.3	7.5
行う予定なし	9.4	12.4	13.9	12.8	—	10	8.5	1.2
その他	6.9	1.9	0.7	0.8	—	1.1	1.2	0.6
無回答	4.0	24.8	27.4	30.6	—	38.3	58.2	61.5

注）表中の—は該当する回答肢が設けられていない。

主防災訓練である。それは上述した防災対策資料の作成と緊密にむすびついた実践的活動の一つとしてあるが、もともと、コミュニティの創発的資源に根ざすものである。それは緊急時の特別な活動、つまり「非日常」のできごととしてある。しかし、それは身近な「日常」の積み重ねがあってはじめて生きてくる。表7によると、大地震を想定した自主防災訓練を実施している町内会は、仙台市で四七・○%、山形市で二五・六%、秋田市で一七・○%、そして福島市で二九・八%である。ここでは仙台市が突出している分、他の三市の低調ぶりが目立つが、後者の場合、連合町内会で代替・実施されていると解釈することもできる[13]（あるいは、仙台市の場合、連合町内会が実施しているものを町内会の実施に組み入れてしまっているともいえる）。

もっとも、そうしたバリエーションはあるものの、全体として参加状況が低調であることに変わりはない。これにはいろいろな要因が考えられるが、一つは、自主防災訓練が「自主」といわれているにもかかわらず、その多くが「上から」の動員型としてあることによるものと思われる。実際、筆者がアンケート調査と平行しておこなった関係者へのヒヤリングでは、自主防災訓練が行政からの一方的な働きかけによって行われており、切実な避難意識にもとづいていない、という声が数多く寄せられた。考えようによっては、「強制」が「自主性」の発現をさまたげ、結果的に低調な参加状況をもたらしているといえる。

以上、四市の町内会調査から得た知見を適宜援用しながら、防災コミュニティのあり様とそこから派生する問題状況を町内会に照準して垣間見た。そこから浮かびあがってくるのは、まぎれもなく行政主導の防災コミュニティの姿である。それは先に寸描した町内会の存在態様と相同的《パラレル》に現象しているといえるが、行政の町内会の起用が続くかぎり、この姿＝構図に根本的な変化が生じるとは考えにくい。筆者は、この構図を断ちきることによって防災ガバナンス確立への道がきりひらかれるであろうと考えているが、現実には期待すら膨らませることが困難な状況にある。もちろん、こうした構図／状況が市民・地域住民の自律的人格の確保と地域自治の形成の上にあるとは、到底考えられない。とすれば、指摘されるような構図／状況を一旦認めた上で、町内会をベースに据えない防災ガバナンスのあり様を想定してみるのも、あながち見当はずれであるとはいえないだろう。逆に、町内会をみてきたような状況をそのままにした状態で防災ガバナンスのベースに据えると、防災ガバナンスは容易に防災ガバメントへと化してしまう惧れがあるだろう。[14]

▼13　表7ではこの部分を明確に読み取ることはできないが、筆者らがおこなった仙台市町内会にたいするヒヤリング（二〇〇五年五月）では、学区でおこなわれる自主防災訓練において町内会ごとに年代別の参加人数が割り振られているという。しかも、このやり方は学区運動会とか区民祭にも一部踏襲されているということである。こうなると、実施主体が連合町内会であっても、事実上町内会が実施しているということになる。トップヘヴィという状況のなかで、どのように対応しているのであろうか。

5……防災ガバナンスのめざすもの

繰り返すまでもないが、ここでは町内会の現状分析の結果、地域コミュニティを防災ガバナンスのベースに据えるのではなく、防災ガバナンスを構成する多様なアクターの一つととらえる立場に立っている。以下、そうした立場から防災ガバナンスのめざすものについて少しばかり言及してみる。考えようによっては、そうすることによって、「ガバメント」の機制にすっかり抱合されてしまっている、みてきたような町内会の構図／状況を打破するきっかけが得られるかもしれない。もちろん、上からの「ガバメント」の論理とせめぎ合うなかで、町内会の内部からそうした構図／状況を打ち破る動きが出てこないともかぎらないが。

筆者は、これまで述べてきたこととの関連で、防災ガバナンスのめざすものを三点に整理しておきたい。第一に指摘したいのは、防災ガバナンスは三つの〈場〉を形成しようとしていることである。一つは、防災ガバナンスは防災市民活動の日常的な遂行の場を提供している。地域コミュニティにたいする市民防衛《シビルディフェンス》組織としての位置づけが強まれば強まるほど、そうした位置づけをさまざまなアクターの協働からなる、横に広がる防災市民活動を介してとらえかえすことが重要になってくる。いま一つは、防災ガバナンスそれ自体が防災をめぐる討議的民主主義を確立する場となっている。ガバナンスを構成するアクターが同時にステーク・ホルダーであることを考えると、もはや緊張をはらんだ争闘の場を回避することはできない。一致しないまま協働の実をはぐくむ民主主義の課題が前面に立ちあらわれざるを得ない。さらに、防災ガバナンスは地域コミュニティの再生の場として機能する。とりわけ、先にみたような町内会の風景に想到するなら、この三番目の〈場〉形成はいっそう重要性を帯びてくる。

防災ガバナンスがめざす第二の点は、当事者主権／主体をはぐくむコンテナー（容器）として自らを位置づけようとしていることである。もちろん、この場合の当事者主権／主体は市民・地域住民であり、彼らの自立（律）権である。人格／法人格を有する個人／企業がここでいう当事者主権の担い手である。同時に、さまざまなアクターがせめぎ合うところから生じる「協働体主義」［田島、二〇〇九］とそれをになう集合的／関係的主体を不断にはぐくみ、それらの自己転回をうながすものとして、防災ガバナンスは存在する。いってみれば、新しい「中間領域」▼15の創出に際してコンテナー（容器）としての役割を果たすのである。このコンテナーが非定形で伸縮自在に動くことはいうまでもない。だからまた、指摘されるような「中間領域」が生成と崩壊を繰り返すことも避けられないのである。

防災ガバナンスがめざすいま一つの点は、市民的ネットワーク形成のためのインキュベーター（培養器）の役割を果たそうとしていることである。この点はいま述べた第二の点と大幅に重なり合うが、重要なの

▼14　町内会が動員型組織であり、上からの「ガバメント」に高度に適合的であればこそ、それをガバナンスのベースに据えると、ガバナンス自体の変質が避けられなくなるというのはある意味で当然のことである。もっとも、防災ガバナンス自体、町内会をベースに据えなくても、はじめから「ガバメント」としての性格を色濃くとどめているという議論が全くできないわけではない。むしろ、ここではさまざまな議論の可能性を残しておいたほうがいいと思われる。

▼15　田島英一の言葉を援用すれば、それは「個々の文脈から出発しつつも、変容に対して開かれている『協働体』」であり、「決して『合意』をめざすわけではない」、いわば非領域としての多元的な「市民社会」である［田島、二〇〇九：一五〜一六］。ところで、こうした「市民社会」が日本でもようやく育ってきているというのが田島らの主張であるが、筆者のみるところでは、それは未だ可能態としてのオルタナティヴの段階にとどまっているように思われる。

は、こうしたネットワーク形成において「ヒエラルキー・ソリューション」〔金子、二〇〇二〕の有する問題性が自覚的に問い込まれ、特にヴァルネラビリティ（脆弱性）にたいして明確な視座（福祉の視点）が据えられるようになることである。そこには、「ガバメント」に潜む内在的な病理が、災害によって表面化する事態への鋭利な認識が見え隠れしている。

こうしてみると、防災ガバナンスは制度そのものというよりは、新たな制度のための理念的基礎を提供するものである、とした先の定式化の重要性がよみがえってくる。防災の根底にある理念の共有と継承を、みてきたようなさまざまな協働を通して実現するのが防災ガバナンスに課せられた最大の課題なのである。またそうした点では、防災コミュニティの社会設計のための条件探しも、そうした理念の共有と継承に参画してはじめて単なる「有用性」を越えて「意味あるもの」になるのである。

第5章

開かれた都市空間と安全安心まちづくりの課題

いかなる媒体も、他の媒体との相互依存関係においてしか意義を持ち得ず、あるいは存在さえしない……。

マクルーハン『人間拡張の原理』

1……はじめに——相互監視と異端摘発の社会にならないために

いまからほぼ三〇年前の一九八〇年七月、『八〇年代の警察』が発表された。大日方純夫によると、それは「『地域共同防犯体制』を強化するため、防犯・防火をふくめた『民間自衛組織』の結成を示唆し、また、職域防犯団体の育成・強化をはかるとしていた」［大日方、一九九三：二二六］。そこで志向されている警察に丸抱えされた、しかも人びとの自衛／自己責任が強くもとめられる「安全安心な社会」は、今日、全面開花しているようにみえる。人びとが警察の代わりを果たす民衆の警察化が、かつて雇用者や国家の義務であった社会的保護が「個人の責任」に取って代わられ、諸個人が市場で社会的保護を商品サービスとして購入するようになるとともに一層すすんでいる。こうして個人の安全保障は個人の選択→自己責任の問題にされるようになり〔ハーヴェイ、二〇〇七a：二三三〕、それとともに地域コミュニティで自警の新たな「組織化」が広汎にみられるようになっている。

　サッチャーが「社会などというものはない、あるのは個人とその家族だけだ」〔アーリ、二〇〇六：九〕と言ったのはいつの頃であっただろうか。結局、ありとあらゆる社会的連帯がずたずたに引き裂かれ、所有的個人主義と自己責任だけが跳梁することになったのである。そしてそこに苛烈な監視テクニックが加わって、人びとの自由とはまるで相いれない強制の契機が深く埋め込まれた「相互監視と異端摘発の社会」〔大日方、一九九三：二二六〕ができあがりつつある。「安全安心な社会」が守ろうとするもの、つまり自衛とは一体何なのだろうか。今日、根源に立ち返って問いが発せられようとしている。とりわけ都市そしてコミュニティのレヴェルでその問いの深度が増している。

　日本の都市そして町内は少なくとも近代以前は身分制秩序に深く浸されていたものの、雑多で猥雑な生活世界が色鮮やかに表出する場であった。安全ということでいえば、人びとの等身大のまなざしが都市空間そして生活世界を見守っていた。これまで頻繁にいわれてきたこととは違って、地域コミュニティは非排除性と非同質性を豊かに包蔵していたのである。近代の都市計画における「条里化」→「平滑化」（フーコー）、そして町内の町内会への制度化がこうした非排除性と非同質性を人びとの生活世界から迂遠なものにさせてしまった。モダニティの徹底はこうした状態を極限にまでおしすすめた。そしてわれわれはいま、排除性と同質性が著しく脈動する「安全安心な社会」、「相互監視と異端摘発のコミュニティ」のなかにいる。

だからこそ、ここでは「相互監視と異端摘発のコミュニティ」の病理と危うさを、町内の原構造にまで[1]立ち返って問い返すとともに、地域コミュニティがグローバル化によって〈変奏〉する位相において描きだすことを通して、もう一つの「安全安心なコミュニティ」の可能性について論及してみたい。しかし前者については、ごく簡単ではあるが別のところで触れたので［吉原、二〇〇九ａ］、以下、さしあたり後者に絞って述べることにする。

2……開かれた都市空間

考えてみれば、「相互監視と異端摘発のコミュニティ」は日本だけのことではない。むしろアメリカでは日本よりもはるかに早い段階で取りざたされている。たとえば、戦後いち早くサバーバニズム論が展開されたときに、郊外《サバービア》が「組織された、健全な同質的社会」と強調されればされるほど、そこでの階層的同質性が同調性を強制し、高度に監視的なコミュニティをつくりだしていることが明らかにされた[2]［吉原、一九八三］。そして新自由主義への舵取りが明確になる一九八〇年代後半以降は、個人の責任がいわれる一方で、「寛容なき社会」がますます強まることになった。その結果、「監視社会」（ライアン）とか「要塞都

▼1　日本の町内についてはこれまで必ずしも厳密に論じられてきたわけではない。しかし都市共同体と相同的《アナロジカル》に論じられる傾向にあったことは否定できない。ここでは町内をそうした論じ方から切り離して、むしろ固定されたものとか制度化されたものを解体させる働きをもつものと見なす。つまり脱組織化の契機を内包するものとして捉えたいのである。「無為の共同体」（Ｊ＝Ｌ・ナンシー）参照。

市」（デイヴィス）、あるいは「ゲーテッドコミュニティ」（ブレークリー&スナイダー）のような言葉が「寛容なき社会」の暗部をさし示すものとして人びとに受容されるようになった。同時に、そうした言葉が氾濫すればするほど、開かれた都市空間への志向のようなものが広がり、またそれが「相互監視と異端摘発のコミュニティ」にたいする批判的機能をもつようになっているのである。

ところで、これまでに様々な論者が開かれた都市空間について言及しているが、ここではその先見性をいち早く論じたセネット（Sennet, R.）、ヤング（Young, I.）、ジェイコブズ（Jacobs, J.）の都市論を一瞥する。[3]まずセネットであるが、彼は『公共性の喪失』において概ね次のように論じている［セネット、一九九一］。セネットによると、都市空間の公的性格は、一に機能の多様性にある。しかし彼が目撃する都市計画は、この機能の多様性をことごとく破壊している。代わって、都市計画は「公的空間破壊のコストの回収を、親密な人間的接触の回復というコミュニティに託す」のである。まさに「親密さの強制」がみられるというのだ。セネットのいう都市は、すぐれて非パーソナルな関係の集合としてある。都市の可能性、公共性は、パーソナルな開示のための障壁を設けることにあるのではない。むしろ障壁を取り払い、非パーソナルな関係相互の距離としての「公共性」を推し量ることにこそある。だからこそ、親密圏としてのコミュニティを賛美することは、「公共性」を否定することになる。つまり「コミュニティは不作法（uncivi-lized）になる」というわけである。セネットのコミュニティ批判は、近代におけるコミュニティの原構造にひそむ〈暗部〉を鋭く衝いており、今日においてもなお有効性を失っていない。以下にみるヤングの議論は、セネットのこうしたコミュニティ批判とまぎれもなく響き合っている。

ヤングは、『公正と差異の政治』において、議論の中心に「差異の承認」、つまり「同じであることを強制されないこと」を据える［Young 1990］。コミュニティ論、とりわけコミュニタリアンの主張には、加藤周一の言述を援用するなら「〈みんなと違う〉ことは、それ自身が悪である」［加藤、二〇〇九：三九］といった論調が底在するが、ヤングはこうしたものを明確に拒否する。ヤングのコミュニタリアンにたいする批判は、コミュニタリアンが彼らの価値の中心に置く親密さやアイデンティティそのものにではなく、そうしたものの共有に内在する、差異に対して排他的になり、異質なものを排除する論理に向けられる。ヤングによると、コミュニタリアンが好んで取り上げる「自律」や自己決定としての分権は、それが制度化されると排他性や排除を促すことになるという。彼女にとって重要なのは、「自律」ではない。それに代わる「エンパワーメント」である。「自律」という観念には閉鎖性がともなう。ヤングが注目するのは、外部との関係構築を通して自己の個性を発展させる多様なリソースをもつ「エンパワーメント」の開かれた性格である。

こうしてヤングは、排除のない「社会的差異としての都市」、そして寛容や多様性を包み込む「アーバン・ライフ」へのまなざしを強めていく。新奇なもの、非日常的なものに遭遇し、驚き、興奮し、魅せられる経験をすることを可能にするエロティシズムを内在させる都市について熱っぽく語るのである。考えてみれば、こうした都市のあり様は、古今東西、都市が原的に抱えているもの、つまりカオスと喧騒に深く底礎している。いうまでもなく、外部との回路が維持されているからこそ、そうしたものが光芒を放つ

▼2　郊外については、中心都市（central city）における排他的ゾーニングとセットで論じる必要がある。なぜなら、そうした捉え方によってはじめて、郊外が選別的な地帯構成、すなわちあらかじめ黒人等を排除した郊外化《サバーバニゼーション》を土台にしていることが認識できるようになるからである。

▼3　これら三者の都市論については、たとえば個別のテーマ（たとえば、公共性）に即して論じられることは、これまでも多々あった。しかし「開かれた都市空間」というテーマ設定の下で論じたものは、管見のかぎりで皆無である。ちなみに、以下の概括は、吉原［二〇〇七］の第五章の叙述を要約的に再構成したものである。

ことになるのである。

さてここで取りあげる三人目はジェイコブズであるが、彼女は郊外の近隣に照準して一層透徹した論議を展開している。都市学者としての地位を不動のものにした『アメリカ大都市の死と生』において、ジェイコブズは郊外を寛容の余地が乏しい閉鎖的な同質社会として描述している〔ジェイコブズ、一九七七〕。彼女はそうした郊外の背後に「自己充足的な自律した単位」を理想とする郊外人に典型的な価値観点が存在することを観取している。問題は、そうした価値観点を棄却した後に、コミュニティをどう再定位し、意味転換をはかり、そして近隣を措定し直すかである。その際にジェイコブズが基軸に据えるのは、様々な集団や利害が交流し関係を取り結んでいく単位としての近隣であり、異質なものを受け入れ多様性を容認する公共空間としての都市という理念である。彼女はこうした理念に基づいて「場所の自治」を主張する。それは内に閉じられた「自律性」に根ざすものではない。人間関係のネットワークをメルクマールとする近隣を磁場として生まれるものである。ジェイコブズは「これらのネットワークは、都市の代替の効かない社会資本である」とまで言っている。こうしたジェイコブズの主張は、すでにみたセネットとヤングの議論と深く共振しているだけでなく、今日、ソーシャル・キャピタル▼4といわれているものの根本的な部分を先駆的に示している点でも興味深い。

こうしてみるとあらためて問われるのは、日本の都市では、指摘されるような開かれた都市空間の存立の可能性をまったく期待することができないのかどうかという点である。ここで想起されるのは、日本の都市空間がその基層に据えてきた町内の構造である。日本人の町内への帰属意識は、欧米における都市では通常考えにくい階級とか職業の混淆／雑居に根ざすものであった。町内が維持されていくためには、何よりも貧富の差とか職業の違い、あるいは世代差とか出身地の異なることが障害とならないことが必要であった。したがって宗教とか信条にもとづく同意ではなく、日常的な、その場その場の状況によって織り成される、目にみえる人間関係による黙契のようなものによって「生活の共同」をきり結んでいくしかなかった。[5] つまり、加藤周一の言葉を借りると、現世主義であり、感覚的経験といったものが町内の共同性の基盤をなしていたのである〔加藤、二〇〇九〕。だから、町内は通常理解されてきたものとは違って、非定形的で制度化になじまない、まさに既述したような都市空間のカオス的状況を豊かに包合していた。そしてそのかぎりで、開かれた都市空間の要素を原的にはらんでいたといえる。しかし、日本の町内は現実には先述した三人の論者が説くような開かれた都市空間へとはつながらなかった。

いうまでもなく、宗教とか信条にもとづく同意は、日常の〈ふれあい〉が可能となる現世を超える絶対的価値に底礎している。それにたいして、その場その場の状況にもとづく、非超越的な観念的むすびつきは、生活上の接触に根ざす共感によって媒介されているとはいえ、いやむしろそうであればこそ、人間関係の可視的な広がり、つまり人の姿をとらえることのできる範囲／規模（＝範域性）にとどまらざるを得ない。そして結果的に、明確な境界に囲い込まれた人間関係を下地とする秩序形成が行動面での高度な同質性をもたらすことになる、あるいはそのように見なされることになるのである。これが臨界局面に達し

▼4　この概念は、ここ数年、社会学のみならず社会科学の諸領域において急速に普及したものである。それだけに多様な解釈が生じるのも止むを得ないが、ここでは組織構成面での信頼とか規範、あるいはネットワークに照準したものと理解しておく。なお、ソーシャル・キャピタルの概念的枠組およびその多義的な解釈については、Lin and Erickson［eds. 2008］を参照のこと。併せて、本書第6章も参照のこと。

▼5　ラフな言い方をすると、町内における人と人との関係は、野にも山にも川にもさまざまなカミガミがいて日々人と交じわることを基本としている。だから、その場その場で細目化される規範が重要になってくるのである。絶対神に帰依することによって心の平安を得るといったあり様とは根本的に異なっている。

たのが、近代における町内の町内会への制度化（の動き）であった。[6] そこでは、いわゆる地縁のもつ柔軟性（身分とか階層、あるいは職業による差別を緩和する平滑化の機制を内包する）が政治的に利用され、町内構成員の「領域的なもの」への組込みを至上命題とする集団主義——他者を排除し、「同じであること」を強制すること——がいっそう強調されることになったのである。詳述はさておき、ジェイコブズ等が熱いまなざしを注ぐ開かれた都市空間は、異質な者の寄り集まりを認めた上で、人びとにたいして調和を重んじる行動を強いるのではなく、さまざまな生き方を許容する、非排除性と非同質性をメルクマールとする〈場〉なのである。

他方、近代の町内会の裡に明瞭な形で見出すことのできる上述のような集団主義は、いまなお日本人の意識と行動を深層で規定し続けているようにみえる。かつて町内の内と外、つまり町内への帰属と非帰属を区分した境界は、町内を超えて国民社会にまで広がった。しかしグローバル化が進展する現在でも、それは国境を超えるものとはなっていない。だからこそ、他者にたいして非寛容であり、「同じであること」を強調する集団主義は根強く生き続け、依然として外国人を「よそ者」＝非日本人として——あるときには日本人以上のものとして、またあるときには日本人以下のものとして——「外」に置いたままである。

3……安全安心まちづくりの動向

一、グローバル化と安全神話の崩壊

ところで、国民社会にまで広がった集団主義は「よそ者」を「外」に置くことによって、同質性にもとづく安全神話の普及をうながした。しかし、グローバル化にともなうヒト、モノ、コトのボーダレスな移

動とグローバルなネットワークの叢生は、「内」と「外」の境界を曖昧なものにするとともに、上記の安全神話の基盤を掘り崩すことになった。グローバル化の進展とともに、国民社会に異質性、多様性、流動性が埋め込まれ、結果的に国民社会を越える社会が出現することになった。そしていまや、国民社会に深く根ざしていた安全神話の崩壊が避けがたいものになっている。

ここであらためて指摘したいのは、そうした安全神話の崩壊が、人びとの間に得体の知れない不安をもたらしていることである。犯罪の増大に加えてその凶悪化がいわれるなかで、人びとの「体感治安」が限りなく悪化している。そして対外国人意識が悪化するとともに、「よそ者」=「他者」の排除が公然と叫ばれるようになる。考えてみれば、今日、人びとの間で根強くみられる不安の自覚は、いわば安全喪失の自覚であり、そうであればこそ、安全の保障を過去にあって現実にないもの――象徴的には、近世の五人組／戦前の隣組――にもとめる動きが頭をもたげてくることになる。つまり安全の喪失感を補償するものは、現実にあるものというよりは、むしろ人びとの想像力の作用に委ねられることになるのである。この想像力が厄介なのは、記憶の掘り起こし[7]という形で過去に向かう一方で、ナショナリズムという新しい

▼6　町内と町内会はまったく別物である。町内会は近代になって町内を制度的に起用したときに出来上がったものである。したがってそれは近代に特有のもの、つまり歴史的な生成物である。それにたいして町内は歴史貫通的なものであり、本来、どのような価値も持たないものである。だから制度化になじまない。しかし近代になって制度化されてしまった。そのため町内の有する柔軟性が損なわれることになったのである。

▼7　記憶の掘り起こしは個人的なものというよりは集団的なものであることが多い。そして集団的な記憶であればあるほど、個人的にみて惨劇に近いようなものが民族の物語に置き換えられ、むしろ美化されてしまいがちである。こうした例は枚挙にいとまがないが、町内会にかぎっていうなら、特にコミュニタリアンの間でこうした記憶の掘り起こしが顕著にみられる。

いない。

仮構《フィクション》／幻像《イリュージョン》を求めることである。詳述はさておき、筆者は今日、人びとの間で広範囲にみられるコミュニティへの希求がナショナリズムへのそれと表裏をなしていることに、けっして奇異な感じを抱いてはいない。

二、閉鎖的な「セキュリティ都市」への傾斜[8]

さて、以上のような動向とシンクロしながら、ポスト安全神話の時代を特徴づけるものとして広く目撃されるようになっているのが閉鎖的な「セキュリティ都市」である。それは「過防備都市」（五十嵐太郎）とか「要塞都市」（デイヴィス）などと呼ばれているものと相同的《アナロジカル》である。とはいえ、それらが具体的にどのような空間的形態をともなって立ちあらわれているかについては必ずしも明らかではないし、だいいち、フィールドに密着した分析といったものを筆者は未だ手にしていない。そこでここでは、「セキュリティ都市」の点景に結びつくであろうと考えられる事態について、路上、コミュニティ、学校、住宅の順にごく簡単に記述することにしよう。

まず路上からみてみよう。今日、監視カメラによって包囲された路上空間はめずらしいものではなくなっている。[9]かつて町内は人びとの等身大の視線が行き交う場であった。そして交番の（徒歩もしくは自転車による）巡回パトロールがみられる場でもあった。しかし有人交番は大幅に削減され、いまでは機械の目が人間の目に取って代わるようになっている。しかし監視カメラが防犯カメラとしての機能を果たしているかどうかについてはさまざまな意見がある。犯罪を減らすというよりは移動させるだけであるといった議論もなされるようになっている。また監視カメラの先進地である英国では、スキャン（透視）空間のみが拡大し、そのためプライバシーが保てなくなっているといった否定的評価が広範囲に立ちあらわれている。

それでは、コミュニティはどうであろうか。近年、コミュニティにおいて顕著な動向として立ちあらわれているのがコミュニティ・ポリシング（コミュニティの警察化）の進展であり、それに過度に同化するといった住民の動きである。▼10 そしてそうした動きとともに、人の目が届かないところ（死角）をコミュニティからなくすといった防犯環境設計（ハード）がおこなわれ、自警組織（ソフト）が隈なく組織されるといった体制が出来上がりつつある。ところでこうした体制を構築するにあたって不可欠の役割を果たしているのが、見守り隊というような形で編成されている自警組織と警察／行政の協働《コラボレーション》である。このところ、多くの町内会で夜回りが不定期におこなわれるようになっているが、それは自発性にもとづくものというよりは、むしろ「上から」のコミュニティの動員といった性格を帯びている。実際、町内会が自主防犯組

▼8　この箇所は、本章のコアをなす部分であり、本来ならばデータを示しながら述べるべきところである。しかし紙幅の関係で走り抜けの叙述にとどまらざるを得ない。詳細は、吉原［二〇〇七］を参照されたい。ただし、一部、新しいデータを付け加えている（→注9）。

▼9　ちなみに、四国新聞社のSHIKOKU NEWS（二〇〇九年六月二五日）によると、「警察庁は二五日、全国一五地域の住宅街に防犯カメラを設置し、機材や映像データの管理を住民の防犯ボランティア組織に委託して来年一月ごろから運用を始めると明らかにした」。この「住民側への委託は初めてで、警察庁は『住民自身が安全確保の担い手になるため、住民側と運用方法を協議する』としている」という（http://www.shikoku-np.co.jp）。

▼10　こうした動きをバックアップするものとして注目されるのが割れ窓理論（broken windows theory）である。それはケリングが考案したもので、要するに犯罪を軽微な段階で取り締まると犯罪そのものが抑止できるという考え方である。この理論がいま防犯の現場ですさまじい勢いで広がりつつある。しかし考えておかねばならないのは、それが、コミュニティがエスニシティとか階層によってくっきりと凝離しているアメリカを背景にして出てきたものであるという点である。その過剰適用は、ミックス型としてある日本のコミュニティの柔軟性を殺いでしまう惧れがある。

織に成り代わるなかで、町内の官製組織化が急ピッチですすんでいる。

さて、以上のような路上やコミュニティの動向と符節を合わせるようにして立ちあらわれているのが学校のシェルター化である。かつて学校をめぐる進歩的な状況として人びとの心を深くとらえたのは「開かれた学校」である。しかしいまや、「開かれた学校」から「閉じた学校」への推移が、まるで人びとの関心の中心になっているかのように大々的にみられる。そしてＩＴによる過防備学校がこれといったリアクションに遭遇することなくあちこちに出現している。こうして学校から子どもの自由な生活空間が剝奪され、それに無自覚に対応する身体だけがかろうじて（学校で）存在することが許されるようになる。いうまでもなく、大人の目の確保や動線の管理によるセキュリティの維持がこうした子どもから／への生活空間の剝奪、身体の意味的連関の喪失をいっそう促すことになり、結局のところハイテク管理の「透明な空間」の誕生をもたらすことになっている。

もちろん、住宅においても、以上の路上、コミュニティ、そして学校の動向と共振／交音しながら、一つの社会現象としてのセキュリティタウンといったものを広範囲に生みだしている。ゲーテッドコミュニティの台頭はまさにその端的なあらわれである。今日、防犯は住環境を構成する最重要因子の一つと見なされており、実際、防犯機能が住宅の付加価値を高めるものとして広く論議されるようになっている。ちなみに、「犯罪に遭いにくい家づくり」というスローガンが巷にあふれかえっているのも、こうした文脈で理解するとわかりやすい。同時に、「新しい市場」として、映像監視ビジネスの伸展も無視できなくなっている。こうした動向が交互に作用し合うことによって、いまや「見張ること」と「見守ること」と「見せること」の一体化がダイナミックに見られるようになっている。そこを通底するものとしてあらためて注目されるのは、権利として「安全・安心」をもとめることと電子的に「見られること」に無感覚であることがいわば同時併存するという点である。なぜなら、そこから監視社会の基本的構図が浮かび上がってくるからである。

このようにみていくと、安全安心まちづくりという名の下に、いまや生政治とむすびついた権力の恣意が人びとの生活世界全般に切れ目なく浸透していることがわかる。可視的なレヴェルでも、安全安心まちづくりを制度的にバックアップする生活安全条例[11]がすべての都道府県において制定されている。こうして底のない不安と監視の無限連鎖・循環のなかで、内に閉じられた安全安心まちづくりが密かにかつ深く進行しているのである。とりわけ過去を美しい記憶にすり替えたうえでコミュニティを総動員する動きがそうした安全安心まちづくりの中心を構成するようになっている。こうした動向を「安心のファシズム」（斉藤貴男）あるいは「安楽への隷属」（阿部潔）とみなすかどうかはさておき、既述した開かれた都市空間に向かうベクトルとはおよそ正反対の方向を示していることだけはたしかである。

三、「セキュリティ都市」のメンタリティ

とはいえ、「セキュリティ都市」を際立たせているのは、一つの物的な装置としての空間の「かたち」ではない。むしろそこに深く埋め込まれている、見知らぬ者を理解不能な「他者」とする心的態度である。それが典型的に表出しているのがゲーテッドコミュニティである。管見によると、ゲーテッドコミュニティの祖型は一九二〇年代アメリカの、「国家と独占体との分業」［吉原、一九八三：一八五］を規定因とする

▼11　生活安全条例は事実上、警察の指導によって制定されている。そしていまや都道府県レベルから市町村レベルに制定の波が移っている。もちろん条例の名称はさまざまであるが、内容は驚くほど近似しており、ここにガバメントに馴致した性格を観取することができよう。なお、生活安全条例の制定が警察そのものの機構改革と無関係でないことも留意しておく必要があろう。

ホワイト・サバーバニゼーションの過程においてあらわれた郊外《サバービア》の裡に見出すことができる。それは何よりも「組織された、健全な同質的社会」としてあった。そしてそこでの同質性が画一性を生み、ひいてはコンフォーミティ（同調性）を強制することになったことについては、すでに多くの論者によって指摘されている。ここであらためて記しておきたいのは、そうした郊外が中間層的価値観点に導かれた「地位社会」[12]（status community）であり、異階層の者にたいして排他的なまなざしを向ける高度に監視的な社会であったことである。そこにはたしかにゲートはないものの、今日取りざたされているゲーテッドコミュニティ住民の「私化」された心的態度の原型《ステロタイプ》をみることができる。

いうまでもなく、いまわれわれが日常的に目にしているゲーテッドコミュニティには、都市内部の「他者」に対して自らのセキュリティを私的に構築しようとする意思がいっそうくっきりと表明されている。住民の間でみられる「私化」の動向は、生活保守主義と同質的な親密圏への傾斜とともにその純度を増し、ゼロ・トレランスと「自己責任・自己決定」の支持へと大きく旋回している。庭木や芝生、静かな通りと澄んだ空気を特権的に囲い込む一方で、そうしたものを市民全体に保障する「公的世界」は不必要だとされる。一九八〇年代から九〇年代にかけて耳目を驚かした「納税者の反乱」、すなわち税の不払い運動がこうしたゲーテッドコミュニティの住民によって担われていたことは何ら驚くに値しない。文字通り、自己責任でセーフティネットを構築することができるゲーテッドコミュニティの住民には、自分たちが支払った税が自分たち以外の「他者」のために用いられるのは我慢がならないのである。ともあれ、こうして都市空間の「公共的なものからの離脱」が促されることになる。

考えてみれば、こわい風景が目の前に展開されているわけだが、ゲーテッドコミュニティの住民にとってはいうまでもなく、彼らにとって「他者」であるはずの「私化」された人びとの場合も、そうしたゲーテッドコミュニティの風景が先に指摘したような開かれた都市空間とは異風景のものである、と自覚することは稀であるように思われる。だから、みてきたような安全安心まちづくりが今日ゲーテッドコミュニティにおいて先端化されているといった認識が深まることもほとんどない。しかしここでは、そうした現状を追認するのではなく、異主体、異階層の人びとがセーフティネットをはる際に土台となるような、「開いて守る」安全安心まちづくりの可能性について言及することにする。

4……「開いて守る」安全安心まちづくりのための要件

一、不安の無限連鎖からの脱却

これまで述べてきたところから明らかなように、本章では安全安心まちづくりが防犯に照準して論及されている。しかし安全安心まちづくりの射程はそれに限定されるものではない。たしかに、安全安心まちづくりに言及する際に、人びとの間で拡がっている犯罪にたいする体感不安を無視するわけにはいかない。とはいえ、犯罪不安だけが安全安心まちづくりを必然化しているのではない。犯罪不安の背後には、雇用不安、老後不安、健康不安などの社会不安が層をなして存在する。これらは一人の人間においてセットと

▼12　郊外が地位を競い合う者たち（status seekers）の自己表出の場であることは、これまでしばしば指摘されてきた。しかし今日取りざたされているゲーテッドコミュニティとどこが違うかといえば、郊外の住民はゲーテッドコミュニティの住民ほど帰属意識が強くなく、また「他者」にたいして抑圧的ではないという点である。しかしこの点はより正確にいうと、「他者」にたいして無関心であるというべきであろう。異主体、異階層にたいして親和的でないという点では、両者ともそれほど大きな違いはない。

して存在するのであり、どれか一つを取り出してそれを緩和するとか解消するといったことは不可能である。いまを生きる人びとにとって、不安の連鎖から逃れることはできない。なぜなら、そうした不安の連鎖をつくり出しているリスク社会[13]の只中にわれわれは生きているからだ。

「開いて守る」安全安心まちづくりを、不安のまったくない社会を前提にしてうち立てることはできない。不安のまったくない社会はフィクションである。したがって不安のまったくない社会の上に組み立てた安全安心まちづくりもフィクションである。不安の連鎖の実相をよくみきわめ、それらにたいするトータルなセーフティネットの構築の方法をさぐることこそが求められる。もちろん、その場合に忘れてはならないのは、不安の連鎖を完全に断ち切ることはできない、できるのはそれを縮減するということである。いずれにせよ、構造的な不安への体系的なまなざしを抜きにして安全安心まちづくりを達成することはできない。

二、「差異」や「他者」を受け入れるコミュニティの形成

繰り返すまでもないが、「セキュリティ都市」の最大の特徴は、「差異」を認めず「他者」を許容しないという点にある。とすれば、その対向に据えられるはずの「開いて守る」安全安心まちづくりは、何よりもまず「差異」や「他者」を受け入れるコミュニティの形成でなければならない。この点でセネットが「人々は未知のものと出会う過程を通じてのみ成長する」〔セネット、一九九一：四一〇〕と言っていること、またジェイコブスが「近所の人たちの間のいろいろ違った条件——この違いはしばしば皮膚の色の違いよりも根深い問題になる——に対する寛容といったものは〔……〕密度の濃い都市生活において可能であるし、常態となる」〔ジェイコブズ、一九七七：八七＊但し、訳文通りではない〕と言っていることはきわめて示唆に富む。

ところでこの点でいうと、日本の町内はきわめて両価的なものとしてである。それは本来ミックス型コミュニティとして「差異」や「他者」を受け入れる原構造を宿しながら、近代の国民国家の機制の下で町内会へと制度化されるなかで、いわば「血」と「地」を強調する郷土＝場所の物語にからめとられてしまった。そして結果的に、一定の領域とそこに根ざすアイデンティティを強調する国民国家の運動に召還されることになったのである。ここでは総力戦体制期に町内会が果たした役割を想起するだけで十分であろう。いうまでもなく、今日もとめられる「開いて守る」安全安心まちづくりは、国家のなかに偏在しているのではなく、国家を越えて遍在している開かれた都市空間に原拠するものでなければならない。そして当然のことながら、境界やそうしたものに制約されたアイデンティティを内破／無化することが期待されている。

三、近隣／コミュニティの〈再発見〉

とはいっても、近隣が一律に空しいというのではない。近隣に担保されてきた「生活の共同」の中身には実に奥深いものがある。近隣はもともと街路やその周辺で発生する犯罪の、自然に形成された防止や監視装置としての側面を有している。近隣の人びとの生活のリズムが、必要な場合に防犯システムとして機能するようなコミュニティの可能性といったものを想起してみるといい。特に、機械の目が近隣にまで及

▼13　ここでいうリスク社会とは、「不透明な悪（情報操作や環境破壊など、目に見える形で悪者を特定できない事柄）に対して不安がスパイラル状に広がり、セキュリティの論理が暴走するようになる」［吉原、二〇〇七：二一〜三三］社会のことである。基本的には、こうした社会はわれわれが近代の効用を受容している限りゼロになることはない。むしろ縮減することが大きな課題となるのである。

ぼうとしている今日、そうした可能性を意識的に追求することは必須でさえある。毎日、決まった時間帯に窓辺でたたずむ老婦人が、近所で遊ぶ子どもを見守り、時には、見知らぬ不審者に気づき、何かが生じた場合は、柔軟で機動的な対応を生み出す、街路のネットワークとしての開かれたコミュニティ［ジェイコブズ、一九七七］——われわれの帰りたい風景である。静かな愛憎が横たわり、溜息と微笑とが交錯するこうしたコミュニティは、しかしもはや過去のものである。だからこそ、その〈再発見〉は、帰れない風景を「異化」し「読み替える」ことでしか実現することはできない。

そのためには、どうすればいいのであろうか。一つには、室崎益輝のいう「気付き」ということを近隣／コミュニティの基層から喚《よ》び起すことが有効であると考えられる。ちなみに、室崎によると、人びとは「安心できる場所を調べる」ことで「いろいろな人の支えで安心して暮らせることを知り」、「高齢者に対するいたわり、地域のお年寄りと自分たちが一体なんだという気付き」がみられるようになる、という［室崎、二〇一〇］。まさに安全を探す目で近隣／コミュニティを〈再発見〉しようとしている。

四、協治型《ガバナンス》コミュニティの樹立

「開いて守る」安全安心まちづくりのための要件として最後に指摘しておきたいのは、制度的な枠組みとしてガバメント（統治）からガバナンス（協治／共治）へのシフトが避けられないという点である。それは制度を構成する諸要素の関係様式がいわゆる統合《インテグレーション》から節合《アーティキュレーション》へと変わることを意味しているが、その際要となるのは、組織資源としての創発性（emergence）の位置づけである。すでに別のところで述べたが［吉原、二〇〇八d］、ガバナンスは今日新自由主義的なコンセンサスの方式として上からのガバメント的な組み込みにさらされつつある。▼14 そして現に「排除」と「包摂」の共進化体制の中軸に位置するようになっている。

だからこそ、そうした共進化体制から離陸し、「開いて守る」安全安心まちづくりを樹立するためには、制度を構成する諸要素／ステイク・ホルダーが現にある関係性の只中から新たなむすびつきを創出するといった創発の契機を活かして、市民社会による監視社会の脱構築をおこなう必要がある。その際大事なことは、多くのステイク・ホルダーがともに生を営む場合、けっしてきれいごとには終わらないという現実認識に加えて、たとえ歪みもつれていても、人と人との間の関係は結局上述した「気付き」につながるものであるという信念／確信が、ここでいう「開いて守る」安全安心まちづくりに水のようにゆるやかに流れていることである。考えてみれば、指摘されるような「気付き」は日本の町内に多く目撃されてきた現象である。そしてそれは、集団主義の轍のなかにあるとはいえ、いまなお町内会の基層にあざやかに生きている。

5……むすびにかえて

だからこそ、筆者らが二〇〇七年に実施した山形市の町内会調査結果から明らかになったこと、すなわち個々の家庭が対他的関係を欠いた状態で私的に防犯機能を整えようとする動きが強まるなかで、町内会

▼14　「ガバメントからガバナンスへ」というフレーズは、ガバナンスというアジェンダ設定においてキーワードをなしてきた。しかしいまや、それは半ば死語になりつつある。というのも、現実に制度（変更）の諸部面でみられるガバナンスは、多くはガバメントを補強するものとして機能しているからである（この点は、吉原［二〇〇九b］を参照）。いま詳しく述べる余裕はないが、筆者はガバメントとガバナンスは近代のガバニング様式の二つの相反する面（裏表）であり、それ自体、モダニティの両義性を示すものである、と考えている。

が福祉機能の充実によってセーフティネットを再構築しリスク管理をおこなうとしていることを、先に触れたような不安の無限連鎖を生活世界の「内側から」くいとめる可能性をはらむものと捉えたのである〔東北都市社会学研究会編、二〇〇八〕。

とはいえ、こうしたコミュニティに根ざす動きがきわめて不安定なものとしてあるのも事実である。現に多くの町内会でみられる「見守り、声かけ、訪問活動」が今後とも福祉機能の充実に向かうという保障はなく、むしろアプリオリに防犯機能を発揮するといった事態につながることも十分に考えられるのである。そしてそうだとすれば、やはり上述した「開いて守る」安全安心まちづくりのための要件を満たす方向において否定態への退行現象をできるだけ小さなものにとどめ、可能性を最大化することがもとめられるのである。

再び繰り返すことになるが、いま社会の基層において「小さな世界」におけるアットホームネス（居ごこちのよさ）とか近接性への渇望がはぐくまれ、それが静かに、確実に拡がっている。「安全安心のまちづくり」は、こうした「閉じるコミュニティ」への渇望に部分的にささえられて、大きく芽を吹いている。だからといって、「閉じるコミュニティ」をイリュージョン（幻影）としてしりぞけたり、監視社会化の潮流にはめ込むだけでは不十分である。その実相をさまざまな視角からリアルにとらえる必要がある。そして実際、外に向かっていくベクトルと内に閉じていこうとするベクトルのせめぎあいの上にあるコミュニティの動態をトータルに見据えながら、「閉じるコミュニティ」に回収されていかないフレキシブルな戦略をうちたてる必要がある。

本章の「はじめに」で触れた「相互監視と異端摘発のコミュニティ」は、考えてみれば、病理であるという以上に「開いて守る」安全安心まちづくりのための試金石としての役割を果たしそうである。むろん、確信をもってそういっているわけではないのだが、「相互監視と異端摘発のコミュニティ」という問いの立て方自体が、新自由主義の機制のなかにある都市空間への共時的なまなざしと日本の町内への通時的なまなざしに根ざしていることを考えるなら、空間的拡がりと時間的拡がりのなかで「開いて守る」[15]安全安心まちづくりの存立要件を問う作業にたいして、きわめて理に適ったものになっているといえる。いずれにせよ、本章の問題設定は、コミュニティ・スタディーズにとってまぎれもなく重く深甚な課題としてある。

▼15　「開いて守る」安全安心のまちづくりを論じる際に要となるのは、空間的次元と時間的次元を導入することである。なぜなら、空間的次元でグローバル化を射程に入れることは避けられないとしても、そのグローバル化は時間的次元で変奏するローカル化とのせめぎあいのなかでかろうじて存在するからである。いずれにせよ、空間的次元と時間的次元の交差する地平で「開いて守る」安全安心のまちづくりの位相をさぐることが喫緊の課題となっている。

第6章

ソーシャル・キャピタルとしての地域通貨の可能性と課題

——アーバンネットの活動に寄せて

貨幣とは……意志に権力を授けることで意思を買収するような、中間項の最たるものである。

レヴィナス『われわれのあいだで』

1……はじめに

こんにち、地域通貨がまちづくりとかコミュニティ活性化の文脈で広く取り沙汰されている。実際、ある資料(「地域通貨全リスト」)によると、このような形で地域通貨に取り組んでいる事例が二〇一〇年五月二〇日段階で六五六件に達しているという(www.cc-pr.net/list/)。注目されるのは、こうした動向とともにソーシャル・キャピタル▼1の形成もしくは強化の役割を担うものとしての地域通貨への期待が高まっていることである。ここでは、ソーシャル・キャピタルをごくゆるやかに関係性とかつながりの創出ととらえた上で、地域通貨（にみられるネットワーク）がそうした関係性とかつながりを可視化していることに目を向けている。おりしもこうした動向を裏うちするかのように、この間「コミュニティ・ソリューション」について論を重ねてきたサイドから『コミュニティのちから――〝遠慮がちな〟ソーシャル・キャピタルの発見』〔今村ほか、二〇一〇〕という本が著され、話題になっている。もっとも、ソーシャル・キャピタルについていうと、そのインパクトを計測するために地域通貨に目を向けているというのが近年の動向である。つまりパットナムに倣ってソーシャル・キャピタルの主たる構成要素が信頼、規範、ネットワークであるとするなら〔パットナム、二〇〇一〕、それらを定量的に測定するために地域通貨がとりあげられているというのが実情である。

　本章は、こうした動向に目を閉ざすわけではないが、ソーシャル・キャピタルの数量分析には主たる関心はない。ここでは、西部忠に依拠して、さしあたり地域通貨を「人々が自分たちの手で作る、一定の地域でしか流通しない、そして利子のつかないお金」と定式化した上で、その特徴を以下の六点、すなわち①信頼を基盤とする互酬的交換の促進、②域内循環による地域経済の自律的な成長の達成、③ゼロないし負の利子による信用創造、④非市場的サービスにたいする多様な観点からの評価システムの導入、⑤さまざまな組織（既存組織、NGO、NPOなど）のネットワーク化、⑥協同や信頼の関係に基づくコミュニケーションの確立、においてとらえる▼2〔西部、二〇〇二：一六～一七〕。そしてそうした認識を起点に据えて、地域通貨の達成が地域力＝「コミュニティのちから」の形成↓強化＝ソーシャル・キャピタルの充実と表裏をなしているととらえる。このようにして、本章ではまずもって、ソーシャル・キャピタルとしての地域通貨におけるコミュニティの位相が問い込まれる。次に、信頼であれ、規範であれ、あるいはネットワークであれ、一種の社会的資源としてあるソーシャル・キャピタルがきわめて両義的なものとしてあることが、地域通貨の可能性および課題と重ねあわせて論じられる。このことによって今日の社会に現実的基盤を有するコミュニティの立ち位置がより明確になるであろう。

いうまでもなく、ソーシャル・キャピタルとしての地域通貨のありようをさぐる場合、何よりも重要になってくるのは、「グローバルとローカル」の位相である。グローバル化のなかに地域通貨を置いてみることは、本章の問題設定からすると、これまでのソーシャル・キャピタル論にたいする根強い批判の一つ、すなわちソーシャル・キャピタルとグローバル化との相互作用（反作用を含めて）面が等閑にされているといったスティーガーの批判［Steger, 2002］に応えることでもある。そこで、地域通貨にとってグローバルの含意が何であるかを明らかにすることからはじめよう。

▼1　ソーシャル・キャピタル（social capital）を日本語にすると「社会資本」ということになるが、それは通常social overhead capitalにあてられる社会資本とは異なる。筆者はソーシャル・キャピタルの日本語表現としては社会関係資本がもっとも適切であると考えるが、概念理解の混乱を避けるために、本章ではさしあたりソーシャル・キャピタルという片仮名表記で通す。

▼2　ちなみに、泉留維は、地域通貨を「(1) 流通範囲・期間・目的に制限を加えた通貨、(2) 国民通貨とは違い、必ず商品・サービスの取引に沿って移動する通貨、(3) 人々の互酬関係の下で循環、(4) 価値の交換手段に特化したものであり、基本的にゼロ利子、(5) 国家という公的なセクターが発行するものではなく、基本的に市民・地域共同体といった共的なセクターが、問題解決または環境改善等のため発行、という特徴を持ったもの」とおさえている［泉、二〇〇一：五四］。

2……「グローバルとローカル」のなかの地域通貨

一、グローバル・マネーの暴力

こんにち地域通貨は狭い意味（たとえば金融パラダイム）でコミュニティ・カレンシーの存在形態を明らかにするにとどまらず、広い視野に立って日本の市民社会形成のありようを問うという課題を担って登場している。とはいえ、現にみられるコミュニティ・カレンシーとしての地域通貨の叢生はまぎれもなくグローバル化を背後要因としている。地域通貨はリエターがいみじくも指摘する「錨を失ったドルが世界を漂流している」［河邑ほか、二〇〇〇：二四］状況、換言するなら利が利を生むマネーが世界を跳梁するグローバル化への対抗命題をはらむものとして立ちあらわれている。通貨統合圏や自由貿易圏の成立（たとえばEUやNAFTA）といった市場の空間的拡大や自由化に等置されてきたグローバル化は、これまで企業の競争力を強化し、個人の自己責任をうながし、経済の効率化を高めると論じられてきた。しかし結果としては、グローバル化はERM（ヨーロッパ為替相場メカニズム）の機能停止、メキシコ通貨危機（一九九四～九五年）、アジア通貨危機（一九九七～九八年）にみられるように通貨・金融危機を広範囲に生み出しながら、経済の不安定化を加速させてきた。そしてIT革命とむすびついた金融工学的手法を身につけたヘッジファンドなどが一人勝ちをするといった、グローバル・マーケットによる「マーケット・ソリューション」（金子郁容）が社会の前景に躍り出てくるのをうながした。

実体経済から乖離したマネーの超複利的運動が世界経済の巨大なカジノ化[3]といった事態をもたらし、世界の国々に深刻な格差を生みだしている状況がこんにち広く確認されている。急激なマネーの移動や投機的な金融取引は資源の貧しい地域から富める地域への移転を速め、流出した地域には深刻な経済的危機（不況とか失業）をもたらしている。他方、多国籍（超国籍）企業の活動は自然環境の破壊をうながしている。つまり「マネーの暴力」を主旋律とするグローバル化がローカリティを破壊しているのである。ところが、こうしたグローバル化によるローカリティの破壊は、グローバル化が旧来の「共」領域＝非貨幣部門を縮減させながら諸個人の生活世界の背後にまで浸透した結果、人びとが「収益」に基づく合理的判断と貨幣価値という一元的情報にますます依存し、人びとの間の言語的コミュニケーションを破断するといった形で市場における個人の匿名性をおしすすめているという点で、より徹底したものになっている。[4]

ともあれ、こんにちグローバル化の顕著な特徴が、西部が指摘する現代貨幣の以下のような「進化」の方向、すなわち貨幣の脱モノ化と情報化、貨幣のいっそうの信用貨幣化において集約された形で立ちあらわれていることは、たしかである［西部、二〇〇〇］。[5] 注目されるのは、こうした事態の進展の裡に「各国

▼3　こんにち、世界中の外国為替取引の九七・五％が実体経済とかかわりをもたず、純粋に金融上の取引としてあるといわれている［河邑、二〇〇三：五三］。カジノ経済が破滅的なリスクをともなうことは、アメリカのサブプライム問題からはじまった信用収縮が事実上「世界恐慌」状態をまねいていることを想起するだけで十分であろう。

▼4　多辺田政弘は、「公」、「私」、「共」の三つからなる経済システムを構想している。彼によれば、「共」＝非貨幣部門を土台にして、その上に「公」と「私」——両者を併せて貨幣部門を構成——がピラミッド状に組み合わさることによって、社会の安定が得られるという。ところで農業社会では「共」の領域が大きな割合を占めていたが、工業社会への移行とともに社会関係の崩壊とか自然層の破壊がみられ、それに伴う公的財政による役割代替→市場経済化の進展（いわゆる「大きな政府」から「小さな政府」への政策転換）によって「共」の領域の縮小がすすんだ［多辺田、一九八九］。しかし一九九〇年代以降、ボランティアやＮＰＯの跳梁とともに、この「共」の領域が大きく浮かび上がってきている。

通貨がその物質的な裏付けを完全に失い、相対的な価値関係を表す記号ないし情報になる」〔西部、二〇〇二：六〕とともに、本来「個別的で属人的なインターアクションであり……多様な価値を生むはずのものである」売り手と買い手の関係が隠蔽され、「匿名性による単一の価値の交換に還元」〔加藤、二〇〇一：二九八〕されてしまう傾向がいっそう強まっていることである。使用価値とはまるで関係ないところですすむ、こうしたマネーの「モノ」から「コト」への進化に伴う売り手と買い手の間の「一物一価」の関係性の深まりは、「分断と対立、そして競争を原理とし、対立した人びとの間にマーケットをおく……競争セクターが世界を席巻する」〔河邑ほか、二〇〇〇：七〕グローバル化の現時点における帰結を示してあまりある。

二、地域通貨におけるローカリティの位相

さて地域通貨は、先の西部の特徴づけにしたがうなら、明らかにいまみたグローバル化によって破壊され、ずたずたにされてしまったローカリティを復元もしくは修復するものとしてある。それは国家通貨が流通しなくなったときの「緊急通貨」もしくは「補助通貨」としての役割▼6を果たしながらも、基本的には「グローバル資本が生み出す不安定な攪乱要因から地域経済を守り、それを自律循環型に転換するためのセーフティネット、オルタナティヴな市場経済を構想する上での基礎をなすカウンター・メディア」そして「何らかの考え方、関心、価値観を共有する人々の輪を広げるコミュニケーション・ツール」〔西部、二〇〇二：三三〕としてあり、そのことじたい、連帯・信頼・協同が原理となる「共生セクター」（内橋克人）、個人の自発的協力を誘発する「コミュニティ・ソリューション」（金子郁容）、そして使用価値そのものを流通させるシステムを前景におしだすローカリティの内容を構成している。もっともタイムダラーやふれあい切符のように、地域通貨のなかには、先の貨幣の信用貨幣化の基底に広範囲に伏在している債権債務の考え方に依拠しているゆえに、西部の特徴づけの①および⑥に抵触し、ローカリティの内容構成におい

てやや曖昧な位置づけをせざるを得ないものがあるのも事実である。しかしそれも結局は程度の問題である。

繰り返すまでもないが、地域通貨においてローカリティの位相が浮き彫りになるのは、お金が「一定の地域」内でのみ流通し、外部の不安定で暴力的な金融市場から地域をまもるという側面においてである。そしてそうであればこそ、地域通貨の「地域的」展開そのものに、グローバルにたいするローカルの現実的必然性を読み取ることができるのである。むろん地域通貨が極限にまで高められた「一物一価」の関係に基づく「冷たいお金」であるグローバル・マネーにたいして、「人間の多様性をできる限りそのままの形で媒介する……『温かいお金』」［加藤、二〇〇一：二〇三］であり得るのは、こんにちのローカルが有する多様性に立脚していればこそである。

ところで、以上のような意味においてローカルの論理を体現している地域通貨は、グローバル・マネーが時の支配を受けないのにたいして、すぐれて「時の経過とともに減価していくシステム」［河邑ほか、二〇〇〇：六］としてある点にまた大きな特徴がある。これに関して興味深いのは、エネルギーや物質が持続的に無秩序なものになったり消散していくように、地域通貨もまたこのエントロピーの法則（＝熱力学

▼5　いうまでもなく、こうした議論をおこなう前に貨幣の発生と進化の歴史を踏まえ、それに基づく貨幣の類型化（たとえば、内部貨幣と外部貨幣）をおこなっておく必要がある。この点については、黒田［二〇〇三］を参照。

▼6　この点で興味深いのは、こんにち地域通貨が「公」のおしすすめる金融パラダイムのなかに組み込まれようとしているように見えることである。かつてヨーロッパでみられた地域通貨の先行形態（たとえば、ヴェーラ）が、その拡がりとともに「公」によって排除されたことを考えれば、こうした地域通貨の〈国家通貨〉化の動きについては、慎重に検討する必要がある。

の第二法則）にしたがって減価していく、つまり時間の影響を受けるとされる点である。ここに地域通貨における時間性の問題がひそんでいる。そこで次に、しばしば引例されるエンデの『モモ』に拠り沿いながら、この問題に触れることにしよう。

三、地域通貨における時間

1 『モモ』を読む

エンデの『モモ』（写真1）は、地域通貨をこころざす人びとにとっていわばバイブルのようなものである。なにゆえにバイブルなのか。それは一言でいうと、自然の時間、循環する時間への着目と相まって、地域通貨の理念的基礎をなしている近代批判への論調が先駆的に読み取れるからである。まずその内容を、河邑厚徳らの達意の概括に依拠して走り抜けにみてみよう［河邑ほか、二〇〇〇：四四］。

ある大きな街の古びた円形劇場に、一人の女の子がどこからともなく現れ、住みつくようになります。モモと名乗るその少女は、じっと人の話に耳を傾けるだけで、人々に自分自身を取り戻させる不思議な力をもっていました。

貧しくとも心豊かに暮らす人々の前に、ある日、〈灰色の男たち〉が現れます。時間貯蓄銀行から来たという灰色の男たちは実は、人々から時間を奪おうとする時間泥棒でした。時間を節約して時間貯蓄銀行に時間を預ければ、利子が利子を生んで、人生の何十倍もの時間をもつことができるという、言葉巧みな灰色の男たちの誘惑にのせられ、人々は余裕のない生活に追いたてられていきます。そして時間とともに、かけがえのない人生の意味までも見失っていくのです。モモは盗まれた時間を人々に取り戻すために、叡智の象徴である不思議なカメ、カシオペイアとともに灰色の男たちとの決死の闘いに挑みます。

物語はさらに続き、モモはカシオペイアに導かれて非日常の世界に入っていく。そしてマイスター・ホラに出会うのである。

モモはマイスター・ホラに尋ねる。

「灰色の男たちは、いったいどうしてあんなに灰色の顔をしているの？」

マイスター・ホラは答える。

「死んだもので、いのちをつないでいるからだよ。おまえも知っているだろう、彼らは人間の時間をぬすんで生きている。しかしこの時間は、ほんとうの持ち主から切りはなされると、文字どおり死んでしまうのだ。人間というものは、ひとりひとりがそれぞれじぶんの時間を持っている。そしてこの時間は、ほんとうにじぶんのものであるあいだだけ、生きた時間でいられるのだよ」

再びモモは尋ねる。

「じゃあ灰色の男は、人間じゃないの？」

マイスター・ホラは答える。

「ほんとうはいないはずのものだ」

モモは執拗に尋ねる。

「もし時間をぬすむことができなくなったら、どうなるの？」

マイスター・ホラは最後にこう言う。

写真1■『モモ』

ミヒャエル・エンデ作、大島かおり訳、岩波書店、1976年

「そうしたら、もとの無に帰って、消滅してしまう」

いずれにせよ、こうして時間が最大の争点となる。いうまでもなく、ここでとりあげられている時間は、均質・均一で一方向的な機械的時間＝クロック・タイムではない。[7]生命の世界に深く根ざした、ゆったりと流れる循環する時間、一人一人異なる個性的な時間である。小説『モモ』は、自然の摂理から乖離した機械的時間が凌駕している近代の風景を向うにおいて、近代の「同一時間・同一労働・同一賃金」の思想に解消されていかない個性的で多様な時間の回復をめざしている点に最大の特徴がある。そしてこうしたゆったりと流れる循環する時間、個性的で多様な時間こそが地域通貨の基層をなしているのである。またそこにこそ、地域通貨を志向する人びとの『モモ』に寄せる「思い」が凝縮されているのであり、たえず読みかえされる所以でもある。

2　大らかな値づけ

イサカアワーズの一アワー紙幣の裏面に以下の文章が印刷されている。

イサカアワーズはリアルな資本、すなわちわれわれの技術、われわれの時間、われわれの道具、森林、土地、川によって支えられている。

この文言は地域通貨が発するメッセージとしてしばしば引用されるものである。ところでここでいう「われわれの時間」はきわめて含蓄に富む。通俗的に理解すると、イサカアワーズはある種のタイムダラーと同じように、一労働時間いくらと設定しているようにみえる。そしてその点でいえば、歴史的状況こそ大きく違うものの、かつて日本のムラにおいて広範囲にみられた「ゆい」がその価値基準を「同じ人数の労働力を同じ日数だけ提供し合う」〔加藤、二〇〇一：二〇八〕時間においていたことと相同的である。しかしここで大切なのは、「われわれの時間」が実際にはクロック・タイムのような画一的な時間の規則にのみしばられているのではなく、「個人が相対でその場その場で決めていく自由度」〔西部、二〇〇二：四八〕をかなりのところ残しているという点である。つまり「われわれの時間」は人びとの個性的で多様な時間の集合であるのだ。この点は「ゆい」における「同じ」というフレーズが「当事者によって違ったり、時間の経過や状況の変化とともに変化してもよいという柔軟性」〔加藤、二〇〇一：二二〇〕＝大らかな値づけの下で理解され得るのと似通っている。考えようによっては、地域通貨は「ゆい」における上述のような柔軟性に裏うちされた時間の回復をめざすものであるといえるかもしれない。

いずれにせよこうしてみると、一見したところ機械的な時間を価値基準に据えているようにみえながら、大らかな値づけを介して時間の回復をはかっている点に地域通貨の時間性のもつ最大の特性があるといえる。そして、指摘されるようなおおらかな値づけが人びとの間の自由な意志と個性的な幅のある取り決めに基づいていればこそ、それは言語的コミュニケーションと一体化した形で互酬的なネットワークの形成をうながしながら、先に触れたローカリティの基礎を構成することになるのである。そしてより多く貯めこみ、より多く儲けるグローバル・マネーの世界においてではなく、たおやかに流れる時間の経過のなか

▼7　近代の時間としてのクロック・タイムは、もともと中世の修道院における「規則正しい祈り」から派生したものである。それがやがて世俗内倫理として普及し、近代の労働の観念へと取り込まれるなかで厳格な時間規律（↓チャプリンの『モダンタイムズ』）となった。なお、このクロック・タイムとモダニティについての原理的な考察については、吉原〔二〇〇四〕第一章を参照。

で後にみるような地域通貨における空間性も形成されることになる。それはまさにモモが思いをいたした時間に深く足をおろしているのである。

あらためて指摘するまでもないが、地域通貨にみられる近代批判の質は、『モモ』の衣鉢を受け継ぐ時間認識においてクライマックスに達する。そして時間は、それじたい多様な人間存在の深みに降りたってはじめて了解可能となるのであり、つまるところ他者との間できりむすばれる関係性のなかでめばえる自発性、相互性、そして個々人の自己実現の達成の度合ないし自己の存在の有限性の認識の度合がどの程度のものであるかを示す指標となる。ともあれ、こうして近代以前から連綿と受け継がれ、グローバル化の下で極限にまでゆがめられた循環する時間が、貨幣が本来もっている「多様な価値を多様なまま評価し、媒介できる」［同上：三一六］コミュニケーション・ツールとしての機能とともに、地域通貨において息を吹きかえすのである。さて、こうした循環する時間、言語的コミュニケーションが地域通貨の形成する空間性とどのようにむすびついているかをあきらかにするのが次節の課題である。

四、地域通貨における空間

1　ローカル・ガバナンスのためのプラットフォーム

地域通貨のきわだった特徴は、これまでみてきたところからあきらかなように、グローバル・マネーによって席巻されてしまった「市場」に依存しないで、互酬に基づく大らかな値づけによってコミュニティに属する人びとをつなぎ、相互交流をうながす点にある。つまり貨幣経済の債権債務の関係（↓売り手と買い手の相互関係）にとらわれ、バラバラに分断され匿名的関係に置かれた個人と個人を、「一定の地域」において協同的で可視的な関係へと導く点にある。そして双方向的なサービスのやりとりのなかで、喜びとか生きがい、あるいは尊厳といったものを使用価値に基づく独自の価値基準によって確立していく有効な仕組みもしくは手法として、地域通貨はいまや広く知られるようになっている。

グローバル・マネーが縦横に行き交う市場では、市場メカニズムによる経済的決定＝「マーケット・ソリューション」が選挙によって選ばれた政治体制による政治的決定＝「ヒエラルキー・ソリューション」を圧倒するような形で巨大なガバメント権力を構成している〔金子、一九九九〕。そしてそれがグローバルに行使されることによって、分配の社会的公正が著しく損なわれ、通貨・金融危機が大々的に引き起こされ、経済システムの不安定化がうながされたことについては、すでに述べた通りである。地域通貨は何よりもまず、そうした「『マネーの暴力』から地域を守る防衛装置」〔河邑ほか、二〇〇〇：五〕、換言するならグローバル化にたいするカウンター・メディアとしてであるが、それにとどまらない。むしろ、現在猛威をふるっている「マーケット・ソリューション」主導のガバメントにたいするオルタナティヴとしての制度的枠組みを形成しつつある点に、地域通貨の最大の空間的含意が読み取れる。

ところで地域通貨とのかかわりで、市場経済システムにたいするオルタナティヴとしての、最も基礎的な制度的枠組みとしてこんにち注目されるのは、ローカル・ガバナンス（共治もしくは協治）である。ちなみに、ローカル・ガバナンスは一言でいうと、「地方政府、企業、NGO、NPOなどがさまざまな戦略をめぐって織りなす多様な組み合せの総体——対立、妥協、連携からなる重層的な制度編成——のこと」〔吉原、二〇〇二：九六〕であるが、地域通貨が「市民活動に取り組む人材を発見し、そういった参加者の労力を評価して対価を支払うための交換メディア」として、さらに「市民活動の社会的意義や価値を表明す

▼8　周知のように、人間存在の時間性についてはハイデッガーが『存在と時間』において周到に展開している〔ハイデッガー、一九六〇〕。いうまでもなく、ここでいう存在了解はハイデッガーに拠っている。

るための『文化メディア』としての意義」〔西部、二〇〇二：五七〕を備えていればこそ、それはガバナンスを構築するためのプラットフォーム（共有基盤）となり得るのである。実際、地域通貨の導入をきっかけに上述のローカル・ガバナンスの形態を想起させるような複数の組織間での交流が数多くみられるようになっている。そしてそうなることによって、地域通貨は「二者間の自発的な交換を多者間の見えざる互酬関係へ織り上げていく」役割をいっそう自覚的にになうことになり、ひいては「公」と「私」、「強制」と「搾取」の間でみえなくなっていた「共」の空間の再形成・創造に貢献することになるのである。つまり経済社会システムおよび国家行政システムから区別され、言語的コミュニケーションによって媒介されたハーバマスのいう「生活世界」の形成に積極的にかかわるのである〔ハーバーマス、二〇〇二〕。

2　グローバル／ローカルの多層空間

ここであらためて注目したいのは、地域通貨が「一定の地域」で経済循環をつくりだすという点である。この場合「一定の地域」とは、上述の議論でいえば「共」の空間の範域ということになるが、議論をややむずかしくしているのは、それが「実体的な空間範囲だけでなく、人的な関係が取り結べる仮想空間」〔波多野、二〇〇三：六六〕でもあることである。この場合の空間は、地理的な近接性だけでなく、テーマの共同による近接性も含む点が特徴的である。[9] つまり場所的な近さから派生する濃密なアイデンティティに基づくローカリティと一定の価値基準を共有する協同的で自治的なネットワークに基づくローカリティとが重なり合っている点が、この種の空間のメルクマールとなっている。地域通貨の導入を契機にさまざまな組織の間で交流がみられるようになっているのは、こうしたローカリティの重合状況をよく示している。

考えてみれば、「市場評価基準とは異なる価値観による……意志表示にもとづく交換関係」〔同上：六八〕によって誘われているのが地域通貨の最大の特徴である。そしてそうであればこそ、地域通貨においてきりむすばれる関係性が少数者の間での緊密な関係のみならず、というよりはむしろ適切な距離を置いている、多数者の間での文化や意味を共有する関係によって裏うちされているとみるのが、より自然であるかもしれない。だが現象としてはそうみえても、実際のところは、地域通貨が地理的な近接性に基づくものからテーマの近接性に基づくものへと軸線を移動しているとは単純にいえないのである。詳述はさておき、地域通貨は「私」＝競争セクターの肥大化、とりわけこの間の暴力的とでもいえるグローバル化の進展によって簒奪された「共」の空間のはりかえをおこなっている。そしてこの作業は地理的な近接性をメルクマールとするローカリティへの回帰をめざすものでないとしても、そこではぐくまれてきた「共同の枠組み」を掘り起こそうとしているのは、たしかなことである。むろん、それは「公」と「私」が後者のイニシアティヴの下で相互浸透している〈現在性〉の地平を踏まえた上でのことではあるが。

均質的、均一的で、しかもそれじたい、きわめてハイアラーキカルなグローバルな空間にけっして従属しない、「共」の空間の形成をめざす地域通貨は同時に、そのローカルな基礎をグローバルな振幅において確認しようとしている点でまた興味深い。原理的にはテーマの近接性が地球のすみずみまで及ぶ可能性があるといった点で、地域通貨はまぎれもなくグローバルな地平を編みつつある。重要なことは、いわば歴史貫通的に見いだされる既述した「共同の枠組み」が、多かれ少なかれこのグローバルなものに足を下さざるを得ないという点である。地域通貨がグローバルの相対化からはじまったことを考えるなら、この

▼9　ちなみに西部忠は、場所的・地理的な近接性に基づくコミュニティを「リアル・コミュニティ」、テーマの近接性に基づくコミュニティを「バーチャル・コミュニティ」と定式化し、地域通貨において前者から後者への移行が支配的な動向になっていると述べている［西部、二〇〇二：二四～二五］。コミュニティ・パラダイムに限定するなら、筆者はこの点についてやや異なった見解をもっている。詳しくは、吉原［二〇〇〇b］を参照。

グローバルとの「再会」はきわめて皮肉な事態であるといわざるを得ない。しかしそれこそが、モダニティの両義性を示しているのだ。詳述はさておき、ここでは地域通貨がグローバル／ローカルの多層空間に立脚していることを強調しておきたい。

五．地域通貨における「つながり」の位相——アーバンネットの活動に即して

1　まちと市民をむすびつける地域通貨

さて、以上の議論を身近の地域通貨の活動事例に即して少しトレースしてみよう。ここでとりあげるのは、一九九九年に仙台で発足したアーバンネットである。その立ち上げの時点から、キーパースンとしてかかわってきた小地沢将之によると、アーバンネットの活動の経過は概ね以下の通りである［小地沢、二〇〇二／白川、二〇〇四］。

アーバンネットは都市デザインを専攻する大学院生によって、一九九九年夏に立ち上げられた。それは主として、行政テクノクラートとか地元のステイク・ホルダー（利害関係者）によってすすめられてきた従来の中心市街地のまちづくりのあり様にたいする異議申し立てとしてはじまった。事実上、東北地方で最初の本格的な地域通貨の導入例であった。発足時にかかげられたスローガンは「誰にでも気楽に参加できるまちづくり」というものであった。活動は参加者に「まちづくりチケット」（写真2）を配布することからはじまった。商店街のごみ拾い、ポイ捨てごみの分布調査、商店街の調査活動、仙台七夕まつりの竹飾りのリサイクル回収など、さまざまな活動に参加した人にたいして「まちづくりチケット」が発行されたのである。そして配られたチケットによって、ポイント数に応じて協賛企業の割引や優待が受けられることになった。チケットじたいは他の多くの事例でみられるような相互援助型（個人間の双方向的なサービスの交換）のものではなく、地域社会へのかかわりの度合を地域通貨で示すという公共貢献型のもの、

すなわちメリット還元型のまちづくりをすすめるものであった。チケットの発行に際しては、たとえばタイムダラーと同じように活動メニューごとに時間あたり何ポイントといった基準が設けられたが（表1参照）、当事者間での値づけの「ゆらぎ」は状況に応じて許容された。一方、協賛企業に集まったチケットは、アーバンネットのホームページ上での広告掲載料などにあてることができ、協賛企業としては「市民とともにあゆむ企業」としてのミッションを広くかかげることが可能になるとともに、自らのコーポレイト・アイデンティティの高まりに大きく貢献することになった。

ところでアーバンネットは、発足以降、着実に裾野をひろげていった。二〇〇一年四月に、二つの学生組織と連携して街の活性化のための親組織「コミュニティ」を立ち上げた。そして同年一〇月に宮城県からNPO法人の認証を受けた。「コミュニティ」は、アーバンネットの「まちづくりチケット」によって得られた「つながり」を原資にして、これまでに空き店舗を利用したチャレンジショップ事業（「トライショップ一二三」）、民間駐車場を活用した中心市街地での公共空間活用実験事業、環境国際会議（仙台開府四〇〇年記念イベント「環境フォーラム仙台二〇〇一」）の開催に符節をあわせた環境社会実験など、まちと市民をむすびつけるさまざまな事業とか活動に従事してきた。またこうした活動実績が社会から幅広く認められ、東北一円の各種行政機関とか社会福祉協議会などから地域通貨導入の支援をもとめる要請が相次いでいる。あらためて注目されるのは、そうしたなかでアーバンネットが当初色濃くとどめていた行政依存体質からのテイク

写真2■地域通貨「まちづくりチケット」

注）券面には、発行起源となるまちづくり活動名が記載されている。また1年間の有効期限が付されている。

出所：小地沢［2002］

表1■まちづくりチケットの発行目安

▶重作業に伴う調査活動（ポイ捨てごみ分布調査等）＝30ポイント／1時間
▶作業活動（ごみ拾い等）＝20ポイント／1時間
▶娯楽性がある活動（ワークショップ内の調査等）＝10ポイント／1時間

オフをほぼ達成したことである。ちなみに、アーバンネットは一九九九年度および二〇〇〇年度において、仙台市から「まちづくり活動企画コンペ」による活動助成金を得ている。

2　進化しゆらぐ「つながり」

それでは、以上のような活動の拡がりを通して、アーバンネットは人びとの間にどのような非市場的な交流、すなわち互酬的な交換関係をもたらしたのであろうか。あるいは現にもたらしているのであろうか。これまでアーバンネットにかかわった人びとは実に多様な層におよんでいる。あるときには、六五歳、元会社員という男性が参加者の先頭に立っていた。またあるときには、一四歳、中学二年の女子生徒の姿がその嬌声とともにひときわ目立っていた（『河北新報』二〇〇一年四月二一日）。もちろん、参加する動機もさまざまである。「チケットが欲しかったから」「人と出会えるから」「誰かの役に立ちたかったから」など、おそろしくナイーヴで多岐にわたっている。しかし共通しているのは、フットワークの軽さだ。ちょっと入り口をのぞくような遊び感覚で、それでいてちょっぴり気恥ずかしさをあらわしながら、気がついたらいつのまにか参加している。そして活動を通してまちへの関心を深め、市民と行政の間に立っている自分に気づくようになる。こうして自分のなかでコミュニケーション・ツールとしてのアーバンネットが確実に大きくなっていくのに戸惑いを覚えながらも、「つながり」が姿を変えてふくらんでいくのに新鮮な喜びを感じるようになるのだ。

ここで忘れてはならないのは、そうした喜びや手ごたえを共有する人びとが仙台市を超えて三県一五市町村にまたがっていること、さらにそれらの人びとがアーバンネットから派生したさまざまな人間関係やネットワーク（＝「つながり」のいっそうの進展）に自由自在にかかわることによって自分たちの個性的な時間――自己実現するとともに他者がかけがえのない存在であることを認識する「とき」――を取り戻すことに成功していることである。同時に、このアーバンネットの多元的でオープンな、しかも変幻自在に動く「つながり」が、「ゆい」とか「講」の伝統が長い間活きづいていた東北を磁場としていることに留意する必要がある。というのも、それらが多面的に交差して先にみたような地域通貨の時間と空間の内容を織りなしているからだ。アーバンネットには個人の選択可能性と自律性に基づく互酬関係の内実が、循環する時間とともに豊かに含まれている。[▼10] たしかに、アーバンネットからは先にみたようなグローバル化に直接対峙するような戦略がよくみえてこない。行政が展開するまち美化キャンペーンとか若者による地域活性化への取り組みなどへの積極的な関与は、いうなれば小さな仕掛けの積み重ねにすぎない。しかし考えてみれば、そうした積み重ねが層をなして既述したようなローカリティの内実を構成しているといえないこともないのだ。

もっとも、アーバンネットにそれじたい多様性を帯びた人間が具体的にどう書き込まれているか、またアーバンネットが個人のなかに隠れている潜在的な能力をどのように引きだし、それを活用しながら多層化されたネットワーク型コミュニティを形成するためのメディアとなっているかについては、未だあきらかになっていない。アーバンネットがこれまで積み上げてきた信頼の質についての微に入った検討とともに、今後いっそう変幻自在に進化するであろう「つながり」を追うことを通して、この不明の部分をあきらかにする必要がある。

▼10　この場合、地域通貨じたいが多様なローカリティに立脚していることを認識する必要がある。やや安易なフレーズを用いることになるかもしれないが、アーバンネットはすぐれて「東北らしさ」(=東北という場所性)に足を下しているのだ。これについては、東北に特有の「ゆい」とか「講」に関連させながら、簡潔ではあるが後述する。

それにしても、アーバンネットが集合、拡大、そして離散を繰り返しながらしるしてきた「つながり」のもつ意味は大きいといわざるを得ない。これまで仙台っ子にかぎらず東北人は一様に「おもい」といわれてきた。口が「重い」とともに、社会とか他者にたいするいわくいいがたい「想い」にとらわれてきたのだ。東北をある色に染め上げてきた「ゆい」とか「講」はまぎれもなく固定された、閉じた「生活の共同」とともにあった。最近の歴史学の成果によると、この「生活の共同」の中身が実に奥行きが深く、柔軟性に富んでいたことがわかっているが、総じて東北人がこうした「生活の共同」の枠組みのなかで自己主張しない個を維持してきたことはたしかである。ところがアーバンネットが生みだしたさまざまな「つながり」に積極的にかかわることによって、ものいわない東北人が自己の情報を選択的に開示するようになり、そしてこうした自己開示の相互性の向う側に先に一瞥した「コミュニティ・ソリューション」のおよぶ領域を拡げているのである。しかも、さまざまな世代がこうした「コミュニティ・ソリューション」の領域に身を置くことによって、グローバル・マネーの市場制覇と相まって激化している「現代世代と未来世代の時間戦争」［河邑、二〇〇三：五一］――いまの世代が、自己主張のできない未来世代が当然享受するはずの生存条件を奪いつづけていること――が緩和もしくは回避されるといった可能性が出てきている。

六、ソーシャル・キャピタルのジレンマ

1　ソーシャル・キャピタルの両義性

さてここまで述べてきて、ソーシャル・キャピタルについて何ら定義らしきものを示していないことに気づいた。ソーシャル・キャピタルについては百家争鳴の状態が続いているが、多くの論者によって最初に言及したものとしてとりあげられるのがハニファンである。かれは個人ないし集団の構成員の間でみられる善意、友情、共感、社交のことをソーシャル・キャピタルととらえた［Hanifan 1916］。しかしソーシ

ャル・キャピタルが今日のように普及するにあたって重要な役割を果たしたのは、コールマンであり、パットナムであり、ブルデューである。ちなみに、コールマンは社会構造次元での行為主体《アクター》の行為をうながし、目標達成へと導く関係性を、パットナムは信頼、規範、ネットワークを、またブルデューは社会的な義務ないし連係をソーシャル・キャピタルとみなしている［Coleman 1997／パットナム、二〇〇一／ブルデュー、一九九七］。三者三様ではあるが、ソーシャル・キャピタルの創出の鍵をなすのが国家とか市場とは異領域の市民的公共性であることを示唆している。その上であらためて強調したいのは、みてきたような地域通貨を通底する「つながり」の裡にソーシャル・キャピタルのひとつの成熟した形を読み取ることができることである。同時に注目されるのは、地域通貨を対象とすることによって、これまでのソーシャル・キャピタルに関する議論で弱いとされてきた（ソーシャル・キャピタルの）グローバル化との関連相が可視的になることである。

「ヒエラルキー・ソリューション」が「マーケット・ソリューション」によって凌駕されるグローバル化の構図は、ある意味で国民国家の成立とともに完成した単一貨幣という神話的構図が瓦解していくプロセスを示している。泉留維によれば、「市場における貨幣は、一九世紀に入り、世界的に領土内を絶対支配する民族国家を基本単位として排他的に発行されるようになり、第一次世界大戦までには、世界のほとんどの国で領土内貨幣（territoral currencies）として確立」し、以後、その汎用性が高まっていった。ところが「今日、貨幣が国際的に、ドル、ユーロ、そして円という三つの貨幣に寡占化し、また多くの国では他国の貨幣の影響下におかれることで……領土内貨幣が本来強く含有していた政治的アイデンティティの強調は、一部を除けばかなり変質もしくは後退しつつある」［泉、二〇〇三：八、一二］。

こうした解釈からすれば、たしかに地域通貨は単なる補助通貨とか地域内のコミュニケーション・メディアといった位置づけを超えて、国家の下位単位としての地域およびコミュニティのアイデンティティ（＝

ローカル・アイデンティティ）を鼓吹するツールになっているということになる。そして地域通貨において「つながり」として総称されるようなソーシャル・キャピタルの形態がヨコの「結合的」（bonding）で「橋わたし的」（bridging）なものとして把握可能になる。これら（「結合的」で「橋わたし的」なもの）は、これまでのソーシャル・キャピタルの論議においてきわめて肯定的に論じられてきたものである。いうまでもなく、こうした論議の基底をなしているのは、「コミュニティ・ソリューション」／「コミュニティのちから」（↓ローカル）を「マーケット・ソリューション」（↓グローバル）の対向に置くとらえかたである。

その一方で、地域通貨には限定せずに、ソーシャル・キャピタルをグローバル化の矛盾を弥縫するもの、すなわちグローバル化とともに進展した市場原理主義的な政策、わけても一連の構造調整政策の隘路をブレイク・スルーしようとするものととらえる立場も存在する。そこではソーシャル・キャピタルがタテの「連接的」（linking）なものとして把握される。たとえば、佐藤寛は、世界銀行が自らの生き残りをかけて社会開発や貧困撲滅に取り組むようになっていること、そしてそうした場合、「市場メカニズムの外から、あるいは貨幣価値の交換関係以外の側面から影響を与える」〔佐藤、二〇〇一：五〕ソーシャル・キャピタルが鍵となっていることに注目している。

2　コスモスの図柄

しかしそれだけにとどまらない。さらにグローバル化と相同的にすすむ情報化の進展に照準すると、ソーシャル・キャピタルを帯同する地域通貨そのものが、グローバル化が生みだした情報通信技術の飛躍的発達に基礎を置いていることがわかる。あらためて指摘するまでもないが、「情報社会の到来は、投機資金が変動相場制のもとで、実体経済とほとんど関係なく、金融ネットワークというサイバースペース（仮想空間）を飛び回ることを可能にした。この投機資金が各国の地域経済や人々の生活を翻弄し、くり返される通貨危機が国民の生活に大きな打撃を与えている」〔河邑ほか、二〇〇〇：一五五〕。ここで描述されている状況は、既述した時間－空間の軸に変換すると、均質的で均一的な時間と空間がわれわれの生活世界をことごとく覆い、いわばゾチアールな領域に深く浸透している事態である。こうした事態にたいして地域通貨が異議申し立てをし、循環する時間、多層性を帯びた「共」の空間の回復をもとめるものであった点については、すでに述べた。しかしみてきたような当事者間の大らかな値づけとか互酬関係などをもたらしているものが、現にマネー・ゲームを引き起こしているインターネットの発達に大きく依存しているのである。

同時に指摘されねばならないのは、地域通貨の基部においてみられる信頼関係が、いまみたようなグローバル化による情報通信技術の発達によってもたらされた協同的で対等な関係に基づいているだけでなく、長い間「入り会い」の関係において担保されてきたような相互協力の社会的規範によっても裏うちされていることである。もちろん、それはグローバル化を直接肯定／否定して立ちあらわれたものでもなければ、かつてのコモンズでみられた「共」の関係のようなものをそのまま反映したもの（＝単純な復活）でもない。重要なのは、こんにち地域通貨においてみられる循環する時間、重層的でゆらぐ空間が、コモンズによって原初的にになわれ、そして現にグローバル化によって否定されながらもはぐくまれている互酬ネットワークの所産であるという点である。さまざまなレヴェルでの協同的な関係が歴史的、空間的な複層化と重畳化を経て、地域通貨というかたちをとって再びあらわれたのである。そしてそうであればこそ、地域通貨はそのときどきの歴史の基層においてはぐくんできた多者間の互酬関係＝協同関係をすくいとった上で、まさにソーシャル・キャピタルを介して自己を表現しているといえる。

この間、グローバル化の暴走を向うにして、それをネガティヴにとらえる論調が幅をきかせてきた。しかし地域通貨が保持している、みてきたようなコスモスの図柄、そしてそこを通底しているソーシャル・

キャピタルの動的な働きは、こんにちの世界がかかえているダイナミックな構造、すなわちグローバルのローカルな基礎とローカルのグローバルな展開が複雑にからみあう構図とともに／のもとに見いだされる。[11]そしてあえていうなら、ソーシャル・キャピタルとしての地域通貨をめぐっては、肥大化した市場や国家権力からコミュニティや生活世界をまもる橋頭堡といった、ある種の共同体主義＝コミュニタリアニズムの方向性と、ボランタリー・アソシエーションやＮＰＯへの着目とともに中間的集団における社会的紐帯＝連帯の意義を鼓吹するトクヴィルに立ちかえっていく立場、そして生活世界に生きる人びとにたいする規律、内面的支配の権力の浸透を読み取り、それにたいする間断なき抵抗を説く、いうなればウェーバーのなかのニーチェ的要素を強調する立場が三すくみの状態をなして存在しているのである。

3……むすびにかえて

いまさら強調するまでもないが、本事例のアーバンネットがあきらかにしたことは、国家と市場のどちらにも収斂されない社会ないし文化の独自性（→「共」の空間）、そしてそれに根ざしながら立ちあらわれる、個人ないし集団相互の関係性のありよう――ヨコの「結束的」で「連携的」な「つながり」――である。先に地域通貨がローカル・ガバナンスのためのプラットフォームになり得ると述べたのは、まさにこの位相を見据えてのことである。もちろん、地域通貨がパットナムらのソーシャル・キャピタル概念の適用対象（coverage）／応用範囲に据えられるのも、この位相に着目するからである。とはいえ、地域通貨がそうであるように、ソーシャル・キャピタルもまた、社会的な結合をうながすだけでなく、社会的な分断とか排除をおしすすめるといった惧れがあることを、ここで指摘しておく必要があるだろう。それはまさにローカル・ガバナンスがガバメントへと反転する構図に目を向けるということである。

筆者が日常的に耳にするソーシャル・キャピタルに関する議論の多くは、きわめて肯定的であり楽観的である。実際、地域力＝「コミュニティのちから」としてソーシャル・キャピタルが取り上げられるとき、たいていは、そこで鍵となっているネットワークにおける公正と正義、そしてメンバー間の互酬性がポジティヴな評価の対象となっている。たとえば、本章の事例に即していうと、個人間の非市場的な交流／互酬的な交換関係にたいしてソーシャル・キャピタルの役割を担うものとして熱いまなざしが注がれることになるのである。なぜなら、その場合、横並びの自由自在なむすびつき――たえず進化しゆらぐ「つながり」――にポジティヴな価値をおくからである。しかしこの自由自在なむすびつきはややもすれば個々人のイニシアティヴの発揮を押さえ込んでしまうことになり、結果として地域力＝「コミュニティのちから」を殺いでしまうことになりかねない。また、すぐ先に言及した伝統社会における相互協力の社会的規

▼11　ここで想起されるのは、加藤敏春が指摘する「臨床知」である。それは「『コスモロジー』（場所や空間を一つ一つが有機的な秩序を持ち、意味をもった領域とみなす考え方）、『シンボリズム』（物事を一義的にではなく多義的にとらえ、表す考え方）、『パフォーマンス』（行為する当人とそれをみる相手やそこに立ち会う相手との間の相互作用を重視する考え方）の三つの原理」［加藤、二〇〇一：三一七］からなり、地域通貨の積極面を浮き彫りにする上で有益である、という。加藤のいう「臨床知」は、たしかに主客二分法に基づき、ある意味でクロック・タイムによる社会的編成の「申し子」である情報科学技術を誘った「科学の知」にたいするアンチテーゼであるようにみえる。しかし、「臨床知」じたい、その展開の基礎を部分的にではあれ、情報科学技術の発展の裡に置いていることを忘れてはならない。

▼12　ソーシャル・キャピタルについての否定的な論調は、本章の冒頭で一瞥したような（ソーシャル・キャピタルに関する）量的測定が強まるなかで一定程度見直されるようになっている。ちなみに、ここでとりあげた点については、ポルテスとか粟野晴子が充実した論述をおこなっている［Portes, 1998／粟野、二〇〇二］。

範やネットワークについていうなら、たしかにソーシャル・キャピタルの原モデル／プロトタイプとして想到されはするものの、長い間、身分制的な「暴力」と共存していたことも否定できない[12]。

これらの点はソーシャル・キャピタルとしての地域通貨が可能性とともに併せもつものであり、そこから目をそらすことはできない。だが、それ以上に見据えておかねばならないのは、信頼、規範、ネットワークといった、お互いにしっかりと根づいた社会的資源の「蓄積」に向かっていかない、むしろ脆いものとしてある流動的な関係性＝「つながり」がソーシャル・キャピタルの形成において大きな役割を果たす可能性があるという点である。ここで重要なことは、流動的な関係性＝「つながり」がしっかりと根づいた社会的資源と相補性を織りなしながらもたらす異化の作用である。詳述はさておき、この異化の作用は、上述の、地域通貨が可能性とともに併せもつものを解きほぐす役割を担う、と想到される。

いずれにせよ、地域通貨はまぎれもなく、この地における市民社会がどこから来てどこに向かっていこうとしているのか、さらにそれとセットとしてあるコミュニティの再生がどうなっているのかを示すバロメーターとしてある。そしてそうであればこそ、そこに埋め込まれたソーシャル・キャピタルの位相に鋭い視線を向けざるを得ない。そのディテールにおよぶ検討は、未遂の課題として残されることになったが、本章はそのためのイニシエーションとしてあることを、最後に確認しておきたい。

第7章

まちづくりの論理と倫理

良い画家が事物を描くのは、それらの物を描き終えるまで、それらがどのようなものであるか判らないからだ……。

コリングウッド「芸術の原理」

1……はじめに――近代のジレンマから

「駅舎の真向いの青葉通りという名の、幅六、七〇米もある広い道路」、そして「長さも長く、市街を真直に貫通し、市を外から抱くようにしてゆるやかに流れる広瀬川」(『青葉繁れる』)――かつて井上ひさしが哀感を込めて語った仙台。しかし、ここ数年、高層ビルの林立する風景がすさまじい勢いで街全体を覆うようになり、井上の愛した「青葉が、降り続く梅雨に濡れて黒く光る」ランドスケープが急速に失せようとしている。ちょうど東京から一周もしくは二周遅れで高層化の季節を迎えているのであるが、仙台市当局、そして地元経済界はといえば、こうした都市を作り出してきた当事者として、目の前に展がっている異風景をむしろ誇らしげにみている。しかし市民の間では、こうした視線に与《くみ》するとか秋波を送るということには必ずしもなっていないようにみえる。少なくとも、多くの市民は高層建築物が鎬を削るような都市景観を心から歓迎しているようにはみえない。そうしたものの影の部分を押しつけられている、あるいは押しつけられそうであるということで、生活者の立場から現前する都市景観にある種の醒めたまなざしを向けている。しかしだからといって、彼ら／彼女らは、かつての異議申し立てのような運動を大々的に起こそうとするわけではない。たとえば、日照をさえぎられて健康被害があからさまになれば話は別だが、多くはただ嗤っているようにみえるのだ。

　あきらめているのであろうか。いやそうではあるまい。かつての調和のとれた都市の輪郭を大きく崩して現出している高層ビルの林立が、直接には資本の欲動とこれに符節を合わせた「都市計画」によってもたらされたものであるとしても、生活の利便性をもとめる自分たちの指向にも根ざしていることを、何よりも彼ら／彼女らが気づくようになっている。生活の利便性をもとめることと異議を申し立てることがある意味で同根であること、そして自分たちの生活を便利にさせてきたものが自分たちの住む世界をきわめて生きにくいものにしていることを認識するようになっているのである。彼ら／彼女らはいま都市景観を、こうした「利便性（快適性）」が反転して利便性（快適性）を否定する」といった近代のジレンマと重ね合わせて観ている。しかもこのジレンマは、都市が効率性という点でますます貪欲になるにつれ、いっそう複雑なものになっている。

　だからこそ、目の前の都市の風景に被害－加害の図式をナイーブに当て嵌めようとはしない。そうした図式がおよばないところで〈むなしさ〉をあらわし、嗤うしかないのだ。都市空間が政治の季節に組み込まれないのはたしかに時代の不幸ではある。だが悲観論一式で塗り潰すこともない。みようによっては、こうした市民の簇生には近代に特有のジレンマ／リスクをとらえかえす自己反省的主体の萌芽を読み取ることができるかもしれない。そこから都市空間の〈再政治化〉の道筋を観て取ろうとするのは、果たして筆者ひとりだけであろうか。

以下、ここでは近代のジレンマの只中から／背面で立ち上がる「まちづくり」の可能性と課題について、そうしたものが帯同せざるを得ない集合的／協同的主体のあり様とかかわらせて論じることにする。そこでまず、これまで都市構造の形成にあたって規定因としてあった「都市計画」について簡単に触れる。以下に述べるように、それはここでいう「まちづくり」の対向をなしている。

2……「都市計画」から「まちづくり」へ

一九一九（大正八）年に都市計画法が成立して以降、日本の都市計画は一貫して縦割り行政の枠内にあり、国の専管事項とされてきた。地方自治体は国が立てた計画を粛々と執行するといった立場に置かれていた。実際、国の政策・法律にしたがって、国からの補助金にもとづいて街路とか公園などのインフラストックを整備するといった、いわゆるハコモノ建設が各自治体の遂行する事業であった。[1] それは全国一律のものであった。そして市民はといえば、まったく国－地方自治体の客体でしかなかった。市民自体、長い間、都市計画が自分たちの「生活の共同」を支え発展させるものとは考えてこなかったのである。それは自分たちの「外」にあって自分たちの生活の枠組みを丸ごと規定するものとしてあった。つまりガバメント（統治）の手段としてあったのである。もちろん、自治体が市民のまなざしを「まち」へと誘うようなことはほとんどなかった。

ところで、上からの「都市計画」を地方の創意工夫を介在せずに全国画一的におしすすめた結果、たしかに効率的で機能的な都市空間ができあがった。しかしそれは基本的に「貧民の抹消（というか強制）、労働できない者たちの排除、また労働できる者たちへの労働の強制〔……〕このようなことすべてが、社会における生が良さ、便宜、快適にしたがって実際に保守されるための一般的条件を構成している」［Foucault 2004=2007: 416］ような都市空間であった。そのような都市空間は、それまで地域が培ってきた文化的で歴史的なストックを破壊してしまうのと引き換えに得られたものであった（それほどまでに効率的で機能的な空間をつくり出してしまったのである）。たしかにいっとき全国の自治体の羨望を集めた、「最小の経費で最大の効果をもたらす」神戸市の企業的都市経営は、上述のような上からの強権的な「都市計画」とは一線を画するかのように思われた。しかしそれは阪神淡路大震災によっていみじくも露呈したように、開発路線の下でひたすら効率性、機能性をもとめる、生活者からはまったく隔絶したものであった。[2]ちなみに、本間義人は神戸市の企業的都市経営の非市民的性格を次のように述べている［本間、二〇〇七：五八］。

それは主に外債による資金で六甲の山を削り、海を埋め立て、その分譲で得た資金で市街地の都市再開発を進めるものでした。つまりインナーシティにおける経済空間を再編成するために投資されたわけです。その投資額は総額四〇〇〇億円以上、それで得た埋立て地はポートアイランドなど約三〇〇ヘクタールといわれ、代わりに、市民生活の安全、安心に関わる部分への投資は極端に切りつめられたのでした。たとえば、震災被害がもっとも大きかった長田区などの整備は後回しで、取り残されたままでした。

企業的都市経営の破綻は明らかであったが、ごく近年にいたるまで、「都市計画」にこの経験が反省的基調として埋め込まれたような気配はない。むしろ新自由主義的なグローバル化の波動の下で、経済の野放図の活性化を図る観点からより効率性、機能性をもとめる都市構造再編《アーバンリストラクチャリング》がすすんだのである。そして「巨大な構造物が聳立する〔……〕無機質な『死せる』都市が誕生する」〔神野、二〇〇二：一四〕ことになったのである。

　だがここにきて、効率主義的で機能優先の「都市計画」の背理が多様な格差と不平等をはらむきわめて

▼1　日本の都市計画ほど、ヨコの関係がなくタテワリの組織ごとに専門家としての官僚やテクノクラートが画一的なマニュアルにしたがって施策を行うといった官僚主義が蔓延《はびこ》っているところはない。「まち」にたいする総合的な判断と将来への明確なイメージの下に計画がなされるということは、これまでほとんどなかった。街が変わっていくことにたいしてこれといった規制をかぶせるのではなく、放置したままであった。したがって街の形成それ自体はきわめて自由度の高いものであったといえる。この点で街の姿を維持しようとして、あれやこれやの規制を行ってきたヨーロッパの都市計画とは大きく異なる。近年、どの都市においても高層ビルの建築が目立っているが、都市景観がどのように変化し、またどう対応するかについての明確な展望とかビジョンがないままにやりすごしているのが、日本の現状である。

▼2　神戸市の企業的都市経営の手法は、その「三種の神器」といわれるもの、すなわち公共デベロッパー、外郭団体、企業会計の三つの方式によって広く知れわたっていた。しかし阪神淡路大震災によって、それまで鳴り物入りで伝えられてきた「開発利益の自己吸収」といった体系の綻びが白日の下にさらされた。それとともに「福祉化」／「社会化」、さらに「市民化」／「民主化」の論理とのギャップも覆い難いものになった。企業的都市経営において「市民の選択」や「参加する経営」が占める位置は結局あきらかにされないまま今日に至っている。しかしここでは、これらの点についてこれ以上言及する余白はない。詳しくは、宮本〔一九九五〕を参照されたい。

住みにくい空間の創出という形をとるなかで、これに直接対抗するわけではないが、自分たちのセーフティネットを張りなおすという形で空間を再形成する動きがみられるようになっている。そしてそれとともに、マンフォードや矢作弘が熱いまなざしを向けるゲデスのいう「真の地方開発、真の都市計画、真の都市設計」、すなわち「その地方と地域の条件を充分に利用するよう具体化するもの〔……〕地方と地域の個性を表現するもの」についての「積極的な共感」にもとづく「まちづくり」の意義が認識されるようになっている〔矢作、二〇〇五：二〇五～二〇六〕。

ちなみに、ここでいう「まちづくり」は、ハードに特化した「街を作る」という意味ではない。中央主導の「都市計画」にたいして市民がイニシアティヴをとり、市民生活に関する共同業務の遂行という点で市民と自治体、あるいはその他のさまざまなセクターとの連携がはかられる「市民協働の作品」〔田村、二〇〇五：八五〕である。それは「都市計画」のように特定の〈専門知〉の独壇場としてあるのではなく、地域の歴史や個性を尊重するそれぞれの〈経験知／民衆知〉が交差するなかで、「自分の一つ一つの行動が、他の市民とともに働いていることが確認できる」〔同上：八八〕契機を内包するような場としてある。詳述はさておき、この場合重要と思われるのは、〈経験知／民衆知〉が〈専門知〉を包みこみ、溶解させる一方で、前者が後者において再賦活されることで、個人めいめいの体験が共振し、最小限の共通の了解事項ができあがるのをうながすようになることである。いまこうした「まちづくり」が、「都市計画」の躓きを前にしてにわかにクローズアップされるようになっている。同時に、ごく近年になって「都市計画」の側からこうした「まちづくり」に着目する動きが強まっている。それだけにまた、ガバメント（統治）に同定されない「まちづくり」の論理[3]を明らかにすることが重要になっている。

3……まちづくりの論理

「まちづくり」にはおよそ定型的なものはない。だからそれを通底する論理を見出すことはかなり厄介な作業である。しかし先の「市民協働の作品」という定式化にこだわるなら、とりあえず「まちづくり」とは異主体、異階層の人びとが寄り集まり、彼ら／彼女らが仕組みとかルールを作って、それらに基づいて協働して「まち」をつくること（同時にそれは「生」を営むこと）であるということになろう。「まちづくり」はまさにこうした協働を介して、それぞれが個性をつき合わせながら、社会への参画という共同の意思をもって行動することである。後述するように、この場合、五感を駆使して暮らしを立てること、つまり働き、学び、楽しむことによって共同の空間を作りあげることが決定的に重要になる。いうまでもなく、このような「まちづくり」を特徴づけるのは、上からのハイアラーキカルな「都市計画」にたいするオルタナティヴの呈示という以上に、生活者の専門テクノクラートにたいするバランスの回復を図る運動、

▼3　この場合重要なのは、ガバメント型の「都市計画」の清算主義的な否定ではない。上からの「都市計画」体系にたいして批判的なまなざしを担保しながら、なにがしかの教訓をそこから引き出した上で、そして何よりも「価値のテクニシャン」が唱導する「望ましい状態」＝「全体の利益」という一元的価値の下にひそむ権威主義的性格を削いだ上で専門家としての官僚やテクノクラートを「市民側」に引き入れることである。同時に、ワークショップのようないまや官製の「まちづくり」の様相を深めているものにたいして、均質で同一的なものに回収していくのではなく、異他性を確保しながら、それを協和化していく道をさぐる必要があろう。またそうした点で自己触発と他者投企を繰り返すことは避けられない。

つまり生活者の復権をめざす思想運動としてあるという点である。この点はいくら強調してもしすぎることはない。なぜなら、こうした思想運動が「『公』を再生し、大地の上に人間の生活を築く戦略」［神野、二〇〇二：一七］の起点をなすからである。

さてあらためて問われるのが、先に言及したような共同の空間を形成する際に、「お互いに他人に共振する」ということをどう読み込むかである。いうまでもなく、それは上からの強制の契機をはらむ統一／統合のプロセスに回収されるものではない。それは本源的には大地に繋留された人間と人間が出会い、行きかうことに伴うものであるが、その場合、人間と人間との「あいだ」に共同の空間を形成しようという意思とテーマが存在することが前提となる。まさに自由な意思をもった人間と彼ら／彼女らによって共有されるテーマが人間と人間の「あいだ」をきりむすぶことになるわけであるが、ここで興味深いのは、そうした「あいだ」が内に閉じていくのではなく、むしろ人びとの間でみられる諸関係と理解のネットワークが根茎状《リゾーム》に節合《アーティキュレイト》され、しかも外に開かれているようなものとしてあるという点である［吉原、二〇〇八a：八］。詳述はさておき、指摘されるようなネットワークには、複雑ではあるが混沌とした力を引き出す機能が内在している。

ところでこのように見ていくと、同質的といわれる日本社会ではそうした外に開かれた「あいだ」は無縁のように思われるが、果たしてどうであろうか。結論から先にいうと、日本の地縁社会においてそうした「あいだ」の原型《プロトタイプ》をみることができる。ちなみに、筆者は、日本の地縁社会について、そこにおける位相的な〈共同性〉に照準して次のように述べたことがある［吉原、二〇〇四：九三］。

〈共同性〉＝『場所』は、「住まうこと」によって何らかの領域性が得られ、そこから立ち上がる、自然のリズムとかヴァナキュラーなものと折り合いながらも、そうしたものには決して還元されない意味とか象徴の体系を含んだものとしてある。それはいうなれば、皆が何らかの意味で当事者であり、他者との伸縮自在な入れ子（もしくは入り合い）状態を介してさまざまな役割をシェアし、一定の自制を伴う自生的ルールを作り出す自存的共同体（コモンズの空間）を組み上げる際の要となるものである。そこでは、親睦と分担に根ざしたボランタリズムがいわば大地に抱かれた状態で存在していた。

ここで見出される「伸縮自在な縁」こそが、その場その場の状況に合わせながら雑然と規範を汲みあげていく際の、いわば媒質《メディウム》としての人と人との「あいだ」を担保し、より大きな審級《インスタンス》へと繋がっていく触媒の役割を果たすことになるのである。もちろんそうした位相的な「場の規範」が機能するためには、地縁社会がそもそも階級、職業が混在しており、宗教、信条もきわめて雑多であるという混在社会（mixed community）としてあることが不可欠である。こうした縁もゆかりもない人びとが同じ地域に住むということから成り立つ地縁社会は、まさに日本型市民社会としてあった。だが、そうした地縁社会はこれまでどちらかというと位相的秩序形成の脈絡から切り離されたところで制度化されたために、それ自体の開放性と異質性が内包するダイナミズムを十分に発揮し得なかった。むしろ「コヴィナント（covenant）の論理」のような原理がなく、またそうしたものにもとづく教義のようなものを持っていなかったために、権力の意のままになり「閉じられた社会」をつくりだすことになったのである。実際、そうした事例は歴史的にみて枚挙にいとまがない▼4［吉原、近刊］。

さてこれまで述べてきたことを別の表現を用いていうと、「まちづくり」は「それぞれの〈私〉がすべての他者たちを、相互に包摂し映発し合う」［見田、一九八四：三三二］ような身体的関係に底礎している、ともいえる。むろんこの場合、〈私〉が諸関係から孤立していたのでは「まちづくり」は実を結ばない。何らかの形で「地域とかかわりを持つ〈私〉」の存立を前提にしてはじめて「まちづくり」は可能になるのだ。

再び起点に立ち返ってしまったようにみえるが、要は人びとの自己存立の場が他者とのつながりにおいて確認されるところに、平たくいうと、人びとの自己実現が他者実現を通して達成されることになる地平で「まちづくり」は成立するのである。だからこそ、さまざまな役割をシェアし、一定の自制を自らに課すことのできる〈私〉がいっそう強くもとめられることになるのである。考えてみれば、このことは「まちづくり」の倫理を問い込む問題構制へと分け入る内実を有している。節をあらためて述べることにしよう。

4……まちづくりの倫理

以上述べてきたところから明らかなように、「まちづくり」は異質なものの集まりにおいて位相的秩序のなかで調和を維持していく地縁の論理を一つの原型としながらも、今日では、異質なものの「あいだ」でなされる協議型の意思決定、すなわちワークショップと呼ばれるものにその特徴がよくあらわれている。ここでは法的な強制力がない市民的ルールが実質的に市民的規制として作用している。そしてこれが可能になるのは、「まち」を構成するさまざまな主体の内面的な倫理意識が「まちづくり」に着床し、「まち意識」になるからである。

まず民間企業からみてみよう。彼らの一般的な行動様式は、周りがどうであろうと自己の利益を最大にするために建築物を建て広告物を作ろうとする。当然のことながら、規制緩和（deregulation）をもとめ、土地の有効利用を極限まで追求する。その結果、高層ビルの林立を招き、それまで都市が保ってきたスカイラインをきわめて歪《いびつ》なものにするだけでなく、駅前通りとか繁華街等のストリートファーニチャーを不揃いで奇抜なものにしてしまう。写真1・2は、仙台駅前および繁華街の一角を撮ったものであるが、こうした風景は今日、多くの都市の駅前とか繁華街でみられるものである。ここでは自分たちが「まち」を作っているという意識はまるでなく、「まち」を壊しているという意識も希薄である。長期的な視野に立つと、周囲に支えられてこそ利益が得られるはずなのに、そうした視点は全くといっていいほど持ちあわせていない。あくなき利益を追求する企業の論理が周囲の環境を無視した「建築自由の空間」（田村明）をつくり出しているのである。

こうした建築自由の空間の創出にたいして、自治体はといえば、これまでほとんどチェックするような機能を果たしてこなかった。むしろ都市再生とか地域活性化をお題目にする規制緩和をおしすすめ、建築自由の空間を拡げるのに貢献してきたのである。これには自治体がタテ割りの機構となっていて、都市全体を見渡す「まち」の目をもつというよりも、中央からの「ヒエラルキー・ソリューション」〔金子、一九九九〕の末端に位置し、橋や道路の建設に特化してきたことと無関係ではないように思われる。官主導の新自由主義的な都市構造再編がなされ、建築自由の空間がいっそう拡がるのもある意味で必然であったのである。企業が利潤優先という点で「非『まち』型で超地域的性格」をもっていたとすれば、自治体はそうしたものが空間にきざまれるのを積極的にうながしてきたといえる。

▼4　町内会の歩みそのものが「閉じられた社会」の歴史をしるしているが、その極限形態は戦時体制下にみられた。周知のように、一九四〇（昭和一五）年九月一一日、内務省訓令第一七号の発令によって、全戸参加型の町内会体制が制度として確立した。そして全国一律に地域社会のグライヒシャルトゥング（強制的均質化）がみられた。この時期をどう位置づけるかについては、「明治以来の天皇制支配体制の完結した時期」という把握（秋元律郎等）がなされる一方で、「異常」もしくは例外的時期ととらえる立場（中村八朗等）もあらわれ、これまでのところ意見の一致をみていない。しかしどういう立場をとるにしても、この時期の「かたち」が本章で触れた地縁社会の論理からおそろしく逸脱していたことはたしかである（詳細は吉原〔二〇〇四：第二章および第三章〕を参照のこと）。

写真 1 ■ 消費者金融の看板が立ち並ぶ仙台駅前

写真 2 ■ 繁華街の一角を占めるパチンコ店

ところで以上のような官民協働による建築自由の空間の創造→展開にたいして、これまで市民=住民は▼5どう対応してきたのであろうか。基本的には、生活者の立場というよりは所有権者の論理にしたがって行動してきたといえる。直接自分たちに危害がおよばないかぎり、規制を望まない、つまり建築自由を放置するといった態度に終始してきたのである。自己本位で周辺とか近隣にはかまわない。もちろん「まち」への関心はきわめて希薄である。だからこそ、「まち」がどのように醜悪になっても平然としていられる。たとえば、写真1・2のように明らかに地域にそぐわないようなケバケバしい広告とか宣伝があらわれても無感動・無感覚のままである。こうした「まち」意識の希薄化は、大庭健が以下のような叙述をもって指摘する「私有観念の肥大・蔓延」と裏表の関係にある［大庭、二〇〇〇：四四］。

道でエンジンを空ぶかしして騒音を立て続けている人に、ひとこと注意した。すると返ってきたのは、「あーん？　ここはオマエの道だとでもいうのかぁ？」という、居丈高な逆ねじであった。よくある、この手の逆ねじの論理は、きわめて明快ではある。「その道は、注意した人の所有物でないのだから、道の使い方にかんして、その人に発言権はない」というのだ。裏返せば、「私的に所有され

▼5　少し古い議論ではあるが、かつて竹内好は市民について次のように述べたことがある［竹内、一九六一：九七］。「人はすべて親（子）であり夫（妻）であり、また階級人であり、特定の国籍人であるが、同時に、意志および責任の主体として個人であって、その個人は均等である。この人間の二つの側面のうち、個人としての側面を市民とよぶのである」。同時に、竹内は「独立と均質と連帯の語感をふくんだ個人を意味する語」が日本に定着するのは「将来の話」として「市民」への違和感をも隠さなかった。ここでは時代状況を視野に入れる必要があるが、筆者は竹内の指摘する人間の二つの側面をとりあえず生活者という用語によって節合《アーティキュレイト》しようと考えている。

ている道ならば、道の使い方についても、所有者の意思が絶対だ」ということになる。

　このようにみていくと、企業、自治体、市民＝住民ともに「まち」意識はきわめて希薄であるといわざるを得ない。しかし本稿の冒頭でも触れたように、近年、長期的な視点から、建築自由は自分たちの足元を掘り崩しかねないということを、三者三様に認識するようになっている。むしろ十分なチェックや制限を課すことこそが持続可能な発展（sustainable development）につながると認識されるようになり、それとともに建築不自由の空間を「まちづくり」の中心に据えようとする動きがでてきている。それはいまのところ緒に就いたばかりであるが、企業についていうとＣＳＲ（Corporate Social Responsibility：企業の社会的責任）等がいわれるなかで、「やさしいまちづくり」に配慮することがむしろ利益につながると考えるようになっている。また市民＝住民はといえば、自己本位で周りを顧みないことがマイナスの効果となって自分に立ち戻ってくること（いわゆるブーメラン効果）に気づくようになっている。そして両者共通に認識するようになっているのは、自己本位的な空間形成とか行動が「まち」を壊してしまっているということである。しかしそれでも、「所有権者の論理」を捨てきれない[6]でいる。[7]つまり、「まちづくり」のための市民的規制を達成するのに欠かせない自己反省的な市民＝住民、社会的企業になる前の段階にとどまっているのである。

　さてこうした状況を突破するためにいま何よりももとめられているのは、上から鼓吹されてできあがるのではない、「市民協働の作品」をつくるために必要な創発的なルールを通底する倫理である。ここで重要な役割を担うのが自治体である。既に述べたように、「まちづくり」にとって欠かせないのは、協働目標でありルールである。しかし自己本位で勝手気ままに活動／行動することにすっかり馴化している企業とか市民＝住民にとって、そうしたものを討議を介して設定するのはかなり厄介なことである（むろんだからこそ、そうした状況に市民＝住民が向かっていくことで「自発的な学びの場」〔田村、二〇〇五：二一四〕が形成されることになるのだが）。何よりも、協働目標と企業活動＝市民行動の間に生じた裂け目《デバイド》を修復することが不可欠である。これがなければ、「まち」を構成する諸主体が「まちづくり」のための原則やルールを定めることはできない。ところが上述の裂け目の修復を担うのは、いまのところ生活者の「声」で発言する要件を備えた自治体しか考えられない。もちろんその前提として新自由主義的な都市構造再編から生活者のための「まちづくり」へと舵取ることが避けられないと考えるなら、この全体と個をかみあわせる作業は、いまなお「ヒエラルキー・ソリューション」の機制のなかにある自治体にとっては、

▼6　筆者は別のところで、「自己と対決する」自己反省的な主体の存立要件として、異なる他者に開かれていること、そして果てしないリスクを負いながらも「他者の痛み」や「弱い個人」に感応することができること、をあげた。むろんそのためには、現実にわれわれを二重、三重に包み込もうとしている「排除」と「包摂」のシステムに決して流れることのない、自律的な市民感覚と倫理的規範をそなえていることが深くもとめられる〔吉原、二〇〇七〕。リスク社会におけるこうした自己反省的な主体の出現を期待する議論は多いが、いまのところわれわれの社会では未見である。しかしここで述べるような「まちづくり」の形成には不可欠の存在である。それは「近代社会に出現した自由で解放された個人、すなわち『負荷なき個人』」〔河野、二〇〇八ｂ：一六六〕からまぎれもなく脱離している。

▼7　新自由主義的なグローバル化の波動に席捲されているいまの市場社会では、短期収益性の下で行動している企業がほとんどである。他方で、ローカリティに足場を置く以上、市民のまなざしを受けないわけにはいかない。しかも中長期的にみれば、コーポレイト・アイデンティティが自らの存続の条件になりかねない面もでてきている。いま多くの企業は私企業であることと社会的企業であることの間《はざま》で大きく揺れ動いているようにみえる。だが皮肉なことに、こうした二つのベクトルが交差するところで、企業は地域の価値形成にかかわっているのである。むろんそれは、ここでいう「まちづくり」と必ずしも共振するものばかりではない。

高度に倫理的な内実を含んだものとならざるを得ない。いずれにせよ、いま、「まちづくり」の倫理を一定の明証性と説得性をもって示すことができるのは、かろうじて自治体だけである。ちなみに、田村明はそういう自治体を「市民の政府」と呼んでいる〔田村、二〇〇五〕。

5……むすびにかえて——「まち」の再審へ

それでは、以上のような論理と倫理によって裏打ちされた「まちづくり」がめざす「まち」とは具体的にどのようなものであろうか。「都市計画」がつくりだしたのは、便益性、効率性、機能性重視の都市であった。そこでは、生活する人びとの喜びや感動が空間に埋め込まれるということはなかった。それにたいして、生活者に底礎する「まち」は、そうした喜びや感動にみちあふれた等身大の、つまり人間の目の高さでみる「まち」ということになる。こうした「まち」では五感による触れ合いが基本となる。といっても、それは「みること」のみに限られるのではない。

考えてみれば、「都市計画」がつくりだした都市は、視覚のみに依存する都市であった。見て美しい都市であった。それはまた清潔で「異なる者／違う者」にたいして非寛容な都市であった。たとえば、そこで繰り広げられる「安全安心なまちづくり」は、監視という閉じられた関係や情報システムだけによって安全を確保するというもので、システム・レベルでの危機管理に照準したものであった(図1参照)。つまり、それ自体、「ヒエラルキー・ソリューション」の機制の枠内にあり、上からのコミュニティ動員に根ざすものであった。だから互いに顔を見合わせても、どこかよそよそしく、笑いとか喜びが生まれない。人にたいするまなざしには優しさがない。

それにたいして、ここでいう「まちづくり」がめざす「まち」は、「見る」だけでなく、「ふれあい」、

図１■仙台市中心部の商店街における監視カメラの分布

アーケード街の歩行者から見える範囲のカメラを、仙台市都市計画基本図上に図化した。
（調査日：2006 年 9 月 21 日　作成者：大友康博）

「語り合い」、「聞き合う」ことを通してつくりあげられるものである。それはわれわれが少なくとも高度成長期に入るまでの社会において担保してきた「まち」、すなわち「一歩外に出れば住民が互いに挨拶を交わし、軽い談笑のできる『まち』、子供たちが楽しげに遊び、老人たちが微笑んで見守る『まち』、弱いものへのいたわりの気持ちがある『まち』」〔田村、二〇〇五：九九〕である。考えてみれば、こうした「まち」は、かつてジェイコブズが焦点をあてたダウンタウンの雑多性と稠密性の物語に響き合う。ジェイコブズは、そうした雑多性と稠密性とが自生的に人びとの互いのアテンションを惹起することになるといった[8] [Jacobs 1961=1969]。ところで上述したような「まち」では、先の「安全安心なまちづくり」に関していうと、「閉じた」監視テクノロジーによる見守りシステムには決して回収されていかない。ちなみに、かつて軒を連ねた低い住宅や路地裏では、台所や物干し台から母親が何とはなしに露地に目をやるといった等身大の見守りによって「まち」の安全が保たれていた。この等身大の見守りは、「ふれあい」、「語り合い」、「聞き合う」ことと一体となって「まち」の賑わいもつくりだしていた。こうした人にたいして優しい、外に開いた「まち」が、ここでいう「まちづくり」の根幹をなすものである。

ところで五感にもとづく「まち」は、「虫の目」でみた「まち」でもある。大地に深く足を下して身体的接触を手がかりにして生の振幅を広げていく。ここでは互いに角突き合わせてぶつかっても、結局は周りを思いやってすり合わせていく。他者と折り合うことによって、自分一人ではない自分、つまり複数の自分に気づくことになる。こうして地域への関心が深まっていく。あたりまえのことだが、五感を駆使した他者との交わりを否定するのなら、地域への関心は生まれず、喜びや感動をともにする「まち」を手にすることはできない。高層ビルによって埋め尽くされた都市景観を「美しい」と感じる「鳥の目」は、ちょうど「虫の目」の対向をなしており、独りよがりの独善的なまなざし、つまり人間的経験にまったく関与しないまなざしによって特徴づけられる。それは他者にたいして無関心・無感動でいられるからこそ、およそ生活感覚に根ざさないバーチャルな風景に耐えられるのである。

「まち」についてもう一言触れておこう。以上のような「まち」を上からの視線（上述の「鳥の目」と部分的に共振している）によって取り込もうとする動きがあることについては、すでに指摘した。たとえば、近年、顕著にみられる国および地方自治体の自主防災組織（事実上町内会）を介しての地域住民の自治的な防災活動の包絡はその最たるものである。ちなみに、こうした上からのテコ入れによって、過去一〇年間で自主防災組織の組織率（世帯加入率）は漸増し（図2参照）、二〇〇七年四月現在で七〇％弱に達している［消防庁、二〇〇七］。しかしその一方で、自主防災組織＝町内会に微かに残っていた「生活の共同」の伝統はすっかり形骸化してしまっている。さてここであらためて問われるのは、そうした上からの取り込み＝自治的な「まちづくり」のスポイル化にたいして、どのようにしてその「内側から」、すなわちあくまで風景の特異な現れに立ち会いつつ解きほぐし、私たちを包囲するシステム全体を組み換え」［廣瀬、二〇〇八：一一〇］るかである。そこにはさまざまな課題／困難がひそんでいるが、何にもまして、先に述べた人と人との「あいだ」を再定式化し、そうした「あいだ」から立ちあがる「創発性」の中身を多少とも明晰化することがもとめられよう。

　ここでいう創発性は「ヒト、モノ、コトの複合的なつながりから生じる、『一方で開放性を、他方で異質性を』兼ね備えた動的な関係の総体」［吉原、二〇〇八a：二六〇］のことである。この場合、人と人との「あいだ」をどうとらえるかがポイントとなるが、何よりも自由自在に生起し広がるプロセスとして把握

▼8　ジェイコブズは、こうした雑多性と稠密性の物語の裡にダウンタウンに固有の理性を見出し、都市的な自律の原則をひきだした。しかし酒井隆史によると、こうしたジェイコブズのアンチ・ポリス的な主張はいまや逆用されている、という［酒井・高祖、二〇〇五：七五］。ちなみに、メリフィールドは、ジェイコブズの以上のような主張はもともと両義性を有しているという［Merrifield 2002: 116-117］（但し、ここでは原口［二〇〇五：一五二］より引用）。「ジェイコブズは無秩序の使用と喜びを、その敵対者よりもずっとわかっていた。おそらく彼女は、もう少しでディストピアそのものの魅力を強調するところまでたどり着いていたようである。しかし、彼女はその一歩を踏み出すことができなかった。村落的な親密さに焦点を当てることで、彼女は別の方向へとねじれていったのだ」。

図2 ■ 自主防災組織の推移

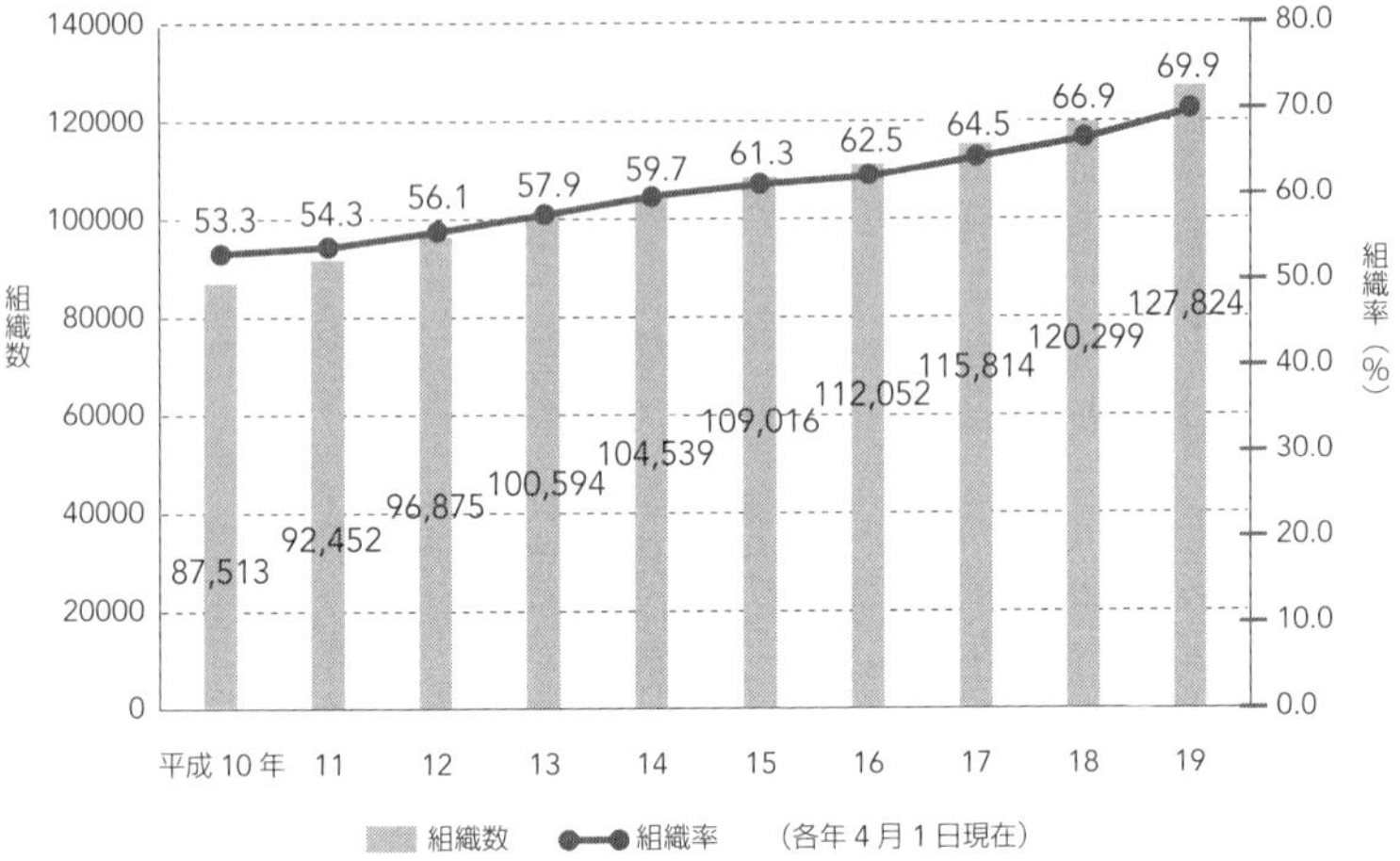

することがもとめられる。こうしたプロセスは、たとえばベルクのいう「通態《トラジェ》」（＝「行程」）、すなわち環境を媒介にして諸個人間で「……を越えて」と「……を横切って」という形で築きあげられる関係づけ（相互作用）をメルクマールとしているが〔Berque 1986=1988: 167〕、要は関係が創られては壊され、再び形態化されていく生成（becoming）の行程《トラジェ》として把握することが鍵となるのである。この創発性は、いわゆる内発性と比較させると、その特質がより明瞭に浮かびあがってくる。考えてみれば、創発性も内発性も「住むこと」、すなわち五感を駆使して大地を領有するといった「根ざすこと」を共通の立ち上がりの契機としているが、後者ではその「住むこと」＝「根ざすこと」が人と人との「あいだ」を一定領域内で完結する閉じた関係性に収斂させる「囲むこと」に深く繋留されているのにたいして、前者では「住むこと」＝「根ざすこと」が「囲むこと」に決して回収されていかない。とはいえ、創発性の内奥に地域の人びとの生活の履歴が深く刻み込まれた「物語《ナラティヴ》」がひそんでいるのもまた事実である。[▼9]創

発性に内在する社会・文化構造にあらためて思いをめぐらせる所以である（なお、詳細は吉原［二〇〇九a］を参照のこと）。

▼9　考えてみれば、こんにち、さまざまなところで「まちづくり」が行われている。しかしその多くは、少しばかり道具立てを替えた繰り返しにすぎないようにみえる。繰り返しと反復。飽きもしないで模倣にあけくれる。だからどれをとっても概して息が短い。「まちづくり」の風景は、いっときときめいているプランナーとかコンサルタントがおそろしく空疎な絵を描きちらしてできあがったものがほとんどである。ため息しか出ないほどに物語性を欠いている。ちなみに、二〇〇八年九月某日、筆者はかねてより多くの論者が推奨する〇町に立った。歴史的町並み保存というが、想像力をまるでかきたてることがない。思い切り面くらってしまった。やはり、一見、とどめなく、手のつけようのない創発性に、「まちづくり」の論理と倫理をさぐるしかないのであろうか。いずれにせよ、「まちづくり」は人びとの日常的実践であるとともに、人びとにたいして大いなる想像力の翼を広げることをもとめるのである、と考えられる。

転回するコミュニティ

第Ⅱ部

[扉写真]
免税店プラザ・バリで開催された、日本人会主催のバザー（2010年11月28日）。バリ全土から日本人が集まり、いっとき、エスニック・コミュニティとしてのパフォーマンスに興じる。

第8章

グローバル化とコミュニティ
――ゆらぐ境界とオルタナティヴの可能性

何ひとつ安定したものなどない、公的なものだろうと私的なものだろうと。

セネカ「モラル書簡」

1……はじめに

数年前一世を風靡し、いまなお影響力を行使しているネグリとハートの『帝国』(Empire)によると、ウェストファリア条約によってつくられた、民族、国民といった概念を基軸に据える国家形態(いわゆる国民国家)は、アメリカを原構造とし、グローバル化の進展とともに立ちあらわれた新しい〈帝国〉によってとことん無化されてしまった、という。ネグリらは、新しい〈帝国〉を「空間的な全体性を包み込む体制、あるいは『文明化された』世界全体を実際に包み込む体制」であり、その支配は「あらゆる社会生活の深部にまでその力をいき渡らせながら、社会秩序の全域に作用を及ぼす」ものとしている［ハート&ネグリ、二〇〇三：七〜八］。つまり新しい〈帝国〉は地球を全面的に覆い尽くしている一つのシステムであり、人間の生そのものまでも支配しているバイオ・ポリティカルな「機械」のようなものであるというのである。当然のことながら、一国の国民＝民族の歴史といったものに深く根ざす、ベネディクト・アンダーソンのいう「想像の共同体」（imagined community）は崩壊し、国民国家間の秩序形成の基盤を成していた「境界」もまた曖昧なものにならざるを得ない。

ここでは、『帝国』の理論装置そのものについては問わない。しかしいまわれわれの前にあるグローバルな資本制システムが「内」と「外」、「中心」と「周辺」という国民国家に特有の擬制を廃して立ちあらわれていることを考えるなら、（「内」も「外」もなく、「中心」も「周辺」もない）一つの「機械」としての新しい〈帝国〉がそうした資本制システムの範例的な形態を呈示するものとして一定のリアリティを持つようになっていることは、やはり否定できない。[1] ところで、こうした新しい〈帝国〉がグローバル化の機制に浸された世界を語る際のキーワードになるにつれて、「越境」というコンセプトもまたきわめて頻繁に用いられるようになっている。実際、ヒト、モノ、コトの「越境」が事実として驚くほど活発であることが論じられている。そしてそれとともに、一国の国民＝民族の枠内で語られてきたコミュニティのリアリティの喪失が指摘されている。

いわゆるコミュニティ論議は、グローバリゼーション・スタディーズにおいて、とりわけ「グローバルとローカリティ」の理論地平において最大の争点を成してきたものであるが、「越境」に直接結びついた議論としては、ＥＵとか「東アジア共同体」に代表されるようなリージョナルなレベルでの「共同体」についてのものが先行する傾向にあった。もちろん、国民国家の基層を成す、人びとの生活世界レベルでのコミュニティに関する議論もこの間積み重ねられてはきた。しかしどちらかというと、「グローバルとローカリティ」の理論地平から切り離されるか、「越境」とは接続されないままに行われてきたといっていい。そうした点で、新しい〈帝国〉といった主張が一定の広がりを持つことによって、「境界」へのまなざしに厚みが加わるとともに、既存のコミュニティ論議に新たな契機が埋め込まれることになったことは、たしかである。

そこで本章では、上述の『帝国』の論議を念頭に置きつつ、直接には、この間行ってきたジョン・アーリの〈読み〉とフィールド・ワークの経験に基づいて、まず筆者の「境界」へのまなざしを呈示する。次にそこからコミュニティに至る視軸／思考回路を明らかにする。その際ポイントとなるのは、「創発性」という概念を下敷きにして、上からの再生産領域の組み込みの中にあって、それでも地域に生きる人びとの「生活の共同」に深くかかわっているコミュニティの相を浮き彫りにすることである。最後に、「外に開かれた」異質共生型のコミュニティ形成の可能性について論じる。

▼1　外部を持たない新しい世界である〈帝国〉は、たしかにフランシス・フクヤマが述べるような「歴史の終わり」としての様相をみせている。しかし利益の共同体としての先進国連合は、今回の恐慌で微妙に揺れている。一部では保護主義の動きもみられる。こうした動きが加速すれば、〈帝国〉が瓦解する惧れなしとは決していえないのである。他方、内部にかかえこんだマルチチュードも〈帝国〉にとっては気がかりである。

2……「境界」へのまなざし――フィールド・ワークの現場から

『場所を消費する』(*Consuming Places*)から始まって『社会を越える社会学』(*Sociology beyond Societies*)を経て『グローバルな複雑性』(*Global Complexities*)に至るアーリの一連のテキストを〈読む〉ことによって、一体何が明らかになったのであろうか。この問いに答えることはそれほど容易なことではない。しかし「空間論的転回」(spatial turn)に即していうと、そこからは線型的思考によって貫かれた均質な空間認識といわゆる視覚優位体制(visualism)を相対化する視点を浮かびあがらせることができる。それとともに「社会を越える社会」、すなわち「一つの声」で表象し得ない社会を強く打ち出そうとしていることがわかる。それは基本的には、カステルのいう「フローの空間」(place of flow)、つまりヒト、モノ、カネ、コトのボーダレスなフローに基づくハイブリッドな空間とアーリのいう「瞬間的時間」(instantaneous time)とによって特徴づけられるものである。アーリ自体、『観光のまなざし』(*The Tourist Gaze*)において、その具体的な「かたち」を先駆的に示している。

さて「フローの空間」と「瞬間的時間」の共振という事態が「内」と「外」、「中心」と「周辺」の差異を曖昧にするグローバル化によってもたらされたものであることはいうまでもない。そしてそうであればこそ、指摘されるような事態は一方でモビリティ、ハイブリディティ、複雑性(complexity)の進展によって、他方で「境界」の流動化／差異の分節化によって特徴づけられることになる。ここであらためて浮上してくるのは、かつて国民国家の下に絶対堅固なものとしてあった「境界」の意味が変容し、「境界」の脱埋め込みが不可避のものとなっているということである。当然のことながら、「境界」とともに「想像の共同体」＝国民国家に同定化されてきたコミュニティも揺らがざるを得ない。もっとも、アーリの上述の一連の著作が明らかにしているのはそのことだけではない。「境界」／コミュニティのゆらぎとともに、「境界」へのまなざしもまたゆらいでいることを示しているのである。

ちなみに、この「境界」のゆらぎについては、たとえば中村雄二郎が「〈境界〉の不思議さ」と呼んでいるもの、すなわち「それによって分けられたもののどちら側にも属さず、しかも分けられた区域の意味を分割によって一変させるという不思議な働き」［中村、一九九七：一六九］に由来するものであるといえるが、今日一層注目されるのは、人びとの身体そのものが絶えず移動する「境界」と化すことによって、「境界」をまたがる「内」と「外」の見分けがつかなくなり、それとともに個人の「布置どり」(constellation) がますます困難になっていることである。

このようにアーリのテキストの〈読み〉から「境界」のゆらぎを浮かびあがらせることができるとすれば、逆に筆者がこの間たずさわってきたフィールドの現場からは、「境界」の再強化／再埋め込みといった事態を観て取ることができる。バリのコミュニティ[2]を対象とする筆者のフィールド・ワーク自体は未だ続いているが、現在までのところで最大の問題構制となっているのは「アジェグ・バリ」(*ajeg Bali*) との遭

▼2　バリ・ヒンズーのアダット（慣習）に底礎するバンジャール（Banjar）はもともとデサ（村）に下属する集落という意味であるが、筆者らはジャワのＲＴ／ＲＷ（隣組／町内会）と横並びのコミュニティとして取り扱ってきた［吉原編、二〇〇八b］。バンジャールは、デサがデサ・アダット（慣習村）とデサ・ディナス（行政村）から構成されているように、バンジャール・アダットとバンジャール・ディナスの二元的構成となっている。しかし慣習と行政は制度的には分かれていても、機能としては重なり合ったり相互浸透していたりで判然としないところがある。とりわけバンジャールが都市部に立地していたり、住民層が勤務層中心であったりすると、上述の傾向が顕著にみられる。

遇」である。バリ伝統復興運動として広がりをみせている「アジェグ・バリ」は、グローバル・ツーリズムの進展とともに生じたムスリムのキプム（デカセギ　KIPEM: Kartu Identitas Penduduk Musiamn）の強制的導入と、これに伴う新たなエスノスケープの出現（たとえば、モスクの林立）を背後要因として立ちあわれたものである。しかしより直接的には、二〇〇二年一〇月一二日に勃発した爆弾テロ事件とそれにたいする既存社会の、ゼロ・トレランスからセキュリティの〈過剰化〉に至る一連のリアクションに根ざしている。[3] あるいはそうしたものの一環としてある。

従来、バリ・ヒンズー社会の基層に根強く伏在していたのは、シンクレティズムに根ざした複層的な社会構成原理であった。そしてそれゆえ、バリ社会は「ヒンズーの島」と言われてきたにもかかわらず、「外に開かれた性格」を有していた。しかしいまや、バリ社会では「アジェグ・バリ」と響き合うなかで、上述の複層性と相容れない単一の地域文化への希求が強まっている。それはポスト「パンチャシラデモクラシー」（公式には「公正で文化的な人道主義」をめざす「指導される民主主義」）の亜種でもなければ、多文化主義（multi-culturism）の〈歪曲〉とかその〈反転〉態でもない。まさに純正なバリ・ヒンズーの自己呈示そのもの（をめざす運動なの）である。[4]

ここで想起されるのは、ヨーロッパで吹き荒れている、斉藤日出治らが注目する「差異論的人種主義」である。それは文化の多様性と平等性を尊重し、それらの差異の還元不可能性を強調する構造主義的人類学の立場をひっくり返した上で、諸文化の「相違への権利」を排他的に手に入れようとするものである。まさに普遍主義としての多文化主義を特殊性の水準において達成しようとするのである。そこでは「境界」や差異の消滅がもたらす危険性が一方的に強調される。そして実際、移民の「侵入」によって不純になりつつある文化の伝統を守り、異文化を排撃しようとする動きが公然と見られるようになっている［斉藤・岩永、一九九六］。先に一瞥した「アジェグ・バリ」がこうした「差異論的人種主義」の動きと正確に符合するかどうかはさておき、両者を相同的《アナロジカル》に論じることは可能であろう。いずれにせよ、筆者がかかわっているフィールドの現場から、現に「境界」の再埋め込みが進んでいることを観て取ることができる。ここでは先の脱埋め込みとは正反対の「かたち」であらわれているが、「境界」のゆらぎとしてあることには違いない。

3……ゆらぐ「境界」とさまざまな場所論議——コミュニティ再審の地層

一、分岐する場所論議

さてグローバル化の進展とともにそれをどうとらえるかが、過去十数年にわたって社会科学の一大争点

▼3　セキュリティの〈過剰化〉は当初一部のホテルとかレストランだけにみられたものであるが、近年ではコミュニティにまでおよんでいる。またそれとともに、コミュニティの側でそうした動きに呼応する再編がおこなわれるようになっている。アダットに根ざした自警組織は改変され、コミュニティ・ポリシングという名のもとに警察と直結した組織の整備がすすんでいる。さらにストリートはといえば、監視カメラがはりめぐらされている。

▼4　バリポスト社のイニシアティヴの下ではじまった「アジェグ・バリ」は、小学校におけるバリ語の正規科目化といった文化教育運動としての性格を持つものであったが、いまや都市の再編（urban restructuring）からはじまってコミュニティ・ポリシングを下支えする活動にまで広がっている。脱領域化にたいするリアクションとして、ナショナリズムではなくて、純正なバリ・ヒンズーの自己呈示として立ちあらわれているところに「アジェグ・バリ」の特異な性格を読み取ることができる。

を成してきた。それはグローバリゼーション・スタディーズという形で展開することになったが、現実には、さまざまな論議がいくつかのヴェクトルの交差する地平で交わされてきた。ところでそうした論議において中心的な論点となったのが、他ならぬローカリティ、すなわち場所の位置づけである。とりわけ、みてきたような「境界」をめぐる「内」と「外」の差異の流動化がすすむにつれて、「内」と「外」の両方にたいして多様性を認め、寛容な精神を持つことを要求するリベラル・ナショナリズムが台頭し、それとともにコミュニタリアンに主導されたコミュニティ論に共振／共進する動きが目立つようになり、そうしたコミュニティ論の参照枠組みとして、あらためて場所に関する論議に目が向けられるようになっている。つまりコミュニティ再審の地層として場所への関心が急速に高まっているのである。とはいえ、いまのところ場所論議は発展途上にあり、その本格的な展開は今後に俟つしかない。ここでは、さしあたりアーリの『グローバルな複雑性』〔Urry 2003〕および拙著『モビリティと場所』〔吉原、二〇〇八a〕に依拠して、既存の場所論議を三つの立場に整理しておこう。

まず第一番目の場所論議は、アーリが「グローバル・システムを所与のものとして取り上げ、ローカリティ、リージョン、国民国家、環境、文化がどのようにしてこの全権全能の『グローバル化』によって線形的に変容するのかを示してきた」〔Urry 2003: x〕と呼ぶような立場から派生したものである。ここでは「グローバル化は新しい『構造』としてみられ、そこにネーション、ローカリティ、リージョンなどの新たな『主体』が付け加えられる」〔同上〕、そして「構造」が「主体」を規定するといった件の議論が展開されることになるのである。こうしてグローバル化を「資本主義による世界の構造化」（S・ホール）とみなし、グローバル化がローカルなものを断片化し溶解するといった構図が描かれる。そこでは、グローバル化を一つの単体として擬人化された資本主義のダイナミクスに引き寄せて読み込む点に特徴がある。それは既述した『帝国』にも指摘できる点であり、グローバル化にすっかり席捲された世界をある種、歴史の最終段階として位置づけている。興味深いのは、こうした立場において場所を資本にとっての差異化戦略の拠点とみなす論調が響きわたっていることである。たとえば、資本によって導かれた場所間競争の高まり＝場所性の強化に照準するハーヴェイの立場は、まぎれもなく反ネオリベラルにもかかわらず、結果としてそうした論調を強力に担うものとなっている。ちなみに、ハーヴェイは「空間的障壁が重要でなくなるにつれ、空間内における場所のバリエーションにたいして資本はより敏感になるとともに、資本を引きつけるように場所の差異をつくりだそうという誘因が高まる」、そして「特別な質を持った場所の生産をめぐって、ローカリティ、都市、地域、国家の間で空間的競争が行われるようになる」〔ハーヴェイ、二〇〇〇：三八〇〜三八一〕と述べている。

二つ目の場所論議は、コミュニタリアンに主導されたものであり、マッシーが「進歩的な場所感覚」と呼ぶものである。ここでは何よりもグローバル化によるローカルなものの断片化／溶解が一種の「脅し」＝「恐怖」として把握される。したがって場所にそうした「脅し」＝「恐怖」から回避するためのシェルター（避難所）としての役割が期待されるのであるが、ここでは場所がグローバル化の対向に「安定性やなんら問題のないアイデンティティの拠り所」として措定される。この立場は、「場所には単一の本質的アイデンティティがあるとする観念、内面化された起源を求めて過去を掘り下げ、それに基づいて内向化された歴史から場所のアイデンティティ――場所感覚――が構築されるとする観念に依拠しており」〔マッシー、二〇〇二：三九〕、結局のところ、「場所のまわりに線を引く」ハイデッガーの立場に回収されることになる。この論議は、グローバル化の矛盾が際立った形であらわれている今日、俗耳に入り易い。実際、世界のあちこちで噴出している反グローバリズムの運動のかなりの部分がこうした「場所のまわりに線を引く」傾向を抱合していることは否定できない。

ところで以上みた二つの論議は、一方が「ネオリベラル的なスタンス」に立ち、他方が「コミュニタリアン的な論議」に基づいていることから、一見激しく対立しているようにみえる。しかし実際には奇妙なまでに交錯しているのである。つまり「遠くて、近い」関係にある。たしかに、前者がグローバル化を無条件に肯認しているとみればそれまでだが、たとえばハーヴェイのような主張に引き寄せていうと、第一の論議も第二の論議もまぎれもなく「ローカル化がグローバル化の一方向的な規定にさらされている」という認識を共有している。そしてともに擬人化された資本のリストラクチャリングという大きな物語《グランド・ナラテイヴ》を立論の基礎に据えている。平たくいうと、グローバル化によって世界は一つの資本制システムによってつくられた市場にすっかり呑み込まれてしまっている、したがって、そうした市場の影響から遮断された（と想到される）「小さな世界」に閉じこもって抵抗するしかないというわけである。昨今、隆盛をきわめているコミュニティ論がこうした論調に投錨しているといえば、あるいは言いすぎかもしれないが、そうした論調を磁場にして立ちあらわれていることは、やはり否定し得ない。

　とすれば、如上の大きな物語に回収されない、あるいは同定化されない場所論議のようなものは全く存在しないのであろうか。資本の文明化作用といわないまでも、グローバル化の文明化作用といえるようなものを想到することができないのであろうか。実は、以上二つの論議とは激しく相克するいま一つの場所論議が存在するのである。マッシーの指摘する「場所のオールタナティヴな解釈」である。マッシーはいう［マッシー、二〇〇二：四一］。

> この解釈では、ある場所にその種別性を付与するのは、ずっと過去にまでさかのぼって内面化される歴史ではない。それはある特定の位置で一まとめに節合された諸関係の特定の布置から構成されるという事実なのである。〔……〕場所の唯一性、つまりローカリティは、社会的諸関係、社会プロセス、そして経験と理解がともに現前する状況のなかで、その特定の相互作用と相互の節合から構成される。

「進歩的な場所感覚」との異同はあまりにも明確である。こうした解釈に基づく場所論議では、何よりもグローバル化を内から攻囲するような社会的諸関係と理解のネットワークが根茎《リゾーム》状に節合され、しかもそれらが外に向かって開かれている状景が念頭に置かれる。

一方で世界のマクドナルド化が進み、他方で土着的なもの（the indigenous）への欲望が渦巻き、両者が混然とせめぎ合うなかで、グローバル化という修辞に内在する可能性を抽出することは、はっきりいってむずかしい。しかしモリス＝鈴木の以下のような言述に出合うとき、それも不可能でないことがわかる［モリス＝鈴木、二〇〇二：二二六］。

境界を越える文化の流れは一方で国民体を掘り崩すかもしれないが、他方で同時に、多重多様のアイデンティティを活性化し、伝承された市民のありかたに、潜在的により大きな流動性を導き入れる〔……〕。ネイティヴなものと外なるものとのあいだの境界が透過しやすいものになるにつれて、周縁部ではディアスポラ＝離散というものが特別なものではなくなり、「国家と市場主義システムの外部にある、国家‐国民を横断する連携」によって構成される新たな「公共圏」の形成が促進される〔……〕。

ここではグローバル化に包み込まれながらも、その真只中から芽吹く、マッシーのいう「社会的諸関係、社会プロセス、そして経験と理解がともに現前する状況」（再出）について、たしかに理解の手がかりを得ることはできる。しかし、そうした諸関係、プロセス、現前する状況が具体的な「かたち」となってあらわれる位相で、「『ディアスポラ的』と呼ぶものの枝の繁る樹木のように横断的な諸関係」（S・ホール）

と「新たな『公共圏』」、ここでいう場所の形成がどうきりむすばれるかについて、これといった明察を得ることはない。つまり「場所のオールタナティヴな解釈」は、戸口のところでとどまっているのである。そしてそうであればこそ、第一および第二の立場を向うにおいてこの立場が自己に向ける強い思いは空回りせざるを得ないのである。

詳述はさておき、グローバル化に伴走しつつもそれに距離をとり、かつローカリティが国民国家に代わって生みだしている単一文化の物語にからめとられることのないようにするのがここでの基本的な立場である。したがって、当面この第三の場所論議を彫琢することがここでの課題となる。以下、「創発性」の概念に寄り添いながら、その内面を構成している社会・文化構造に立ち返るなかで、この課題に向き合うことにする。後述するように、このことをつきつめていくと、必然的に日本文化の基層に分け入ることになる。そこでは、あらためてコミュニタリアンとの違いが問われることになるだろう。

二、コミュニティへの相克するまなざし

もっとも、上述の課題に向けて進む前に、以上のような場所論議と響き合うような形でコミュニティに関するさまざまな言説がやつぎばやにあらわれていることを記さないわけにはいかない。それらは初め線のように入り乱れて動き回っていたが、私のみるところでは、二つの相克するトレンドに収斂し、今日に至っているように思われる。ここで比較的よく知られたベルとニュービーの議論を援用しながら、先述の動向を概観してみることにする。

ベルとニュービーによると、コミュニティの分析枠組みを練り上げる際にコミュニティにまつわる三つの意味（＝要件）に想到する必要があるという。まず一つ目は「近接性」（propinquity）である。これは通常、地政学的な意味でのコミュニティに相当し、地理的近接性に根ざした特定の居住地を前提にしている。

二つ目は「ローカリティ」であり、範囲が限定され、一定の境界のなかにある社会集団とかローカルな制度の相互作用が鍵となるようなローカルな社会システムに基づくものである。三つ目は「交感」(communion)であり、メンバー間の人格的な接触から派生する強い紐帯、帰属意識、「あたたかさ」を要諦とする「人と人との絆」に根ざしている［Bell and Newby 1976］。社会学でいうとコミュニティ感情に近いものである。これはコミュニティを観念の体系でとらえたときに、通常真っ先に浮かびあがってくる。

ところで、以上三つの要件はこれまでのコミュニティの捉え方では、相互に一対一の関係をなすものとして、いわゆるセットとして把握される傾向にあった（実際には、地域性と共同性という形で論じられてきたのであるが）。しかし現在立ちあらわれているコミュニティの諸言説では、三つの要件の捉え方はきわめて幅があり、それらを同等に扱わないか、あるいはそれらのいずれかだけに依拠する立場が有力になっている。ちなみに、「近接性」についていうと、人と人の「関係」の「親《ちか》さ」がメルクマールとなるが、それは決して地理的近接性には還元されない。またこうした地理的近接性を前提としない「ローカリティ」をとりあげる（地理的に近接していてもそれが必ずしもローカルなものになるわけではない、と主張する）立場もあらわれている。総じて「領域的なもの」(the territorial)から「関係的なもの」(the relational)にシフトする傾向が強まっている。つまり伸縮自在な「交感」に視軸を据えて、「近接性」も「ローカリティ」も「交感」に即して読み込むというコミュニティ言説が力を得ているのである。そのフレーズが適切か否かは別にして、いわゆるネットワーク型コミュニティといわれているものに、こうしたコミュニティ言説は熱いまなざしを注いでいる。先に概観した場所論議でいうと、それはまぎれもなく第三の立場と響き合っている。

だがごく近年、先述のコミュニティ言説が前提とする「越境」、すなわちヒト、モノ、コト（とりわけヒト）の時間と空間を越えての移動に危惧を抱き、コミュニティを局所化され、相対的に境界付けられたローカリティに立ち戻って再定式化しようとする一連の言説が出現している。そこでは明らかにコミュニティの脱領域化（deterritorialization）ではなく再領域化（reterritorialization）の契機に力点が置かれている。興味深いのは、こうした言説が上述したような対向にある言説の無国籍を鋭く衝いたうえで、文化の基層に降り立って再定式化することの必要性を強く主張していることである。いうまでもなく、こうした言説は先の第二の場所論議と深く共振している。それでは、対向に置かれた先述のコミュニティ言説は、果たして文化の基層にまったく根をおろさない無国籍のものなのであろうか。このことを問うことは、必然的に前項一の課題に立ち戻ることになる。ともあれ、本題に立ち返って検討を深めることにしよう。

4……「創発性」のかたち

一、「創発性」とは

みてきたような「場所のオルタナティヴな解釈」とこれに連なる、「関係的なもの」に根を下ろしたコミュニティ言説の内質を語る際に鍵となるのは、それらが原的に抱合している「創発性」という仕組み／作用である。それはヒト、モノ、コトの複合的なつながりから生じる、「一方で開放性を、他方で異質性を」兼ね備えた動的な関係を通底するものである。そこでは、人と人、人と自然との「あいだ」、そして自由自在に生起し広がるプロセスをどうとらえるかが要となるが、考えてみれば、そうした「あいだ」／プロセス、畢竟、「関係的なもの」は創られては壊され、再び形態化されていく生成（becoming）の行程《トラジェ》としてある（だから極論すれば、風のように脈絡もなく変化していくだけであるともいえる）。

ここで「創発的なもの」（the emergent/emergence）の語源的考察をおこなうことはそれなりに意味がある

が、重要なことは、「創発性」をすぐれてベルクのいう「通態《トラジェ》」（＝「行程」）、すなわち環境を媒介にして諸個人間で「……を越えて」と「……を横切って」という形で築きあげられる関係づけ（相互作用）の分析を通して浮き彫りにできることである。その場合にあらためて注目されるのは、分析の焦点に据えられるのが関係を構成する平面／位相であること、そしてその平面／位相において関係を調和させ特定の方向に導いていくような主体が存在しないこと、言い換えるなら、どこからともなく脈絡のない動きがあらわれ、横の緩やかな結合であるリゾームとして拡がっていくことである。いずれにせよ、こうしてみると、「創発性」は明らかに偶発的であり、目的論的ではない。つまり特定の目的意識に裏打ちされた世界ではなく、混沌としてうごめく世界に根ざしているのである。[5]

「創発性」の特質を明らかにするにあたって有効なのは、「創発性」をコミュニタリアンに導かれた場所論議とそれと結びついたコミュニティ言説とが中心に据えてきた作用原理である「内発性」（＝「内発的発展」）と比較してみることである。なるほど、「創発性」も「内発性」も「住むこと」、すなわち五感を駆使して大地を領有するといった「根ざすこと」を共通の立ち上がりの契機としている。しかし両者が相同的なのはここまでであり、「住むこと」＝「根ざすこと」の意味内容を多少とも掘り下げて検討すると、両者の違いははっきりしてくる。つまり「内発性」では、「住むこと」＝「根ざすこと」が人と人、人と自然との「あいだ」を一定領域内で完結する閉じた関係性に収斂させる「囲むこと」に深く繋留されているのにたいして、「創発性」では「住むこと」＝「根ざすこと」が「囲むこと」に決して回収されていか

▼5　こうした世界では、どこからともなく脈絡のない関係性が立ちあらわれる。それはきちんと構造化されたところに根ざすのではなくて、あくまでも無媒介的、攪乱的に出現する。つまりマルクスがかつてモグラの地下トンネルと形容したようなものに底礎しているのではなく、もっと表層的なところから突然姿をあらわすのである。

ないのである。そしてそのためには、何よりも「出会うこと」、そして人間が身体を通して異なる他者と同一平面上でつながっているという意識を持つことが重要となってくる。考えてみれば、この「出会うこと」、それを介しての他者との交感がなければ、先に述べたような横の緩やかな結合であるリゾームもあらわれようがないのである。

二、地縁における「創発性」の契機

おもしろいことに、こうした「創発性」の契機がコミュニタリアンによって日本文化の独自性を担保するものとして熱く語られる地縁において観取されることである。地縁については、これまでネガティヴに言及されることがあまりにも多かった。たとえば、上野千鶴子は地縁を「選べない縁」の最たるものとして取りあげている［上野、一九八七］。通説としての地縁は、手あかにまみれている。それは自発性を欠いたメンバーシップ、土着性、同質性によって特徴づけられてきた。ちなみに、そうした特徴づけにあたっては、社会構成面での一体性というよりは共感にもとづく承認をメルクマールとする集団主義的行動面での同調的態度に照準されてきた。そしてそこから「原理にもとづかない、原理の検証を経ていない」という批判が投げかけられてきたのである。

だが見方を少し変えて地縁を一つの「文化」としてとらえた場合、「創発性」の原構造としてある地縁の一面が浮かびあがってくる。地縁の一大要件である地域性は、ここでは祭礼等によって形象される、いわば大地にねざした共感、すなわち五感を駆使した「ふれあい」にもとづく人と人との「あいだ」の存立を可能とするような範域性をあらわしており、いうなればその場その場の状況によって組成され、より大きな審級へとつながっていく「あいだ」＝広がりを表象している。それはひとことで言うと、場の状況として措定されるものである。他方、地縁のいま一つの要件である集合意識は、異質なものの集まりにおいて縦の位階制ではない横の位相的秩序のなかで何らかの結合を維持する共同感情に基づいている。さてこうしてみると、一つの「文化現象」（中川剛）としての地縁は、その場その場の状況に合わせながら雑然と規範を汲みあげていく際の、媒質としての人と人の「あいだ」に照準していることがわかる。ベルクのいう以下のような「縁」は、まさにこうした「あいだ」に位相的な指向を観取しようとするものである［ベルク、一九八八：三〇七〜三〇九］。

日本の社会が〔……〕仲介ということを、またその動作主体となる象徴的第三者をきわめて重視している〔……〕。

第三項を排除しない論理、すなわち「縁」の論理は、不完全性の論理、すなわち「間《ま》」の論理を補強する。事実どちらも外的なもの（関係）を重視し、その分内的なもの（本質、固有の実質）を過少評価する。実体Aは実体Bとの関係Cにおいてのみ真に存在するということが前提とされ、逆もまた然りなのである。〔……〕AもBもそれ自体では完全には存在せず、他のものでもあるという限りにおいて存在するのである。

ここから敷衍される「ある程度まで一方が他方に入りこんで適合する」［同上：三〇九］位相的関係は、ベルクによると日本社会に固有のものであり、「縁」／地縁が「創発性」の原構造を宿していることを示している。つまり、地縁が「創発性」の社会・文化構造の一つの「かたち」を示しているというわけである。よくいわれる地縁の「無性格という特質」も、この文脈で理解するとわかりやすい。ただ、この「無性格という特質」は、近代においては政治的に利用され歪められてきたのである。

三、経験場における地縁――近代における町内会物語

地縁には原理がなく、理念もない。それゆえ権力と親和的な関係に陥りやすい。実際、歴史的にはそうしたことがしばしばみられた。地縁の「近代的」な形態としての町内会はまさに権力の作用がすみずみまで及んでいた。町内会は地縁を位相的秩序形成の脈絡から切り離して制度化したときに立ちあらわれたものである。そしてある種の町内会論にみられたように、内面化された起源を求めて過去を掘り下げ、それに基づいて内面化された歴史から文化を説き起こす物語のための素材提供の役割を担ってきた。だからこそ、「町内会・地区会を『制度』として再編・利用していき、オノズカラシカル『自然』の組織、さらには日本の『独自の美風』とみなし〔……〕てきたとする松下圭一の主張が説得力を持ったのである〔松下、一九九九：九〇〕。

町内会の制度化による地縁の歪曲は、ひとことで言うと、川田稔のいう生活する者の美的感受性／「人々の共生をささえる倫理意識」〔川田、一九九八〕の否定としてあった。「創発性」の作用面でみえるようになる人と人との「あいだ」は、地縁という文脈ではすぐれて「文化現象」として発現するわけだが、それは同時に氏神信仰を媒体《メディア》とする人と自然との「あいだ」とも交響していた。そこでは人格的形姿をとらない、さまざまな無名の霊への融合という「かたち」をとって、自然をわがものとするのではなく、自然に同体化するという、近接性／隣接性の性格（→位相的つながり）を色濃く帯びていた。地縁はそうした位相的なつながりを介して、生活する者の美的感受性／人びとの内面的な倫理意識の着床する場であった。そしてそうであればこそ、人びとは混然と入り会っていた。階層ごとに凝離したり、分岐したりするといったことは起こりようもなかったのである[6]。

しかし地縁の国策化（＝町内会化）とともに、氏神信仰が国教的性格を帯びた神社神道、いわゆる国家

神道に同定化されるなかで、ヨコの系列における規範意識／美的感受性が日本人＝「国民」の底のない醇風美俗へと置き換えられ、タテの系列における秩序保持に貢献することになったのである。もっとも、こうした事態に批判的なまなざしを注いできたはずの論者でさえ、地縁と町内会を一体として、あるいは互換的にとらえる傾向にあった。逆に、コミュニタリアンは、地縁を「自生的秩序」の発現の場と読み換え、社会の前景にもちだすことに躍起であった。ちなみに、菊池理夫によると、地縁は「古くからの隣保自治の本来の性格からくる互助の伝統」に底礎する〈共同体主義〉を豊かに湛えているという［菊池、二〇〇四］。近年では、リベラル・ナショナリズムを積極的に提唱するサイドからも地縁を称揚する声が聞かれるようになっている。

こうした状況を反映してか、ここのところ、コミュニティ・インフレーションとでも呼ぶべきような状態がブーム性を帯びて立ちあらわれているが、そこで中心を成しているのが地縁と直接接続された、「不快な記憶」を消去した「町内会物語」[7]である。そこからは、ヨコの位相的な秩序形成とともにあった、川田のいう美的感受性が歴史的に、さらにイデオロギー的に捻じ曲げられてきた状況の意図的な忘却といった事態、そしてそうした忘却の向うにおいてすすむ地域コミュニティの道具主義的な利用の動き（たとえ

6　町内会に代表される日本の地域コミュニティの特性としてよく指摘されるのは、異主体、異階層が雑居しているという点である。たしかに、アメリカのコミュニティが当初から階層的、人種的に凝離した（segregated）構造になっているのとは好対照をなしている。しかしこれは町内会＝地域コミュニティの特性というよりは、地縁がそもそも持っていたものだと考えるべきであろう。総力戦体制期における権力による上からの地域社会の平準化の強行［吉原、二〇〇四］も、こうしたミックス型の構造になっている地縁への着目があってはじめて可能になったといえるだろう。

ば、コミュニティ活動基本法制定の動き）を観て取ることができる。[8] いずれにせよ、地縁の近代主義的な否定とコミュニタリアン的な取り込みとがせめぎあうなかで、町内会はひたすら外部の「大きな」力に包摂され併呑されることになったのである。当然、そこでは先述した「創発性」を抱合するものとはなっていない。

5……オルタナティヴ・コミュニティの形成に向けて

一、節合の機制

地縁からみてきたような「創発性」をすくいだすためには、何よりもまずコミュニタリアンに特有の還元主義的立場を止揚する必要がある。つまり地縁の基底をなす位相的つながりを、「内面化され、内向化された起源」＝「背後の底のない世界」に還帰させるのではなく、世界に存在する諸々のものが多元的かつ入れ子状をなして布置すること、すなわち河野哲也が指摘する創発性——「下位の諸要素の活動が相互に制限しあうように一定の布置や構造をもたらす」ことによって「下位の性質や過程から、新しい還元不可能な上位の性質や過程が生じること」[9]〔河野、二〇〇八a：二四九〕——との類比で把握することが求められるのである。前述したことを想起しながらこのことを言い換えると、グローバル化のもとですすむ境界変容の動向を踏まえた上で、そこに底在する諸主体の位相的つながり／トポロジカルな布置構成（constellation）に即して、既述した人と人との「あいだ」、人と自然の「あいだ」の存在様式を（再）確認するということである。

さて、それでは以上のことを具体化していくうえで、どのようなことが新たな課題としてもとめられるのであろうか。一つは、歴史貫通的な地縁がグローバル化のもとではぐくむ脱地縁化の契機、すなわち非排除性と非同質性のあり様を、「創発性」がその作用面においてはらむ節合（articulation）の機制と重ね合わせて検討してみることである。そしていま一つは、先に一瞥したコミュニタリアンの議論を向うにおいて、日本文化の基層に伏在する「創発性」／位相的つながりの可能性を再審することである。むろん、こ

▼7　たとえば、関東大震災時に自警団が朝鮮人を大虐殺したこととか戦時体制下において国民の戦争への動員を草の根から組織していったこと等といった町内会につきまとう忌まわしいできごとは今日人びとの記憶から忘れ去られようとしている。その一方で、「ご近所の底力」といった形での「町内会物語」が編まれている。「不快な記憶」を忘却の彼方に置くかぎり、「ご近所の底力」が新たな動員であることに気づくことは難しいであろう。今日巻き起こっているコミュニタリアン主導のコミュニティ・インフレーションは、ある意味でこうした状況を一層加速させているといえる。

▼8　先駆的には一九七〇年前後に各省庁で一斉にはじまったコミュニティ施策がその典型であろう。そこには旧来の地域社会秩序の崩壊にたいする危機意識が底在していた。同時に、地域社会の再編を近代主義的な発想でおしすめようとする明確な意図によって貫かれていた。そうした点で、今日コミュニティ・インフレーションが沸き起こっているのは、グローバル化の進展にともなうローカリティの変容を見据えた結果であり、ある意味で相同的な状況（リアクション）にあるといえる。しかし決定的な違いもある。近代主義が反転してある種のナルシズムや共同体主義に特化する傾向が著しく強まっているというのが、まさに〈いま〉の状況である。

▼9　こうした創発性の捉え方は、明らかに自己組織性とか複雑性に関する論議と響き合っている。とりわけそれ自体の組織メカニズムから出発しながらも、自己の組織構造を自律的に変えて、あらたな秩序形成に向かうとするような自己組織性の論議は、中心をもたない、多元的な主体が緩やかに離接し合うという、節合に傑出してみられる特性を含み込んだものとなっている。同時に、その視軸はアフォーダンス、すなわち「自分の振る舞いが環境に変化を引き起こし、その変化が再帰的に自分に影響を与える循環的過程」［河野、二〇〇八ａ：二四四］に向けられている。

の場合鍵となるのは、一つの社会・文化構造の刻印をとどめるヨコの位相的な秩序のダイナミズムを特殊性の文脈ではなく、普遍性の文脈で問い込むこと（普遍性は特殊性の文脈で現実化し得ることを踏まえたうえで）である。[10] まず、最初の点からみてみよう。

ラクラウとムフによると、節合は、新自由主義、新保守主義に取り込まれた民主主義ではなく、それらと敵対する多元的な民主主義（ラディカル・デモクラシー）の鍵概念を成している、という。それはある一つの主体が「特権的主体」としてあるのではなく、諸主体がそれぞれのアイデンティティを変容させつつ、異なった地点から「集団意志」（Collective Will）を構成するときの作動原理を成すとされる［ラクラウ&ムフ、二〇〇〇］。前掲のアーリは、こうした節合を誘因とする場所／オルタナティヴ・コミュニティの一つの「かたち」を、以下のような近接性と広範囲におよぶネットワークの接合としての場所として描述している［アーリ、二〇〇六：二四六］。

　場所には過程が伴い、この過程のなかで、よりローカルな社会関係とはるかに広範な社会関係とが結び付くことになる。〔……〕場所は、多重チャンネルとして、つまり関連のあるネットワークとフローが集まり、合体し、連接し、分解する空間の集まりとして理解することができよう。こうした場所は、一方の、非常に厚みのある共存的な相互作用を特徴とする近接性と、他方の、とどめなくフローする、身体的、バーチャル的、想像的に距離を越えて広がるウェブとネットワークとの特定の連鎖とみなすことができる。

　以上の近接性と広範囲にわたるネットワークとが合わさることによって、それぞれの場所のパフォーマンスが成り立っているのである。

まさに節合によって編成される、近接性と広範囲におよぶネットワークの接合としての場所／オルタナティヴ・コミュニティが想到《イメージ》されている。

二、西田幾多郎における節合の契機

次に一つの社会・文化構造に刻印されたヨコの位相的な秩序のダイナミズムに迫っている西田幾多郎の場所理解に目を向けてみよう。よく知られるように、西田の場所に関する解釈は、一九三二年刊行の『無の自覚的限定』の中の「私と汝」という論文において展開されている。ここでは、これまで述べてきたところに引き寄せて西田の主張を一瞥してみる〔西田、一九八七〕。西田によると、場所は「無」である。つまり場所は、あらかじめ構造を持っていて、そこでどのような位置を占めているかによって自己や他者が決まるというようなものとしてはない。共同体が社会的に認知された規範とかルールにしたがって対他的に予期したり期待したりすることのできる社会空間であるとするなら、場所はおよそ共同体的ではない。場所が空間であるのは、前もってその内容が特定されない差異が出会うかぎりにおいてである。場所のなかで個人は裸の状態で向き合う。つまり場所において、個人は絶対に差異を解消することのできない他者である彼とか彼女と出会う。そしてそうした出会いを通して、彼とか彼女はいかようにも変わるのである。

▼10　特殊性と普遍性というテーマ設定は、いわゆる通時態と共時態というテーマ設定と部分的に重なる。しかしいずれのテーマを設定するにせよ、一つの社会のみの考察では有効でない。何よりもcomparativeな視軸の導入が不可欠である。そしてそうした視軸の下で、地縁の日本的特性を読み込むとともに、それが文化を越えて布置する可能性があるかどうかを問い質す必要がある。そうすることによって地縁を近代主義的なラベリングからもコミュニタリアン的な思い入れからも解き放つことができるようになると思われる。

逆もまた同じことがいえる。結局、西田が場所において含意するのは、場所においてこそ個人は開かれるということである。重要なことは、この開かれることによってみてきたような位相的なつながりが担保されるようになるという点である。

　さてここであらためて注目されるのは、同じ京都学派である和辻哲郎との違いである。ある意味で西田も和辻も位相的なつながりに着目しているようにみえる。しかし両者の間には決定的な分水嶺《デバイド》が存在する。平たくいうと、共同性を前提とする和辻と共同性を前提としない西田、「統一的な全体」に向かう和辻とどこまでも相克的な世界に身を置く西田、との違いである。「場所と個人」という問題設定に両者を置くと、両者の違いはもっとはっきりしてくる。西田の場合、先にも述べたように、場所において個人は開かれているのにたいして、和辻の場合は閉じている。しかしここでより強調しておきたいのは、西田の以上のような立場が、ここでいうオルタナティヴ・コミュニティへの水路づけにおいて果たしている役割である。それはまぎれもなく一つの社会・文化構造への深いまなざしを担保しながらも、それを相対化する視座を内包している。同時に、それは筆者が本章で述べて来た「創発性」の作動原理である節合に縁由しているように思われる。たしかに、西田のここで一瞥した論議がいわゆる総力戦体制期において辿った運命について無視するわけにはいかない。それでもグローバル化の只中で芽を吹いている、先の第三の場所の論議に通底するオルタナティヴ・コミュニティへの志向に深く共振するといった〈現在性〉をかねそなえていることを読み取ることができる。

6……むすびにかえて

グローバル化に伴う境界変容は、コミュニティにたいするパラダイム変換を社会の基層から引き起こしている。さまざまな言説が旧びたものになるとともに、あらたな概念枠組みがもとめられるようになっている。同時に、コミュニティを利用しようとするさまざまな政治的意図と「生活の共同」を生活の一番底のところから立てなおそうとする人びとの意思が激しくせめぎあうようになっている。だが、いずれにせよ、間違いなく言えることは、多くの人びとがグローバル化のはらむアンビヴァレントな可能性に思いを寄せようとしていることである。以前述べたことを再度繰り返すことになるが、「今日、複雑なモビリティの世界に生きる人びとは、自己を超出して、多系的な接続が繰り返される越境する場所に身を投じるか、狭隘な仕切られた空間にとどまるしかない。しかしそのどちらを選んでも、『あいだ』のもつ弁証法的機制からは逃れられない。なぜなら、グローバル化の波にさらされている人ならばどのような人であっても（かりに旅のように生きる人であっても）脱領域的で脱統合的な創発メカニズムに底礎する集合的実践にたいして何らかの形で向き合うことが避けられないからである」〔吉原、二〇〇八a：二六〇〕。そしてそうであればこそ、どのような立場に立つにせよ、そうした集合的実践が何らかの形で開花するコミュニティが社会の再設計にとって中心的な位置を占めるようになることを認めざるを得ないのである。

さてその上で気になるのは、いまあちこちから「囲むこと」を促す修羅のささやきが聞こえてくることである。人と人、人と自然との同一性・連続性を声高に叫ぶコミュニタリアンが跋扈している。グローバル化を標的にして、その対向に「決定的な他者」を認めないコミュニティが置かれようとしている。「開くこと」への志向を断念すれば、コミュニタリアンの主張は心地よく響いてくるし、「いま」「ここ」を厚く覆っている「時代閉塞の現状」（石川啄木）も見ないですむ。しかしヒト、モノ、コトのボーダレスなフローの只中に置かれている私たちには、そうすることがなかなかできない。なぜなら、そうすることで私たちは世界のなかで見出す自分たちの存在根拠／証明の契機を自ら投げ捨ててしまうことになるからだ。大地に根ざしながらも、外に向けて翼をひろげていく生き方は、とてつもなく遠い向こう側と行き交うことに伴う流動性や不安定性を引き受けることを意味しているが、同時に異質なものとの出会い・対質を通して内から動的な関係を築きあげていく「創発性」のメカニズムのなかに身を投げ入れることを意味している。

考えてみれば、人と人とが互いに絶対性を帯びながら共存することが可能になるのは、外に向けて翼をひろげることで節合が作動するからである。つまり外に「開くこと」でグローバル化のもたらす場所にひそむ「創発性」のメカニズム・節合の機制が働いてはじめて、コミュニタリアンが想定する同一性・対称性に回収されてしまわない、いうなればある決定的な他性に依存するコミュニティが立ちあらわれることになるのである。あらためてベルクや川田稔をとらえかえすことによって、そして西田幾多郎を読み返すことによってこのことを確認する必要がある。

＊追記　本章は、二〇〇九年九月二五日に東北大学で開催された国際シンポジウム「日本近現代思想史を書き直す——移動と越境の視座から」での基調講演「日本思想史のなかでの移動、越境、オルタナティヴ・コミュニティ」の内容を要約的に再構成し、原稿化したものである。

第9章

ゲーテッドコミュニティ再考
――新自由主義の建造環境

モナドにはそこから何かが入って来たり出て行ったりすることができるような窓がない。

ライプニッツ『単子論』

1……はじめに

ポスト世界都市東京における「飛び地のランドスケープ」が取りざたされている。それを世界都市東京の再興とみるかどうかはさておき、メガ・プロジェクトによる〝ホットスポット〟の勃興が「混沌とした都会のなかの島宇宙」としてにわかに脚光を浴びるようになっている。そこでは「スケールと形態が近隣との連続性をもっていない」だけでなく、それ自体「強力なセキュリティ・システムによって囲い込まれ、多数の監視カメラを装備する」建物が、まさに「周辺地域から水平方向に切断され」た「飛び地」として布置している。そして「公共領域の空間は縮小し始め、コミュニティの保護に力点を置いた空間が拡大し」、「多様な人たちとの交わりではなく、等質的なグループへの帰属を欲し、社会的な空間ではなく、閉鎖的な空間を求める気分が脹らんでいる」［平山、二〇〇六：二二六〜二三三］という。いずれにせよ、二一世紀劈頭の東京を特徴づけている「飛び地のランドスケープ」である。それはこの間海の向う側で立入禁《フォービドゥ》止の街《ン・タウン》としてしばしば言及されてきたゲーテッドコミュニティそのものであるが、いまやその始原を一九三〇年代アメリカのサバーバニゼーションのプロセスに遡及する定説ができあがりつつある。

　とはいえ、「飛び地」がつくられた／つくられつつある二つの時代相は明らかに異なっている。一九三〇年代アメリカの「サバービア」の建設は、大都市圏が「拡がり、伸び、増える」プロセスの一環としての「フロンティア」としてあった。しかしわれわれが今日目撃している「飛び地のランドスケープ」は、グローバルな都市間競争によってもたらされた都市構造の分断と亀裂とともに「フロンティアの揺らぎ」を鋭意に表すものとなっている。つまり、平たくいうとこうである。前者は、都市に参入したさまざまな移民が社会的濾過作用《ソーシャル・フィルタリング》を経て上昇移動し〝われわれアメリカ人（We American）〟というマインドを身につけるといった、アメリカへの同化の物語の「端緒的形態」もしくは「通過的現象」として立ちあらわれたものである。▼1 そしてそれ自体、レッセフェール（自由競争／自由放任）の機制にすっかり包合されていた。他方、後者はといえば、グローバル化の進展に符節を合わせたアーバン・リストラクチャリング（都市構造再編）がコミュニティの破砕と刷新、そして転位（dislocation）と反転を促しながらもたらした、すぐれてネオリベラルな資本の欲動と深く共振している空間的分断《フラグメンテーション》の一齣としてである。

　たしかに、両者は基本的にともに高度な画一性とコンフォーミティ（同調性）をもとめる、つまり等質なものを囲い込み、異質なものを隔離し排除する「組織された、健全な同質的社会」、そしてそれゆえ「囲われる／監視される空間」としてある。▼2 とはいえ、今日のゲーテッドコミュニティは、囲い込み／監視の手段が電子化されることで、人間の身体の管理が人間から「消失する身体」（ライアン）をメルクマールとするような、非人間的なテクノロジーに移っている。そしてそれとともに、「可視的な境界」とともに「不可視的な境界」が取りざたされるようになっている。▼3 だがそれ以上に注目されるのは、社会の治安《ポリシ》維持《ング》と結びつくことによってゲーテッドコミュニティが「住宅市場におけるあらたなトレンド」［佐幸、二〇〇六：一〇四］となっていること、つまり都市全体の中産階級および上流階級の価値観点に貫かれた「商品」としての価値を高めていることである。

▼1　まず「遷移地帯」に身を置いて、そこから徐々に円環を外側に向かって移動していくという地域移動の過程は同時に社会的上昇移動の過程でもあった。バージェスの同心円地帯理論はこうした二重の過程をエコロジカルに描述したものである［バージェス、一九七二］。とはいえ、そこには壮大な社会的沈殿《フィルタリング・ダウン》の物語が隠されていた。均衡論的変動論の立場では、こうした物語をすくい出すことができなかったのである。むしろＷＡＳＰによって主導された「成功物語《アメリカン・ドリーム》」を鼓吹することによって、アメリカへの同化をうながすことになったと考えられる。

▼2　もっとも、一九三〇年代アメリカのサバーバニゼーションの進展を見据えてのサバーバニズム論では、特に「組織された、健全な同質的社会」としてのサバービアが強調されたが、近年のゲーテッドコミュニティに関する議論では、どちらかというと「囲われる／監視される空間」にアクセントが置かれがちであるという濃淡の違いはある。しかしそれは程度の差にとどまる。ちなみに、前者の理論的特質については、とりあえず吉原［一九八三］を参照されたい。

▼3　ドゥルーズによれば、社会の情報化とともに権力関係が大きく変容し、フーコーのいうような規律型権力ではない管理型権力による監視社会が立ちあらわれている、という［ドゥルーズ、一九九六］。ここで出ている「消失する身体」、「不可視的な境界」もこの文脈でおさえるとわかりやすい。

ところで以上のような「飛び地のランドスケープ」／「セキュリティの空間」は、ポスト世界都市のみならずアジア・メガシティにおいても拡がりをみせている。以下、ここではポスト開発体制下の多層性を帯びた階層構造と不平等の問題を論じる際によく引例されるジャカルタを事例にして、ゲーテッドコミュニティの態様をさぐることにしよう。

そこではグローバルな資本の欲動とそれに符節を合わせたプライバタイゼーションの進展がくっきりと影を落とし、まさに新自由主義の建造環境（built environment）を端的に示すものとなっている。もっとも、ゲーテッドコミュニティを含んでメガシティの全体構造を特徴づけることになっている多層性と分節性――これらは「二重都市」（dual city）とか「分裂都市」（divided city）などと呼ばれて、しばしばポスト・インダストリアル・シティの構造的特性を示すものとして論じられてきた――には、アジア・メガシティに特有のコロニアル／ポストコロニアルの地層がからみ合い、通り一遍の絵柄に解消し得ない内実をもつことになっているのもたしかである。ちなみに、ゲーテッドコミュニティに特有のものとされる、外部者を他者化／「周縁化」（marginalization）し、差異化して排除するといったランドスケープがここでは多少とも異なった風景を紡いでいる。

ともあれ、本章では、汎世界的な局面とともに特殊社会的な局面を有するジャカルタのゲーテッドコミュニティの、「私化」され「境界づけられた世界」を描述することにする。併せて、アジア・メガシティ・ジャカルタのグローバルな世界での「立ち位置」（position）＝「いま」を浮き彫りにしてみる。

2……スラムから、ゲーテッドコミュニティへ

ジャカルタは長い間プライメイトシティ（首座都市）の範型をなすものとみなされてきた。プライメイ

トシティは過剰都市化（over-urbanization）とインフォーマルセクターとスラムがいわばセットをなす、発展途上国に特有の都市である。筆者はかつてジャカルタにおけるその存立形態を次のように述べたことがある［吉原、二〇〇八a：一五九］。

ジャカルタでは［……］都市基盤が未整備の状態で国内の各地から膨大な数の移住者が流入した。そしてかれらのほとんどが都市雑業部門／インフォーマルセクターに参入し、公有地ではあるが、コロニアル期のものを含めて権利関係のはっきりしない（したがってまた管理がルーズである）土地に半ば不法占拠する形で住みついた。そしてこうしたスクオッター（squatter：不法占拠者）の住む、「人間以下」の住環境を形成するシャンティタウン（shanty town：貧民窟）、すなわちスラムが都市のあちこちに広がったのである。

こうしたプライメイトシティの存続にはいうまでもなくコロニアルの機制が大きく作用していた。一九六〇年以降のアジア諸国にたいする国連主導の社会開発は、プライメイトシティの基盤を掘り崩すように思われたが、主にフォーマルセクターに照準していたため、またスラム自体を「貧困のサブカルチャー」の凝集する場として事実上放置したために、プライメイトシティが残存することになった。その後、スラムクリアランスを施策の対象に据えるＫＩＰ（Kampung Improvement Program）が一九六九年にはじまり、発展途上国のスラム改善計画の嚆矢をなしたといわれるほどに成果をおさめた［布野、一九九二］。とりわけＲＴ／ＲＷ（隣組／町内会）、アリサン（頼母子講）、ＰＫＫ（婦人会）などを介してギアツ（Geertz,C.）が指摘する「貧困の共有▼4（shared poverty）」という一種の生活の互助慣行を取り込んだコミュニティ組織化の方法を導入したことが注目された。しかし結局のところ、スラムの基層をなす錯綜し混在した権利関係に手をつけなかったために、プライメイトシティの基盤を掘り崩すまでには至らなかった。

ポストＫＩＰのスラム対策がインドネシア政府およびジャカルタ市当局によって本格的に展開するようになるのは一九九〇年代に入ってからである。事実上スラムの強制撤去という形をとったこのスラム対策によって「生命と暮らし」の危機に曝されるようになったスクオッター世帯は、ジャカルタの全世帯の四〇パーセントにも達した。[5] ところで、日中のスラムの焼尽（放火）をも許容する国内治安法は強制撤去をおこなっただけでなく、人びとが撤去された場所に再居住することや法的認可を勝ち取るために組織化することも禁じた。そして強制撤去とともに、ローコスト住宅の供給計画がうちたてられたものの、[6] その恩恵にあずかることができたのは正規雇用の人たち（ジャカルタ市全住民の一九パーセント）だけであった。このようにしてかつて異質な人びとが入り交じっていたカンポンの世界において社会的、空間的分断がすすむことになった。

それが際立った形で表出するようになるのは、ジャカルタがグローバル化の波にさらされ、新自由主義に導かれたアーバン・リストラクチャリングがすすむようになってからのことである。そこでは底辺層と中産階級から落層化した人びとが一括してゲットーにおしこめられ、「下方爆発」（エンゲルス）する一方、富裕層がゲットーから明確に隔離されたゲーテッドコミュニティに自らを囲い込むといった、メガシティに特有のランドスケープを形成することになる。そして相互に排他的な「飛び地」に分断されたこのランドスケープは、ゲットーが一層不可視化するのとひきかえに、ゲーテッドコミュニティを都市空間の前景にもたらし、ますます可視的なものにしている。このことはプライメイトシティ段階でのスラムがなくなってしまったというのではない。ゲーテッドコミュニティの表出→凌駕によってスラムが匿《かく》されてしまったのである。メガシティにおいては、ゲーテッドコミュニティとスラム／ゲットーは一見「富裕な『堅固に固められた地区』と、犯罪に手を染める貧困層と警察が戦う『恐怖地区』とに無残にも二分された」

［ディヴィス、一九九九：一一九］ようにみえながら、互いに相関している。ここにまたプライメイトシティとの決定的な差異が存するのである。

▼4　「貧困の共有」はもともとアーバン・インボリューションとして言及されたものである。インボリューションは字義通りに理解すると、「内部でより複雑化するばかりで一向に新たなエヴォリューションの段階に至らない」というもので、それ自体否定的な論調で用いられることが多い。しかし、ギアツは、それをジャワの農村をフィールドにして積極的に用いた。つまり水田耕作は大量の労働力を投下することができ、また相互扶助慣行によって労働機会や分配の細分化が可能になるので、社会の仕組みを変えなくても多くの人を養うことができるとした［ギアツ、二〇〇一］。これを類比的に援用して、都市に流入した大量人口が、雇用機会が絶対的に不足している状況下でもっぱら第三次産業に従事し、仕事を細分化することによって貧困を分かち合う、というアーバン・インボリューション、つまり「貧困の共有」が論じられたのである。

▼5　ここで指摘しておきたいのは、「政府－ジャカルタ市によるスラムの暴力的な撤去が『清潔で秩序立っており、投資家にとって魅力的であるような大都市』をつくり、『高価な住宅や建造物を建設する都市再開発計画』を展開するということで強行され、多くの『発展から取り残された人たち』が路上に放り出されることになった」［吉原、二〇〇八a：一六二］という点である。

▼6　北野尚弘らは、このローコスト住宅供給計画は「低所得者層の住宅取得を支援するという住宅補助本来の趣旨」があまり達成されていないと指摘し、次のように述べている［北野ほか、二〇〇一：九五．但し、〔　〕内は筆者が挿入］。「優遇金利住宅ローンの対象となる上限価格および仕様等は、公共事業省がカテゴリーごと（very simple house, core house, simple house）に決めていた〔ちなみに、very simple house、core house、simple house の金利はそれぞれ八・五パーセント、一一パーセント、一四～二一パーセントである〕。しかし、地方と大都市でも上限価格の差異は二割程度しかなく、地価の高い大都市ではディベロッパーは比較的高価なsimple houseを中心にしか開発できない。したがって、優遇金利住宅ローンを受けられるのは中・低所得者の中でも低所得というより中所得者層の方が多くなり、最長二〇年にわたって優遇金利を受ける」。

いずれにせよ、メガシティが一層グローバル化し大規模なものになるにつれ、ゲーテッドコミュニティはスラム／ゲットーを抱合し見えなくなるようにする一方で、自らをますます曝すようになっている。そして「見られ」「見せる」場所[7]として、すっかり「地位社会（status community）」になっている。そこには、ハーヴェイがニュージャージー州の海岸にある裕福な門壁で閉ざされた居住地でみた住人、すなわち「莫大な金銭的権力を獲得し、自分たちの壁に閉ざされた居住地という絶対的空間に活力やめずらしい食べ物、豪奢な商品を持って帰り、それで自らの特権的な生活様式をうちたてる」［ハーヴェイ、二〇〇七b：一七二］出世をもくろむ者たち《ステイタス・シーカーズ》とほぼ同種の人びとがうごめいている。

3……都市中間層と郊外化（一）

ところで、メガシティ・ジャカルタにおいてゲーテッドコミュニティの叢生を誘った促進／背後要因としていくつか考えられるが、ここではさしあたり都市中間層の台頭とガバメント主導の都市構造再編の進展を指摘したい。まず前者に関してであるが、ほぼ二〇〇〇年の時点でジャカルタの所得階層は概ね高・中所得者三〇パーセント、中・低所得者四〇パーセント、貧困者三〇パーセントという構成比になっている［北野ほか、二〇〇一：九五］。ここでみられる高・中所得者の比率が高いのか低いのかについては即断しがたいが、かれらが一九九七年までのいわゆるオルデバル（新体制）のなかで台頭し、開発独裁体制下の経済成長とともに伸張してきたことは間違いない。かれらは一九七〇年代から八〇年代前半にかけてはもっぱら政府系部門の雇用拡大によって、そして八〇年代後半以降は、外国直接投資の急増にもとづく工業化の中での民間部門の雇用拡大によって、それぞれノンマニュアル新中間層として形成され拡大することになったのである。そして九〇年代以降は、インドネシア経済が一連の規制緩和《デレギュレーション》と自由化政策によってグローバル経済との接点を深めるなかで、こうしたノンマニュアル新中間層は一層増大することになった［今野、二〇〇六］。

もっともこういうと、いかにも階層間に流動性が維持されてきたようにみえるが、ジャカルタでは「地方都市部の新中間層の子弟が中間層を再生産するという構造があり、労働者層から新中間層への移動は全くないように見え、（階層間の流動性という面では）固い構造になっている」一方、「流入人口が旧中間層（ここではもっぱら中小の実業家とか自営業者をさす）に滞留し続ける構造を持ち続ける」という、「工業部門の展開が周辺国に比べて相対的に弱い」ことから派生する特有の構造を持ち続けることになったのである［同上］。またそうした点では、台頭著しい都市中間層を事実上「ニューリッチ」に限定し、その特質を消費主義的なライフスタイルにもとめるロビンソンとグッドマンの議論［Robinson and Goodman 1996］はそれなりに首肯できる。[8] 実際、かれらは、庶民大衆にとって高嶺の花である車を購入し、モールやショッピングセンターに頻繁に行き、消費者金融の拡大を促している（写真1）。かれらは奢侈的な拝物主義に囚われた個人主義的消費生活様式にすっかり馴化しているが、消費周期でいえば八〇年代前半までの都市中間層よりもはるかに短く、それだけ浪費的な消費をおこなっている。

ちなみに、都市中間層については、そうした消費主義的なライフスタイル＝誇示的消費（conspicuous consumption）とともに、「民主化」の担い手であるということがこれまでしばしば指摘されてきた。しか

▼7　ゲーテッドコミュニティが「見られ」「見せる」場所という場合には、「地位社会」以外にもさまざまな含意が読み取れる。安全と監視を同時に果たす電子的空間のアンビバレントな性格を示している、また考えようによっては「商品としての空間」をあらわしているとも読み取れる。考えてみれば、これらはゲーテッドコミュニティが新自由主義の建造環境であることをそれぞれの側面から明らかにしているといえる。

写真１■ニューリッチ

し今日より言及されるのは、以下の言述にあるように、その「進歩的な性格／側面」ではなく「保守的な性格／側面」である［吉原、二〇〇六：一四二〜一四三］。

　ミドルクラスのはたす役割もしくは社会における位置については、これまでどちらかというと、「進歩的な性格／側面」が強調されてきた。とりわけオルデバルに批判的な知識人たちは、学生運動、ＮＧＯ活動、マスメディアや芸術における批判的運動の高まりとミドルクラスの台頭との間に相同的な関係があるとみなす傾向にあった。実際、かれらのなかには、ミドルクラスを知識人、学生、新聞編集人、新興のビジネス階級、法律家、その他さまざまな専門職からなる社会集団（化）と同一視する者もいた。またミドルクラスを中程度の政府官僚、大企業中間管理職、小企業オーナーからなるとする者でも、ミドルクラスはＰＤＩ（民主党）の厚い支持層をなしているとみなしがちであった。いずれにせよ、ミドルクラスを漸進的な立場にある、「変動の担い手」として論じる傾向が支配的であったのである。

　しかし、そのように論じられてきたミドルクラスも、一九九七年にはじまった経済危機によって失業を余儀なくされる者、さらに経済危機の深まりとともにみられたハイパーインフレの昂進→ルピアの急速な下落によって相対的貧困に陥る者が続出した。[9] そしてそれとともに次第にあきらかになってきたのが、かれらの「保守的な性格」である。もともとミドルクラスはオルデバルの〈申し子〉としてあり、開発独裁下の経済成長の「受益者」「受容者」という一面を強くもっていた。そしてそれが体制の変動によって生じる社会的秩序の不安定化とそれらにたいする脅威が現実のものとなるなかで、一挙に表出したのである。つまり、ポスト・オルデバルへの移行とともに、ミドルクラスの「進歩的な性格」の裏面にかくれていた「もうひとつの性格」が、その存立基盤のゆらぎとともに表面化することになったのである。

[8]　以下、新中間層＝ニューリッチとして議論を展開していく。しかし両者を峻別すべきであるという意見が根強く存在することも頭に入れて置くべきであろう。たとえば、ジャカルタの路上観察をおこなっているチブによると、車で両者を見分けることができるという［Ziv 2002: 101］。「プライメイトシティのときからジャカルタの風物詩となっている、バタバタと音を立てて走っているバジャイとか、半分壊れたギターをかきならしている物乞いの間をぴかぴかのマセラティやSクラスのメルセデスをすいすいと走らせているのがニューリッチである。他方、特に朝夕、ホンダやトヨタのマークの入った自分たちの車でどの道路もいっぱいにし、ジャカルタ中の顰蹙を買っているのが新中間層である」。

[9]　この点について、ハーヴェイは以下のように述べている［ハーヴェイ、二〇〇七b：九八〜九九］。「失業率の上昇は、韓国で四倍、タイで三倍、インドネシアでは一〇倍。インドネシアでは、一九九七年に職をもっていた男性の一五パーセント近くが、一九九八年八月までに失業、主島であるジャワの都市地域では経済的困窮はさらにひどかった」。ジャカルタではとりわけ都市中間層の落層化傾向が目立ち、消費が一挙に冷え込んだといわれている。

さてこうした都市中間層の「保守的な性格」は、今日、かれらの居住選好パターンにおいて最も象徴的な形であらわれている。ここ十数年、既述したノンマニュアル新中間層の増大／伸張とともに、かれらのライフスタイルや価値観に適合するような形で大規模な住宅団地の造成が都市圏を縦横に走る高速道路沿いに外延的に拡がっている。それらは基本的にゲーテッドコミュニティとして存在するが、ここであらためて指摘しておきたいのは、そうしたものの拡大・延伸が中心都市内におけるスラム／ゲットーの「封じ込め」ないしインフォーマルセクターにたいする種差的な規制と一体となってみられることである。ちなみに、ジャカルタでは二〇〇一年夏（八月）以降、「スラムのない都市」（いわゆる「清潔な都市」）というキャンペーンが展開され、先に一瞥したようなスラムの強制排除とともに路上で商いをおこなっているインフォーマル従事者の追放・選別が強権的に実施されている。詳述はさておき、そこではガバメント主導の都市構造再編と郊外化（suburbanization）の進展が基調をなしている。それでは、都市中間層の居住選好パターンに適合的な郊外化／ゲーテッドコミュニティの外延的な立地はどのようにしてなされたのであろうか。以下、走り抜けにみることにしよう。

4……都市中間層と郊外化（二）

ジャカルタでゲーテッドコミュニティが「新しい現象」として表出するのは一九九〇年代以降のことであるが、その前史として一九八〇年代にはじまる土地開発ブームの時代がある。もともと土地開発は「行き当たりばったりの都市化」［Goldblum and Wong 2000］のなかではじまったものであるが、それが公的な舞台に登場するのは、ＤＫＩジャカルタ政府によって「首都圏総合計画一九八五－二〇〇五」が策定されてからである。そこで二〇年間に年四％の人口増とともに毎年六万四〇〇〇戸の住宅需要が見込まれ、大規模な分譲地開発構想がうちたてられ、それを担う主体として民間部門が位置づけられた［Marbun 1988: 81-83; Arai 2001: 484］。これ以降、多くの私企業が不動産部門に参入し、分譲地開発はおおもうけのできる仕事《ビッグビジネス》になった。華僑系の複合企業《コングロマリット》が土地開発にかかわり、新たな住宅需要を喚起した。これら開発業者は最初に安価でだだっぴろい土地を買い漁り、それらを寝かしたまま（「休眠の土地《タナ・ティドゥル》」［Firman 2000］）にした。その後一九九一年から九三年までだけで、約五万八〇〇〇ヘクタールの農地が住居用に変更された。そして一九九〇年代半ばまでに、ジャカルタ大都市圏で規模にして五〇〇ヘクタールから三万ヘクタールにおよぶ二五の大分譲地計画と何百もの五〇〇ヘクタール以下の小分譲地計画が立ちあらわれたのである［Firman 1997］。

もっとも、メトロポリスにおいて目を見張るような分譲地／住宅団地ポンドック・インダー（Pondok Indah）があらわれたのは、これより早い一九七〇年代半ばである。ポンドック・インダーは社会的地位の高いエリートの居住地として開発されたものであり、その後の分譲地開発の嚆矢をなすものであった。ちなみに、これに続いて一九八〇年代に入って、タンゲランにおいてＢＳＤ（Bumi Serpong Damai）、ブカシにおいてリッポ・チカラン（Lippo Cikarang）とコタ・レゲンダ（Kota Legenda）というように、大規模な分譲地開発が立て続けにおこなわれるようになった。それらはリッポ・チカランを除いて複合企業によって建造されたが、いずれもポンドック・インダーの衣鉢を継ぐものであり、包括的なインフラの整備の上に打ちたてられた「自存的な都市（kota mandiri）もしくはニュータウン（kota baru）」［Arai 2001: 485］としてあった。しかし分譲地／住宅開発が本格的に立ちあらわれるのは、上述したジャカルタ首都圏総合計画一九八五－二〇〇五の策定▼10がなされた一九八〇年代半ば以降のことである。実際、コタ・レゲンダの造成計画は一九八六年にはじまったものの、それが着手されたのは一九九〇年代になってからである。またリッポ銀行を中核とするリッポ・グループによって工業団地構想からはじまったリッポ・チカランの造成が

写真２■ゴールデン・トライアングル

実際にはじまったのも一九八九年のことである。

ところでこのリッポ・チカランの造成はメトロポリスの土地開発において画期的な意味をもつものであった。というのも、この造成において外国からの資本（日本の住友とか韓国のヒュンダイ）を積極的に導入することで（銀行の貸付金に依存するといった）リスクを回避するとともに、造成前に住宅団地の売り込み（マーケティング）を積極的におこなうことで競合する分譲地計画に先行することになったからである。▼11 このリッポ・グループの開発戦略は、多くの開発業者が踏襲するものとなった。

一九八〇年代半ば以降に火がついた上述の分譲地開発は、銀行部門を新参者《ニューカマー》に一層利用しやすいものにし、そのことで民間の銀行部門の発展をうながすことになった規制緩和策である、一九八八年のいわゆる「パクト（Pakto）」によって、さらにブーム性を帯びて展開されるようになった。それは最初のうちはオフィスビルの建造ブームとなってあらわれた。特に「ゴールデン・トライアングル」（Segi Tiga Emas：写真２）で生じた変化には凄まじいものがあった。銀行の所有者でもある多くの開発業者は競ってそこに天を突く高層建築物を建て、自分たちの銀行の本店を入居させるとともに、四つ星、五つ星のホテルを誘致した。まさに「スーパーブロック」として開発したのだが、その最たるものはスディルマン中心業務地区（Sudirman Central Business District）であり、「ゴールデン・トライアングル」の心臓部となった。しかし、やがてオフィス市場が過剰供給になりはじめ、多くの投資家は住宅地の建設へと流れ込むようになった。そうしたなかでバクリー・グループ（Bakrie Group）の住宅市場への参入は人びとを驚かせた。一九九三年の半ばになって、突然バクリー・グループの不動産会社は高級で安全を謳った住宅（四〇〇〇戸の共同住宅《アパートメント》）を売りに出し始めた。そしてほんのわずかの期間で完売してしまった。これらは明らかに都市中間層を顧客層《ターゲット》としたものであり、一戸当たり一億二七〇〇万から一億九〇〇〇万ルピアで売買された。

これ以降、開発業者は大規模な住宅団地すなわち「自存的な都市」の開発をめざしてできるだけ多くの土地を取得しようとして競い合うことになった。その結果、先に一瞥したような農地の大規模な潰廃がすすんだのである。そしてジャカルタの近くで利用できる土地が不足するようになるにつれ、ジャカルタか

▼10　なお、これは一九八一年のジャボタベック大都市圏計画にもとづくものであった。ただし、以下に述べるように、自治体主導の体系的な土地開発はほとんどおこなわれず、土地開発をビジネスのチャンスとみた華僑系の複合企業による土地の買い漁りがもっぱら先行した。これらの複合企業はその後の経済危機の中で淘汰されたが、ゲーテッドコミュニティを自らの意思にあわせて顧客に提供したという点でいえば、アーバン・リストラクチャリングの実質的な担い手であったといえる。

▼11　リッポ・グループはインドネシアで最も名前の知られた私企業の一つであるが、不動産を扱ってはいなかった。たしかに八〇年代に香港ですでに不動産業に従事していたが、インドネシアではそれほど活発ではなかったし、知られてもいなかった。ところが一九八九年頃から突然リッポ・チカランを開発し始め、人びとを驚かせた。その分譲計画はとてつもないものであったが、金融部門で培ってきた経験と信用を活かして成功をおさめたのである[Arai 2001: 486]。

らボタベック（ボゴール＋タンゲラン＋ブカシ）へと開発地区を拡げていくことになった。こうしてジャボタベックの道路地図に売買対象の家が立ち並ぶ何千もの地域がしるされることになった。とりわけ先の複合企業と外国資本が共同して分譲した贅をきわめた高級住宅地＝ゲーテッドコミュニティがタンゲランとかブカシとかボゴールのより離れた地域に立地するようになった（表1および図1参照）。しかもアジア経済危機以降、こうした住宅市場における複合企業の寡占状態は、いわゆる「ウォールストリート－財務省－IMF」複合体（ハーヴェイ）の新自由主義的な構造調整プログラムの後押しを得て一層進むことになったのである。

ともあれ、このようにして郊外におけるゲーテッドコミュニティと中心都市におけるあたかも「文化の輸入品の陳列場」［マッセイ、二〇〇二：三三］のごとき様相を呈しているショッピングモール・センターとがカンポンに侵食したり席捲したりして、あるいは最初からそうしたものからかけ離れたところで、都市中間層／ニューリッチの消費主義的なライフスタイルや価値観を広く取り込みながら布置する、メトロポリス／メガシティの「飛び地のランドスケープ」が形成されているのである。繰り返すまでもないが、こうした「飛び地のランドスケープ」の下方にスラム／ゲットーのスクラップ・アンド・ビルドの過程が埋め込まれており、しかもショッピングモール・センターとかホテルとかオフィスといったものを包合する「スーパーブロック」やゲーテッドコミュニティが煌めけば煌めくほど、その過程は「見えなくなる」のである。

5……ゲーテッドコミュニティの一存在形態――リッポ・カラワチの事例

それでは、郊外に立地しているゲーテッドコミュニティは具体的にどのような形状を示しているのであ

表 1 ■ ボタベックの住宅団地（>500ha）

住宅団地名	開発業者	面積（ha）	場所
1 Kota Wisata Teluk Naga	Grup Salim	8,000	Tangerang
2 Bumi Serpong Damai	PT BSD	6,000	Tangerang
3 Citra Raya	Grup Ciputra	3,000	Tangerang
4 Kota Tigaraksa	PT Panca Wiratama Sakti	3,000	Tangerang
5 Bintaro Jaya	PT Jaya Real Property	2,321	Tangerang
6 Lippo Karawaci	PT Lippoland Development	2,000	Tangerang
7 Gading Serpong	PT Jakarta Baru Cosmopolitan	1,500	Tangerang
8 Puri Jaya	PT Jaya Real Property	1,745	Tangerang
9 Pantai Indah Kapuk	PT Mandara Permai	800	Tangerang
10 Kota Modern	PT Modernland Realty	770	Tangerang asi
11 Alam Sutra	PT Alfagold Land	700	Tangerang
12 Kota Legenda	PT Putra Alvita	2,000	Bekasi
13 Lippo Cikarang	PT Lippoland Development	5,400	Bekasi
14 Cikarang Baru	PT Grahabuana Cikarang	1,400	Bekasi
15 Pantai Modern	PT Modernland Realty	500	Bekasi
16 Kota Tenjo	BHS Land	3,000	Bogor
17 Bukit Sentul	PT Royal Sentul Highland	2,000	Bogor
18 Resor Danau Lido	PT Pengembangan Wisata Prima	1,700	Bogor
19 Taruma Resor	PT Pasir Wangun	1,100	Bogor
20 Citra Indah	Grup Ciputra	1,000	Bogor
21 Telaga Kahuripan	PT Kuripan Raya	750	Bogor
22 Kota Taman Metropolitan	Grup Metropolitan	600	Bogor
23 Rancamaya	PT Suryamas Duta Makmur	500	Bogor
24 Kota Wisata	PT Duta Pertiwi	1,000	Bogor
計		50,786	

出典：［PROPERTI INDONESIA, April 1997: 24］．ただし、ここでは Arai［2001: 491］より引用。

ろうか。そしてどのようにして自分たちとは違う「他者」を遮断しているのであろうか。ここではまず、渡辺靖がロサンゼルス郊外に立地するコト・デ・ガザ（Coto de Gaza）の観察から導き出しているゲーテッドコミュニティの定義、すなわち「外壁やフェンスで周囲を囲い、入口にゲートを設置することで、外部からの自由な出入りを制限しているコミュニティ」〔渡辺、二〇〇七：六二〕というごく緩やかな定義をさらに発展させて、「フェンス等によって人工的に仕切ったものであれ、川、丘等の自然の障壁を積極的に援用したものであれ、意識的に外部の世界との間にボーダー（境界）を設け〔……〕四六時中ガードマンと監視カメラによって守られた『私事的《プライベイト》』な同質空間」〔吉原、二〇〇八a：一七二〕ととらえかえす。そしてその上で、タンゲランに立地するリッポ・カラワチ（Lippo Karawaci）（表1・図1のNo.6）を事例にして、ゲーテッドコミュニティの「かたち」をみることにする。

リッポ・カラワチは、リッポ・グループが既述したリスク回避策の下に豊富な外国資本を導入して造成／建造した、ボタベックでも有数のニュータウンでありゲーテッドコミュニティである。リッポ・カラワチの開発は一九九二年にはじまった。最初は約五〇〇ヘクタールが中心地として、さらに追加的に二八〇〇ヘクタールが造成（開発）された。その後一三〇〇ヘクタールが造成（開発）され、さらに一九九九年までに六〇〇〇ヘクタールが造成（開発）された。ニュータウンの形状として、まず中心に居住区がある。それは壁に囲まれており、公道である一本のメイン・ストリートがそこに通じているだけである。入口にはバリケードがあるが、いつも開いている。そこには門衛がいて、人びとを監視したり入場をチェックしたりしている（写真3）。この居住区は完全防御地帯（TPZ）と呼ばれている。この居住区の中心にゴルフコースがあって、そこ、もしくはその周辺に立地している住宅が最も高価であり安全であるとされている。完全防御地帯内にあるどの家も低い壁かフェンスによって囲まれている（写真4）。そしてそこで商売をすることや公共交通機関であるミニバスがそこに進入することは、安全を損なうということで禁止され

図 1 ■ ボタベックの住宅団地

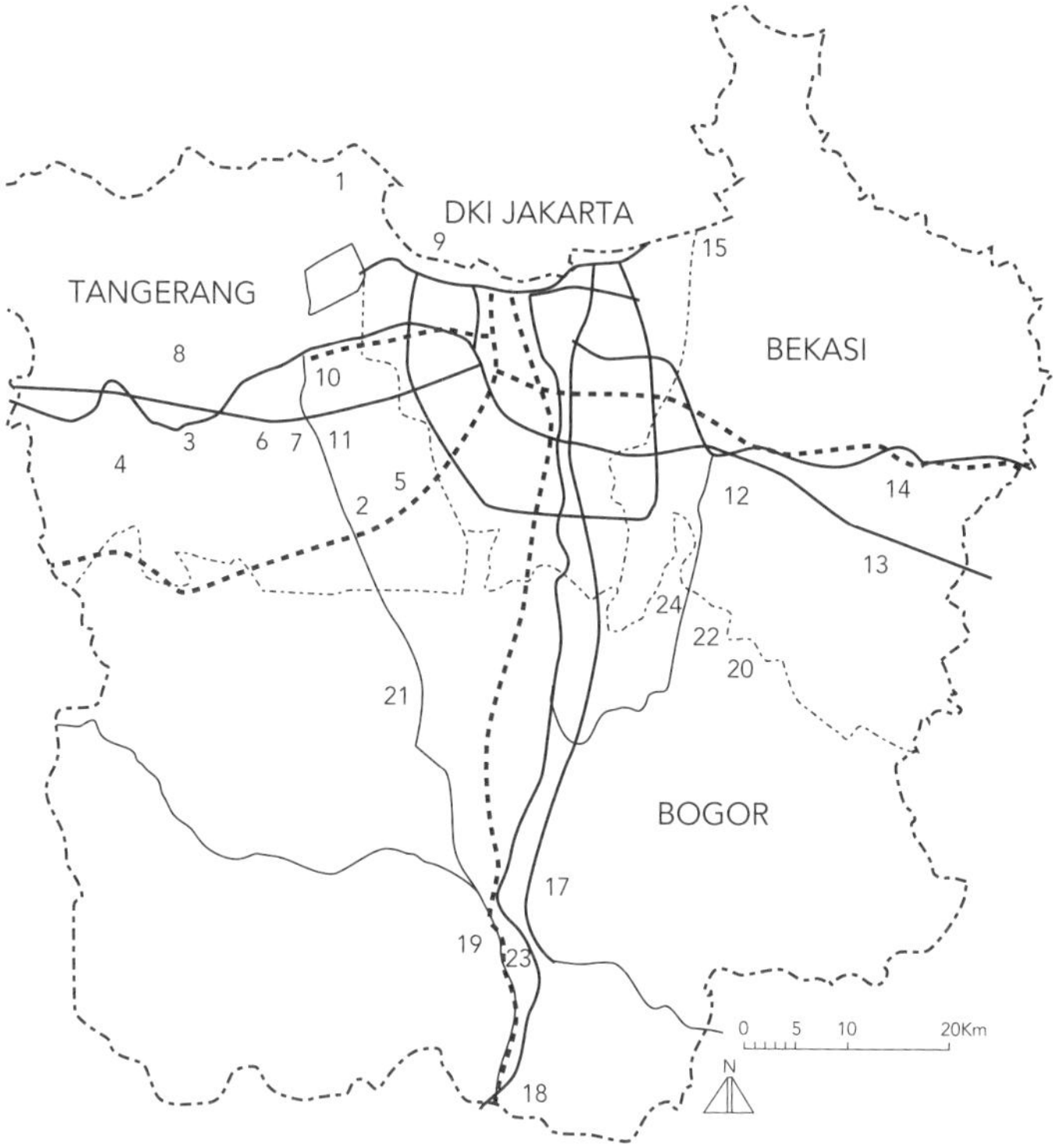

出典：Arai［2001: 492］より引用。

ている。リッポ・カラワチには居住区を中心にして病院、ショッピング・モール、映画館、ボーリング場、スポーツ・ゴルフ・クラブ、レストラン、学校、大学が立地しており、文字通り、「自存的な都市」を形成している。

ちなみに、リッポ・カラワチの七五四人の住民にたいしてライシュがおこなったインタヴュー調査の結果によると、大半の住民にとってそうした施設の利用は高価であるため常に利用するということにはならないが、そうした施設の利用自体が彼らの好むライフスタイル（アメリカン・ウエイ

・オブ・ライフ）になっており、またそうした施設のあるタウンに住んでいるということが彼らの威信を高めることになっているという。地位や威信を誇示することができるという点は安全性以上に、彼らのニュータウンへの移入動機をなしている。他方、住民は海外で教育を受けた者が多く、核家族世帯がほとんどであるという点でたしかに同質性を有しているといえるが、それでいて同じ地区の住民がよく知りあっているわけではなく面識もあるわけではない。そのため開発業者／造成主体が「近隣の見守り」のような活動を組織してコミュニティを作りだそうとしているほどである。この点は前掲の渡辺が「人付き合いが極めて希薄である」［渡辺、二〇〇七：七六］と描述したコト・デ・カザとあまり変わらない。いずれにせよ、「社会の側のニーズと近代のデザイン思想と資本主義的命令のミックスしたもの」がそこに象徴的な含意を担って立ちあらわれているのである［Leisch 2002］。

　ここでは、既述したような高度に「私事的」な空間としてのゲーテッドコミュニティは未だ立ちあらわれていないようにみえる。そして外部の世界にたいして無関心でクールであればあるほど、自らのコミュニティへのアイデンティティを強くし、高めるといったゲーテッドコミュニティに特有の傾向もそれほど明確な形ではあらわれていないようにみえる。しかし「公」に全面的に依存するのではなく、むしろ自己の裁量と責任で自己を確立しようとするゲーテッドコミュニティの原形質《プロトタイプ》のようなものはすでにできあがっているといえよう。興味深いのは、そこに都市中間層のみてきたような「進歩的な性格」と「保守的な性格」とがいわば渾然一体となって影を落としているようにみえることである。こうしたものが近年の動向として汎世界的な局面で注目されている、内に閉じられた、同質的なコミュニティとしての性格を帯同するようになるかどうかは、にわかに判断しがたい。しかし外の世界とのボーダーとなっているゲートが物理的凝離（隔離）にとどまらず、社会的凝離もうながすようなコミュニティが頭をもたげているのは事実である。

写真 3 ■ リッポ・カラワチのゲート

出典：Leisch［2002：345］

写真 4 ■ リッポ・カラワチの街並み

出典：Leisch［2002：345］

あらためて注目されるのは、リッポ・カラワチのようなゲーテッドコミュニティが叢生するなかで、過度のプライバタイゼーション（私事化）の進展によって事実上「公」が否定され、（ゲーテッドコミュニティと）「公」に依存せざるを得ない「外の世界」との緊張関係がいっきょに高まるといったアメリカでみられるような事態が生じるようになるのかどうかという点である。詳述はさておき、この点についてたしかにいえることは、ライシュも示唆しているように、一九九八年の暴動を契機に、住人の間に不動産価値を守ろうとする意識が高まり、望まざる「外の世界」の者を遮断することで自分たちのセキュリティを確保しようとする動きが出ていることである。

しかし以上の点は、リッポ・カラワチのような郊外のニュータウンよりはむしろカンポンに直接侵食したり、カンポンを席捲したりして立ちあらわれている中心都市内のゲーテッドコミュニティをフィールドにして検証されるべきである、と考えられる。なぜなら、中心都市の方が明確に分断されてはいるものの、スラム／ゲットーにより近接していることが多く、それだけに「豊かで、美しい」ゲーテッドコミュニティはセキュリティにたいするコストを高めざるを得ないからである。いずれにせよ、メトロポリス／メガシティ・ジャカルタにおいてこれまで基本的に存在しなかった、あるいは存在したとしてもカンポンの世界においてそれらの表出が妨げられていた分水嶺《デバイド》が今後大きな争点になるであろうことは、容易に想到し得るところである。

6……むすびにかえて

ここで本章の冒頭において提示した問題構制《プロブレマティーク》に立ちかえろう。一つはグローバル化の進展に符節を合わせたアーバン・リストラクチャリングの結果、ネオリベラルな資本の欲動に誘われた空間的分断がどのようにして「新自由主義としての建造環境」としてのゲーテッドコミュニティをもたらしたのか／もたらしているのか、という点である。そこにはたしかに「商品としての価値」へのこだわりもさることながら、高級なものへの投機や誇示的な消費を通して地位とか威信をひけらかす都市中間層／ニューリッチの態度が少なからず影を落としている。[12]しかしそれ以上に大きかったのは、そのときどきにおけるガバメントのありようと、そうしたものとせめぎあいながら自らの再編をおこなってきた私的部門のありようである。ガバメント自体は開発からポスト開発を通して大きく揺れ動くことになったが、私的部門はそれ以上にグローバル化の進展とともに再編淘汰を繰り返すことになった。そしてそれらが「小さな政府」への旋回《ターン》とともに臨界局面に達したときに、ゲーテッドコミュニティが「新しい現象」として社会の前景に立ちあらわれることになったのである。むろん、その背後に、消費主義的なライフスタイルを培ってきた都市中間層／ニューリッチの、先にみた地位とか威信への希求に加えて、セキュリティへの志向が幅広く伏在していたことを忘れてはならない。

ところでこの都市中間層／ニューリッチのセキュリティへの志向は、今日、ジャカルタのゲーテッドコミュニティのありようをさぐる上できわめて重要である。なぜなら、社会全体で格差が広がり、さまざまな分裂が芽を吹くなかで、社会への恐怖からそうしたセキュリティへの志向がふくらみ、いまやそれが反転して、怪しげな、理解できない「他者」を排除しようとする意思へと変わりつつあるからだ。しかしそ

▼12　この私的部門の発展において決定的な役割を果たしたのは、政府である。特に華僑系の複合企業はオルデバルの下で政府中枢（スハルトの取り巻き）とのつながりを強め、土地開発で莫大な利益を得た（→注10参照）。そして自分たちに有利な規制緩和である「パクト」によって熾烈な競争と淘汰が生じ、既述したような複合企業の寡占状態が続くことになったのである。

れは、いまのところそれほど大きなものにはなっていない。ここであらためて指摘したいのは、そうした排除以前に、ロウが「道徳的ミニマリズム（moral minimalism）」と呼ぶ事態、すなわちゲートの外の、エスニシティ、民族、階級などに関するアジェンダ設定から切り離され、住民の文化的な多様性が経済的な同質性に回収され、共同性の契機が見逃されてしまっているという状況がゲーテッドコミュニティにおいて、萌芽的にではあれ観取されることである［Low 2003］。ゲートのなかではいさかいもなく、隣人に無関心で、住民間でのつき合いもほとんどみられない。「自存的な都市」であるがゆえに、同質性をあえてつきやぶることもない。ここではコミュニティはあるけど実質的にはない、に等しい。未だ母村から運んできた紐帯が活きづいているカンポンとはおよそ対照的である。

だがこうしたゲーテッドコミュニティばかりではない。筆者が二〇〇一年五月にサーベイをおこなったジャカルタ郊外デポックのペソナ・カヤンガン（Pesona Kayangan）は、政府関係者が住む正真正銘のゲーテッドコミュニティであるが、ゲートのなかを練り歩くプダガン・クリリン（野菜行商人）を介して、ゲートの外の「他者」と日常的にコミュニケーションを交わしている。もちろん、ペソナ・カヤンガンでは自己充足的な生活空間が確保されている［Yoshihara and Dwianto 2001］。ここでは、上述の「道徳的ミニマリズム」の事態を少なくともリッポ・カラワチでみるような形でみることはない[13]。

さてここまで述べてきて、取り残した課題の大きさに慄然とせざるを得ない。何よりも、本章では最初にその必要性を指摘したにもかかわらず、一貫して、汎世界的局面でのゲーテッドコミュニティの位相に照準している。事例としてみたリッポ・カラワチの場合も、その形状の把握はこの局面に限定されている。しかし当然のことながら、ジャカルタが包合する社会・文化構造の次元にまで立ち返って検討する必要がある。またアジア・メガシティに特有のコロニアル／ポストコロニアルの地層がゲーテッドコミュニティの「かたち」、すなわち「飛び地のランドスケープ」に具体的にどうからみ合うのかという点についての検証もほとんどなされていない。あるいは考えようによっては、本書の叙述からその糸口がつかめるかもしれない。しかし本格的な検証はまったくこれからのことである。

以上の課題に関連して、答えなければならないいま一つの〈問い〉を指摘しておこう。それは、RT／RWの内部に深くとどめている「生活の共同」にかかわるさまざまな要素がゲーテッドコミュニティにどのような形で引き継がれているのか、あるいはそれにまったく繋留されていないとするなら、どのような破砕と刷新、転位と反転を経て「反コミュニティ」となったのか、ということを問い込むことである。これについての解は、与件としての新自由主義を語るだけではなはだ不十分である。やはりカンポンがその内奥にとどめている社会・文化構造にまで降り立って、しかもそれを再帰的に問い返すことを通してあきらかにすべきであろう。このことは結局のところ、本章の「はじめに」で提起した課題、すなわちアジア・メガシティ・ジャカルタのグローバルな世界での「立ち位置」＝「いま」を浮き彫りにすることに帰着する。

▼13　なお、ペソナ・カヤンガンは一九九八年五月暴動の際に自警団を結成した。このプロセスについて定点観察をおこなったドゥイアントによれば、その際に形成された共同性の内実は、「住民をエンパワーし、公論を形成する場」としての要件を担保するとともに、高度に同質的で「私事的」な空間としてのゲーテッドコミュニティの内実も備えていた、という。そしてそこでは、危機に直面して「おれたちの世界」が住民間で確認《アイデンティファイ》され、そのことを契機に地域コミュニティの整備がなされた、という［ドゥイアント、一九九九］。それが高度に排他的な空間を織り成しているかどうかはさておき、都市中間層主導のゲーテッドコミュニティの範型をなしていることは明らかである。

第10章 「ポスト開発」のグラスルーツ

――バリ・コミュニティと多元的集団構成

最高の場所は、最深の場所から、その高みに達するのでなければならない。

ニーチェ『ツァラトゥストラ』

1……はじめに

こんにち、東南アジア社会のグラスルーツのあり様を検討する場合に欠かせないのは、当該社会が「ポスト開発」体制下にあることに加えて少なからずグローバル化の影響下にあるということである。バリに限定してみると、地方制度の再編（分権化）およびグローバル・ツーリズムの進展とともに、住区レベルの地域住民組織（正確には集落）であるバンジャール[1]の転態が広く取り沙汰されるようになっている。ちなみに、これまでバンジャールといえば、ヒンズーの教理と村落的価値を深く内包し、固有のパトロン＝クライエント関係[2]を部分的に保持しているといわれてきた。そしてそれ以上に、国家の「開発」が規定因として言及されてきた。「開発」を介して国家と地域住民が鋭く対峙する構図が描かれ、「生活」の系でとらえられてきた文化が過剰な国家の論理とともに政策文化として掌握されるのが常であった[3]。そしてその枠内で、バンジャールがディナス（行政）の系とアダット（慣習）の系の二元的構成となっていること、さらにデサ（村落）レベルでの「多元的集団構成」（ギアツ）をバンジャールが住区レベルで表象していることが強調されてきた。

いまそうしたバンジャールが外部の大きな力とこれと共振したり齟齬する内部の力との壮大なせめぎあいのなかで大きく揺れ動いている。とりわけ、「ドゥスン／バンジャール」の二元的構成（後掲の図1参照）ならびにその下での「多元的集団構成」のゆらぎが、バリ社会のグラスルーツ、さらにコミュニティを論じる際の争点となりつつある。むろん、バンジャールの転態およびこれをめぐる集団的交錯の具体相の分析は、現にバンジャールがどのようなセーフティネット機能を担っているかを検討するにあたっても鍵となる。ともあれ、バンジャールを中心に重層的な絡み合いをみせる一連の住民組織の態様、さらにNGOなどの市民組織がそうした地域住民組織に対他的に交錯する模様の描出は、いまや避けて通れないものとなっている。

以下、本章では、現にグローバル・ツーリズムのインパクトにさらされている日常的媒体組織としてのバンジャールのあり様を検討することによって、「ポスト開発」体制下のグラスルーツ／地域コミュニティの転相のかたちを示すことにしたい。

2……多元的集団構成

キャロル・ウォレンは、その著『アダットとディナス』において、クリフォード・ギアツのいう「多元的集団構成」を次のように説明している［Warren 1993: 7-8］。

▼1　これまで、バンジャールといえば、バリの最末端／最小の社会単位として言及されることが多かったが、もともとはカラン（家屋敷）の集まった状況（集合態）のことをいう。われわれがバンジャールとしてすぐ連想するのは、バレ・バンジャール（集会所）でありクルクル（板鐘）であり、そうしたものと一体としてあるプラ（屋敷神）である。こうした風景からは、ある種のネイバーフッドアソシエーション（日本で言うと町内会）が類比的に想起されがちである。

▼2　アイゼンシュタット等によると、パトロン＝クライエント関係の基本的な特徴は、対他的ではなく私的であること、さらに無償のものであり慣習化されている点にあるという［Eisenstadt and Roniger 1984］。さらにドゥィアントは、パトロン＝クライエント関係はインフォーマルなものであり、合法的な、契約に基づくといったものではなく、パトロンの恩寵とクライエントの義務といったタテの主従関係によって貫かれているという［Dwianto 2002］。しかしここであえて指摘しておきたいのは、そうしたパトロン＝クライエント関係がギアツのいう「貧困の共有」を通底するものとしてもあるという点である。

▼3　こうした議論の典型例は鏡味治也の議論にみることができる［鏡味、二〇〇〇］。鏡味の議論は、開発をめぐる構造的な枠組みの提示ということでいえば卓抜しているが、国家と地域住民の対抗関係がいくつものレイヤーからなること、また国家そのものが、開発から「ポスト開発」への移行過程で大きく変容していることを等閑視しているという点で課題を残している。

バリ島南部の村落での日常生活は、特定の目的を持った、以下のように交差しながらも半自律的である協同の単位を通して織り成されている。まず、バンジャールという市民共同体が存在する。次に、全体の調整を必要とする灌漑などの農業面をとりまとめているスバック（水利組織）、父系家系に基づく親族集団であるダディアないしソロ、さらに、家族や親族集団のライフサイクルや先祖に対する儀式を越える地域儀礼を取り持ち、村の祠堂を保守する務めを果たしているプマクサン（会衆組織）が存在する。そして、これら以外のことをおこなう際に、それだけのために形成されるスカがある。たとえばクラブや自由参加のワークグループなどである。バンジャール、プマクサン、スカは通常、一つのデサ内からその成員を集めているのに対して、スバックとダディアの成員資格は複数のデサをまたがることが多い。こうしたことから、互いに重なり合いながらも一つにはまとまらない協同集団の複雑に絡み合いながらも高度に構造化された布置関係が生じる。

ウォレンは、以上の説明をさらに一般化して「〔バリ社会では〕家屋敷の場所によっておそらくは世帯の属するバンジャールが決まり、その農地の水源によってどこのスバックに加入しなくてはならないかが決まり、祖先との紐帯によってダディアの義務が規定され、個人の利益あるいは経済的な必要性によって自由参加のスカへの加入の基準が形成されている」［ibid. 1993: 8］と述べている。きわめて明解な説明＝一般化であり、管見によれば、いまなお多くのバンジャールで指摘されるような「多元的集団構成」が観られる。しかし、原型にこだわるあまり、その変容の側面を見失うことがあってはならないと思われる。

ここでは、デンパサール市内の二つのバンジャール（と郊外のあるＲＴ〔隣組〕）を取り上げて、「多元的集団構成」といわれるものが構造的に維持されながらも機能的にどう変容を遂げているかを検討し、そのことを通してバリ・コミュニティの動態に迫ることにしたい。

図1 ■ 1979年デサ行政法下での地方行政階統システム

出典：Warren［1993: 240］より引用。但し、引用に際しては一部省略。

3……デサとバンジャール

今日、バリのデサ（村落）は、一連の儀礼的で象徴的なマターを取り扱うデサ・アダット（慣習村）と世務を司るデサ・ディナス（行政村）の二層構成からなる。その分化の起源は、鏡味治也によると、バリ島全島がオランダの植民地支配下に入った時点（一九〇六～〇七年）にまで遡ることができるが［鏡味、二〇〇〇：二六］、それが明確に制度化されるようになったのは一九七九年のデサ行政法においてであった（図1参照）。このデサ行政法によって近隣レベルから州レベルまでも含み込んだ多層的な行政階統的システムがうちたてられ、デサにとどまらず、その下でのバンジャールもまたアダットとディナスの二層構成になった。そしてその後、いくつかの知事布告、州条例を介してバンジャール・アダットとバンジャール・ディナスからなるバリ・コミュニティの二元的構成は定着することになったのである。

　こうした二層構成／二元的構成は、「単一」の領界を持つ存在ではなく、さまざまな組織とさまざまな相互関係

表1■バンジャールとその他地域内集団との関係（単位：%）

	地域内にある	バンジャールが役員を出す	バンジャールに役員を出す	バンジャールの下部組織	補助金を出している
PKK	88.3	48.6	34.4	80.6	15.5
STT	87.3	54.1	39.3	83.2	19.1
ポシアンドゥ	88.3	51.3	27.9	72.1	7
アリサン	50.7	44.6	19.1	60.8	6.4
コプラシ	25.6	47.6	38.8	73.8	27.2
スバック	44.5	29.6	17.9	50.8	12.3
ガムラン・グループ	75.4	58.4	38.6	75.6	19.1
バリ舞踏グループ	32.1	44.2	30.2	62.0	11.6
スポーツ・サークル	61.9	42.2	22.9	63.9	5.2
シスカムリン	78.4	55.9	26.4	77.8	5.7
プサンティアン	69.7	45.7	28.6	68.2	4.7

を持つ社会集団が織り成す、広大な場」［ギアツ、一九九〇：五四］としてのデサ、そしてそれに下属するバンジャールをそれ自体として、つまり「多元的集団構成」を維持した状態でアダットの系で公的（＝制度的）に再編成するといった意味合いを帯びていた。またそのかぎりで、これまでのデサ－バンジャールのコスモロジーを担保するものであったといえる。

しかし近年、とりわけグローバル・ツーリズムの進展にともなう都市化の進捗と相まって、上述の二元的構成にゆらぎが生じるようになっている。それは一つにはディナス業務の増大によるアダットとディナスの相互浸透の深まり、また一つには役職（者）を介しての組織的一体化にともなうアダットのディナス化[4]（⇅ディナスのアダット化）という形ですすんでいる。このようにして、アダット主導の二元的構成が形骸化しつつある。ちなみに、われわれが二〇〇三年にウダヤナ大学日本研究センターのスタッフと共同で実施したバンジャール（バリ州全域に布置するバンジャールの一〇％）に対するアンケート調査結果によると、バンジャールとスカの組織的関連は表1のようになっており、明らかに多元性の中にある種の有機的連関が存することを観取することができる［吉原ほか、二〇〇五：一五］。もっとも、バンジャールとの強い関連を有する集団、とりわけ明確にバンジャールの下部組織と位置づけられているものは、PKK（婦人会）、STT（青年団）、ポシアンドゥ（地域医療活動）、シスカムリン（自警団）など、官製的色彩の強いもので[▼5]あり、指摘されるような「多元的集団構成」がどちらかというとディナスにシフトしがちであることは否定できない。同時に、そうした動向に地域差があることも忘れてはならない。

　以下、先述したようにデンパサール市内の二つの事例（及び補足的にRTの事例）を取り上げながら、グローバル化に揺れるバリ・コミュニティの、「ポスト開発」下の今日的位相をさぐることにしよう。

▼4　この点について筆者の認識を示せば次の通りである［吉原、二〇〇八b：一〇二］。「これまでは、指摘されるような二元構成がバンジャールの高度に凝集的な性格を示すことはあってもそれを脅かすことはない、というように理解されてきたように思われる。何よりも、『象徴的、儀礼的な総体としてのデサ』（ウォーレン）にそうした二元性を還元／回収することができたからである。しかしここに来て、特にデンパサールのような都市部でバンジャール・ディナスとバンジャール・アダットが一つの制度的圏域で重なり合う（＝符合する）という事態が顕著にあらわれるとともに、バンジャールに埋め込まれた宗教的契機が後景にしりぞくようになっている。それは一見したところ、バンジャールのなかのアダットの構造の転位（ディスロケーション）を示しているようにみえる」。

▼5　フォーマルには「下から」の地域住民組織としてあるといわれているが、実質的にはスハルトのオルデバル（新体制）の下に「上から」コミュニティを動員してつくられたものである。実際、これらの組織のリーダー層は地域権力構造《コミュニティ・パワー・ストラクチャー》の中枢部分によって担われてきた。したがって、グラスルーツの次元で「開発」そして「ポスト開発」の動向をみる際に、これらの組織の動態についての分析が欠かせない。

4……バリにおけるツーリズムと都市化

しかしその前に、二つの事例にたいして規定的な影響を及ぼしているバリにおけるツーリズムと都市化の進展について一瞥しておこう。

バリにツーリズムの波が押し寄せてくるのは、いわゆるスハルトのオルデバル（新体制）になってからのことである。政府によるバリビーチホテルの開業を契機にツーリズムが起り、一九六九年の八万六〇〇〇人から、一九七四年に三一万三〇〇〇人、そして一九八二年には六四万二〇〇〇人へと旅行者数が増えていった。それとともにツーリズムによって得られた外貨も、一九六九年の一〇八〇万ＵＳドルから一九八二年の三億五九〇〇万ＵＳドルへと著増した［Erawan 1994; Bali Government Tourism Office 1997］。ちなみに、二〇〇二年の一年間に、約一五〇万人の外国人旅行者とほぼ同数のインドネシア人旅行者とがバリを訪れている［Pringle 2004: 187］。

そして以上のようなツーリズムの進展と符節を合わせるようにしてホテル等のインフラの整備がなされた。一九七〇年代以降、多くのホテルが建てられ、九〇年代半ばには、ヌサ・ドゥアで四六〇〇の客室（すべて五つ星）、サヌールで五〇〇〇の客室（ほとんどが五つ星）、クタで一万七六〇〇の客室（ほとんどが星なし）が用意されるまでになった。またクタでは、レストラン、カラオケバー、ファーストフード店、あらゆる種類の店舗等が、ウブドでは五つ星のホテルが立地するとともに、道路沿いに小さなホテルとか工芸品を扱う店舗が立ち並ぶようになった［ibid.: 190-191］。

いうまでもなく、このようなツーリズム部門の成長は、バリ人の雇用機会を増やし、全体としてバリの産業構造の変容を促すことになった。そしてその結果、一九八〇年から一九九〇年までの一〇年間に、バリの一人当たり実質所得は年率四％の伸びを記録した［Warren 1993］。あらためて注目されるのは、以上のような一人当たり実質所得の増大をもたらしたツーリズム部門の発展が非バリ人のバリへの大量移動を伴っていたことである。ツーリズムはバリ人、とりわけ農家世帯の若年層世代を囲い込むことによって彼らの農業離れを促すとともに、ジャワからの一時滞在の流入層であるキプム（KIPEM）を担い手とする小作（借地）農を広範囲に生み出した［吉原、二〇〇五］。他方、ツーリズムの過進展によって「リゾート・アイランド」となったバリは一種のコンベンション機能をになうようになり、そこにさまざまなビジネスが登場し、結果的に物流の拠点／貨物の集散地の様相を呈するようになった。そして家具、工芸品等の製造／加工のための工場があちこちに立地するに至ったが、とりわけバティック工場には多くの非バリ人のキプムが雇用されるようになった［同上］。こうして大量の非バリ人からなる出稼ぎ労働者＝キプムの滞留がシャンティタウンを形成するとともに、夥しい数のルコ（rumah-toko/house-shop）を生みだすことになったのである。

詳述するまでもないが、以上概観したツーリズムの過程はバリとりわけ南部の人口都市化の過程と相同的にすすんでいる。ここで、『バリ州統計書』によってバリ全体の一九八五年と二〇〇四年の人口を比較してみると、二五五万八四七九人から三一七万九九一八人へと漸増している。その上であらためて注目されるのは、上記期間におけるバリ全体の人口増加においてバドゥン県とコタ・デンパサール（以下、デンパサールと略称）の寄与率がとりわけ高いことである。ちなみに、八五年→〇四年の各県の人口推移（八五年を一〇〇とする）は、ジュンブラナ一一一、タバナン一一五、バドゥン一四九（ただし、〇四年はデンパサールを含む）、ギアニャール一二一、クルンクン一一一、バンリ一二六、カランアッサム一一九、ブレレン一一八となっており、バリ州全体の増加率一二四を上回っているのは、バンリを除いてバドゥンとデンパサールのみである（以上、表2参照――なお、デンパサールは一九九二年にバドゥン県から分離独立

表2　県・第2級自治体別人口および世帯の推移（1985～2004年）

県・第2級自治体	1985年		1990年		1995年	
	人口	世帯	人口	世帯	人口	世帯
ジュンブラナ	199,738 (100)	41,058 (100)	207,234 (104)	45,898 (112)	210,958 (106)	50,177 (122)
タバナン	347,052 (100)	70,495 (100)	349,115 (101)	75,542 (107)	373,226 (108)	87,456 (124)
バドゥン	539,236 (100)	98,270 (100)	586,888 (109)	111,461 (113)	282,548 (52)	58,828 (60)
デンパサール	—	—	—	—	364,419 (100/120)	74,082 (100/135)
ギアニャール	312,584 (100)	59,608 (100)	321,578 (103)	62,102 (104)	344,158 (110)	70,037 (117)
クルンクン	152,588 (100)	29,018 (100)	154,563 (101)	29.349 (101)	161,366 (106)	31,150 (107)
バンリ	166,840 (100)	34,094 (100)	173,065 (104)	38,066 (112)	189,879 (114)	42,527 (125)
カランアッサム	326,920 (100)	67,030 (100)	339,545 (104)	71.922 (107)	349,415 (107)	75,733 (113)
ブレレン	513,521 (100)	109,226 (100)	524,661 (102)	120,239 (110)	552,057 (108)	123,200 (113)
計	2,558,479 (100)	508,799 (100)	2,656,649 (104)	554.579 (109)	2,828,026 (111)	613,190 (120)

県・第2級自治体	2000年		2002年		2004年	
	人口	世帯	人口	世帯	人口	世帯
ジュンブラナ	215,594 (108)	56,304 (137)	217,890 (109)	62,793 (153)	221,316 (111)	66,741 (163)
タバナン	383,121 (110)	95,959 (136)	390,971 (113)	97,471 (138)	397,673 (115)	100,206 (142)
バドゥン	318,064 (59)	72,196 (73)	341,985 (63)	78,180 (80)	358,311 (66)	83,458 (85)
デンパサール	398,932 (109/133)	84,876 (115/160)	427,722 (117143)	96,635 (130/178)	446,226 (122/149)	99,612 (134/186)
ギアニャール	367,805 (118)	77,771 (130)	373,239 (119)	79,354 (133)	379,005 (121)	82,861 (139)
クルンクン	165,043 (108)	34,833 (120)	166,552 (109)	36,161 (125)	170.092 (111)	35,824 (123)
バンリ	198,579 (119)	47,527 (139)	199,268 (119)	48,037 (141)	210,103 (126)	50,306 (148)
カランアッサム	369,320 (113)	86,767 (129)	384,208 (118)	89,208 (133)	389,576 (119)	93,319 (139)
ブレレン	582,312 (113)	136,819 (125)	588,662 (115)	143,575 (131)	607,616 (118)	148,963 (136)
計	2,998,770 (117)	693,052 (136)	3,090,497 (121)	731,419 (144)	3,179,918 (124)	761,290 (150)

注）表中の（　）内の数字は、1985年を100とした場合の指数をあらわしている。ただし、デンパサールの場合、前者は1995年を100とした場合の指数、後者は1985年を100とした場合の（バドゥン＋デンパサールの）指数をあらわしている。

出典：*Statistik Bali* 1985, 1990; Bali Dalam Angka 1995, 2000, 2002, 2004より作成。

し第二級自治体〔Daerah Tingkat II〕になった。したがってそれ以前の八五年と比較するには、〇四年をバドゥン＋デンパサールとする必要がある）。ちなみに、二〇〇二年時点で一〇歳以上就業人口の就業形態において被雇用者の占める比率がデンパサールで六六・八％、バドゥン県で五八・二二％と他を圧して高いのは、やはり都市化をしめす動向として注目される。いずれにせよ、以上より、先に概観したツーリズムの過程がバリ州南部特にデンパサールを中心とする都市化の過程としてもあることは明らかである。

もちろん、上述のツーリズム／都市化の過程とともに、バンジャールの数も増大しており、バドゥン県についていうと、六一四（一九八五年）→六二五（九〇年）→六一八（四一六＋二〇二・九五年）→六三九（四一六＋二二三・九七年）→九九五（五四七＋四四八・二〇〇二年）となっている（ただし、九五年からはバドゥン県＋デンパサールとなっている）。以下、そうしたバンジャールのうちから二つのケース（そして補足的に一つのケース）を取り出して、「多元的集団構成」のあり様について検討することにしよう。▼6

▼6 ちなみに、バンジャールに関する二つの事例は、二〇〇三年から二〇〇六年にかけて断続的におこなったフィールドワークの知見に基づいている。また補足的に言及しているRTの事例は、現在調査中のものであり、予備的段階の知見に基づいている。なお前者については拙稿〔吉原、二〇〇八b〕で詳しく述べているので、そちらを参照されたい。

5……都市インナーエリアのバンジャール（事例1）

一、組織構成と活動（その1）

まず最初に取り上げるのは、デンパサールのCBD（中心業務地区）の縁辺にあるデサ・プムチュタン・カジャに立地するバンジャールGである。このバンジャールは一九九五年から二〇〇五年にかけて人口で一万六二三〇人→二万一二五三人、世帯で三一三六→四三五二と著増しており、まぎれもなくデンパサールの都市化の一翼を担っている。しかし少子高齢化が進み、バンジャール内に存在する商店街がシャッター道路化するなど、部分的にインナーエリアに特有の様相を呈している。もともとバンジャールGは近年発展が著しいデンパサールにあって古くから住宅地を形成してきた地区である。

ところでバンジャールGは、先の図1の最底辺に位置するが、具体的には西デンパサール区のデサ・プムチュタン・カジャの下にある一三のバンジャールの一つであり、デサ・プムチュタン・カジャの村長（行政村長）の管轄下に置かれている。もっとも、以上はディナスの系（行政村―バンジャール・ディナス）のものであり、指摘されるような行政機構／統治構造はディナスの系とアダットの系の二層構造において把握しなければならない。

つまりバンジャールGは同時に西デンパサール区にある一〇の慣習村の一つであるデサ・プムチュタン・カジャにも下属し、慣習村長（ブンデサ）の管轄下にあるのである。

さて以上のようなディナスとアダットの二層構成からなるバンジャールGの組織構成を図示すると、図2のようになる。それによると、バンジャールGの組織構成はフォーマルにはディナスとアダットの二系

図２■ バンジャールGの組織構成

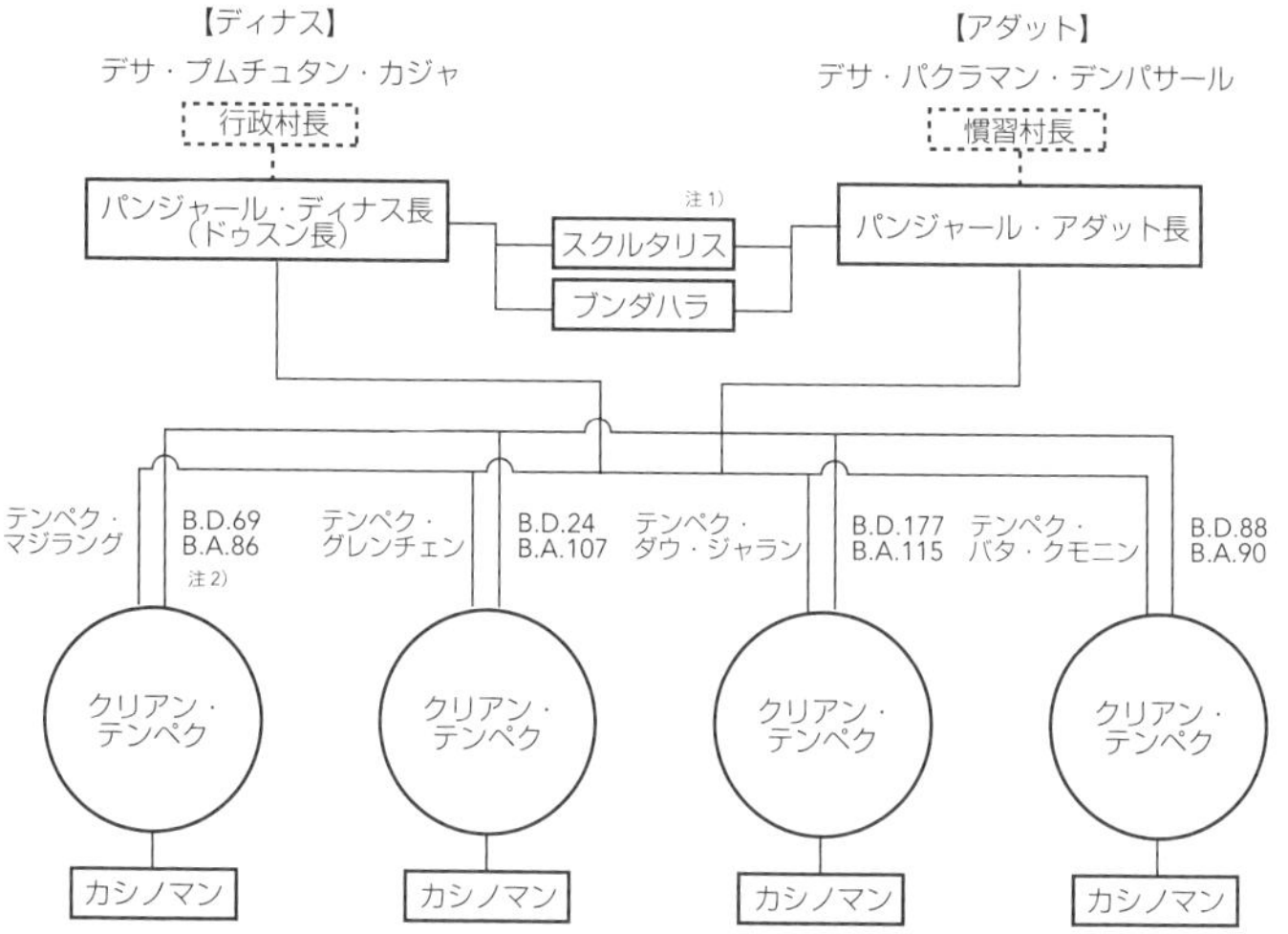

注1）スクルタリスは秘書、ブンダハラは会計のことである。
注2）B.D. はバンジャール・ディナス、B.A. はバンジャール・アダットのことであり、その後の数字は世帯数を表している。

列から成る。しかしディナスとアダットの秘書、会計、クリアン・テンペク（班長）、さらにカシノマン（連絡係）はそれぞれ同一人物が兼務しており、また四つのテンペク（班）に共通に足を下ろしている。そこでは「家長（世帯主）であること」、「バンジャールの区域内に居住していること」、「会費を払うこと（払えること）」を成員資格要件とするバンジャール・ディナスの成員と、「家長（世帯主）であること」と「ヒンズー教徒であること」を成員資格要件とするバンジャール・アダットの成員とが同一のテンペクに共属している。ちなみに、バンジャールGでは、ヒンズー教徒のうちの地元民だけをバンジャール・アダットの成員に、またヒンズー教徒のうちの非地元民と非ヒンズー教徒の地元民を一括してバンジャール・ディナスの成員にしている。

なお、図2において組織構成の要をなしている役職者のクリアン・ディナス（バンジャール・ディナス長）、クリアン・アダット（バンジャール・アダット長）、クリアン・テンペクは五年に一度、ガルンガン祭の六ヶ月前に開催されるテンペク毎の集会で選出され、それらの者（クリアン・テンペク）を行政村長および慣習村長が任命する。他方、秘書と会計（それぞれ一人）、クルクルを打つ係（二人）、テンペクの倉庫番（一人）は、クリアン・ディナス、クリアン・アダット、クリアン・テンペクの合議によって決められる。

いずれにせよ、バンジャールＧでは、メンバー編成および組織構成の上でバンジャール・ディナスとバンジャール・アダットは複雑に絡まり合いながらも、かなりの程度同体化している。このことはバンジャールＧの会計構造によっても確認することができる。バンジャールＧでは、会計処理をバンジャール・ディナスとバンジャール・アダットの別立てではなく、一括しておこなっている。たしかに会計の中身をみると、収入のほぼ全体を占める会費はヒンズー教徒と非ヒンズー教徒では異なっている。[7] また支出では一貫してアダット関連の祭礼費が突出している。しかしそれらの調整とか補填などは、明らかにディナスとアダットの範囲を越えて一元的に対応している。

それではバンジャールＧの日常的な組織運営はどうなっているのであろうか。その要をなすのはパルマン・バンジャール（定例会）である。バンジャールＧの場合、パルマン・バンジャールはバリ暦で一ヶ月毎に訪れるウラスパティ・ウマニスの際に開催されるサンクパン（月例会）ではなく、年二回、二百十日に一度のガルンガン祭の日にバレ・バンジャール（集会所）で開催されるものと、年二回オダラン（寺院の創立記念祭）の準備のために開催されるものである。パルマン・バンジャールは事前にバンジャール・アダットのメンバー全員にちらしで通知されるが、開催日当日クルクル（木の半鐘）を二一回鳴らすことであらためて出席をうながすようになっている。ここ数年の傾向としては、出席者は全メンバーのうちの約半数程度、そして概ね選挙の方法、財政状況、人口登録、儀式のやり方等が議題になっている。しかし討論はほとんどなされず、報告中心で、その範囲内で質問と応答がなされる。

他方、バンジャール内の日常の連絡は、通常、テンペク（班）毎に選出されたカシノマンがおこなう。カシノマンはテンペク内の各世帯を回り、ディナスからの連絡事項とか、バンジャール内で起きた出来事を伝える。またバンジャール全域にたいしては、クルクルでも知らせる。ウォレンによると、クルクルは「バンジャールの声をあらわすものであり、『メンバー間のさまざまな考えや意見の、調和がとれて融合している状態を示している』」［Warren 1993: 14］が、最近はもっぱらカシノマンを通して近隣の人びとの死とか出生、あるいは結婚を知ることの方が多いと言われている。いずれにせよ、パルマン・バンジャールをめぐるバンジャールGの組織運営の軸線は、ディナスとアダットの両方にまたがっているものの、明らかにディナスにシフトしたものとなっている。

二、組織構成と活動（その2）

ところでバンジャールの組織構成の特質に加えて、組織運営／活動の実態をみる場合に欠かせないのは、既述した上位機構との関連および組織内構成のあり様、とりわけ他組織／スカとの関連態様である。ちなみに、バンジャールGの地域内でその存在が確認されるのは、PKK、ポシアンドゥ、STT、アリサン（頼母子講）、ガムラン・グループ、プサンティアン（合唱団）である。それらの組織的態様および活動の概

▼7　ヒンズー教徒の場合は月額五〇〇〇ルピア、非ヒンズー教徒の場合は月額一万ルピアである。差額徴収の根拠は、前者は他に多くの出費を余儀なくされるので後者よりも低額におさえる必要があるとの判断による。なお、会費の納入は経済力のある世帯については年一回の支払い（一括払い）、経済力のない世帯については月払い（分割払い）ということになっている。

況（二〇〇七年四月現在）は以下の通りである。

◉ＰＫＫ

現在、一三グループ（一グループは一〇人）。ＰＫＫ長は通常ドゥスン長の妻がなるが、事情により妻が就任できない場合はドゥスン長が指名する。役職はＰＫＫ長（一人）、秘書（二人）、会計（二人）、保証人（一人…ドゥスン長）、各グループ三役（三人）から成る。秘書、会計、グループ三役はＰＫＫ長が「一緒に仕事ができる人／しやすい人」を指名。任期はドゥスン長の任期と同じ五年。ＰＫＫの主な活動は、①ヒンドゥ歌唱朗読活動（毎週月、金曜日開催、二〇人程度参加）、②上記①の活動のためのガムランをたたく練習（毎週火、金曜日開催、一〇人程度参加）、③大きいガムランをたたく練習（毎週水曜日開催、三〇人程度参加）、④ＰＫＫと敬老会の体操（毎週木曜日開催、四〇人程度参加）、⑤ガムランをたたく練習（③と同じ活動、毎週土曜日開催）、⑥ＰＫＫだけの体操（毎週日曜日開催、四〇人以上参加）、⑦ＰＫＫアリサン（毎月五日に開催、会員はＰＫＫメンバー全員。一、二、三のグループ単位で開催。講金は毎回一万ルピア。講金受け取り人はくじ引きで決定）、である（なお、開催場所はいずれもバレ・バンジャール）。

◉ポシアンドゥ

メンバー役職者の五人。役職者はポシアンドゥ長（一人）、秘書（一人）、会計（二人）、顧問（一人…ＰＫＫ長）、保証人（一人…ドゥスン長）。役職者は同時にカデル（ボランティア）でもある。役職者は、ＰＫＫ長とドゥスン長が本人の能力を考慮して選出。任期五年。毎月八日バレ・バンジャールで開催。五歳未満児が対象。プスケスマス（保健所）から医師、看護師が派遣され、マニュアルにしたがって診療、栄養指導、家族計画活動などを実施。ＰＫＫ長が私費で調達した栄養粥を配給。薬、栄養剤はプスケスマスが提供。ポシアンドゥでの個人記録は毎月、プスケスマスを介して州に報告。

◉ＳＴＴ

役職者は会長（一人）、副会長（一人）、秘書（二人）、会計（二人）、各テンペクのコーディネーター（二人）から成る。未婚の一七歳以上が会員。結婚と同時に退会。活動は現在ほとんどなされていない（休止状態）。ＳＴＴの活動は会長によって活発になったり不活発になったりする。

◉スカ・ガムラン・ラキラキ

男性ガムラン・グループ。ＰＫＫ活動の曜日以外に不定期にバレ・バンジャールで練習。メンバー、三〇人程度。役職者なし。しかし上位組織のＳＴＴが活動を停止するなかで不活性化している。

◉スカ・ガムラン・アナック

子どもガムラン・グループ。スカ・ガムラン・ラキラキとほぼ同じ。メンバー、三〇人程度。

◉プサンティアン

実質的にＰＫＫ活動①②⑤によって代替されており、組織はないに等しい。なお、男性プサンティアンはスカ・ガムラン・ラキラキと同じ状態に置かれている。

詳述はさておき、上記の組織／スカはいずれもＰＫＫとＳＴＴを介してバンジャールに下属しており、バンジャールが直接、間接に役員を出している。したがって、それらのほとんどが官製組織としての一面を有している。ちなみに、ＰＫＫとアリサンの代表はこれまでクリアン・ディナス（ドゥスン長）の妻の指定席であったし、現にそうである。そしてポシアンドゥの担い手（カデル）はＰＫＫを供給源としている。また一部ガムラン・グループ、スポーツサークル（現在活動していない）はＳＴＴのブランチである。ここではウォレンが着目するバリの文化における集団主義志向と社会的行為のインフォーマルで表出的な面[Warren 1993: 8-9]は観取されず、むしろ行政（ディナス）目的に馴化した道具主義的な諸組織／スカの布置構成が特徴をなしている。

6……都市近郊のバンジャール（事例2）

一、組織構成と活動（その1）

次に取り上げるのは、デンパサール近郊に立地するカンポンⅠである。カンポンⅠは、デンパサールの南デンパサール区を構成する一〇のデサ／クルラハンの一つ、デサ・プモガン内にある。デンパサールのＣＢＤから南方へ七キロ下ったところにあるデサ・プモガンは、二〇〇五年一二月現在で一五のバンジャールと一つのカンポンからなるが、その一つのカンポンがここでとりあげるカンポンⅠである。カンポンⅠは組織的には一五のバンジャールと「横並び」であり、また「ドゥスン／バンジャール」の二元的構成からなる点でも他のバンジャールと変わらない。しかし一五のバンジャールのメンバーがいずれもヒンズーのバリ人であるのにたいして、カンポンⅠのメンバーはムスリムのバリ人である。もともと「ドゥスン／バンジャール」の二元的構成は行政がヒンズーの教義に底礎する慣習村を取り込みその基底に据えたところに端を発しているが、カンポンⅠはヒンズーとはまったく交差しないにもかかわらず、二元的構成をとっている。[8] この点は後述するとして、さしあたりカンポンⅠが立地するデサ・プモガンの都市化状況を一瞥しておこう。ちなみに、カンポンⅠに関する統計的データが不備なので、ここではデサ・プモガンのデータで代替しておく。

そこで再び『バリ州統計書』によって、南デンパサール区のデサ／クチャヤマタン別の人口推移を一九九三年を一〇〇とした二〇〇四年の数値で比較してみると、プモガン二九五、プドゥンガン二一四、ススタン二二〇、スランガン一一八、シダカリヤ一九八、パンジュル一七五、レノン一七五、サヌール・カウ一八〇、サヌール一八八、サヌール・カジャ一三一となっており、南デンパサール区全体の一九八に比較してデサ・プモガンの数値があきらかに高いことがわかる。つまり九三年から〇四年にかけての人口都市化において、南デンパサール区のなかでもデサ・プモガンのそれがとりわけ高い（表3参照）。次に『プモガン村統計』によって住民動向をみると、デサ・プモガンでは九二年から〇三年において明らかに恒常的勤務層／非農業従事者が増大し（四二・一%→六八・〇%／六五・九%→八六・二%）、居住層がイスラム化し（二・五倍）、学歴格差が拡大している（学歴なし層二・一%→一二・一%、大卒層五・二%→九・二%）。カンポンⅠは、以上のような都市化を経験し、現に経験しつつあるデサ・プモガンの一郭を占め

▼8　興味深いのは、後述するRT・Bとの差異である。同じムスリム・コミュニティでありながら、カンポンⅠの場合、明らかに「バリ化」している。カンポンⅠにみられる「二元的構成」には、「開発」体制下の「上から」の作用が読み取れる。他方、RT・Bの場合にみられる「集団の型」の持ち込み（＝「非バリ化」）は、「ポスト開発」への移行期に特有のものであると想到される。しかしいずれの場合も、グローバル化（＝グローバルツーリズム）の影響が外挿的におよんでいることには間違いない。

表 3 ■ デンパサール市南デンパサール区の人口推移（1993 〜 2004 年）

区	クチャマタン／デサ	1993年	1995年	1997年	2000年	2002年	2004年
南デンパサール	プモガン	8,032	10,517	10,853	22,025	23,612	23,657
	プドゥンガン	9,388	10,444	10,712	18,977	20,042	20,081
	ススタン	15,857	17,014	18,295	32,174	34,817	34,885
	スランガン	2,654	2,764	2,837	2,967	3,114	3,120
	シダカリャ	6,593	7,307	7,998	12,282	13,019	13,044
	パンジュル	12,704	13,558	14,204	19,450	22,206	22,249
	レノン	6,126	6,542	6,661	10,065	10,691	10,712
	サヌール・カウ	6,736	7,348	7,409	11,238	12,071	12,095
	サヌール	7,419	7,682	8,195	13,293	13,911	13,938
	サヌール・カジャ	5,841	6,291	6,727	7,182	7,628	7,643
計（区）		81,350	89,467	93,891	149,653	161,111	161,424

ている、約六ヘクタールからなるカンポンである。当然のことながら上述のようなデサ・レベルの住民動向も集約的に担っている。二〇〇四年一二月現在、カンポンIのドゥスン（ディナスの系）の世帯数は二六一、人口は九五九人である。全員がムスリムである。

さて先にも触れたように、カンポンIはムスリム・コミュニティにもかかわらず「ドゥスン／バンジャール」の二元的構成となっている。まずドゥスン（バンジャール・ディナス）であるが、その構成世帯は、昔からの世帯とKIPPという身分証明書を持っている、最低五年間居住している移住世帯からなる（上記時点で後者は七五世帯）。後述するように、キプム（KIPEM）と呼ばれる一時居住者がカンポンIには広範囲に存在するが（上記時点で三一二人）、彼らはドゥスンの構成員ではない。カンポン・イスラムには三つのプマクサン（後述）があり、各プマクサンには班長・秘書・会計（各一人）が置かれている。彼らを日常的に統率し、カンポンの構成員とデサをつないでいるのがクパラ・ドゥスン（ドゥスン長）である。そして彼を補佐するのが秘書と会計（各一人）である。このようにして、クパラ・ドゥスン⇅班長⇅住民というタテの軸（役

図3■カンボンⅠの組織体制（ドゥスン／バンジャール・ディナス）

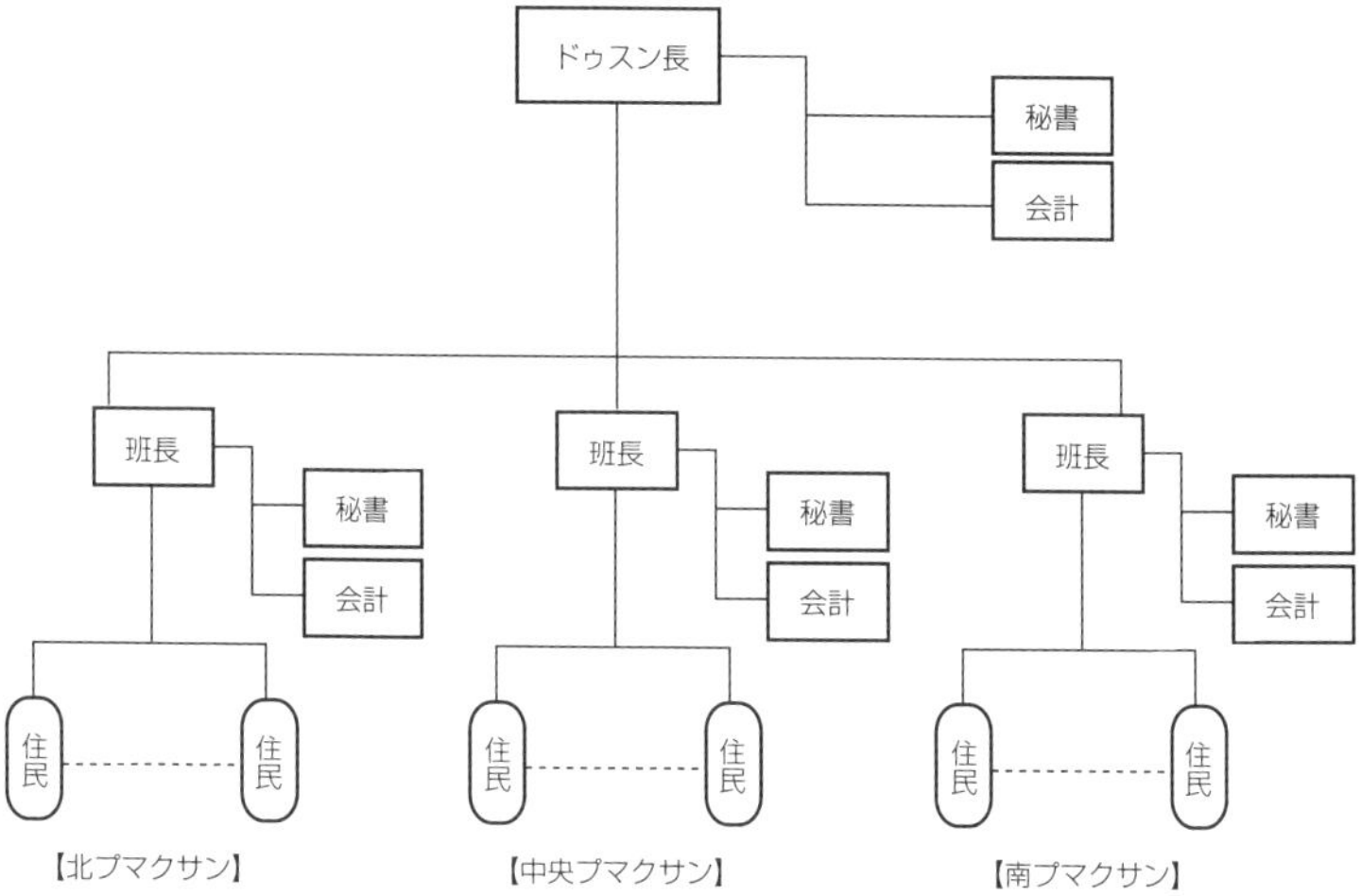

職構成）からなる図3のような組織体制ができあがっている。

それではドゥスンの運営と活動はどうなっているのであろうか。それらは基本的に六ヶ月に一回、イスラム学校で開催される定例会と不定期にモスクとかイスラム学校で開催される臨時会議で決定されるが、いずれも役員のみが参加する。ここ二〜三年、これらの会議で議題となっている主なものは、学校等インフラの整備、規則遵守、キプム対策、宗教関連事項、環境整備問題（ゴミ問題）である。ドゥスンとして、つまり行政の系でおこなわれている活動の主だったものは、他のドゥスン（バンジャール・ディナス）と同じように、住民登録業務／各種証明書の発行、道路掃除などゴトン・ロヨン（相互扶助活動）、五歳未満児の健康診断・予防接種、選挙協力などである。いずれも、行政村からの委託／下請業務であり、構成員の全員参加の下で、あるいは班を組んでおこなわれているが、その多くは後述するPKK、STT、ポシアンドゥ、シスカムリンなどの組織的ネットワークを介してなされている。これらはほとんどが無償でおこなわれているが、活動に要する経費は住民登録に関する手続き料収入の一部があてられている。

ちなみに、カンポンIの場合、ここ二～三年道路掃除と並んでゴミにたいする除去活動、さらにキプムの手続に関連する業務が急速に増大している。前者については、都市的生活様式の進展に伴う大量の生活ゴミ投棄のためスバック用水路が機能麻痺寸前の状態にあり、行政村からの強い要請もあって該当箇所の住民が一週間に一回総出で除去にあたっている。他方、後者はディナス業務のかなりの部分を占めるようになっている。とりわけグローバル・ツーリズムの進展とともに、農外部門に転じた地元民に代わって田畑で米や野菜を作ったり、バティク工場で染色とかプリントに従事する、ジャワからのキプムが増え、かれらの手続き問題がカンポンIにとっていまや最大の懸案事項となっている。現在、カンポンIでは、ハンシップ（民間防衛隊）、STT、プマクサン、プチャラン（警備員）の各代表からなるチームが一週間に一回キプムの仮居所を訪問し、キプムの滞在期間をチェックする。そしてその結果を行政村に報告するとともに、オーバーステイしている場合は、モスクに呼び出し指導する。チームから連絡を受けた行政村はシダック（抜き打ち検査）をおこない、オーバーステイしているキプムに罰則金を課す。他方、モスクに呼び出されたキプムにたいするチームの指導は、懲罰的なものというよりは、キプムの手続きの説明をおこなったり、困窮者にたいして手続き料の支払いの相談に応じたりしている。こうしてカンポンIはキプムにたいする行政村の業務をより下位のレベルで代行しながらも、部分的にキプムにたいしてセーフティ・ネットを張るといった役割を演じている。

二、組織構成と活動（その2）

ところで先に指摘したように、カンポンIではムスリム・コミュニティであるにもかかわらず「ドゥス

図4 ■ カンボンIの組織体制（バンジャール・アダット）

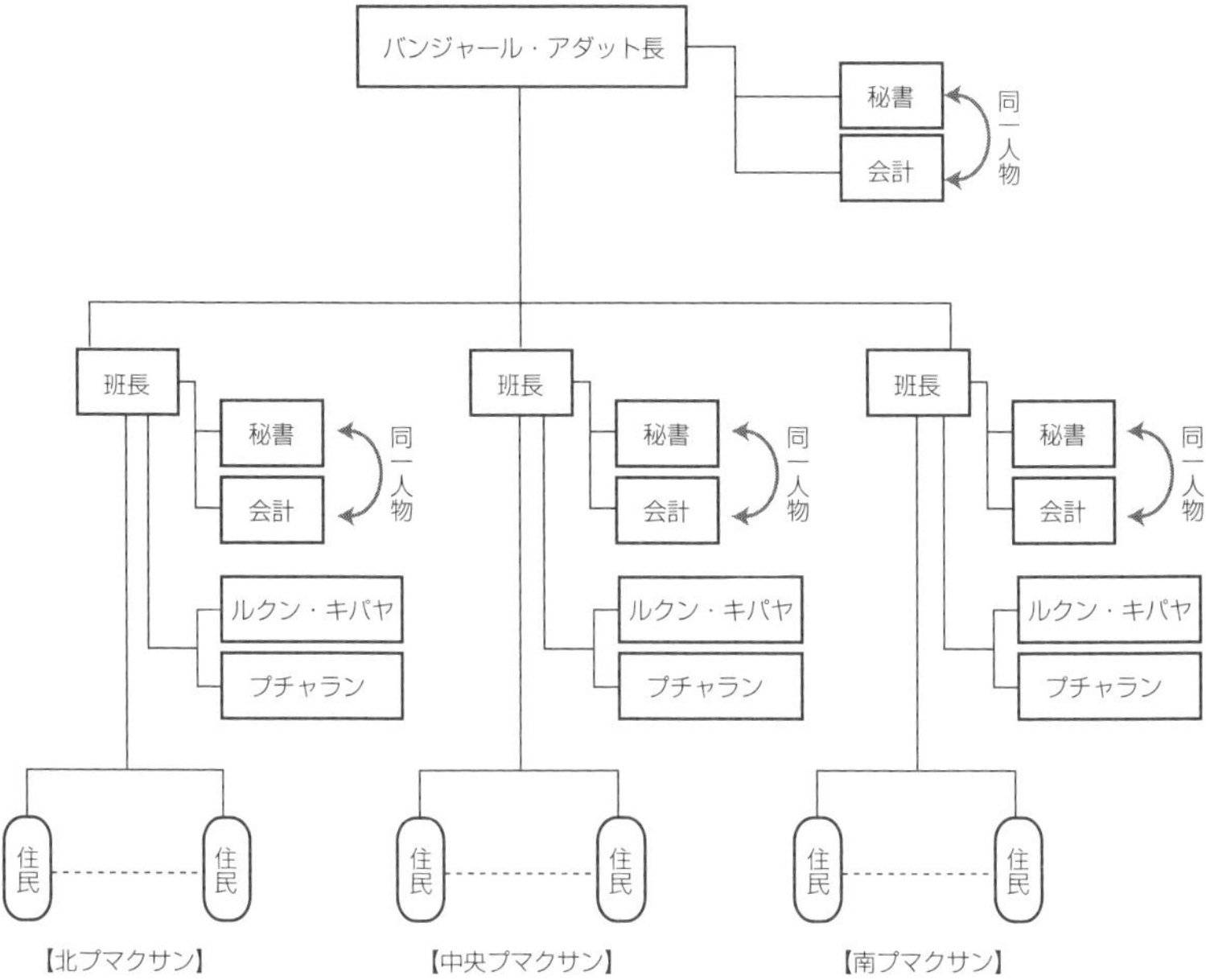

ン／アダット」の二元的構成になっている。もっともバンジャール・アダットが公的に登場するようになったのは二〇〇一年以降である。それまではプマクサンがバンジャール・アダットの代わりをなしていた。長い間、カンポンIではヒンズーの宗教儀式が存在しないということでバンジャール・アダットの設置が認められなかった。そこでワリコタ（市長）に交渉して「カンポンでもバンジャール・アダットと同じような儀式を行っている」と主張して、他のバンジャールと横並びにバンジャール・アダットの設置が認められた。

発足まもないバンジャール・アダットのメンバーは、ディナスのメンバーを含めてきわめて広範囲にわたっており、「モスクに来る人」までも含み込んでいる。そしてその組織体制は図4

のようになっている。ドゥスンのものとほとんど変わらない。というよりは、明確に重なっている。次に役職体制とともに組織運営の要をなす定例会および臨時会議に目を移すと、役員のみが参加する定例会は年四回クパラ・ドゥスンのオフィスで開催される。定例会は最高決議機関となっており、バンジャール・アダットの重要案件はここで議論され決定される。ここ二～三年の主だった議題は、住民登録とりわけキプム対策、学校等インフラの整備、環境整備問題（ゴミ問題）等である。これらの問題はドゥスンとアダットのそれぞれの活動の守備範囲を越えて地域共通のイッシューとなっている。別の見方をすれば、本来ドゥスンが対処すべきイッシューがバンジャール・アダットの動員なしにもはや処理できなくなっていることを示しているといえる。なお臨時会議はアドホックな事柄（たとえば〇二年の爆弾テロ）をめぐって随時開催されるが、ここで議決をおこなうことはなく、もっぱら出席者の間で情報交換がなされる。

さて、以上のような組織体制／運営とともに、バンジャール・アダットではイスラムの祝祭、結婚式、ゴトン・ロヨン等をとりおこなうことになっている。まずバリ暦にしたがって、イスラ・ミラジュ、イドル・フィトリ、イドル・アドハ、マウリッド・ナビ、ムハラム（元旦）といったイスラムの祝祭をおこなう。全員参加が原則で、イドル・フィトリ以外はモスクでとりおこなわれる。アダットが独自におこなうゴトン・ロヨンとしては、デサ・コンテストのとき、断食の一〇日前、独立記念日の前になされる道路掃除、毎週金曜日の朝、断食の一〇日前になされるモスクの掃除がある。これ以外に、スポーツ活動、バザール、プサンティアン（合唱団）、デング熱予防活動等がおこなわれる。いずれもＳＴＴ、ＰＫＫ、ポシアンドゥなどが活動母体となっている。このようにカンポンＩでもドゥスンとバンジャール・アダットの間で、お互いの活動領域について合意が成立している。しかし現実にはディナスとアダットの相互浸透が進み、キプム対策にみられるように後者が前者に取り込まれる面が常態化している。次項でこのことについて少し掘り下げて検討してみることにしよう。

三、組織構成と活動（その3）

ここでは前節（5）同様、カンポンⅠにおけるドゥスン／バンジャールと諸組織／スカとの関連態様について一瞥してみる。カンポンⅠ内に存在するのは、ＰＫＫ、ポシアンドゥ、ＳＴＴ、コプラシ（協同組合）、プンガジアン（イスラムの勉強会）、スポーツサークル、シスカムリン、ロダットである。それらの組織的態様および活動の概況は以下の通りである（二〇〇七年六月現在）。

◉ＰＫＫ

会員は約一〇〇人。任意加入。ＰＫＫ長は通常ドゥスン長の妻が就任するが、現ＰＫＫ長はドゥスン長の妻が他の仕事で忙しいために、「クパラ・ドゥスンのことをよく知っていて、他人とのコミュニケーションがよくとれて能力がある」他の人が就任。役職者はＰＫＫ長（一人）、秘書（一人）、副秘書（一人）、会計（一人）、副会計（一人）、各グループ（ダサ・ウィスマ）三役（三人）。役職者のうちＰＫＫ長、会計、副会計、秘書、副秘書は公式にはメンバーの選挙で選出（ＰＫＫ長は指定席。その他については実際にはなり手がないので事前に打診し了解を得る）。各グループ三役はＰＫＫ長が指名。任期はいずれも六年。主な活動は①アリサン（毎月一回開催、会員はＰＫＫメンバー全員、毎月の掛け金は一万一〇〇〇ルピア、そのうちの一〇〇〇ルピアをキャッシュボックスに納入、開催場所はモスクほか。なお実施前に必ずＰＫＫ長がクチャマタン〔区〕から降りてきたプログラムを説明）、②エアロビクス（随時開催、開催場所は幼稚園の校庭、メンバーのうち約半数程度参加）、③ゴトン・ロヨン（道路の掃除など、定期的に実施、約九〇％参加）、④ポシアンドゥ（後述）、⑤五歳未満児の調査（随時、担当者全員参加）、である。会費は月額一〇〇〇ルピア。クチャマタンから母の日とかロンバ・デサ（慣習村コンテスト）の準備のために五〇万〜一〇〇万ルピア支給される。またドゥスン長から月額五万ルピア支給される。他に収入として国の土地家屋税を徴収するための通知書の配布手数料五〇万ルピア。

●ポシアンドゥ

メンバーは役職者（カデル）の五人。役職者はドゥスン長が指名。責任者（代表一人）を役職者の話し合いによって選出。現在、五人のうち四人はPKKの秘書、副秘書、会計、ダサ・ウィスマのコーディネーターを兼務。PKKの活動とともにプスケスマスの活動を担う（後者は一ヶ月に一回モスクで開催）。他に、政府の活動、とりわけPIN（全国予防注射実施プログラム）のための活動を実施。活動は基本的には前掲のバンジャールGのポシアンドゥと同じ。栄養粥はクチャマタンの補助に基づいているが、作るのは五人のカデル。クチャマタンから月額五万ルピアの補助金。

●STT

役職者は会長（一人）、副秘書（六人）、会計（一人）、副会計（二人）、各部の部長（副秘書の六人）から成る。役職者の任期は三年。会長はPKD（デサの治安を守る役員）の秘書、ハンシップ・メンバーとロダットの副会長、秘書はロダットのコーディネーター、会計はロダットのメンバー、副会計の一人はコプラシ・アマナンの組合員、部長の一人はロダットの会長とコプラシ・アマナンの秘書、また別の一人はロダットの副会計とハンシップ・メンバー、さらに別の一人はコプラシ・プモガンの組合員をそれぞれ兼務。会長は会員の選挙によって選出（ただし、現会長についてはなり手がなくドゥスン長が能力、意欲、学歴を考慮して事前に打診して決定）。秘書、会計は会長が指名、各部の部長は三役の合議で決定。会員はカンポン内の一五歳以上の男女すべてが入会することになっているが、実際は七割程度にとどまっている

（未加入者のほとんどは女性）。結婚と同時に退会。ＳＴＴ独自の活動はほとんどない。

◉コプラシ・アマナン

信用組合のこと。組合員は約四一〇人。役職者は代表のみ。ただし、ドゥスン長がアドバイザー。ワルン（店）の経営とお金の貸し出しが主業務。貸し出し対象はカンポンⅠの住民。利子は二％（ただし、非組合員は三％）。現在、カンポンⅠの全住民の三〇〜三五％が借金。借金をする場合、ドゥスン長の推薦状が必要。一人当たり平均借金額は一〇〇〜一五〇万ルピア。現在、コプラシは赤字で、特に爆弾テロ事件以降、借金をする人が増大。

◉プンガジアン

メンバーは地域の全女性（子どもから主婦まで）。五つのグループ、すなわち①五〇〇人のグループ、②三〇〇人のグループ、③一〇〇人のグループ、④八〇人のグループ、⑤三〇人のグループ、から成る。それぞれに代表（会長）が存在するが、①および②は会長－副会長制となっている。ちなみに、⑤の代表はＳＴＴの女性部長とコプラシ・アマナンの組合員を兼務。①②④は毎日、③は週三回、⑤は週一回開催。開催場所は個人の家もしくはモスク（総じて小さいグループの場合は個人の家、大きいグループの場合はモスクで開催）。プンガジアン・アリサンの講員は約三〇人の主婦。責任者はプンガジアンの代表者。月一回、講金（毎回六万ルピア）を受け取る講員の家で開催。賭け金は二〇〇〇ルピア。開催時に軽食あり。講金の使途は主として生活費の補塡と子どもの学費に充当。クチャマタンからのプログラムの説明なし。宗教の説明のみ実施。講員の抱える悩みの相談とコーランの教えによる解決策の提示。

◉スポーツサークル

四部制（サッカー、バドミントン、プンチャシラ〔空手〕、チェス）。メンバーは約四〇人（男三五人、女五人）。会費なし。代表者なし。ただしプンチャシラには代表者あり（代表者はロダットの責任者を兼務。＊ロダットの舞踊はプンチャシラの基本技であるゆえ両者は重なる）。バドミントンはコートを借りるときにお金を徴収。プンチャシラは寄付金を募り、それを運営費に充当。スポーツサークルにとってドゥスンはパトロン。

◉シスカムリン

存在するが事実上休止状態。ディナスのハンシップ（民間防衛隊）は一九八〇年頃から存在。現在のメンバーは七人（うち二人はプンチャシラの役員を兼務）。アダットのプチャラン（警備員）は二〇〇〇年に発足。現在三人。プチャランもハンシップもドゥスン長が指名し夜警活動に従事。活動資金はデサが拠出。イベントの際の警備は主催側が謝金を出す。ハンシップとプチャランがカンポンⅠの代表としてＰＫＤを構成。

◉ロダット

イスラム護身術の歌舞団。古くから存在、しかしその後休止状態が続き、一九八〇年頃から再び活発化。踊る人の多くはＳＴＴのメンバー。また演奏する人の多くは既婚者。役職者は顧問（ドゥスン長、バンジャール・アダット長、モスクの礼拝部長の三人）、責任者（二人）、指導者（二人）、会長（一人、ＳＴＴ制作部長）、副会長（一人、ＳＴＴ会長）、秘書（一人）、副秘書（一人）、会計（一人）、副会計（一人、ＳＴＴ通信部長）。七〇年代は宗教的色彩が濃厚で、それぞれの踊りに宗教的含意が込められていたし、またメンバーになるための資格要件も厳格だったが、グローバル化に伴う生活様式の多様化、ITの普及などによる娯楽化が進展。ただし、近年、七〇年代への回帰の動きが台頭。[9]

ここでもPKKとSTTをコア（中核）にして、諸組織／スカの間で多元的で有機的な連関が成り立っている。そして擬似的な二元的構成の下でそうした諸組織／スカがヒトもしくはカネを介してカンポンとむすびついていることがわかる。こうしてカンポンIでは、先に見たバンジャールGとは明らかに位相を異にしながらも、全体としてディナスの方に軸線を移した諸組織／集団の布置構成が観られるようになっているのである。つまりカンポンIの場合、他のバンジャールに似せてつくられた「ドゥスン／バンジャール」の二元的構成がカンポンのアダット化ではなくディナス化をおしすすめている。もちろんそれはカンポンそれ自体のいっそうのイスラム化と深く結びついているのである。いずれにせよ、ここでは「多元的集団構成」がきわめ畸型的な形で析出されるのである。

＊本章では、バリ全体に布置しているバンジャールをバリの地域コミュニティとして言及してきた。そして、そうしたバンジャールをジャワの住区レベルで一律に存在するRT（隣組）／RW（町内会）と横並

▼9　ロダットの効用としてしばしば言及されるのは、それが地域のまとまりや青少年の統合という点できわめて重要な役割を果たしているということである。しかしそれだけにとどまらない。踊りの際の歌唱にイスラムの教義が織り込まれており、宗教的なアイデンティティ形成の上で果たす役割も無視できないといわれている。ともあれ、ロダットを介してのイスラムの教義によるアダットの世界の取り込み／包絡は、それ自体、イスラム・コミュニティの「バリ化」とともに「脱バリ化」の進展をあらわしている。

図5 ▩ RT・Bの組織体制

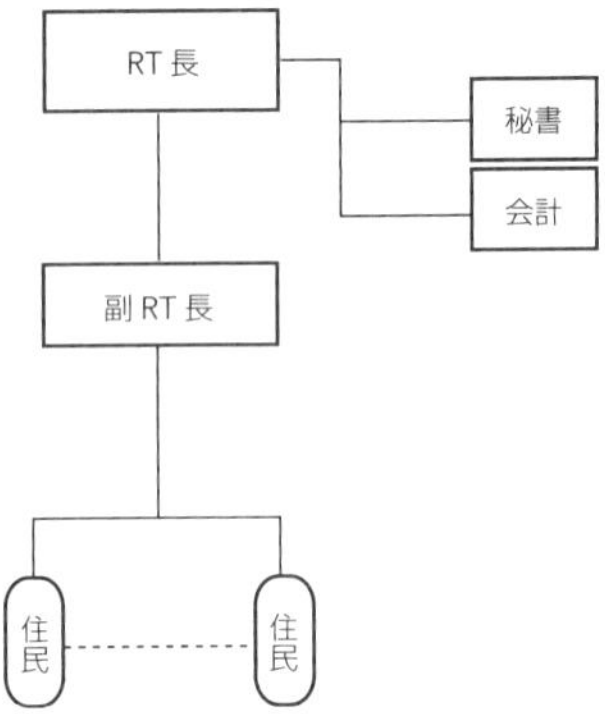

びにとらえてきた。しかしバリにおいても、RTはごく僅かばかりであるが存在する。以下、その一つを走りぬけに概観しておこう。
　バドゥン半島の付け根にあるジンバラン地区のリンクンガンPに布置するBというRTは、一九九〇年に二二世帯をもって発足した。発足時の世帯はすべて非ヒンズー教徒（ムスリム）の外来者であった（ちなみに、二〇一〇年三月現在の世帯数は三八で、その七割はムスリム）。彼らの流入は、空港の整備およびそれに伴うツーリズムの発展と深くかかわっていた。RT発足の契機は、地区住民が人口の登録とか各種証明書の発行をクパラ・リンクンガンを通してクルラハンに申請する際に、また地域の情報を管理する際に、何らかの集団が必要になったことによる。そのとき地区住民は集団の型としてRTを選んだ。組織構成は、図5のようになっており、きわめてシンプルである。役職者はメンバーの指名により選出され、無報酬である。上記役職者以外にメッセンジャーがいるが、アドホックな業務を担い、その都度一万ルピアの謝礼を受け取る。会費は年一万ルピアで、紙代（回覧板）と上記のメッセンジャーにたいする謝礼、さらに集会所の維持・管理費に充てられている。
　RTの主たる活動は、〔一〕人口登録・各種手続き、〔二〕ゴトン・ロヨン、〔三〕独立記念日の各種催し、〔四〕冠婚葬祭、〔五〕集会所の管理・維持である。まず〔一〕であるが、RT長↓クパラ・リンクンガンを介して行われてきたが、三年前にRT長が転出してからは、RT長空席の状態が続き、住民個々がクパラ・リンクンガンに直接申請することになっている。〔二〕は、独立記念日の前の地区の清掃のことであり、回覧板（一枚の紙）によって参加要請がなされる。清掃は日曜日におこなわれ、全世帯のほぼ七割が参加する。不参加者には罰則を課さない。〔三〕は、RTが総力をあげて催す。子ども中心だが、父母も参加し、全世帯をあげてのものとなる。費用は寄付金と各世帯からの拠出金（平均二万ルピアであるが、豊かな世帯はそれ以上出す）が充てられる。〔四〕のうち葬式については、RTが費用を負担することはないが、RTのメンバーは宗教が違ってもほぼ全世帯が参列する。夜遅くまでコーランのお祈りがある。結婚式については招待状を持参する人だけが参加し、RTは関与しない（通常は、近くの空港のホールで挙行される）。最後に〔五〕であるが、維持・管理主体はRTで、維持・管理に必要な費用はRTの会計から出される。ただし、維持・管理は大概がゴトン・ロヨンである。集会所はRTの集会、独立記念日の行事、個人的な祝い事等のために使用される（いずれも無料）。

みられるように、このRTでは、バンジャールの範型をなす二元的構成も「多元的集団構成」も実質的に存在しない。またジャワのRTに根強く存在する宗教活動も、ここでは一部冠婚葬祭は別にして各世帯の「私的」なものとして遂行されている。あえていうならば、もっぱら行政との対応関係のなかでかろうじてその存在が確認されるものとなっている（ちなみに、独立記念日の際のゴトン・ロヨンにしても記念日当日の行事にしても、基本的には「上から」要請されたものとしてあるといっても過言ではない）。結局のところ、このRTは外来者によってもたらされた「集団の型」を示してはいるが、バリ化する以前に組織的に形骸化してしまっているのである。

7……むすびにかえて

以上、ここでは二つの事例（そして補足的にいま一つの事例）を通して、バリ・コミュニティの「多元的集団構成」のあり様をみてきたわけだが、たしかに指摘されるような「多元的集団構成」が内包するコスモロジーはいまなお保持されている。しかしそうしたものが型（構造）としては維持されながらも機能としては変容を遂げているのも事実である。ちなみに、本章1のウォレンの言述によるとダディア／ソロおよびプマクサンは「多元的集団構成」の基底を成すものであるが、バンジャールGではダディアもしくはソロは人びとの日常生活においてはほとんど表出してこない。またプマクサンはサンガー（屋敷寺）を家族で祀るという極端に縮減された形でしか存在しない。つまりいくつかのダディアを糾合した地域儀礼のようなものとしてはもはや存続していないのである。

他方、カンポンⅠについていうと、興味深いことにムスリム・コミュニティであるにもかかわらず、ソロもプマクサンも存在する。ここではソロは概ねパンデ、ヌサ、ブギス、ウブンに分けられるが、それらは父系を中心とする、共通する先祖の子孫であるといった固い紐帯ではなく、むしろ自らの生業の出自を確認するといった程度の緩い紐帯で結びついている。したがって割礼式の場合は例外として、たとえばスカ・ドゥカ（冠婚葬祭の相互扶助）の場合でいうと、どのソロに属しているかといったことはどちらかというと副次的なものでしかないといっていい。次にプマクサンであるが、ここでは図3、4にみられるように、本来のあり様から離れて事実上住縁を契機とした地域コミュニティ（ジャワでいうRT／バンジャールGでいうとテンペクに該当）となっている。そして既述した諸組織／スカがこのプマクサンに足を下しながら、プマクサン自体、ラマダン（ヒジュラ暦の第九月）の際の三回に及ぶカタ－マン（供食儀礼）の担い手となっている。同時に、プマクサンの三役（プマクサン長－秘書－会計）はディナス業務のエージェント（代行者）でもある。ともあれ、カンポンⅠでは、プマクサンのイスラムへの援用・代替が擬似的な「ドゥスン／バンジャール」の取り込みとともにみられるのである。

さてあらためて注目されるのは、補足的にとりあげたRTの事例である。そこでは、異系の社会に持ち込まれた「集団の型」としてのRTの形骸化過程を垣間見ることができる。詳述はさておき、そこでの形骸化過程は一方でバンジャールGの変容過程（→ディナス化）と部分的に共振しながら、他方で同じイスラム・コミュニティでありながら、カンポンIとの（地域コミュニティの「共同性」の次元で）差異を拡げているようにみえる。この一方での相同化の過程と他方での異化の過程は、みてきたようなバンジャールの変容過程（二元的構成と「多元的集団構成」の構造的継続と機能的変容の過程）を「開発－ポスト開発」、「グローバル－ローカル」の交差する地平で、より広い文脈でとらえるべきであることを示しているといえる。

いうまでもなく、とりあげた事例はグローバル・ツーリズムの影響がより直接的に及んでいる地域であり、またムスリム・コミュニティ自体、バリ社会においてマイノリティであることを考慮するなら、バリ・コミュニティの全体動向を概観するというには本章はあまりにもバイアス（偏向）を伴っているといえるかもしれない。[10] しかし同時に、本章の事例が表題に関して先端的事象を示すものであることも否定できないであろう。

▼10　この点は、倉沢愛子が吉原編著［二〇〇八a］にたいする書評論文において指摘している点でもある［倉沢、二〇〇九］。たしかにバンジャールとRT間だけでなく、同じバンジャールの間でも都市部と農村部とではかなりの違いがある。実際、農村部でのヒヤリングでよく耳にするのは、「アダットはずっと昔から全く変わっていない」という声である。しかしアダットが制度化されたのは「ずっと昔から」ではなく、コロニアルの体制下においてである。

第11章

変容する移民コミュニティ

——パリ日本人社会の存在形態

出会われるものは「のために役立つ」「に対して用いられる」「に対して重要な」という相で現に存在する。

ハイデガー『オントロジー』

1……はじめに

グローバル化がすさまじい勢いですすんでいる。少し長いスパンでみると、グローバル化は「時間と空間の圧縮」（D・ハーヴェイ）を極限にまでおしすすめ、ヒトの移動と相互作用をかつてない規模にまでひろげている。このヒトの移動と相互作用は、ついこの間までは、国民国家の機制のなかにあって「共同体」として想像できるものと関連して述べられることが多かった。しかしいまや、「国際公共性」（渡辺靖）の形成とかかわって論議されるようになっている。

かつてバウマンは、国民国家の機能変容を「『庭園師』から『猟場番人』へ」というメタファーで示し、「ポスト・パノプティコン的」といわれる権力が、特定の領土とか空間から離脱しており、むしろフローそのものとしてあるということを指摘した［Bauman 2000=2001］。スピードがあり軽やかで、さまざまなネットワークをかけめぐるこのパワーレスな権力は、まさにグローバル化のもたらした「ハイブリッドなもの（the hybrid）」を具現するものである。とはいえ、国民国家が国民を統制／統合するといった意思をまったく放棄してしまったわけではない。そうではなくて、グローバル化の進展によって、国民国家の内包する「モダンのジレンマ」が表出し、それが越境的なヒトの移動と相互作用としてあらわれているのである。国民国家による国民統合は、B・アンダーソンがいみじくも指摘しているように、公教育による国民規範の教え込みを通してなされてきたが［Anderson 1983=1987］、実はこの教育を受けた個人は国家の外にある世界へと越えていこうとする性向をもつ[1]。グローバル化は、国民を統制／統合したいという国家の意思を許容した状態で、国家を越えて外とつながろうとする個人の叢生をうながしたのである。

ともあれ、国民国家の国民統合の意思とそこから脱却したいという個人のさまざまな思いが複雑に交錯するなかで、越境的なヒトの移動と相互作用がみられるようになっているのである。当然のことながら、こうしたヒトの移動と相互作用は、いまなお国民国家の機制のなかにある移民政策から自由ではない。そうしたものとバッティングしながら、現にさまざまな「かたち」をしるしている。いうまでもなく、ヒトの移動は、モナド（単子）としての個々人のフローに解消されるものではない。移動、とりわけ移民の移動は、親族や友人、さらに同郷とのつながりを介して生じる。つまり移民をめぐるそうしたつながりが時間とともに増殖し、緊密なネットワーク[2]へと発展していくのである。そしてそうしたネットワークを通して、移民および移民コミュニティのさまざまなタイプが生みだされることになる。

本章では、バリの日本人会を事例にして、グローバル化の進展とともに立ちあらわれている海外日本人および日本人社会の新たな「かたち」を、かれらを取り巻く情報環境のあり様に照準してあきらかにする。併せて、グローバル化の下での、ナショナリズムに閉じていかないアイデンティティの可能性について論じてみたい。

＊なお、本章は、上記の表題の下に、二〇〇七年一月から二〇〇九年九月までに前後数回にわたって断続的に行ってきたヒヤリング、アンケート調査、資料サーヴェイ等によって得られた知見（findings）を暫定的に集約したものである。もっとも、ここでは二回にわたるアンケート結果の分析がメインとなっている。さしあたり、二回のアンケート調査の概要を以下に記しておこう（表1）。

▼1　またそうした点で、「国家はより広い普遍的な『世界市民』へとメンバーを結びつけ、国を越えたアイデンティティを確立する手段ともなっている」とする小泉康一の指摘は的を射ている［小泉、二〇〇九b：四三］。

▼2　ここでいうネットワークとは、行動をうながす、あるいは媒介するネットワークのことであり、単に人間と人間との「あいだ」としてのネットワークのことではない。それはモノとか情報、さらにエージェントが相互につながりあい、たえず増幅する「関係の束」として存在するものである。行動の体系としてネットワークをとらえるこうした見方は、今日、移動を考える場合に鍵になると思われる。

表 1 ■ 調査概要

	第1次アンケート	第2次アンケート
課題名	バリ日本人会調査	在バリ日本人の情報環境調査
期間	2009年3月～5月	2009年8月～9月
対象者	バリ日本人会会員（336人）	バリ在住日本人（不特定）
場所	バリ日本人会	「エスニック・ビジネス」の店頭等
方法	留置式質問紙調査	対面式質問紙調査
回収数	54人	91人
回収率	16.4%	1

表 2 ■ 在留日本人の推移（1997 ～ 2008 年）

年	1997	1998	1999	2000	2001	2002
人数	737	841	921	1,005	1,226	1,330
増減率（%）	10	14	10	9	22	8

年	2003	2004	2005	2006	2007	2008
人数	1,372	1,453	1,568	1,657	1,742	1,929
増減率（%）	3	6	8	5	5	11

注）各年 10 月 1 日現在

出典：在デンパサール日本総領事館所蔵資料より作成

2……バリの日本人とバリ日本人会

一、バリの日本人

バリに日本人の姿が顕著な形であらわれるようになるのは、一九九〇年代のことである。特に九四年のＪＡＬ就航によって、バリブームに火がつき、バリに日本人観光客がなだれを打って押し寄せるようになった。おりしも、一九九九年になって、長い間、観光客数でトップの座を占めていたオーストラリアを抜き、日本人観光客数がトップに躍り出た（オーストラリア人二二万八五六八人、日本人二九万九二三三人：『バリ統計集』）。それ以降今日に至るまで、日本人観光客数は常にトップの座を維持してきた。その間、二〇〇二年と二〇〇五年に爆弾テロ事件が起き、〇二年から〇三年にかけて、さらに〇五年から〇六年にかけてそれぞれ三八・四パーセント、一七・五パーセントの落ち込みがみられたが（Bali Government Tourism Office所蔵資料より）、増加基調そのものが止むことはなかった。

ところで、バリを訪れる観光客の増大にひきずられるようにして、バリに在留する日本人の数が増え続けている。表2は一九九七年から二〇〇八年までの一二年間におよぶバリ在留日本人の量的推移をみたものである。一貫して増え続けていることがわかる。この数値は在留届をしている者に限定されており、実際には滞在する日本人の数ははるかに多いはずである。なお、表3より、地域別での布置状況（configuration）をみると、デンパサール市、バドゥン県およびギアニャール県の二県一市に全体の九六・七パーセントが、また性別では女性が六〇パーセント弱を占めていることがわかる。これらの地域はグローバル・ツーリズムの先端地域であるが、上述の事態は、九〇年代になって日本人女性とバリ人男性との間で婚姻ブームが生じ、その動きが今日まで続いていること[3]、また近年定年退職者等によるロングステイがかなり多くみられるようになっていることと関係があるように思われる。

さて筆者は、別のところで、バリ在住の日本人の特徴として、他の国とか地域でよくみられるような日

▼3　デンパサール日本総領事館の話では、とりわけ最近は日本人女性とバリ人男性の間で週平均三組の婚姻が成立しているという。ちなみに、グリヤによると、バリにおけるミックスト・マリッジ（雑婚）は、七世紀のバリ人の王と中国人の王妃の例にまで遡ることができるし、コロニアル体制下には、バリ人とアメリカ人やオランダ人やドイツ人等とのカップリングが頻繁にみられた。グリヤは、ブーム性を帯びて立ちあらわれた九〇年代のバリ人と日本人のカップリングは、バリの真正の魅力（自然の美しさ、人びとのホスピタリティ、村落的価値等）がツーリズム戦略の中心に据えられた時期の所産である、と指摘している［Geriya 2002］。

表3 ■ 地域別在留日本人数　（　）内は百分比

	男	女	計
デンパサール市（デンパサール、サヌール）	304（37／44）	380（35／56）	684（35／100）
バドゥン県（クタ、スミニャック、ジンバラン、ヌサ・ドゥア）	360（43／43）	484（44／57）	844（44／100）
ギアニャール県（ウブド）	132（16／40）	197（18／60）	329（17／100）
ブレレン県	14（ 2／58）	10（ 1／42）	24（ 1／100）
タバナン県	5（ 1／28）	13（ 1／72）	18（ 1／100）
カランアッサム県	8（ 1／40）	12（ 1／60）	20（ 1／100）
ジュンブラナ県	5（ 1／71）	2（ 0／29）	7（ 0／100）
バンリ県	1（ 0／50）	1（ 0／50）	2（ 0／100）
クルンクン県	0（ 0／ 0）	1（0／100）	1（ 0／100）
計	829（100／43）	1,100（100／57）	1,929（100／100）

注1）（　）内の左欄は県・市別の構成比、右欄は男女別の構成比をあらわしている。
注2）2008年10月1日現在

出典：在デンパサール日本総領事館所蔵資料より作成

本企業の海外進出と直接にむすびついた移住者（「企業移民」）が中心となっていないこと、むしろ山下晋治らがいう、中高年女性とか定年退職者を担い手とする「ライフスタイル移民」が主流である、と指摘した。そしてそうした移民を中心にして、流動的で脱統合的な日本人社会が出来上がっていると述べた〔吉原、二〇〇八a／山下、二〇〇七／島村、二〇〇七〕。詳述はさておき、そうした日本人社会の典型として想到されるのがバリ日本人会である。

二、バリ日本人会――一つの日本人社会

バリ日本人会（以下、日本人会と略称）が発足したのは一九九一年のことである。日本語補習授業校（以下、補習校と略称）を設立する際の母体として立ち上げられた。日本人会の会員は法人会員と個人会員とからなり、二〇〇七年七月末現在で前者は五二社一五四名（家族会員一六名を含む）、後者は二七一名である。日本人会の際立った特徴は、個人会員のうち、両親とも日

本人は一六世帯のみで、圧倒的多数が両親のいずれかがインドネシア人（バリ人）であるという点である。日本人会は、会長―副会長を中心にして七つの部会およびそれらと横並びに置かれたウブド地区からなり、各部の部長および副部長からなる、毎月一回第三木曜日に開催される運営委員会によって事実上運営されている。日本人会の主だった行事は盆踊り、運動会、三都市（ジャカルタ、スラバヤ、バリ）スポーツ大会である。なお、各部会ではさまざまな同好会活動がおこなわれている。運営費（人件費を含む）および諸活動／行事に要する費用は会費収入を充てている。事務局は有給のスタッフ一人とボランティアによって構成されている。[4]

バリの在住日本人にとって、日本人会の存在理由は、「親睦」という以外必ずしも明らかではない。しかし少なくともこれまでは、日本人会を通してさまざまな情報が行き交い、日本人会をめぐってゆるやかなアソシエーションが形成されてきたことは否定できない。この場合、広報部が年四回発行している会報（『ケチャック瓦版』〔写真1〕）と彼らが管理しているホームページの存在が大きかった。

ここで注目されるのは、日本人会の運営の要をなすスタッフの間で、早い遅いの違いはあるにせよ、人生のある段階で「オルタナティブな生き方」を選びとって越境してきたリタイヤ層とか女性の姿が目立つことである。日本人会がバリの日本人にとって強い凝集力をもつものとなっていないのは、ある意味で彼ら／彼女たちの中心をもたない「ライフスタイル志向」がそこに強く反映しているからであると考えられる。

▼4　ここでは、バリ日本人会について「走り抜け」で概観した。詳しくは、吉原［二〇〇八a：二〇五～二〇八］を参照されたい。

写真1■『ケチャック瓦版』

バリ島 日本人会 会報
楽園通信
ケチャック瓦版
第58号 2009年6月 ～新年度特別号～
★日本人会とは★日本人会会則★会長挨拶
★リレートーク★趣味の時間★法人会員紹介　他
●運営委員会だより●総領事館便り
バリ島日本人会ウェブサイト
http://www.japanclubbali.org

三、バリ在住の日本人とバリ日本人会の間

もっとも、日本人会へのかかわり方には、バリへの来住時期が「九〇年以前」、「九〇年代」、そして「二〇〇〇年以降」でかなりの違いがある。ここでは、三人の女性の生き様を通して、その違いをみてみることにする。

(1) M・Sさん(「一九九〇年以前」層)

一九四八年、北陸地方のT市に生まれる。父、公務員、母、専業主婦。四人兄弟の三番目(兄、姉、妹)。高校までT市で暮らし、卒業後、東京に出てM市の外国語の専門学校(インドネシア語専攻)に通う。二年間学んだ後、万博職員になる。万博終了後、帰郷し、T市の鉄工場で事務職員として働く。その間、インドネシア行きの希望を募らせ、二二歳のとき、はじめてインドネシアに渡る。帰国後、インドネシア大使館で一年半勤務する。二三歳のとき、Japan Timesでバリ・ビーチ・ホテルで日本人女性を募集しているのを知り、これに応募し採用される(二年間の契約社員)。二五歳のとき、パレンバン出身の職場(バリ・ビーチ・ホテル)の同僚と結婚。結婚と同時に退職するとともに、インドネシア国籍を取得する。しかしまもなく、S航空会社とタイアップしてつくられた観光会社に就職。二八歳のとき、別の会社に移るが、このとき子ども(男)誕生。同年、夫、別のホテルに移る。四一歳のとき、夫のジャカルタ転勤にともなって、一緒にジャカルタに移動する。夫は九ヶ月後に、バリに戻るが、Sさんは子どもの教育のためジャカルタにとどまり、遅れてバリに戻る。四五歳のとき、夫、再びジャカルタに赴くが、今度は単身赴任。四八歳のとき、夫、退職し、バリに戻る。その間、夫、経営大学院で一年間学ぶ。夫は退職後三年間、プラザバリで働いた後、Sさんの仕事に加わる。Sさんは四一歳から五二歳まで特定のところで働かず、個人で仕事を請け負うという形で働き、五二歳のときに日本人学校を開く（最初は一クラスからはじまったが、現在は四クラス開設するとともに、付設のレストランも経営している）。

子どもはスラバヤの国立大学の経済学部を卒業した後、スラバヤの女性と結婚し、バリに戻り、二年間、大理石の会社につとめる（共同経営）。その後、独立して大理石の販売会社を興し、現在に至っている。子どもは、高校、大学時代は日本にほとんど関心を示さなかったが、自分の子どもができてからは日本に興味をもつようになった。「ルーツ探しのようなものがあるのではないか」とSさんは考えている。

バリ日本人会には結成当時積極的にかかわる。ジャカルタの日本人会（ジャパンクラブ）は、自分たちの世界、すなわち「会社員の世界」を絶対視し、現地人を下に置く傾向があるが、バリの日本人会にはいろいろな職業の人が入っていて、バリ人を自分たちと横並びでみる意識が強く、「気に入っている」とSさんはいう。その反面、「近年は日本人会がボランティアによって成り立っていることを理解しない人が増えていて、自分たちとは違う」と感じることが多くなっている、という。

（2）H・Tさん（「九〇年代」層）

一九六二年、中国地方のＯ市で生まれる。父、大型クレーン車の運転手、母、洋裁店経営。妹一人。地元のＯ大学を卒業後、大学院で英文学を専攻。修士学位を取得した後、K短大に専任講師として着任する。大学院在籍中に一〇ヶ月間、米国に留学。このときフルブライト留学生のタイ人と恋愛に陥ったが、経済上の理由で別れた。三一歳のとき、大学の同僚とはじめてバリに渡る。「人びとがフレンドリーであることに感激した」。帰国後、〇インドネシア協会のインドネシア語講座に通い、インドネシア語を学ぶ。そして一年後に再びバリに出かける。このとき、今の夫Mさんと出会う。夫は東ジャワのジュンブル出身のビーチボーイで、二四歳のとき、サーフボードのレンタル経営に非正規で関与。Tさんは、その後、一年四ヶ月ほどオランダに留学し（Justice of Social Science）、開発修士号を取得。帰国後、Mさんとの結婚を決意するも、家族の猛反対にあう。しかし年齢のこと（「子どもが欲しかった」）、アメリカ留学中の苦い経験のことがあって結婚を強行する（一九九八年入籍）。結婚と同時に大学教員をやめ、バリに渡る。結婚後、Tさんの資金を元手にして、クタのアパート一室を借りてサーフボード店を開店。Tさんは専業主婦ではあるが、実質的に会計と渉外を担当している。現在、従業員は四〇人。「夫の思い切りのよさと私の慎重さがうまくかみあって店はきわめて順調にいっている。夫は従業員にたいして割合自由にやらせている。サーフショップは気楽さを維持することが基本。バリ時間をたいせつにしながら店をやっている」。ちなみに、子どもは女一人、男一人。

日本人会とは積極的にかかわっている。とりわけ女性部の活動には深く関与している。

最初から日本人会にかかわっている人たちをパイオニアとして尊敬しているが、「自分たちが実質的に日本人会を支えている」という意識はある。ただし、「排他的になる」ことは避けている。わずかばかりの差であるが、二〇〇〇年以降に入会してきた人たちは、Tさんの目には「まかせっぱなしにしている無関心層」と映っている。

（3）Y・Kさん（「二〇〇〇年以降」層）

一九七〇年、中国地方のY市に生まれる。父、大手企業の社員、母、専業主婦。四歳違いの兄がいる。Y市の小中、県立高校で学んだ後、京都の女子短大に進学。卒業と同時に、大手服飾メーカー（販売部）

に勤務。九七年、父親の転勤に合わせて退職。その後、Sトラベルのパート社員になる。失業中の九七年、会社時代の友人と二人ではじめてインドネシアに渡る。このときインドネシア語に深く魅せられる。帰国後、外国語専門学校、T大学の夜間コースに通い、インドネシア語をマスターする。九八年、再びインドネシアを訪れる。このとき、ングラライ空港のチェックカウンターで後の夫Dさんと出会う。帰国後、インターネットでDさんと交信を続ける。最初のうちは結婚する意思はなかったが、その後、四ヶ月に一回位の割合でインドネシアを訪れ、Dさんと頻繁に会うようになり、「彼のことを近しく感じるようになるとともに、バリに住もう」と思うようになった。二〇〇〇年末に結婚。ただし、両親は結婚に猛反対、Kさん自身、ショックを拭えなかった。現在、子ども一人（女）。少し前から、日本人歯科医のアシスタントをやっている。Kさんは、いまも日本国籍のままである（子どもはインドネシア国籍）。両親が健在なうちはそうしようと考えている。Kさんは、バリに大いに魅せられている。夫にたいするラブというよりは、「アイ・ラブ・バリ」だと常々言っている。ただし、年に一〜二回、必ず帰るようにしている。

Kさんは、日本人社会とのつきあいを意識的に避けている。「バリという狭い地域の上に、さらにせまいつきあいは鬱陶しい」という。日本人会に入っていないし、子どもを補習校に通わせていない。日本についての必要な情報はインターネットで得られるし、語学学校時代の友人を通してピンポイントのさまざまな情報を入手することができるという。

以上、三つのケースが「九〇年以前」層、「九〇年代」層、「二〇〇〇年以降」層の範型をなしているのか、それとも異例な型であるのかは、にわかに判断しがたい。しかし日本人会にたいする三つのタイプを構成していること、そしてそれ以上にバリ在住の日本人、とりわけ国際結婚した日本女性の三つの「生きる」かたちを示していることは明らかであろう。▼5 以下、先に記した第一次アンケート調査の結果をひもとくなかで、この「生きる」かたちをもう少し幅を拡げて検討してみることにする（図1、表4、表5参照）。

3……ライフヒストリーからみたバリ在住の日本人

ここでは、ライフヒストリーからみたバリ在住日本人の立ち位置／存在形態をみることにする。まず、最初に注目されるのは、出生時期がバリ居住開始時期ごとに、すなわち「九〇年代」層と「九〇年以前」層および「二〇〇〇年以降」層とでは明確な布置状況（configuration）の違いがみられることである。前者では、明らかに一九六〇年から七〇年までの時期の出生者、すなわち四〇歳代の年齢層が中心であるのにたいして、後者とりわけ「二〇〇〇年以降」層では、より広い年齢層にまたがっている。もっとも、「日本人女性×インドネシア人男性」のばらつきは、「九〇年代」層のそれとやや近似しているのにたいして、「日本人男性×日本人女性」ではより高い年齢層に、また「独身」ではより低い年齢層にシフトしている。

次に学歴であるが、居住開始時期よりも、「日本人女性×インドネシア人男性」と「日本人男性×日本人女性」および「独身」との間の違いが目立っている。前者では、バリ居住開始時期の違いを越えて、三〇歳代後半から四〇歳代後半にまたがって、大卒と高卒あるいは専門学校卒がほぼ同じように布置しているのにたいして、後者（「日本人男性×日本人女性」および「独身」）では明らかに年齢が上昇するとともに、大卒者が増えている。もっとも、大卒以降の職歴ということでいうと、「二〇〇〇年以降」層の「日本人男性×日本人女性」と「独身」との間に大きなデバイド（裂け目）がみられる。ちなみに、「日本人男性×日本人女性」では、学歴の如何にかかわらず、一つのケース（㊱（以下、番号は図1、表4、表5の対象者番号を示す））を除いて全員の初職が「常雇の従業員」（㉛㉜㉞㉟）および「公務員」（㊳）あるいは「その他の職業」（㉝）であるのにたいして（ただし、㊲は職歴なし）、「独身」では、高卒の初職あるいはその後の転職が「アルバイト・フリーター」の者が三人（⑩⑬⑰）、「派遣社員・契約社員」の者が二人（⑪53）存在する。一方、大卒の者は、全員が「常雇の従業員」および「公務員」である。ここでは、学歴格差がほぼストレートに雇用形態および職歴に反映していると考えられる。

さてこのようにみていくと、あらためて注目されるのが、国際結婚の一方の側を形成している「日本人女性×インドネシア人男性」のライフヒストリーである。もともとバリ滞在の日本人で目立っているのは、図1からも読み取れるように、この「日本人女性×インドネシア人男性」である。他のタイプと比して、このタイプのライフヒストリーの特徴として指摘できるのは、居住開始時期の違いにもかかわらず、結婚→専業主婦、結婚→就職→専業主婦もしくは就職→結婚→専業主婦のコースをたどっている者が少なからずいるという点である。ちなみに、図1でみるかぎり、このコースをたどっていると想到される者は七人（②⑧⑨⑪⑫㉓㉙）である。他方、このタイプの職歴でやや目立っているのは、「派遣社員・契約社員」、「パートタイマー」および「アルバイト・フリーター」に就いている者／就いたことのある者が三分の一近くにも達していること（④⑥〜⑨⑬⑮⑰㉖㉘）、しかもより年齢の高い層にその傾向が強くみられることである。家計補助者もしくは支持者としてのかの女たちの立ち位置／存在形態を部分的に観取することができよう。

いずれにせよ、いつ居住を開始したかによって、またどのようなカップリングを行っているかによって、

▼5　もっとも、来住時期／居住開始時期別に「九〇年以前」、「九〇年代」、「二〇〇〇年以降」と区分しても、それが時代相を反映していなければ意味がない。ここでは説明を避けたが、三つの時期は、グローバル・ツーリズムの展開（いわゆる端緒期、発展期、転換期）との関連でバリ社会が変動を画した時点とゆるやかに照応している。なお、グローバル・ツーリズムの展開それじたいについては、吉原編［二〇〇八］を参照のこと。

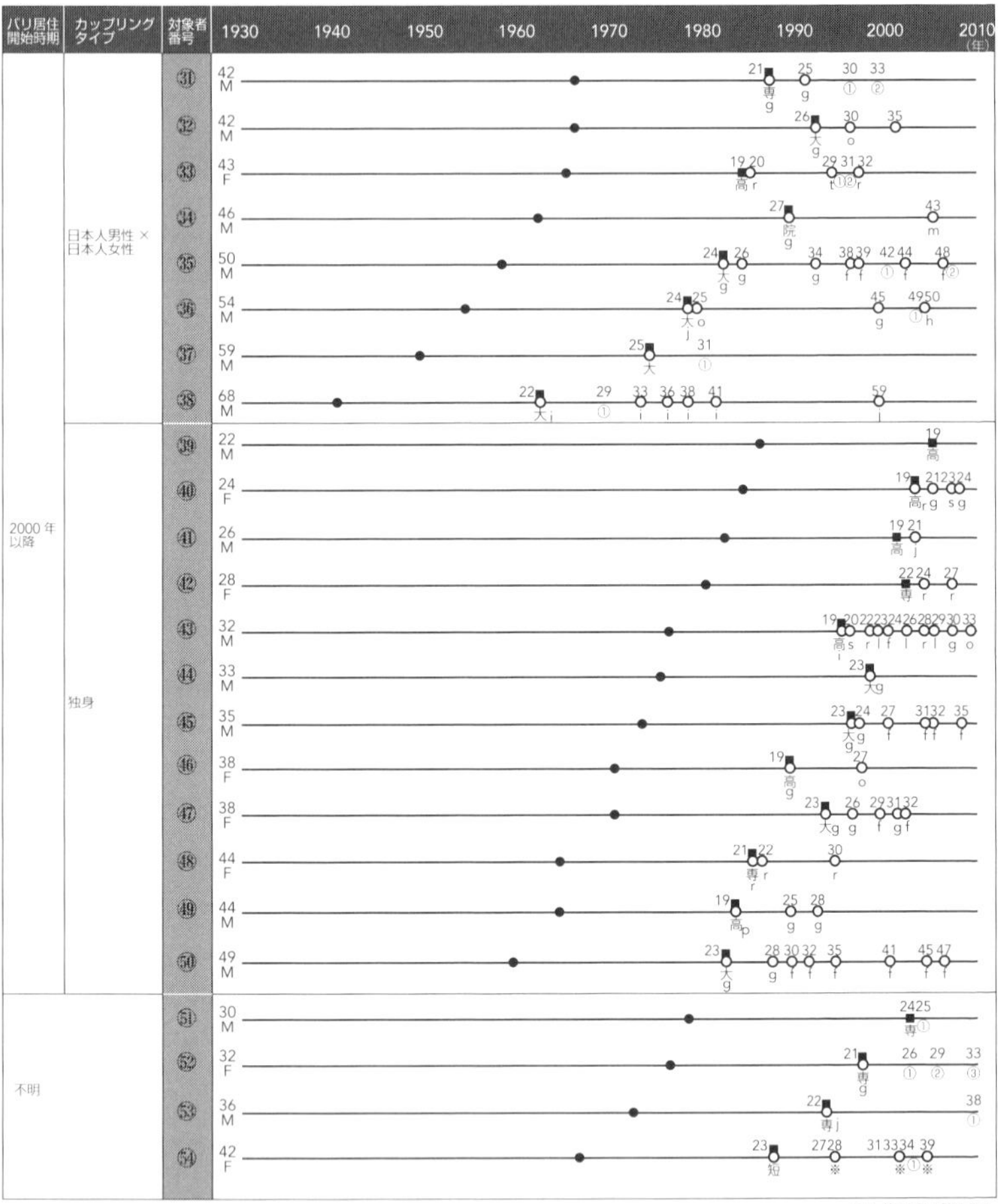

注：他1名は記入なし

● 出生
■ 最終学歴（終了年）
　小・中・高・専・大
○ 職業上の出来事
① 子どもの誕生年
1 年齢（F：女性、M：男性）
※ 職業不明

a 高等学校
b 専門学校
c 短期大学
d 大学
e 大学院
f 常時雇用されている管理職従業者
g 常時雇用されている管理職以外の従業者
h 会社経営者
i 公務員
j 派遣社員・契約社員

k パートタイマー
l 自由業
m 開業医等専門系自営業主
n 工業系自営業主
o 商業系自営業主
p 自営業の家族従事者
q 農林水産業
r その他の職業
s アルバイト・フリーター
t 専業主婦

図 1 ■ 調査対象者のライフヒストリー

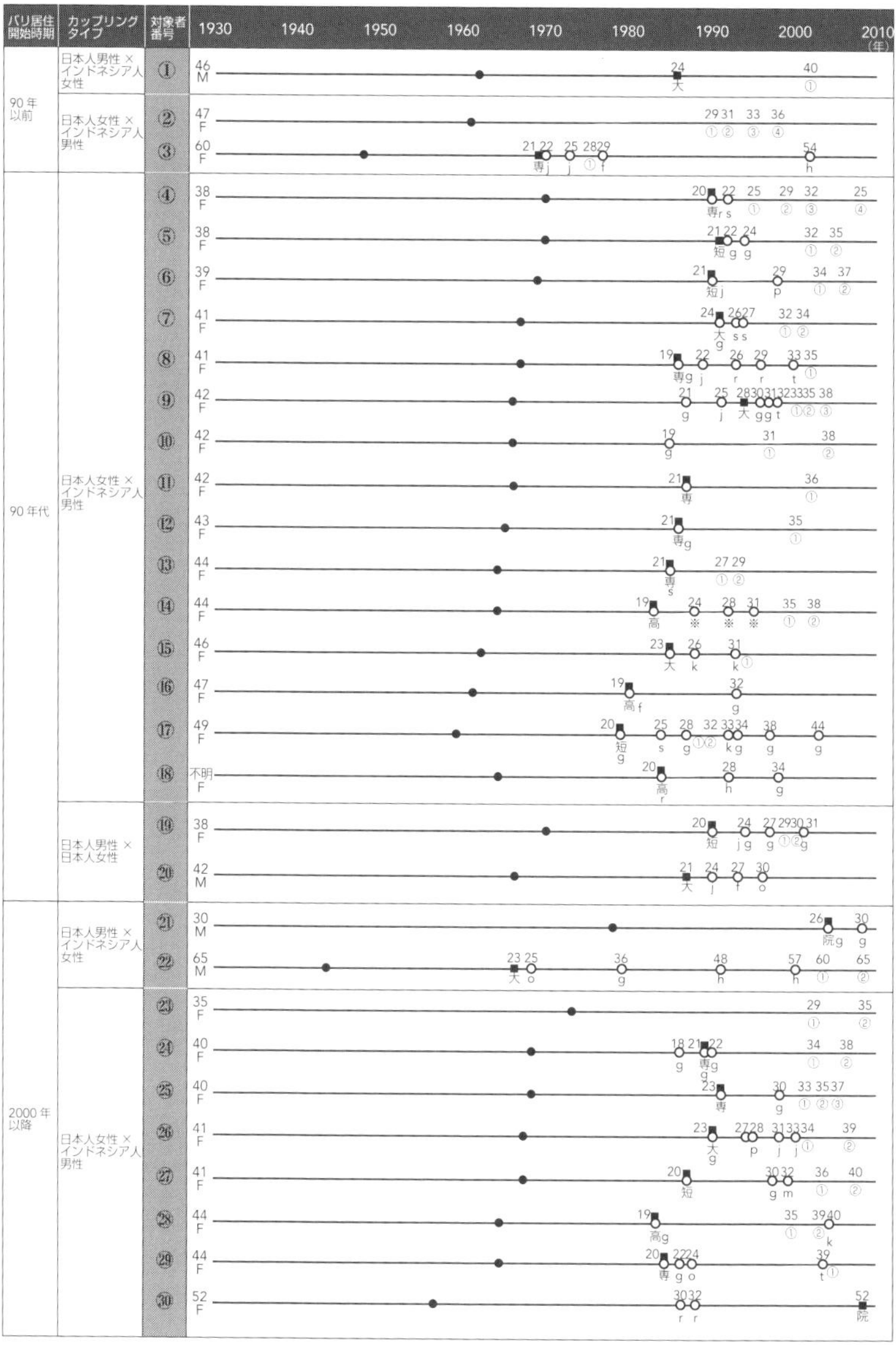

対象者番号	バリ居住以前								備考
	認知の時期ときっかけ		第一印象と移住までの訪問回数		初訪問時の同伴者と印象の変化		居住理由と移住前の準備		
	知った年	きっかけ	印象	訪問回数	同伴者	印象変化	居住理由	準備	
①	21年～30年前	2	11	2～3回	NA	NA	6	1,2,7	
②	21年～30年前	2	2	2～3回	1	1	1	1,2	
③	30年以上前	8	1,2,4,5,6	1回	1	1,4,5,6,7	10	1,3	
④	21年～30年前	1	1	4～5回	1	1,3,5,6	1,3,4,6	1,2,5,6	
⑤	11年～20年前	1,12	10	4～5回	8	4,5,8	1,2,3,9	1,7	
⑥	11年～20年前	1	3	6～10回	1,7	3	1	10	
⑦	11年～20年前	1,2	2	4～5回	2	2,4,5	1	1,3,4,11[1)]	1)「国際結婚について調べた」
⑧	11年～20年前		3	4～5回	1	1	3,5,7	1,5,8	
⑨	11年～20年前	2,8	1,2,4,5,6	11回以上	2	1,3.4,5,8,9,10	5,7,8	1,2,4,7	
⑩	11年～20年前	1	4,11[2)]	4～5回	NA	1	1	1,5	2)「街が汚いと感じた」
⑪	11年～20年前	3	10	6～10回	NA	NA	1	1,2,3,4, 5,8	
⑫	11年～20年前	1	1,2,3	4～5回	1	1,2,3,5	1,10	1	
⑬	11年～20年前	4	1	6～10回	8	1,3	1	1,4	
⑭	11年～20年前	2	2	4～5回	1	2,6,8	2,4	10	
⑮	21年～30年前	3	10	2～3回	2	3	1	1,4	
⑯	30年以上前	1,4	1,2,3,5,6	11回以上	1	2,4	1	1	
⑰	21年～30年前	13	3,5,6	4～5回	4	2,3,5,6,7	1	1,2,3	
⑱	11年～20年前	1	1	2～3回	4	2	2	1,2,6,9	
⑲	11年～20年前	7	2,3	11回以上	5	1	2	1,3	
⑳	21年～30年前	6	11[3)]	1回	3	2,4,5	2	1	3)「南国」
㉑	6年～10年前	1	11[4)]	1回	1	11[4)]	2	1	4)「南国を感じた」
㉒	11年～20年前	7	1,2	11回以上	8	2	1	6	
㉓	6年～10年前	9	1,5	4～5回	2	1,7	1	1	
㉔	11年～20年前	2	1,3	6～10回	2	2,4,5	1	1,2,3,4	
㉕	11年～20年前	1,6,8	1,2	4～5回	1	2	1	1,3,9	
㉖	11年～20年前	9	10	4～5回	8	4	1	1,4,11[5)]	5)「インドネシア語教室に行った」
㉗	6年～10年前	7	1	4～5回	1,3,5	4	3	5,7	
㉘	11年～20年前	1,5	1	11回以上	1	1,2,3,5,7	1	1,2,7	
㉙	21年～30年前	1	4	11回以上	1	1,2,4,6,8	10	10	
㉚	21年～30年前	4	2,7	2～3回	3	NA	1	10	
㉛	11年～20年前	13[6)]	10	11回以上	9[7)]	1,2	2,3	7	6)「仕事で」, 7)「スタディ・ツアー」
㉜	6年～10年前	7	9	4～5回	5	3	3	1,9	
㉝	11年～20年前	6	10	4～5回	NA	NA	NA	11[8)]	8)「ビザ，住宅，子供の学校」
㉞	11年～20年前	3	1,4	4～5回	2	1,6	5	3,6	

（次の見開きに続く）

表4 ■ バリ在住日本人の意識と行動（1）——バリ居住以前

移住時期	カップリングタイプ	対象者番号	現住地	同居家族数	同居家族	住居形態	出身地（県）
90年以前	日本人男性×インドネシア人女性	①	デンパサール	3人	配偶者，子供	持ち家集合住宅	埼玉
	日本人女性×インドネシア人男性	②	サヌール	6人以上	配偶者，子供	持ち家一戸建て	東京
		③	トゥバン	2人	配偶者	持ち家一戸建て	富山
90年代	日本人女性×インドネシア人男性	④	デンパサール	5人	配偶者，子供	持ち家一戸建て	東京
		⑤	トゥバン	4人	配偶者，子供	持ち家一戸建て	神奈川
		⑥	ブラバトゥ	6人以上	配偶者，配偶者の親，子供，その他	持ち家集合住宅	愛知
		⑦	ウブド	4人	配偶者，子供	持ち家一戸建て	静岡
		⑧	トゥバン	3人	配偶者	その他	東京
		⑨	NA	5人	配偶者，子供	借家一戸建て	東京
		⑩	NA	4人	配偶者，子供	持ち家一戸建て	千葉
		⑪	シンガパドゥ	5人	配偶者，子供，その他	持ち家一戸建て	神奈川
		⑫	ウブド	3人	配偶者，子供	NA	三重
		⑬	デンパサール	4人	配偶者，子供	持ち家一戸建て	東京
		⑭	NA	4人	NA	持ち家一戸建て	大阪
		⑮	ブラキウ	3人	配偶者，子供	持ち家一戸建て	東京
		⑯	クタ	2人	配偶者	社宅・寮	東京
		⑰	デンパサール	5人	子供	借家一戸建て	東京
		⑱	NA	NA	NA	NA	NA
	日本人男性×日本人女性	⑲	デンパサール	4人	配偶者，子供	持ち家一戸建て	愛知
		⑳	デンパサール	2人	配偶者	借家一戸建て	神奈川
2000年以降	日本人男性×インドネシア人女性	㉑	トゥバン	2人	NA	賃貸集合住宅	徳島
		㉒	バトゥブラウ・スカワティ	6人以上	配偶者，子供，その他	持ち家一戸建て	愛媛
	日本人女性×インドネシア人男性	㉓	バドゥン	4人	配偶者，子供	借家一戸建て	NA
		㉔	デンパサール	6人以上	配偶者，子供，配偶者の親，その他	持ち家集合住宅	新潟
		㉕	ダルン	5人	配偶者，子供	持ち家一戸建て	山口
		㉖	デンパサール	4人	配偶者，子供	持ち家一戸建て	兵庫
		㉗	ヌサドゥア	5人	配偶者，子供	持ち家一戸建て	香川
		㉘	サヌール	4人	配偶者，子供	持ち家一戸建て	大阪
		㉙	デンパサール	3人	NA	持ち家一戸建て	北海道
		㉚	デンパサール	3人	配偶者，その他	持ち家一戸建て	京都
	日本人男性×日本人女性	㉛	サヌール	4人	配偶者，子供	借家一戸建て	愛知
		㉜	ジンバラン	2人	配偶者	借家一戸建て	新潟
		㉝	NA	3人	子供	賃貸集合住宅	愛知
		㉞	クロボカン	2人	配偶者	持ち家一戸建て	東京

㉟	21年～30年前	13[9]	10	2～3回	8	11[10]	2	11[11]	9)「業務上」，10)「いい観光地だと思った」，11)「海外赴任準備」
㊱	6年～10年前	10	2,6,9	11回以上	9[12]	2	3	2,6,8	12)「妻」
㊲	11年～20年前	3	1	4～5回	9[13]	1,2	3,4,5,7	1,3,4	13)「家族」
㊳	30年以上前	3,6	4,8	1回	8	1,4	3	11[14]	14)「当面2～3年の生活資金を持って来た」
㊴	3年～5年前	2	3	訪れたことはない	—	—	4	2,4	
㊵	覚えていない	—	—	訪れたことはない	—	—	2	1,2,3	
㊶	6年～10年前	11	11[15]	11回以上	6	3	10	7	15)「波がいいところだと思った」
㊷	3年～5年前	1	10	1回	8	3,7	10	2	
㊸	6年～10年前	1	12[16]	6～10回	8	1	10	10	16)「爆弾の後でビックリ」
㊹	6年～10年前	1	5	1回	3	1	6	10	
㊺	11年～20年前	13[17]	1	6～10回	8	3,4	2,3	1,3,6	17)「旅行業界にいたから」
㊻	21年～30年前	4	3	4～5回	1	1	10	10	
㊼	21年～30年前	6	10	訪れたことはない	—	—	10[18]	10	18)「仕事」
㊽	11年～20年前	4	1,4,5,6,7	2～3回	1,3	1,2,3	2,4	1,5,8	
㊾	21年～30年前	5	3	1回	8	11[19]	2	1,6,8	19)「仕事がしづらいと思った」
㊿	3年～5年前	9	11	1回	8	3	2	10	
(51)	6年～10年前	6	3,7	訪れたことはない	—	—	2,4	1,3,4,6, 7,8	
(52)	11年～20年前	1,5	1	1回	2	3	2	10	
(53)	6年～10年前	5	2,4	訪れたことはない	—	—	2	3	
(54)	11年～20年前	4	1	2～3回	8	NA	2	4	

1. 住んでみたいと思うようになった
2. また観光で行ってみたいと思うようになった
3. 日本とは違う何かがあると思うようになった
4. 宗教色（バリ・ヒンドゥー）が濃い社会だと思うようになった
5. 懐かしい田園風景があると思うようになった
6. 人が生き生きしていると思うようになった
7. 優しい人たちがいると思うようになった
8. 色々な人たちが集まっている社会だと思うようになった
9. いつも変化がある社会だと思うようになった
10. 政情が不安定だと思うようになった
11. その他

1. バリの現地人と結婚したから
2. 自分自身の転勤・転職があったから
3. 日本以外の国に住んでみたかったから
4. バリで新しいことにチャレンジしたいと思ったから
5. 今までの人生をリセットしたかったから
6. 以前に旅行で行ったことがあるから
7. 日本での生活に疲れたから
8. バリに住む人たちの生活にあこがれたから
9. 友人・知人に誘われたから
10. その他

1. 家族や友人・知人にバリ移住の理由を説明した
2. 貯金や借金などをして資金の工面を行った
3. 会社の上司・同僚にバリ移住の理由を説明した
4. インドネシアやバリの文化について学んだ
5. バリに行ったことのある家族や友人・知人などにバリ事情について説明を受けた
6. バリで展開するビジネスについて計画を立てた
7. バリに住んでいる家族や友人・知人などにバリ事情について説明を受けた
8. バリの住居や税金・保険などについて，自分で調べたり，他の人から説明を受けた
9. 日本にある資産・財産をすべて処理した
10. 何もしなかった
11. その他

（表4承前）

2000年以降	日本人男性×日本人女性	㉟	NA	1人	単身	賃貸集合住宅	広島
		㊱	NA	3人	配偶者，子供	借家一戸建て	愛知
		㊲	デンパサール	1人	単身	持ち家一戸建て	東京
		㊳	サヌール	1人	単身	賃貸集合住宅	熊本
	独身	㊴	ウブド	1人	単身	持ち家一戸建て	兵庫
		㊵	サヌール	1人	単身	賃貸集合住宅	ケニア
		㊶	NA	1人	単身	借家一戸建て	東京
		㊷	NA	1人	単身	借家一戸建て	愛媛
		㊸	レギアン	1人	単身	借家一戸建て	兵庫
		㊹	NA	1人	単身	借家一戸建て	愛知
		㊺	ジンバラン	1人	単身	社宅・寮	山形
		㊻	NA	1人	単身	持ち家一戸建て	大阪
		㊼	NA	1人	単身	借家一戸建て	東京
		㊽	クロボカン	1人	単身	賃貸集合住宅	山梨
		㊾	トゥバン	3人	友人・知人	借家一戸建て	東京
		㊿	NA	1人	単身	賃貸集合住宅	奈良
不明		51	イマンボンジョル	2人	配偶者	持ち家集合住宅	山口
		52	クロボカン	6人以上	子供，その他	持ち家集合住宅	栃木
		53	スミニャク	3人	NA	借家一戸建て	福島
		54	NA	3人	配偶者，子供	持ち家集合住宅	千葉

1. 同性の友人・知人
2. 親兄弟，従兄弟などの親戚
3. 新聞，雑誌の記事・広告
4. 異性の友人・知人
5. 職場の同僚，先輩，上司
6. テレビやラジオの報道・広告
7. 取引先など仕事関係でのつきあい
8. 書籍
9. 政府観光局や旅行代理店のホームページ
10. 飲食店などで出会う人たち（飲み仲間など）
11. クラブやサークルの仲間
12. 語学など習い事の仲間
13. その他

1. 観光で行ってみようと思った
2. 懐かしい田園風景があると思った
3. 日本とは違う何かがあると思った
4. 宗教色（バリ・ヒンドゥー）が濃い社会だと思った
5. 優しい人たちがいると思った
6. 人が生き生きしていると思った
7. 色々な人たちが集まっている社会だと思った
8. 住んでみたいと思った
9. 政情が不安定だと思った
10. あまり印象に残らなかった
11. その他

1. 同性の友人・知人
2. 親兄弟，従兄弟などの親戚
3 異性の友人・知人
4. 職場（パートやアルバイトなど）の同僚，先輩，上司
5. 取引先など仕事関係でのつきあい
6. クラブやサークルの仲間
7. 語学など習い事の仲間
8. ひとりで来た
9. その他

注1）表中—は非該当をあらわす。
注2）同居家族数は本人を含む。

対象者番号	バリ居住以降							
	日本人会を介しての人的ネットワーク				日本人会での活動			
	日本人会を通じて知り合った現地人とのつき合い		日本人会を通じて知り合った現地人以外の外国人とのつき合い		2008年度に参加した活動	今後の活動意向	参加理由	不参加理由
	人数	話す内容	人数	話す内容				
①	NA	1,2,3,4,8	—	—	1,2,3,6	3	—	5[1)]
②	—	—	—	—	1,2,4	2	9[3)]	—
③	—	—	—	—	1,2	2	1	—
④	—	—	—	—	1,2	2	1,3,5	—
⑤	—	—	—	—	1	2	1,2,3,4,5	—
⑥	—	—	—	—	1,2	NA	NA	NA
⑦	4～10人程度	1	—	—	1,2	2	1,3,5	—
⑧	—	—	—	—	1	3	—	1
⑨	—	—	—	—	1,3,4	2	2,3,5	—
⑩	1～3人程度	1,4	—	—	1	2	1,2,3,6	—
⑪	—	—	—	—	1,2,4	1	1,2,3,4,5,6	—
⑫	—	—	—	—	1	3	—	2,3,4
⑬	—	—	—	—	6	3	—	1
⑭	—	—	—	—	1,2	2	3	—
⑮	1～3人程度	2,3	—	—	1	2	2,3	—
⑯	—	—	—	—	8	3	—	3,4
⑰	—	—	—	—	1,4,5	2	1,4,9[7)]	—
⑱	11人以上	1,2,3,4,5,6, 7,8	4～10人程度	1,2,3,4,5,6,7,8	1,2,3	1	9[8)]	—
⑲	4～10人程度	2	—	—	1,2	2	1,2,3,6	—
⑳	11人以上	1,2,6	11人以上	1,2,3,4,6,8	1,2,3,4,5,6	2	1,2,4,5	—
㉑	—	—	—	—	3	2	1,5	—
㉒	—	—	—	—	4	1	9[9)]	—
㉓	—	—	—	—	1	2	1,3	—
㉔	—	—	—	—	1,2	2	1,2,3,5	—
㉕	—	—	—	—	1,2	2	1,2,3	—
㉖	—	—	—	—	1,2	2	3	—
㉗	—	—	—	—	1,4	2	1,2	—
㉘	—	—	—	—	1	3	—	1,2
㉙	—	—	—	—	1,2	2	2,3,4	—
㉚	—	—	1～3人程度	NA	2,7[14)]	1	1,2	—

（次の見開きに続く）

表５ ■ バリ在住日本人の意識と行動（2）——バリ居住以降と今後の展開

移住時期	カップリングタイプ	対象者番号	バリ居住以降					
			バリの人的ネットワーク		日本人会を介しての人的ネットワーク			
			バリに来て以降の日本に住んでいる人とのつき合い	バリでの人づき合い	日本人会に所属する日本人とのつき合い		日本人会を通じて知り合った日本人とのつき合い	
					人数	話す内容	人数	話す内容
90年以前	日本人男性×インドネシア人女性	①	1,2,3,4,8	1,2,5	4～10人程度	NA	4～10人程度	1,2,4,7
	日本人女性×インドネシア人男性	②	1,2,3	1	11人以上	1	—	—
		③	1,2	1,2,	11人以上	1,3,5,6	11人以上	1
90年代	日本人女性×インドネシア人男性	④	1,2,6	1,2	4～10人以上	1,2,3,4,5,7	4～10人程度	1,3,4,5,7
		⑤	1,2,4	1,3,4	11人以上	1,3,4,5,6,8	—	—
		⑥	1,3,5,7	1,2	11人以上	1,3,4,5,7	1～3人程度	1,3,4,5,7
		⑦	1,2,3,5,7,9	1,5	11人以上	1,2,3,4,6,7	—	—
		⑧	1,2,3,4,5,6	1,2	11人以上	1,2,3,4,5,7,8	11人以上	1,2,3,4,5,7,8
		⑨	1,2	1,2,4,6[4)]	11人以上	1,2,3,4,5,6,7,8	11人以上	1,2,3,5,6,7
		⑩	1,2,3	1,2,5	4～10人程度	1,2,3,4,5,6,7	4～10人程度	1,2,3,4,5,6,7
		⑪	1,2,4,5,7	1,2,4,5	11人以上	1,2,3,4,5,6,7,8	11人以上	1,2,3,4,5,6,7,8
		⑫	2	1,2	4～10人程度	1,2,4,5,6,7	4～10人程度	1,2,3,4,7
		⑬	1,2	1,2	11人以上	1,6	11人以上	1
		⑭	1,2	1,2	11人以上	1,3,4,7	11人以上	1,3,4
		⑮	1,2	1,5	11人以上	1,2,3,4,5,7	—	—
		⑯	1	1,3,4	4～10人程度	1,2,3,5	—	—
		⑰	1,2,3,5	1,3,4	11人以上	1,3,4,5	—	—
		⑱	1,2,3,4,6,8,10,12	1,2,3,4,5,6,7	11人以上	1,2,3,4,5,6,7,8	11人以上	1,2,4,5,6,7,9
	日本人男性×日本人女性	⑲	1,2,4,5,8	1,2,5	11人以上	1	1～3人程度	1
		⑳	1,2,3,4,5,6	1,2,3,4,5,6,7	11人以上	1,2,3,5,6,7	11人以上	1,2,3,5,6,7,8
2000年以降	日本人男性×インドネシア人女性	㉑	1	4	—	—	—	—
		㉒	1,2,3,4	1,2	11人以上	1,2,3,4,5,6,8,9[9)]	4～10人程度	1,2,3,4,5,6,8,9[9)]
	日本人女性×インドネシア人男性	㉓	2	1	11人以上	1,2,3,4,7	—	—
		㉔	1,2,3,6,7,10	1,2	4～10人程度	1,2,3,4,5,6,7	1～3人程度	1,2,3,4,6,7
		㉕	1,2,5	1,2	4～10人程度	1,2,4	4～10人程度	1,2,4
		㉖	1,2,3	1,3,4	11人以上	1,3,4,5,7	—	—
		㉗	1,2,3,4,5,9	1	11人以上	3,4,6	—	—
		㉘	1,2	1	1～3人程度	1,4	—	—
		㉙	1,2,4,6	1	11人以上	1,3,4,5,7	—	—
		㉚	1,3,13[13)]	1,2,6,7	11人以上	1,2	11人以上	1,2

対象者番号	バリ居住以降			今後の展望		備考
	生活満足度					
	生活満足度	満足理由	不満理由	今後やりたいこと	今後の不安	
①	2	8[2)]	—	1,2,3,4,5,6	2,5,10	1)「時間が取られるから」 2)「とりあえず問題ないから」
②	3	—	1	5	2,3,5,13	3)「リフレッシュ」
③	1	1	—	2,5,7,8	無	
④	2	1,2,3,4	—	1,2,3,4,5,6	1,2,3,4,5	
⑤	2	1,2,3	—	1,2,3,4,5,10	4,5,9,10,11	
⑥	NA	MA	NA	1,2,3,5,7	1,2,3,4,6,7,8	
⑦	2	2,4	—	1,2,3,5,10	1,3,5,7	
⑧	2	1,2,4	—	1,3,4	1,2,3,5,6,7,9,12	
⑨	2	8	—	1,3	1,2,3,7,8	4)「子供の学校、夫の職場」
⑩	2	6,8[5)]	—	1,2,3,5	1,2,4,5,6,7,8,10,12	5)「ストレスが少ない、リラックスできる」
⑪	2	4,7	—	1,2,3,4,6	1,2,3,4,5,6,7,8,9,10,11,12,13,14,15,16	
⑫	2	1	—	3	1,2,3,4,6,8	
⑬	1	3	—	1,2,3,5,6	無	
⑭	2	2,4	—	2,3,5	1	
⑮	2	2,3,4,6	—	1	3,4,5,9,10,17[6)]	6)「配偶者の死亡」
⑯	2	3,6	—	1,2,4,5,6	1,2,3,4,5,6,8,10,13	
⑰	2	1,3,5,7	—	1,2,3,4,5,8	無	7)「自分ができることなら協力したい」
⑱	2	1,2,3,4,5,6,7	—	1,2,3,4,5,6, 7,8,9	3,14	8)「日本人だから」
⑲	2	5	—	1,2,3,4,5,7	1.2.4.5.6,7,8,9,11,12,13	
⑳	2	1,2,4,5	—	1,2,4,5,6,7,8	1,3,4,5,8,12	
㉑	1	3	—	4,6	1,2,3	
㉒	2	1,2,4,5,6	—	1,2,4,5,6,7,8	1,2,3,8,	9)「趣味」
㉓	2	2,3,5	—	1,2,3,4,5	1,2,3,4,6,7,8,9,14	
㉔	2	1	—	1,2,3,5,6	2,4,6,9	
㉕	2	7	—	1,2,3,4,5,6	4,5,7,10	
㉖	2	2,4	—	2,3,5,7	1,4,6,7	
㉗	2	1	—	1,2,3	1,2,3,17[10)]	10)「鳥インフルエンザや狂犬病」
㉘	2	8[11)]	—	2,3,5	1,2,3,4,6,7,17[12)]	11)「のんびりと生活できる」 12)「医療技術の低さ」
㉙	1	1,2,3,4,6	—	2,3,5,8	6	
㉚	1	1	—	9,11[15)]	無	13)「大学院の仲間」 14)「運営委員」 15)「公的資格取得後の活動」

（次の見開きに続く）

（表5承前）

移住時期	カップリングタイプ	対象者番号	バリ居住以降					
			日本人会以外の団体を介しての人的ネットワーク					
			日本人会以外の団体で知り合った日本人とのつき合い		日本人会以外の団体で知り合った現地人とのつき合い		日本人会以外の団体で知り合った外国人とのつき合い	
			人数	話す内容	人数	話す内容	人数	話す内容
90年以前	日本人男性×インドネシア人女性	①	—	—	—	—	—	—
	日本人女性×インドネシア人男性	②	—	—	—	—	—	—
		③	—	—	—	—	—	—
90年代	日本人女性×インドネシア人男性	④	—	—	—	—	—	—
		⑤	4～10人程度	1,3,4,5,8	4～10人程度	1,2,3,4	—	—
		⑥	—	—	—	—	—	—
		⑦	—	—	—	—	—	—
		⑧	—	—	—	—	—	—
		⑨	—	—	11人以上	1,2,4,7,8	11人以上	1,2,3,4,7
		⑩	—	—	—	—	—	—
		⑪	—	—	11人以上	1,2,3,4,5,6, 7,8	NA	NA
		⑫	—	—	—	—	—	—
		⑬	—	—	—	—	—	—
		⑭	—	—	—	—	—	—
		⑮	—	—	—	—	—	—
		⑯	4～10人程度	1,2,3,5	11人以上	1,2,3	—	—
		⑰	1～3人程度	1,3,4,5	4～10人程度	1,3,4	—	—
		⑱	11人以上	1,3,4,5,6,7	11人以上	1,2,3,4,6,7,8	4～10人程度	1,2,3,4,5,6,7,8
	日本人男性×日本人女性	⑲	—	—	—	—	—	—
		⑳	11人以上	1,2,3,6,7,8	11人以上	1,2,3,6,7,8	11人以上	1,2,3,6,7,8
2000年以降	日本人男性×インドネシア人女性	㉑	—	—	4～10人程度	1,3	—	—
		㉒	—	—	—	—	—	—
	日本人女性×インドネシア人男性	㉓	—	—	—	—	—	—
		㉔	—	—	—	—	—	—
		㉕	—	—	—	—	—	—
		㉖	11人以上	1	11人以上	1,3	—	—
		㉗	—	—	—	—	—	—
		㉘	—	—	—	—	—	—
		㉙	—	—	—	—	—	—
		㉚	—	—	11人以上	3,7	1～3人程度	2

対象者番号	パリ居住以降							
	日本人会を介しての人的ネットワーク				日本人会での活動			
	日本人会を通じて知り合った現地人とのつき合い		日本人会を通じて知り合った現地人以外の外国人とのつき合い		2008年度に参加した活動	今後の活動意向	参加理由	不参加理由
	人数	話す内容	人数	話す内容				
㉛	—	—	—	—	8	4	—	3
㉜	11人以上	2	11人以上	2,6	1,2,3,4,5,6	2	5,7	—
㉝	—	—	—	—	1,2,3	2	9	—
㉞	1～3人程度	3	—	—	1,2,3,4	1	1	—
㉟	—	—	—	—	1	2	4	—
㊱	—	—	—	—	8	2	1,2,3	—
㊲	—	—	—	—	3,5	4	—	2
㊳	4～10人程度	1,3	—	—	NA	2	1,2,4	—
㊴	—	—	—	—	8	3	—	2
㊵	—	—	—	—	1	1	1,2,4	—
㊶	—	—	—	—	8	2	9	—
㊷	4～10人程度	1,3	1～3人程度	1,3	8	2	1	—
㊸	1～3人程度	10	1～3人程度	10	3	2	4,6	—
㊹	—	—	—	—	NA	NA	NA	NA
㊺	11人以上	9[20]	1～3人程度	10	8	3	—	1,2,3
㊻	—	—	—	—	8	3	—	1
㊼	1～3人程度	10	1～3人程度	10	1	1	9	—
㊽	—	—	—	—	1,2,3,4,6	NA	NA	NA
㊾	—	—	—	—	1,2,3	2	1,2,5	—
㊿	—	—	—	—	1,2,3,5	1	9[23]	—
51	—	—	—	—	1,5	2	1,2,4	—
52	—	—	—	—	1	2	NA	—
53	—	—	—	—	3,4	2	1,2,3,5	—
54	—	—	—	—	7[24]	2	1,2,3,9	—

1. 積極的に参加したい
2. まあ積極的に参加したい
3. あまり積極的に参加したくない
4. 積極的に参加したくない

1. 自分の時間を大切にしたいから
2. 日本人会にはあまり関心がないから
3. 日本人同士ばかりでつきあいたくないから
4. 人間関係が狭くなると思うから
5. その他

1. 盆踊り
2. 運動会
3. 三都市親善スポーツ大会
4. 文化部、スポーツ振興部の活動
5. 忘年会
6. 『楽園通信・ケチャラック瓦版』への記事などの投稿
7. その他
8. ひとつもない

1. 活動に関与すると人間関係が拡がると思うから
2. 有益な情報が得られるから
3. 子供のためになるから
4. 日本人会の発展に貢献したいから
5. 日本人同士の方がつきあいやすいから
6. 日本人とのつきあいが他にないから
7. 日本人以外の人とつきあいたくないから
8. 他にやることがないから
9. その他

（次の見開きに続く）

（表5承前）

移住時期	カップリングタイプ	対象者番号	バリ居住以降					
			バリの人的ネットワーク		日本人会を介しての人的ネットワーク			
			バリに来て以降の日本に住んでいる人とのつき合い	バリでの人づき合い	日本人会に所属する日本人とのつき合い		日本人会を通じて知り合った日本人とのつき合い	
					人数	話す内容	人数	話す内容
2000年以降	日本人男性×日本人女性	㉛	2,4	1,3,4,6	4～10人程度	1,2	—	—
		㉜	1,2	1,2,3,4,5,6,7	11人以上	3,6	11人以上	2,6
		㉝	1,2,3	1,3,4,6	11人以上	1	—	—
		㉞	1	1,2,3,4,5,6	11人以上	1,2	11人以上	1,2,3
		㉟	4,5	1,3,4	11人以上	2,6	—	—
		㊱	4,11	1,2	11人以上	1	1～3人程度	2
		㊲	1,2,3,4	1,2,3,4,6	4～10人程度	3	4～10人程度	2,3
		㊳	1,2,3	1,2,5	11人以上	1,3,6	11人以上	3,6
	独身	㊴	1,2,3,5	8	—	—	—	—
		㊵	1	1,2,3	4～10人程度	NA	4～10人程度	1,2,3
		㊶	1,2,8	1,2,3,4,6	1～3人程度	1,9[19]	4～10人程度	1,9[19]
		㊷	1,2	1,2,3,4,5,6,7	11人以上	1,3	11人以上	1,3
		㊸	1,2,3	1,2,5,6,7	11人以上	1,2	4～10人程度	1,2
		㊹	1,2,4,8	8	—	—	—	—
		㊺	1,2,3,4,6	1,2,3,4,5,6,7	4～10人程度	1,2	4～10人程度	1,2
		㊻	1,2,3,4,9	1,2,3,4	11人以上	1,2	11人以上	1,2
		㊼	1,2,3	1,2,3,4,5,7	11人以上	1	NA	9
		㊽	1,2,3,5	1,2,3	11人以上	1,2,3,5,6,8	11人以上	1,2,3,5,6,8
		㊾	1,2,3,4,5	1,2,3,4	11人以上	1,2,3,4,5,6,7,8	11人以上	1,2,3,4,5,6,7,8
		㊿	1,2,3,5	1	11人以上	1,2,3,5,6,8	—	—
不明		(51)	1,2,3,5	1,2	11人以上	2	11人以上	1,2
		(52)	1,2,3,5,6	1,6	4～10人程度	1,2,4	—	—
		(53)	1,2,3,4,5,6,10	1,3	4～10人程度	1,3,4,5	—	—
		(54)	2	2,3	—	—	4～10人程度	1,4

1. 同性の友人・知人
2. 親兄弟、従兄弟などの親戚
3. 異性の友人・知人
4. 取引先など仕事関係でのつき合い
5. 職場（パートやアルバイトなど）の同僚、先輩、上司
6. メール友達（メールのやり取りが中心の人）
7. 語学など習い事の仲間
8. クラブやサークルの仲間
9. 隣近所の人たち（町内会やマンションの管理組合など）
10. 飲食店などで出会う人たち（飲み仲間など）
11. PTAなど子供を通じたつきあい
12. 特定のホームページや掲示板に集まる人
13. その他

1. ふだんの生活全般について
2. 仕事やビジネスについて
3. バリやインドネシアについて
4. 自分の子供について
5. その他日本のことについて
6. 日本人会について
7. 自分の配偶者について
8. 日本人会以外のネットワークについて
9. その他
10. ひとつもない

1. 日本人会に所属する日本人
2. 日本人会を通じて知り合った日本人
3. 日本人会以外の団体で知り合った日本人
4. 日本人会以外の団体で知り合った現地人
5. 日本人会を通じて知り合った現地人（バリ、インドネシア人）
6. 日本人会以外の団体で知り合った現地人以外の外国人
7. 日本人会を通じて知り合った現地人以外の外国人
8. ひとつもない

対象者番号	バリ居住以降			今後の展望		備考
	生活満足度					
	生活満足度	満足理由	不満理由	今後やりたいこと	今後の不安	
㉛	2	6	—	1,3	5,7	
㉜	3	—	1	1,6	11	
㉝	2	1	—	1,6	17[17]	16)「テニス」 17)「物価上昇」
㉞	2	1	—	1,4,6	3,8	
㉟	2	5	—	4	無	
㊱	3	—	2	1,3,4,6	2,5,7	
㊲	2	1	—	11	6,12	18)「趣味」
㊳	2	1,3	—	7,8	6	
㊴	1	1,2,3,4	—	1.2.4.5.6.8.9	13,15	
㊵	1	1,2,3,5,7	—	2.4.7	無	
㊶	2	8	—	11	17	19)「サッカー」
㊷	1	2,3	—	7,8	4,5,11	
㊸	1	1,3	—	1,2,4,5,6	1	
㊹	NA	NA	NA	1	5	
㊺	2	3,5	—	1,2,4,6,8	5,17[21]	20)「バスケットボール部」
㊻	2	1	—	4,6	11,12	
㊼	2	NA	—	10	無	
㊽	1	2,3,4,7	—	1,2,4	1,2,3,4,5,17[22]	22)「病気」
㊾	2	1,2,4,5	—	1,3,4	6	
㊿	2	1,6	—	7	1,2,3	23)「役員だから」
(51)	3	—	1,2	1,2,4,6,7,8,10	1,2,9,11	
(52)	1	1,5	—	3,4,6	無	
(53)	1	1,2	—	4,7	1,2,3,4,6,7,13	
(54)	2	4,5	—	1,3,4,6,7,8	7,17[25]	24)「女性部」、25)「夫に先立たれたとき」

生活満足度
1. 非常に満足している
2. まあ満足している
3. あまり満足していない
4. まったく満足していない

不満理由
1. 自分らしさが実感できない
2. 行事が多くてわずらわしい

今後やりたいこと
1. 収入などの経済基盤の安定
2. 日本にいる友人・知人との交流
3. 子供の教育
4. 現在、展開している仕事の事業規模拡大（手伝いも含む）
5. 日本にいる家族や親戚との交流
6. 新たなビジネスの展開（手伝いも含む）
7. 日本人会の活動
8. 現地人との交流
9. 現地のコミュニティへの参加
10. 帰国を含めた転職・転居
11. その他

今後の不安
1. 地震などの自然災害
2. 景気の悪化
3. バリやインドネシアの政情不安
4. 社会保障制度があてにならない
5. 収入が変動して生活が不安定になること
6. 自分や家族の老後の健康
7. 子供や孫の将来
8. 治安の悪化
9. 自分の国籍
10. 自分や家族の失業
11. 自分の将来が見えない
12. 自分がどんどん年をとっていく
13. 税金や保険料などの負担増加
14. バリの社会にとけ込んでいけるか
15. 努力しても報われないこと
16. 日本の変化に取り残されること
17. その他

（表5承前）

移住時期	カップリングタイプ	対象者番号	バリ居住以降					
			日本人会以外の団体を介しての人的ネットワーク					
			日本人会以外の団体で知り合った日本人とのつき合い		日本人会以外の団体で知り合った現地人とのつき合い		日本人会以外の団体で知り合った外国人とのつき合い	
			人数	話す内容	人数	話す内容	人数	話す内容
2000年以降	日本人男性×日本人女性	31	11人以上	1,2	11人以上	1,2	11人以上	1,7
		32	11人以上	1,3	11人以上	3	1～3人程度	1
		33	11人以上	1	11人以上	9[16]	11人以上	9[16]
		34	11人以上	1,3	NA	1	4～10人程度	1
		35	11人以上	2,3	11人以上	2,3	—	—
		36	—	—	—	—	—	—
		37	4～10人程度	9[18]	4～10人程度	2	4～10人程度	2
		38	—	—	—	—	—	—
	独身	39	—	—	—	—	—	—
		40	1～3人程度	1,2,3	—	—	—	—
		41	4～10人程度	1,9[19]	4～10人程度	1,3,8	4～10人程度	9[19]
		42	4～10人程度	1,3	1～3人程度	NA	1～3人程度	1,3
		43	—	—	—	—	4～10人程度	1,8
		44	—	—	—	—	—	—
		45	4～10人程度	1,3	11人以上	1	1～3人程度	1
		46	11人以上	1,2	11人以上	1,2	—	—
		47	11人以上	1	1～3人程度	10	—	—
		48	11人以上	1,2,3,5,8	—	—	—	—
		49	11人以上	1,2,3,4,5,6,7,8	4～10人程度	1,2,3,4,5,6,7,8	—	—
		50	—	—	—	—	—	—
不明		51	—	—	—	—	—	—
		52	—	—	—	—	4～10人程度	1,4
		53	11人以上	1,2,3,4,5	—	—	—	—
		54	4～10人程度	1,4	—	—	—	—

1. ふだんの生活全般について
2. 仕事やビジネスについて
3. バリやインドネシアについて
4. 自分の子供について
5. その他日本のことについて
6. 日本人会について
7. 自分の配偶者について
8. 日本人会以外のネットワークについて
9. その他
10. ひとつもない

1. 自由に色々なことができるから
2. バリにいる日本人とうまくいっているから
3. 自分らしさが実感できるから
4. 現地人とうまくいっているから
5. 仕事がうまくいっているから
6. わずらわしい人間関係がないから
7. 行事の参加を通じて現地にとけ込めているから
8. その他

注）表中—は非該当をあらわす。

ライフヒストリーが複雑に分岐していることが読み取れよう。ここでは、そのひとこまを垣間みた。以下、個々の意識および行動の次元からバリ滞在日本人の存在態様を追い上げてみよう。

4……バリ滞在日本人の意識と行動——アンケート調査結果を読みとく

さしあたり、バリ日本人会の会員を対象に二〇〇九年春に実施したアンケート調査（前掲表1参照）の結果に基づいて、バリ滞在日本人の意識と行動のあり様について概観する。アンケート調査の質問項目は、基本的に、㈠調査対象者の基本属性、㈡バリ居住以前、㈢バリ居住以降、㈣今後の展望、から成る。以下、バリ居住開始時期およびカップリングの形態を分析の中心に据えながら表4および表5を読み解くなかで、バリ滞在日本人の意識と行動の一端を明らかにする。併せて日本人社会／コミュニティの今日的位相に迫ることにする。

一、基本属性

まず表4に即して調査対象者の基本属性について概観する。出身地からみよう。多い順に三位まであげてみると、東京（一三）、愛知（六）、神奈川（三）、大阪（三）となっている。このこと自体、人口比からみて何の変哲もないようにみえるが、明らかに東日本に偏している。なお、バリ居住開始時期が「九〇年代」層までは関東地方、「二〇〇〇年以降」層は中部地方、近畿地方、中四国地方と分散している。現住地で目立っているのは、デンパサール（①④⑬⑰⑲⑳㉔㉖㉙㉚㊲）、サヌール（②㉘㉛㊳㊵）、トゥバン（③⑤⑧㉑㊾）である。デンパサールが州都であり、サヌールにバリ日本人会（事務局）があることを考えれば、それほど奇異な感じはしないが、デンパサール居住者（一一人）のうちの七人までもが「日本人女性×インドネシア男性」であることから、デンパサールにおいて現地人と結婚した日本人妻のゆるやかなネットワークがつくられているのではないかと想到される。

次に住居形態について言及する。全体としては「持家一戸建て」（②～⑤⑦⑩⑪⑬～⑮⑲㉒㉕～㉚㉞㊲㊴㊻）、次いで「借家一戸建て」（⑨⑰⑳㉓㉛㉜㊱㊶～㊹㊼㊾53）となっているが、居住開始時期別にみると、「九〇年以前」層では「持家一戸建て」と「持家集合住宅」、「九〇年代」層では「持家一戸建て」、「二〇〇〇年以降」層では「持家一戸建て」と「借家一戸建て」が多い。なお、カップリングタイプでみると、「日本人女性×インドネシア人男性」と「日本人男性×日本人女性」のほとんどは「持家一戸建て」である。ちなみに、国籍がインドネシア以外は住宅を取得できないことになっている。

それでは、同居家族はどうであろうか。まず同居家族数であるが、「一人」（㉟㊲～㊽㊿）が最も多く、次いで「三人」（①⑧⑫⑮㉙㉚㉝㊱㊾53 54）、「四人」（⑤⑦⑩⑬⑭⑲㉓㉖㉘㉛）となっている。居住開始時期別にみると、「九〇年以前」層では「六人以上」や「二～三人」、「九〇年代」層では「四～五人」、「二〇〇〇年以降」層では「一人」が多い。カップリングタイプでは、居住開始時期の如何にかかわらず、「日本人女性×インドネシア人男性」と「独身」が相互に対極にある。家族形態は「配偶者と子供」（①②④⑤⑦⑨⑩⑫⑬⑮⑲㉓㉕～㉘㉛㊱54）が他を圧しており、これは居住開始時期、カップリングタイプの違いをこえて観られる。

二、バリ居住以前

ここではさしあたり「バリ認知のきっかけ」からみる。「バリを知った年」は、当然のことながらバリへの来住時期が「九〇年以前」→「九〇年代」→「二〇〇〇年以降」と下がるにつれて近年になる傾向にある。しかし表4にみられるように、必ずしも段階的に推移しているわけではない。とはいえ、こうした傾向は「独身」は別にして、どのカップリングタイプにもみられる。次に、「バリを知ったきっかけ」であるが、全体を通して一番多いのは「同性の友人・知人」（④~⑦⑩⑫⑯⑱㉑㉕㉘㉙㊷~㊹52）である。しかしバリへの来住時期が下るにつれて、認知経路は多様になっている。そしてこの傾向は、「日本人女性×インドネシア人男性」の場合でも「日本人男性×日本人女性」の場合でも概ね観てとれる。

それでは「バリの第一印象と移住までの訪問回数」はどうであろうか。「バリの第一印象」として多くの人がとりあげているのは、「観光地」（③④⑨⑫⑬⑯⑱㉒~㉕㉗㉘㉞㊲㊺㊽52 54）、「懐かしい田園風景」（②③⑦⑨⑫⑭⑯⑲㉒㉕㉚㊱53）、「日本とは違う何か」（⑥⑧⑫⑯⑰⑲㉔㊴㊻㊾51）といったものである。ちなみに、居住開始時期別でみると、「九〇年以前」層では「懐かしい田園風景」という印象を抱く者、「九〇年代」層では「日本とは違う何か」という印象を抱く者、そして「二〇〇〇年以降」層になると、「観光地」という印象とともに「色々な人たちが集まっている社会」（㉚㊽）といった印象を抱く者がそれぞれ目立っている。全体としてバリに対する第一印象は居住開始時期が下がるにつれて多様なものになっている。同時に、「あまり印象に残らない」と答える人も多くなっている（〇人→三人→六人）。カップリングタイプでみると、「日本人女性×インドネシア人男性」では、「九〇年以前」層→「九〇年代」層において「日本とは違う何か」という印象が「懐かしい田園風景」という印象とほぼ拮抗しているが、「懐かしい田園風景」という印象は「二〇〇〇年以降」層において一層後景に退くようになっている。他方、「日本人男性×日本人女性」では、「九〇年代」層から「二〇〇〇年以降」層にかけて、バリに対するさまざまな印象はますます拡散する傾向にある。

次に、「バリに移住するまでの訪問回数」をみる。そこでは「五回以下」層が多数派を占めているが（三九人）、これをさらに居住開始時期別でみると、「九〇年以前」層では回答者全員が「一~三回」であったのに対して、「九〇年代」層から「二〇〇〇年以降」層への移行とともに「複数回」訪れた上で移住を決める人が多くなっている。その一方で、「二〇〇〇年以降」層において一回も訪れることなく移住を決めた人もいる（㊴㊵㊼）。カップリングタイプでみると、「日本人女性×インドネシア人男性」のうち「九〇年代」層は「四～五回」がもっとも多く、「二〇〇〇年以降」層になると「六回以上」が構成比においてやや増大している。「日本人男性×日本人女性」では、年代が下るにつれて、「一～三回」が減少し、「四～五回」が増えている。

さらに、「初訪問時の同伴者とバリに対する印象の変化」についてみてみる。まず「初訪問時の同伴者」であるが、全体として目立っているのは、「同性の友人・知人」（②～④⑥⑧⑫⑭⑯㉑㉕㉗～㉙㊻㊽）と「ひとり」（⑤⑬㉒㉖㉟㊳㊷㊸㊺㊾㊿㊹）である。これを居住開始時期別でみると、「九〇年以前」層は「同性の友人・知人」が多かったのに対して、年代が下るにつれて、同伴者の多様化とともに、「ひとりで来た」も増えている。同様の傾向は「日本人女性×インドネシア人男性」でもみられる。他方、「日本人男性×日本人女性」では、「九〇年代」層の同伴者は「異性の友人・知人」と「仕事上のつきあい」のみであるが、「二〇〇〇年以降」層では「ひとりで来た」が増えている。そして「二〇〇〇年以降」層の「独身」では、回答者のうちの半数以上（㊷㊸㊺㊾㊿）がひとりで来ている。

他方、「バリに対する印象の変化」をみると、「バリに住んでみたいと思うようになった」（②～④⑧～⑩⑫⑬⑲㉓㉘㉙㉛㉞㊲㊳㊸㊹㊻㊽）が一番多い。これに次いで「観光で行ってみたいと思うようになった」（⑦⑫⑭⑯～⑱⑳㉒㉔㉕㉘㉙㉛㊱㊲㊽）と「日本と違う何かがあると思うようになった」（④⑥⑨⑫⑬⑮⑰㉘㉜㊶㊷㊺㊽㊿52）が多い。居住開始時期別でみると、「九〇年以前」層では「バリに住んでみたいと思うようになった」が多かったが、「九〇年代」層ではそうしたもののほかに、「観光で行ってみたいと思うようになった」や「日本とは違う何かがあると思うようになった」が付け加わるようになり、「二〇〇〇年以降」層になるとそうした印象がやや弱まる半面、「優しい人たちがいると思うようになった」（㉓㉘㊷）といった、土着のバリ人にたいするまなざしも強まっている。カップリングタイプでみると、「日本人女性×インドネシア人男性」の「九〇年代」層においては、「日本とは違う何かがある」や「住んでみたい」、さらに「観光で行ってみたい」や「懐かしい田園風景があると思うようになった」といったものが多かったが、「二〇〇〇年以降」層では、とりわけ「日本とは違う何かがある」と「懐かしい田園風景がある」といったものが少なくなっている。その一方で、「優しい人たちがいる」といったものが多くなっている。ちなみに、「二〇〇〇年以降」層の「独身」は、どちらかというと「日本とは違う何かがある」、「住んでみたい」というイメージを抱いている。

　最後に、「バリ居住理由と居住前に日本で準備したこと」をみてみる。まず「居住理由」であるが、「バリ現地人と結婚」（②④〜⑦⑩〜⑬⑮〜⑰㉒〜㉖㉘㉚）と「自身の転勤・転職」（⑤⑭⑱〜㉑㉛㉟㊵㊺㊽〜(54)）が抜きん出て多い。これを居住開始時期別でみると、「九〇年以前」層では「現地人との結婚」が三人のうち一人だけであるが、年代が下るにつれて理由が多様になってきており、特に「日本以外の国に住んでみたかった」人が増えている。カップリングタイプでみると、「日本人女性×インドネシア人男性」では、「現地人との結婚」が一番多く、四分の三近くに及んでいる。「日本人男性×日本人女性」では、年代が下るにつれて「転勤・転職」よりはむしろ「日本以外の国に住んでみたかった」という人が増えている。「バリ居住前に日本で準備したこと」では、全体で最も多いのは、「家族や友人・知人にバリ移住の理由を説明した」（①〜⑤⑦〜⑬⑮〜㉑㉓〜㉖㉘㉜㊲㊵㊺㊽㊾(51)）で、全体の五割強に達している。これを居住開始時期別でみると、年代が下るにつれて準備項目が多様化しているが、「バリで展開するビジネスの計画を立てた」人、また「何もしなかった」人も増えている。しかしカップリングタイプでみると、「日本人女性×インドネシア人男性」も「日本人男性×日本人女性」も、「ビジネスの計画を立てた」人、「何もしなかった」人は増えていない。ちなみに、「何もしなかった」人は「独身」では四割に達している。

三、バリ居住以降

以下、バリ居住以降の意識と行動の態様についてみてみる。表5にしたがって、まず「バリに住みはじめて以降の人的ネットワーク」について概観する。日本在住者とのつきあいで多いのは、「同性の友人・知人」(①~⑪⑬~㉒㉔~㉚㉜~㉞㊲~㊸)と「親兄弟や親戚」(①~⑤⑦~⑮⑰~⑳㉒~㉙㉛~㉝㊲~㊴㊶~㊺)である。これらよりはやや少ないが、「異性の友人・知人」(①②⑥~⑧⑩⑰⑱⑳㉒㉔㉖㉗㉚㉝㊲~㊴㊸㊺~㊿)も多い。居住開始時期別でみると、年代が下るにつれて、「親兄弟や親戚」をはじめとした人づきあいがやや減る傾向にある。カップリングタイプでみると、「日本人女性×インドネシア人男性」でも同様な傾向を観て取れるが、ここで注目されるのは、「メール友達」に代表されるような、既存のネットワーク以外のつきあいが年代を下るにつれて広がっていることである(「九〇年以前」〇%↓「九〇年代」二〇%↓「二〇〇〇年以降」二五%)。

バリでの人づきあいの動向をさらに日本人会に焦点を据えてみてみると、人づきあいで一番多いのは「日本人会所属の日本人」(①~⑳㉒~㊳㊵~㊸㊺~㊿)、次いで多いのが「日本人会を通じて知り合った日本人」(①③④⑥⑧~⑭⑱~⑳㉒㉔㉕㉚㉜㉞㊱~㊳㊵~㊸㊺~㊾51 54)である。これを居住開始時期別でみると、「九〇年以前」層では事実上日本人会関係のネットワークだけであったが、「九〇年代」層になると日本人会以外で形成したネットワークにも拡大し、「二〇〇〇年以降」層では、逆に日本人会のネットワークによるつきあいが相対的に減少している。カップリングタイプでみると、「日本人女性×インドネシア人男性」では、「日本人会所属の日本人」とのつきあいが増えている一方で、「外国人」や「現地人」とのつきあいは減っている。後者の動向についてては「日本人男性×日本人女性」においても観取できる。

さて以上の動向を踏まえて、「日本人会を介しての人的ネットワーク」についてさらに詳しくみてみる。

まず「日本人会所属の日本人」の知り合いの人数をみると、「一一人以上」（②③⑤～⑨⑪⑬～⑮⑰～⑳㉒㉓㉖㉗㉙㉚㉜～㊱㊳㊷㊸㊻～㊿51）が全体の約七割に及んでいる。居住開始時期別では、「九〇年代」層では知り合いは「一一人以上」が七六・五％であるが、「二〇〇〇年以降」層になるとそれが六三・三％に減少し、逆に少ないながらも「一～三人程度」が立ちあらわれている。ただし、カップリングタイプでは有意差はない。次に、「話す内容」をみると、「ふだんの生活全般」（②～⑳㉒～㉖㉘～㉛㉝㉞㊱㊳㊶～㊸㊺～㊿52 53）、「仕事やビジネス」（④⑦～⑫⑮⑯⑱⑳㉒～㉕㉚㉛㉞㉟㊸㊺㊻㊽～52）、「バリやインドネシア」（③～⑪⑭～⑱⑳㉒～㉔㉖㉗㉙㉜㊲㊳㊷㊽～㊿53）が主だったものである。しかし「日本人会」（③⑤⑦⑨～⑬⑱⑳㉒㉔㉗㉜㉟㊳㊽～㊿）と「自分の配偶者」（④⑥～⑫⑭⑮⑱⑳㉓㉔㉖㉙㊾）も一定の比率を占めている。ちなみに、居住開始時期別にみると、総じて近年に居住をはじめた人ほど日本人会所属の日本人と話す内容／項目数が減っているが、とりわけ「自分の配偶者」ついての話は著しく減少している。この減少傾向は「日本人女性×インドネシア人男性」、「日本人男性×日本人女性」のいずれにおいてもはっきりと観られる。

「日本人会を通じて知り合った日本人」の人数をみると、「一一人以上」（③⑧⑨⑪⑬⑭⑱⑳㉚㉜㉞㊳㊷㊻㊽㊾51）が全体のほぼ三分の一を占めている。これは居住開始時期別でみても、それほど大きな変化は読み取れないが、ただそうしたなかにあって、「日本人女性×インドネシア人男性」で年代が下るにつれて知り合いの人数が減っていること、また「独身」において「四～一〇人程度」が他に比べて多いことが注目される。それでは「話す内容」はどうであろうか。全体に「日本人会所属の日本人」の場合と同じ様に、「ふだんの生活全般」（①③④⑥⑧～⑭⑱～⑳㉒㉔㉕㉚㉞㊵～㊸㊺㊻㊽㊾51 54）、「仕事やビジネス」（①⑧～⑫⑱⑳㉒㉔㉕㉚㉜㉞㊱㊲㊵㊸㊺㊻㊽㊾51）、「バリやインドネシア」（④⑥⑧～⑫⑭⑳㉒㉔㉞㊲㊳㊵㊷㊽㊾）が中心となっている。ちなみに、居住開始時期別でみると、「九〇年代」層と「二〇〇〇年以降」層とでは、「独身」層を除くと、前者から後者にかけて「仕事やビジネス」の話は多くなり（四一・二％→四四・四％）、

「生活全般」や「バリやインドネシア」といった話題は減少している（七〇・六％→二七・八％、五二・九％→二七・八％）。なお、「話す内容」として一定の比率を占めている「自分の配偶者」についての話題（①④⑥⑧〜⑫⑱⑳㉔㊾）は、カップリングタイプの違いを越えて近年に居住をはじめた人ほど少なくなる傾向にある。

なお、表5では「日本人会を通じて知り合った現地人」および「外国人」の人数および「話の内容」についても示されている。みられるように、前者では「知り合った」と答えている人は一三人（⑦⑩⑮⑱〜⑳㉜㉞㊳㊷㊸㊺㊼）、後者では八人（⑱⑳㉚㉜㊷㊸㊺㊼）といずれも少数派にとどまっている。ただそうしたなかで、「日本人女性×インドネシア人男性」において「九〇年代」層から「二〇〇〇年以降」層にかけて「知り合った現地人」が激減していること（四人→〇人）、また「二〇〇〇年以降」の「独身」層において「知り合った現地人」および「外国人」があると答えている人（㊷㊸㊺㊼）が全体の三分の一を占めていることは注目に値する。

こうしてみると、あらためて「日本人会以外の団体を介してのネットワーク」に目を移してみる必要がある。まず「日本人とのつき合い」であるが、「ある」と答えている人は二二人（⑤⑯〜⑱⑳㉖㉛〜㉟㊲㊵〜㊷㊺〜㊾(53)(54)）で「日本人会を介しての人的ネットワーク」と比較して明らかに少ない。ここで特筆されるのは、カップリングタイプでみて、「日本人女性×インドネシア男性」のところで「九〇年代」層→「二〇〇〇年以降」層において「日本人とのつき合い」が激減していることである（四人→一人）。これは「日本人男性×日本人女性」、「独身」のところで確実に広がっていることとは対照的である（一人→六人、八人）。もっとも後者の場合、「話す内容」は逆に限定される傾向にある。「現地人、外国人とのつき合い」についても、ほぼ同じようなことが指摘できるが、総じて「日本人会を通じて知り合った現地人、外国人とのつき合い」よりも活発であることは否めない。いずれにせよ、全体としてみると、日本人会に所属する日本人と親密な「つき合い」をするといった方向（「日本人女性×インドネシア男性」は一貫してこの方向にある）から、日本人会を越えて比較的多くの日本人、それから現地人や外国人と浅い、手段主義的な「つき合い」をするといった方向に進んでいるようにみえる。

これまでみてきたところから明らかなように、バリ滞在日本人の意識と行動をみるにあたって少なからずポイントになるのは、日本人会への距離のとりかたである。そこで次に調査対象者がどのように日本人会にかかわっているかを、活動への参加実態と意向の把握を通して明らかにする。

二〇〇八年度に参加した日本人会の活動をみると、多い順に「盆踊り」（①〜⑫⑭⑮⑰〜⑳㉓〜㉙㉜〜㉟㊵㊼〜㊾）、「運動会」（①〜④⑥⑦⑪⑭⑱〜⑳㉔〜㉖㉙㉚㉜〜㉞㊽〜㊿）、「三都市親善スポーツ大会」（①⑨⑱⑳㉑㉜〜㉞㊲㊸㊽〜㊿53）となっている。これを居住開始時期別でみると、「盆踊り」や「運動会」への参加は年代が下るにつれて減少し、それとともに「ひとつも参加しない人」も増加している。カップリングタイプでみると、「日本人女性×インドネシア人男性」はほとんどの行事において参加率が低下してきているが、「運動会」に関しては「九〇年代」層よりも「二〇〇〇年以降」層の参加率が高い。また、「日本人男性×日本人女性」についてはひとつも参加しない人が四分の一に達しており、「独身」に至っては四割がどの活動にも参加していない。

他方、「今後の活動意向」をみると、「積極的に参加したい」と考えている人（⑪⑱㉒㉚㉞㊵㊼㊿）と「参加したい」と考えている人（②〜⑤⑦⑨⑩⑭⑮⑰⑲〜㉑㉓〜㉗㉙㉜㉝㉟㊱㊳㊶〜㊸㊾51〜54）は全体の七割におよんでいる。居住開始時期別でみても、どの年代も七割前後が今後の参加を考えている。カップリングタイプでみると、「日本人女性×インドネシア人男性」は「九〇年代」層に比べて「二〇〇〇年以降」層の方が参加意識が高いが、「日本人男性×日本人女性」ではむしろ低くなっている。ちなみに、「独身」の四割は参加には積極的でない。

なお、「参加したい」理由で多いのは、「人間関係が拡がる」（③〜⑤⑦⑩⑪⑰⑲〜㉑㉓〜㉕㉗㉚㉞㊱㊳㊵㊷㊾51⑤53⑤54）、「有益な情報が得られる」（⑤⑨〜⑪⑮⑲⑳㉔㉕㉗㉙㉚㊱㊳㊵㊾51⑤53⑤54）、「子どものためになる」（④⑤⑦⑨〜⑪⑭⑮⑲㉓〜㉖㉙㊱53⑤54）である。居住開始時期別でみると、特に「子どものためになる」において、「九〇年代」層から「二〇〇〇年以降」層にかけての落差が大きい。カップリングタイプでは、「日本人女性×インドネシア人男性」において、「人間関係が拡がる」、「有益な情報が得られる」が一貫して高い参加理由となる一方で、「日本人会の発展に貢献したい」、「日本人会同士の方がつき合いやすい」、「日本人とのつき合いが他にない」といった、日本人とのつながりを求めるために参加するという理由が確実に減少している。「日本人男性×日本人女性」に目を移すと、「九〇年代」層に比べて「二〇〇〇年以降」層の参加理由が減少していることが目につく。そうしたなかで、「日本人以外の人とつき合いたくない」という理由をあげるものが登場しているのは興味深い。他方、「参加したくない理由」についてみると、「自分の時間を大切にしたい」（⑧⑬㉘㊺㊻）、「日本人会にあまり関心がない」（⑫㉘㊲㊴㊺）が主だったものである。あらためて居住開始時期別でみると、年代が下るにつれて日本人会への関心が低下していることが読み取れる。

最後に、以上の意識と行動のあり様から派生すると考えられる生活の満足度について一瞥する。何よりも特筆すべきことは、全体の九割がバリでの生活に満足しており、しかも年代が下るにつれて、（例外はあるものの）「非常に満足している」と回答した人が増加する傾向にある。ちなみに、カップリングタイプでみると、「日本人女性×インドネシア人男性」のほぼ全員が居住開始時期を越えて満足しているのに対して、「日本人男性×日本人女性」では居住開始時期が「二〇〇〇年以降」層では不満である人（㉜㊱）も出てきている。ところで、満足の理由として多いのは、「自由にいろいろなことができる」（③〜⑤⑧⑫⑰⑱⑳㉒㉔㉗㉙㉚㉝㉞㊲〜㊵㊸㊻㊾50⑤52⑤53）、「バリにいる日本人とうまくいっている」（④⑤⑦⑧⑭⑮⑱⑳㉒

㉓㉖㉙㊴㊵㊷㊽㊾53⃝）、「自分らしさが実感できる」（④⑤⑬⑮～⑱㉑㉓㉙㊳～㊵㊷㊸㊺㊽）である。これを居住開始時期別でみると、「九〇年以前」層では「自由にいろいろできる」が満足の数少ない一つの理由となっていたが、「九〇年以降」層では「バリにいる日本人／現地人とうまくいっている」など、さまざまな理由があがっている。しかし、「九〇年代」層と「二〇〇〇年以降」層を比較すると、「自由にいろいろできる」という理由以外はそれほど伸びていないことがわかる。「日本人女性×インドネシア人男性」でも同様の傾向が観てとれる。しかし、「日本人男性×日本人女性」では、「二〇〇〇年以降」層において「自由にいろいろできる」ことに加えて、「自分らしさが実感できる」、「わずらわしい人間関係がない」という理由もあがっており、ここからはバリをある程度享受している意識傾向を読み取ることができる。

四、今後の展望

以上みてきたような意識と行動のあり様は当然のことながら、今後の展望と関連している。そこで「バリで今後やりたいこと」を聞いてみると、全体として「収入などの経済基盤の安定」（①④～⑪⑬⑮～⑳㉒～㉕㉗㉛～㉞㊱㊴㊸～㊺㊽㊾51⃝54⃝）、「日本の友人・知人との交流」（①③～⑦⑩⑪⑬⑭⑯～⑳㉒～㉙㊴㊵㊸㊺㊽51⃝）、「子どもの教育」（①④～⑭⑰～⑲㉓～㉙㉛㊱㊾52⃝54⃝）、「現在展開している仕事の拡大」（①④⑤⑧⑪⑯～㉓㉕㉞～㊱㊴㊵㊸㊺㊻㊽㊾51⃝～54⃝）などが多い。これを居住開始時期別でみると、「九〇年以前」層で一番多かった「日本にいる家族や親戚との交流」は、年代が下るとともに、とりわけ「二〇〇〇年以降」層になると大幅に減少している。また、「九〇年代」層と「二〇〇〇年以降」層との比較でみると、年代が下るにつれて明らかに増加しているのは、「新たなビジネスの展開」と「現地人との交流」と「現在展開している仕事」であり、そのほかの項目はほぼ減少していることがわかる。カップリング別でみて特に目立っているのは、「日本人女性×インドネシア人男性」において「日本人会の活動」や「現地人との交流」

が年代につれて大きく減少していること、また「日本人男性×日本人女性」において「九〇年代」層と「二〇〇〇年以降」層とを比較してみると、どの人も「やりたい」項目数が大幅に減少していることである。

さて「今後の生活上の不安」について聞いてみると、明確に「無し」と答えているのは八人（③⑬⑰㉚㉟㊵㊼(52)）だけであり、全体の八五％は何らかの不安を抱いている。それを居住開始時期別でみると、「九〇年以前」層では三人のうち一人、「九〇年代」層では一七人のうち二人、そして「二〇〇〇年以降」層では、三〇人のうち四人が不安はないと答えている。ちなみに、これを「日本人女性×インドネシア人男性」のところでみると、年代が下がるほど不安を抱いている人の比率が高いということになる（「九〇年以前」層五〇％→「九〇年代」層八六・七％→「二〇〇〇年以降」層八七・五％）。

それでは、不安の内容はどのようなものであろうか。多くの人があげているは、「地震などの自然災害」（④⑥～⑫⑭⑯⑲～㉓㉖～㉘㊸㊽㊿(51)(53)）、「景気の悪化」（①②④⑥⑧～⑫⑯⑲㉑～㉔㉗㉘㊱㊽㊿(51)(53)）、「政情不安」（②④⑥～⑨⑪⑫⑮⑯⑱⑳～㉓㉗㉘㉞㊽㊿(53)）などである。居住開始時期別でみると、「九〇年以前」層で一番多い「景気の悪化」や「生活の不安定」は、年代が下るにつれて横ばいもしくは大幅に減少している。「九〇年代」層と「二〇〇〇年以降」層に限定してみても、それぞれが不安と感じる項目数は減少している。こうして全体としてバリの生活への不安は縮小しているが、「日本人女性×インドネシア人男性」の「九〇年代」層と「二〇〇〇年以降」層とを比較してみると、「社会保障制度への不安」は五三・三％から六二・五％へ、「自分や家族の老後の健康への不安」は四〇・〇％から六二・五％へ、「子どもや孫の将来への不安」は四〇・〇％から五〇・〇％へとそれぞれ高まっている。

以上、バリ日本人会会員のバリへのかかわり方の一端について、基本属性をベースに据えて、「居住以前」、「居住以降」、「今後の展望」の順に観てきた。分析はバリ居住開始時期――「九〇年代」、「二〇〇〇年以降」――を基軸において、四つのカップリングタイプを交差させながらおこなった。そこで明らかになったことは、居住開始時期が新しくなるにつれて、情報収集のための認知回路／認識経路が多元化していること、しかもその認知／認識が人的なネットワークではなく、徐々にメディアやホームページによってなされるようになっていること、またそうした動向と相まって、バリに対するイメージが拡散し、複層化するようになっていることである。もちろんそれだけではない。バリでの人的ネットワークが「九〇年以前」層から「九〇年代」層にかけて拡がりを示しているものの、「二〇〇〇年以降」層になって再び縮小する傾向にあること、またそうした傾向と符節を合わせるかのようにして、日本人会がバリの日本人の情報交換の前景から退くようになっていること、などが浮き彫りにされた。

5……多重化する情報環境

一、ポスト「文化的エンクレイブ化」

バリに在住する日本人にとって、情報環境がどうであるかは自分たちの日常生活上のニーズをみたし、いわゆるセーフティネットを構築するにあたって中心的な問題構制をなすものである。ところで、こうした情報環境においてきわめて重要な位置を占めているのがエスニック・メディアである。しかしこれまで、海外日本人社会というと、その閉鎖性、同質性とともに居住国内産と出自国産からなるエスニック・メディアによるコミュニティの席捲が指摘されてきた。そして日常的に母語の印刷メディアとか母語のインターネットに依存し、家族や友人とは母語でコミュニケーションをし、余暇時間は母国からのテレビ番組に興じるといった「文化的エンクレイブ化」（白水繁彦）のなかにあるコミュニティの風景が取りざたされてきた。だが今日、そうした単風景に収斂しない多重的な情報環境ができあがりつつあるようにみえる。少なくとも、バリに在住する日本人をめぐってはさまざまなエスニック・メディアが交錯するとともに、メディア利用の相が複層化、多次元化している。

ちなみに、日本人社会に深く浸透しているエスニック・メディアは、もはや居住国内産と出自国産のメディアにとどまらない。後述するように、これら以外に国内のマジョリティ向けの主流メディア、世界各地に住む同胞がかかわるディアスポラ・メディア、そして世界のすみずみまで届くグローバル・メディアが存在し、これらを適切に使いわけながら、多重的な情報環境が日常的につくられつつある［白水、二〇〇九：一六四］。こうして移住先のエンクレイブの変容がうながされる一方で、日本人社会じたいが脱ナショナリティの志向をはぐくむようになっている。それでは、バリの日本人社会では、実際にメディアはどのように利用され、その結果、どのようにして脱領域的な情報環境が形成されつつあるのだろうか。

二、複層化する日常使用言語

まずその前に、メディアの利用シーンと大幅にかさなりあう日常言語の使用状況についてみておこう。もちろん、これには居住開始時期およびカップリングの違いが規定要因として作用している。以下、ここでは前記の第二次アンケート結果を部分的に集約した表6にしたがって説明することにする。

表6によると、配偶者と子どもでは日常使用言語にかなりの違いがあることがわかる。配偶者にたいしては、全体の約四〇パーセントがインドネシア語で会話をしている（「インドネシア語で会話している」＋「インドネシア語が中心であるが、ときたま日本語で会話する」）。反対に子どもにたいしては、全体の七〇パーセント近くが日本語で会話をしている（「日本語で会話する」＋「日本語が中心であるが、とき

本人の接触情報メディア（上位3項目）	子どもの接触情報メディア（上位3項目）
バリフリーク（89.0）、NHK衛星放送（63.7）、アピ・マガジン（50.5）	NHK衛星放送（34.7）、INDOSIAR（24.0）、RCTI（24.0）
ケチャック瓦版（83.3）、NHK衛星放送（83.3）、バリフリーク（66.7）	RCTI（50.0）、METRO TV（50.0）、BALI TV他（50.0）
NHK衛星放送（100.0）、ケチャック瓦版（100.0）	その他（100.0）
NHK衛星放送（80.0）、ケチャック瓦版（80.0）、BALI POST他（40.0）	RCTI（60.0）、METRO TV（60.0）、BALI TV（60.0）、BALI POST他（60.0）
*	*
*	*
バリフリーク（87.5）、NHK衛星放送（59.4）、アピ・マガジン（40.6）	INDOSIAR（40.0）、SCTV（40.0）、NHK衛星放送（36.7）
ケチャック瓦版（100.0）、NHK衛星放送（100.0）、BALI POS（100.0）	BALI POST（100.0）、NHK衛星放送（100.0）
バリフリーク（96.3）、NHK衛星放送（59.3）、アピ・マガジン（48.1）	INDOSIAR（48.0）、SCTV（48.0）、ANTV他（32.0）
ケチャック瓦版（66.7）、バリフリーク（66.7）、NHK衛星放送（66.7）	NHK衛星放送（66.7）、バリフリーク（33.3）
SCTV（100.0）、TVRI（100.0）、BALI TV（100.0）	—
バリフリーク（93.6）、アピ・マガジン（63.8）、NHK衛星放送（61.7）	NHK衛星放送（30.3）、ANTV（18.2）、RCTI（15.2）
バリ・フリーク（100.0）、アピ・マガジン（100.0）、INDOSIAR他（100.0）	—
バリフリーク（88.0）、アピ・マガジン（60.0）、NHK衛星放送（60.0）	NHK衛星放送（42.9）、ANTV（28.6）、RCTI（23.8）
バリフリーク（100.0）、アピ・マガジン（57.1）、NHK衛星放送（57.1）	バリフリーク（20.0）、日本経済新聞・衛星版他（10.0）
バリフリーク（100.0）、アピ・マガジン（100.0）、NHK衛星放送（83.3）	—

表6 ■ バリ在住日本人が接触する情報メディア

バリ居住開始時期	カップリングタイプ N=91	(%)	子どもの有無 N=91	日常使用言語							
				配偶者N=91				子どもN=75			
				①	②	③	④	①	②	③	④
調査対象者全体		100.0	82.4	20.9	19.8	12.1	16.5	5.3	12.0	42.7	34.7
90年以前		6.6	100.0	50.0	16.7	0.0	16.7	16.7	33.3	16.7	16.7
	日本人男性×インドネシア人女性	1.1	100.0	0.0	0.0	0.0	100.0	0.0	0.0	100.0	0.0
	日本人女性×インドネシア人男性	5.5	100.0	60.0	20.0	0.0	0.0	20.0	40.0	0.0	20.0
	日本人男性×日本人女性	*	*	*	*	*	*	*	*	*	*
	独身	*	*	*	*	*	*	*	*	*	*
90年代		35.2	93.8	28.1	34.4	9.4	15.6	10.0	20.0	30.0	36.7
	日本人男性×インドネシア人女性	1.1	100.0	0.0	100.0	0.0	0.0	0.0	100.0	0.0	0.0
	日本人女性×インドネシア人男性	29.7	92.6	33.3	37.0	11.1	18.5	8.0	20.0	24.0	44.0
	日本人男性×日本人女性	3.3	100.0	0.0	0.0	100.0	0.0	33.3	0.0	66.7	0.0
	独身	1.1	100.0	0.0	0.0	0.0	0.0	0.0	0.0	100.0	0.0
2000年以降		51.6	70.2	10.6	10.6	17.0	19.1	0.0	0.0	57.6	36.4
	日本人男性×インドネシア人女性	1.1	100.0	0.0	0.0	0.0	100.0	0.0	0.0	0.0	0.0
	日本人女性×インドネシア人男性	27.5	84.0	20.0	20.0	32.0	28.0	0.0	0.0	57.1	42.9
	日本人男性×日本人女性	15.4	71.4	0.0	0.0	100.0	0.0	0.0	0.0	70.0	20.0
	独身	6.6	0.0	0.0	0.0	0.0	0.0	0.0	0.0	0.0	0.0

① インドネシア語（または他の外国語）で会話している
② インドネシア語（または他の外国語）が中心であるが、ときたま日本語で会話する
③ 日本語で会話する
④ 日本語が中心であるが、ときたまインドネシア語（または他の外国語）で会話する

たまインドネシア語で会話する」）。しかしこうした動向も、居住開始時期によって、またカップリングによって偏差をともなっている。「九〇年以前」層から「九〇年代」層へ、さらに「二〇〇〇年以降」層になるにつれ、配偶者にたいしても子どもにたいしても使用言語は日本語が多くなっている。とりわけ「日本人女性×インドネシア男性」においてこの傾向が顕著にみられる。配偶者にたいする主たる使用言語としてインドネシア語を用いているのは、「九〇年以前」層では八〇パーセント、「九〇年代」層では七〇・三パーセント、「二〇〇〇年以降」層では四〇パーセントと急落している。また、子どもにたいする主たる使用言語としてインドネシア語を用いているのは、「九〇年以前」層では六〇パーセント、「九〇年代」層では二八・〇パーセントと次第に下降し、そして「二〇〇〇年以降」層ではついに〇パーセントになっている。

こうした動向を全体としてどう読み込むかはむずかしい問題ではあるが、確実にいえることは、「日本人女性×インドネシア男性」のところで、「二〇〇〇年以降」層よりは「九〇年代」層において、さらに「九〇年以前」層においてインドネシア社会に同化しようとする意識が強かったことである。このことからすぐさま同化主義的な圧力を「体内化」していたとはいえないにしても、いわゆる「モデル・マイノリティ」として自己を達成しようとする意識が過去に遡るほど強かったことはたしかである。だから、逆に最近になればなるほど、インドネシアに同化するよりも、「わたしたち日本人」という意識が頭をもたげてきているともいえる。もっとも、使用言語の動向だけで以上のことを言い切ってしまうのにはやや不安はある。

三、接触情報メディアの動向

ところで、以上のような時代の推移とともにある使用言語状況は、当然のことながら、メディアの利用状況とも響き合う。再度表6に目を移すと、本人の接触情報メディアと子どもの接触情報メディアにおいてはっきりとした違いがみられることがわかる。つまり前者では使用言語が日本語のメディア（『バリフリーク』、NHK衛星放送、『ケチャック瓦版』、『アピ・マガジン』等）、後者では使用言語がどちらかというとインドネシア語のメディア（INDOSIA、RCTI、BALI POST等）が主流をなしている。とはいえ、それぞれにおいて居住開始時期およびカップリングタイプで利用メディアが異なっている。本人の接触情報メディアでは、「九〇年以前」層ではどのカップリングタイプにおいても、バリ日本人会の機関誌『ケチャック瓦版』とNHK衛星放送が八〇パーセント以上の高率をもって取りあげられている。この時期に居住し始めたバリ在住の日本人にとって、バリ日本人会が中心をなしていたことを示すものである。上記の二つのメディアが主流をなす情報環境は「九〇年代」層においても維持されることになったが、同時にこの時期に「日本人女性×インドネシア人男性」を担い手／支え手として『バリフリーク』および『アピ・マガジン』が立ちあらわれている。「二〇〇〇年以降」層になると、『バリフリーク』および『アピ・マガジン』がバリ在住の日本人の情報環境を席捲する構図がはっきりとしてくる。もちろん、バリ在住の日本人が高率でNHK衛星放送に接触する状況は依然として続いているが、『ケチャック瓦版』は後景にしりぞいてしまっている。要するに、「二〇〇〇年以降」層では、『ケチャック瓦版』は「同胞メディア」としてありながらも、もはや日本人の日々の情報欲求に応えるものとはならなくなってしまっているのである。このことは、多くのバリ在住日本人にとって日本人会がいわゆる「適応援助機関」としては副次的な存在になってしまっていることを示すものでもある。

さてあらためて、子どもの接触情報メディアに目を転じてみると、「九〇年以前」層ではインドネシア国内のマジョリティ向けのメディアが情報環境の中心にあることがわかる。しかもその場合、「読むメディア」＝情報誌ではなく、「見るメディア」＝テレビであることが興味深い。「見るメディア」への傾斜は、

BaliWalker	バリフリーク	アピ・マガジン
2000年	2001年	2002年
105号	105号	76号
月刊	月刊	隔月
5,000～10,000部	8,000～13,000部	20,000部
CV. Bali Walker by Bali Mode	PT. Harum Indah Sari Tours & Travel	PT. Abadi Business Solutions
Denpasar	Denpasar	Denpasar
空港（ングラライ空港）、免税店（Plaza Bali）、ショッピングモール（Matahari Bali Galeria）、バリの和食レストラン	スポンサーになっているスーパーマーケット、レストラン	日本食スーパー（パパイヤ）、ショッピングモール（Matahari Bali Galeria）、免税店（Plaza Bali）
旅行者（70%）、バリに滞在している日本人（30%）	HIS利用客、バリ在住日本人	旅行者（50%）、バリに滞在している日本人（50%）
なし（ただし、『るるぶ』等の企画に協力）	あり（『マップる』バリ特集号の年1回刊行・編集、HISのオリジナルブックス、JALPACSのオプショナルブックスの製作）	なし（ただし、一時期、『GARUDA』を、また不定期に『歩く人』も製作）
1人（日本人）	4人（日本人女性）	17人（インドネシア人13人、日本人4人）
内部	内部	内部

「九〇年代」層においても基調をなしている。

しかし同時に、この層では「日本人」としてのアイデンティティのめばえとともに「NHK衛星放送」への接触が強くみられるようになる。そして「二〇〇〇年以降」層においてこの動きはより強まる。いずれにせよ、こうして日本語で「読むメディア」と日本語を通して「見るメディア」が情報環境の中心に位置するようになっている。

ここで、本人および子どもが日常的に接触

表7 ■ バリ在住日本人が読む雑誌

	BUKA JTB	あちゃら
刊行年	1999年	2000年
現在の号数	60号	60号
発行頻度	隔月	3ケ月ごとに定期発行
現在の発行部数	20,000部	25,000部
発行者	PT. Zaman Tropis Media Denpasar	PT. Fajar Bali
発行場所	Tabanan, Bali	Tabanan & Jakarta
配置場所	バリの和食レストラン、ホテル、ジャカルタの日本人が主に使うレストラン、ホテル、日本のJTBオフィス	空港（ングラライ空港）、バリの和食レストラン、ホテル、スーパーマーケット（Hardy's）、コンビニ（Circle K）
対象読者	旅行者	旅行者
当雑誌以外の他の発行物	なし	なし
編集者の人数	3人（インドネシア人2人、日本人1人）	4人（インドネシア人3人、日本人1人）
誌面制作の方法	内部	内部
表紙		

する日本語による情報メディア（ただし、NHK衛星放送は除く）について概観しておこう。表7は、その主だったものの概要である。▼6 すべて旅行者向けの情報誌として刊行されているが、バリ在住日本人が日常的に手にとっているものでもある。特徴的なのは、いずれも日本人観光客がピークに達する二〇〇〇年前後に創刊されており、発行頻度がかなり高く部数も多いこと、日本人女性の周到な取材をベースとするフリーマガジン（無料誌）であ

ること、しかし観光客だけでなく生活者にも目配りをし、バリ在住日本人の日常生活上のニーズにも応える紙面となっている（配部場所はバリ在住日本人が日常的に利用するスーパーとかレストラン、いわゆる「エスニック・ビジネス」の店頭がメインとなっている）ことである。そして実際に、『バリフリーク』は別にして他の四誌はングラライ空港の入港窓口の脇にある棚にうず高く積まれているが、観光客の目に触れることはほとんどない。しかしおなじみのスーパーとかレストランではたちまちのうちになくなってしまう。ちなみに、五誌のうち、バリ在住日本人の間で最もよく読まれているのが『バリフリーク』と『アピ・マガジン』である。この二つの雑誌は、一見したところ、見て、食べて、遊ぶという、旅の三大要素に照準しているようにみえるが、紙面の随所にバリ在住日本人にフィットする生活情報が盛り込まれている。

ちなみに、『バリフリーク』は、ＰＡＯ（パオ）というプロダクションがＨＩＳバリ支店から依頼され創刊したものであるが、当初より「観光客よりはむしろ在住者が喜ぶような情報誌を作成する」ことをめざしたという。創刊号は二八頁であったが、その後、リニューアルのたびに増ページしていった（現在、三四頁）。紙面づくりにあたっては、普段からいろいろな分野にアンテナをはり、「住んでいる人」からの情報を大切にしているという。当初は読者層を二〇歳代前半から三〇歳代前半に据えたが、その後、読者層を拡げ、「若者向け」というよりは「大人向け」にしていった。そして若者風の文体からさまざまな大人が読めるような文体とか記事にしていったという。他方、『アピ・マガジン』は、ウェブサイトだけで展開している旅行会社バリ・ツアー・コムが隔週刊として創刊したものであるが、あきらかに『ぴあ』を意識して立ち上げたものであった。『あぴ』としてはじまったこの雑誌は、最初から日本人とか日本社会以外の情報（特にイベント情報）を積極的にとりあげ、それを日本人に提供することに心がけたという。つまり『バリフリーク』とはまったく正反対のスタンスから、バリ在住日本人向けの情報誌としての価値を高めていったのである。パパイヤ（上記旅行会社の支店が置かれている日本食スーパー）での反響は驚くほどであるという。

6……接触情報メディアの出自国化

ところで、表6にたちかえっていま一度確認しておきたいのは、本人と子どもの間で主たる接触情報メディアが印刷メディア（「読むメディア」）から放送メディア（「見るメディア」）へと移っていることである。この場合、放送メディアの多くがインドネシア国内のマジョリティ向けの主流メディアであることについては先にも述べたが、しかし「九〇年代」層になると、同じ放送メディアでも出自国からの番組の再放送がメインとなるNHK衛星放送が子どもの接触情報メディアの仲間入りをすることになり、「二〇〇〇年以降」層ではその占める位置がますます大きくなっている。その反面、『バリフリーク』は別にして、Bali Postのような印刷メディアからはますます遠くなっているのである。いずれにせよ、子どもが日常的

▼6　表7で示したもの以外にも、多くの情報誌がある。たとえば、日本人会女性部が発行している『ココナッツ』は、日本人会内部とはいえ、多くの女性読者を獲得している。また後述するウェブサイトでは、『よもやまバリ』が若者の間で人気がある。そして何よりも注目されるのは、ジャカルタの日本人が制作し、インドネシア中に広がっている「ディアスポラ・メディア」の一つである『じゃかるた新聞』が、バリの日本人の間で広く読まれていることである。『じゃかるた新聞』は、バリ在住の日本人がインドネシアのことだけでなく、日本国内の動向も知る上で、三大紙の衛星版以上の重要な役割を果たしている。

に接触するメディアは多様化しているものの、「出自国化」への動きが顕著にみられるのもたしかである。いうまでもなく、こうした動きは、本人の間でみられる接触情報メディアの動向（母語の印刷メディアと放送メディアが中心になるという出自国化）と深く共振していると考えられる。

なお、この間、エスニック・メディアについては、多言語併設メディアが「集団間的機能」をになうものとして注目されているが［白水、二〇〇九］、バリの日本人社会では、たしかにBali Travel News（英語と日本語の併記）のようなものが存在するものの、多くの人びとの耳目をとらえるには至っていない。また近年、とりわけ若者の間では、印刷メディアはいうにおよばず放送メディアさえ忌避し、インターネット経由の情報に頼る人が多くなっているといわれるが実際のところはよくわからない。ただ、ピンポイントの情報を提供する、日本人社会をターゲットとするウェブサイトやメールマガジンが数多くあらわれているのも事実である。表6でみるかぎり、そこのところはまったく読み取ることができないが、「二〇〇〇年以降」層のいわゆるニューカマー層でそうしたウェブサイトやメールマガジンにアクセスする人が増えているのは容易に想到することができる。ちなみに、筆者等が二〇〇七年一月におこなったインタヴュー調査では、「日本人女性×インドネシア人男性」層のところで、印刷メディアにまったく依存せずに、もっぱらインターネット経由で出自国の新聞のサイトとかヤフー等のサイトにアクセスしている人が少なからずいることが判明した。

7……むすびにかえて

すでに記したように、本稿は、インドネシアのバリ島における日本人社会をフィールドにして、海外日本人社会のグローバル化社会（globalizing society）における立ち位置とナショナリティに閉じていかない、外に開かれたエスニック・コミュニティの一つの「かたち」を示すことに主眼が置かれている。

グローバル化の進展とともに、ヒト、モノ、コトのボーダレスなフローがみられるようになり、ナショナリティとの強い結びつきを必ずしも持たない「社会を越える社会」（J・アーリ）が立ちあらわれている。今日、そうしたものの一つとして海外日本人社会のあり様が取りざたされている。これまで海外日本人社会といえば、国策として「上から」創出された移民、▼7 あるいは企業進出とセットとしてあった「企業移民」が中心であった。そして彼らは多くの場合、閉鎖的で同質的なコミュニティを形成してきた。それゆえまた、個人の準拠枠の形成において母国と直結した情報環境がきわめて重要な役割を果たしてきた。しかし今日、旅と移住の間を行き来する、つまり自分の意思で国境を越え、棲み分けるフットワークの軽い

▼7　近年、「帝国と植民地主義」の文脈で、移民＝植民の存在形態をクローズアップしようとする動きがみられ、これにつらなる研究があらわれはじめている。たとえば、満州移民についていうと、蘭《あららぎ》信三等による一連の著作が注目される［蘭、一九九四／蘭編、二〇〇九］。しかし、こうした研究も、「モビリティと植民地」というテーマ設定の下に再検証される必要があろう。

▼8　ただ念のためにいうと、上記した「国策移民」、「企業移民」と「ライフスタイル移民」の境界はそれほど明確ではない。なぜなら、前者には「強制」＝「非選択」の契機だけでなく、「自発」の契機も含まれており、逆に後者には「自発」＝「選択」の契機だけでなく、「強制」＝「非自発」の契機も含まれているからである。移動をまねくものが錯綜し、移動動機が多様化すればするほど、両者の境界はあいまいになるであろう。なお、国際移動における「強制」と「自発」のダイナミクスについては、小泉［二〇〇九a］が有益である。

▼9　この点でいわゆる多言語併設のエスニック・メディアの果たす役割はきわめて重要であると考えられる。しかし、バリの日本人社会についていうなら、こうしたメディアは印刷媒体でみるかぎり未見である。子どもの世代での活字離れがこうした状況にどう作用するかが、今後注目されよう。

「ライフスタイル移民」が増えるにつれ、「閉じる」コミュニティへの同化ではなく、ローカルな社会への「開かれた」関与をメルクマールとするような、脱ナショナリティ志向の日本人社会が部分的に出現している。[8] そこでは、地位とか肩書が幅をきかす、高度にハイアラーキカルで、「同質性への志向」に根ざす景観とは異なる「エスノスケイプ」（A・アパデュライ）が立ちあらわれつつある。

さて本章では、そうした「エスノスケイプ」を構成することになるいくつかの相《フェイズ》を、バリの日本人社会に照準して浮き彫りにすることにつとめたが、そこには〈コロニアル－ポストコロニアル〉、〈開発－ポスト開発〉の二つの軸が深い影をおとしているのに加えて、いわゆる国際結婚が対象自体を変奏する局面が重くのしかかっており、くっきりとした形での脱ナショナリティ志向の日本人社会を浮かびあがらせることはできなかった。それでも、外に開かれたエスニック・コミュニティの一つの可能な「かたち」を示すことはできたのではないかと思う。もちろん、本章が従来のナショナリティに視軸を据えた移民研究を凌駕する、モビリティ・スタディーズの質を担保し、「社会を越える社会」への確固たるまなざしに裏うちされたグローバルな市民社会論の形成に資するためには、まだまだ多くの課題をクリアしなければならないのはたしかである。ちなみに、情報環境に引き寄せていうと、こうした課題は何よりも、さまざまな「異なる他者」との互換的なメディエーションを介して内向きのエンクレイブ化をいかに阻止するか、ということと深くかかわっている。[9]

いずれにせよ、本章は、表題に示された問題構制の開示に向けての第一歩をしるしたにすぎない。

＊付記　本研究は、二〇〇九年度サントリー文化財団・人文科学、社会科学に関する研究助成（「グローバル化に伴うヒトの移動の新たな展開と海外日本人社会の変容に関する研究」代表・吉原）による研究成果の一部である。

終章

「ポスト成長」社会におけるコミュニティの社会設計のために
——隣接の再発見

すべての人が人間の条件のあらゆる形を担っている。

モンテニュー『エセー』

1……はじめに——縮小社会から「ポスト成長」社会へ

この間、縮小社会ということがあちこちで言われるようになっている。特に日本経済の底の見えない衰退とともに、かねてより指摘されてきた中山間地域のみならず大都市でも地域の疲弊が露呈するようになるにつれて、さらに隣国中国の経済および政治面でのパワーアップのありようをみるにつけ、縮小社会がいよいよ現実味をもって語られるようになっている。そして人びと、とりわけ若者の間で内向き志向が強まるなかで、「縮む日本」の印象がますます覆いがたいものとなっている。縮小社会とは言い得て妙である。しかし縮小社会は多くの場合、サイズにかかわらせて論じられている。つまり拡大にたいするダウンサイズの含意で語られる傾向にある。平たくいうと、それは成長とか拡大を前提とした議論であるのだ。

ここでは「現象としての縮小社会」を見据えながら、それを近代が成長とともに帯同せざるを得ないポスト成長――すぐれて近代の臨界局面／ハイモダニティにおいて表出する――の位相でとらえかえす。「ポスト成長」社会とは、アメリカの都市経済学者フロリダのいう労働における「非貨幣的な要因」〔フロリダ、二〇〇八〕が社会の前景にせめ上がってくる段階のこと、すなわち、成長とか発展といわれるものがその極に達して、成長とか発展が抱合しないとされる価値とか要素が至上のものとなるような構造的転換を遂げた／遂げつつある社会のことである。それは「経済は一種の宗教である」という認識を共有する〈脱成長〉《デクロワサン》派の俊英ラトゥーシュによると、「希少性、〈依存的な〉欲求《ニーズ》、経済的計算、合理的経済人《ホモ・エコノミクス》といった抑圧的な想念の中で生産・消費活動を行うことはしない」、つまり、「かつて思想家イヴァン・イリイチが『近代のサブシステンス』と呼んでいたもの――『人々が市場に対する依存を縮小することに成功し、専門的な欲求製造者によって数量化されていない／数量化されることが不可能な使用価値の創造に、技術と道具が優先的に役立てられるような社会的基盤を、政治的手段を通じて保護することでたどり着くところの脱産業経済における生活様式』――に基づいて再構築される「経済性に囚われない豊穣な社会」のことである▼1〔ラトゥーシュ、二〇一〇：一一～一二九〕。

こういうと、「ポスト成長」社会は、市場を放棄する社会と受け取られるかもしれない。だが重要なのは、それが「市場中心の社会によって支配される社会」〔同上：一二〕ではない、ということである。あるいは、「〈伝統的な〉共同体的束縛への回帰」〔同上：一九〇〕をめざすものであるといわれるかもしれない。それにたいしては、「地域の有機的な再編への回帰」〔同上：一九〇〕こそが索《もと》められているのだ、と言い返すしかない。そしてそうであるがゆえに、「現象としての縮小社会」の〈いま〉に立って、「ポスト成長」社会への移行過程をいわば市場と国家の公共政策、さらに市民的互酬領域とのせめぎあいのなかで展望していくことが重要になるのである。[2] 実はこのせめぎあいの只中で新たな社会的な含意を担って立ちあらわれているのがコミュニティであり、その社会設計のありようがにわかに争点になりつつある。

これまでの叙述で明らかなように、コミュニティといわれてきたものは手垢にまみれており、それが豊かに湛えていたはずの構想力はとうに涸れてしまっている。[3] コミュニティを問いなおすことはいまや喫緊の課題である。「ポスト成長」社会において、コミュニティは「市場経済を超える領域」（広井良典）になるとともに、人びとがセーフティネットを構築する際の要となるのである。本書を閉じるにあたって、あらためてそうしたコミュニティの存立基盤と構成要件について考えてみよう。

▼1　いうまでもなく、〈脱成長〉派にとって、産業を悪とみなす自然主義的な保守主義者は、最強の論敵である。今日、世界を引っ張っている経済成長主義の矛盾が露呈するにつれ、こうした保守主義者の台頭が目立つようになっている［ラトゥーシュ、二〇一〇：一二九］。

▼2　ここで「公共性」の位置づけがきわめて重要な争点になる。ヘーゲリアンの議論から始まって、ハバーマス、アーレントに至るまで「公共性」に関する議論は百花繚乱といったところだが、ここでは少なくとも、最近一部に見られるような「上からの公共性」にたいする「下からの公共性」（＝「地域からの公共性」）とか「大きな公共」にたいする「小さな公共」といった機能主義的な議論には与しない。後に議論する「生きられる共同性」から根茎《リゾーム》状に立ち上がる「公共的なもの」が、ここでは関心の中心になる。

▼3　コミュニタリアンの議論にせよ、リバタリアンの議論にせよ、コミュニティがきわめて操作的に扱われている。こうした道具主義的なコミュニティ論議は、今日、論壇でコミュニティ・インフレーションのような状況が湧き上がるのを促しているが、コミュニティがなぜ議論されるのかについての理論的必然性を貶価している点で上滑りの印象は拭えない。

2……コミュニティとして語られてきたもの

モダニティの機制のなかでコミュニティとして語られてきたものは、端的にいって、国民国家の運動とともにあった。コミュニティは国家からかけはなれた所で孤然と存在したのではなく、むしろ国民国家による社会統合の最底辺に常に位置してきた。近代の国民国家は、地域共同体の内部に埋め込まれていた、差異に満ち溢れた「生きられる共同性」を簒奪し、上から仕かけられたコミュニケーションの「一方向性」と「同期性」[4]をメルクマールとするような「想像の共同体」（アンダーソン）を強力に誘い、またそうしたものとして自己展開をとげた。そして起きたことといえば、前に向けて無限に、しかもまっすぐ伸びていく成長、発展とともに、コミュニティといわれるものが無数の諸個人をそうした成長、発展に向けて集列化したことである。周辺が中心に閉じていく／回収されていくという、国民国家に特有の運動[5]は、こうしたコミュニティによる諸個人の集列化なしには起こり得なかった。

それでは、そうした諸個人の集列化をうながしたコミュニティなるものは、具体的にどのようなものとして存在したのであろうか。近代日本に限定するなら、まず「生きられる共同性」の裡にいわば公私未分化の状態で埋め込まれていたセーフティネット機能が〈外部化〉（→公と私へ分化）したことがあげられる。それは、町内会の制度化[6]を通して国家が「生きられる共同性」を囲い込むとともに、家族にそうしたものの一部が移譲されるという形で進展した。他方、資本主義の展開はシステムとしての会社、いわゆるカイシャを社会の前景に押し出す一方で、カイシャによる家族の抱合を大々的にすすめた。その結果、カイシャは終身雇用の下で社員のみならず、「夫は外、妻は内」という性別役割分業で固定化された家族（核家族／近代家族）の生活保障を担い、上から簒奪された「生きられる共同性」に代わってセーフティネットの役割を果たすという「インフォーマルな社会保障」［広井、二〇〇一／二〇〇九］として機能した。[7]そして町内会はといえば、総力戦体制から戦後社会を貫いて「生きられる共同性」の実質をすっかり喪い、「ガバメントとしてのコミュニティ」[8]の性格をますます強めることになった。

考えてみれば、上述のような「生きられる共同性」の簒奪がすすむ一方で、いわゆる「公助」が未発達のままに（ただし、「（福祉）国家」はあった）、カイシャとそれに従属する家族による「インフォーマルな社会保障」が人びとのセーフティネットとして機能するという状景は、「『成長』という（国家あるいは

▼4　原語はsynchronicity。一般には同時発生とか同時性と訳されている。ここでは同じ時間と場所を共有しているという含意で用いられている。社会学では、近年、「いま・ここ」ということが取りざたされるなかで、にわかにこの言葉が用いられるようになっている。

▼5　周辺が中心に閉じていくこうした運動は、労働力市場の一国内での再編と密接にかかわっていた。それはたしかに序列的な再編ではあったが、階級的矛盾が深まるといったものではなかった。むしろ周辺が中心に回収されていくという円環構造によって矛盾の発現が妨げられたのである。いうまでもなく、この場合、「皆、同じである」という「国民の物語」（＝同質性願望）が大きく作用していた。

▼6　この点については、とりあえず、本書第2章および第3章を参照されたい。

▼7　だからこそ、この「インフォーマルな社会保障」はジェンダーの視点からも論じる必要がある。ただし、ここでは言及する余白がない。さしあたり、広井［二〇〇一／二〇〇九］を参照されたい。

▼8　この場合のガバメントは、いわゆるガバナンスを対向にして措定されているもので、後者の「協治」もしくは「共治」にたいする「統治」という意味で用いられている。したがってここで「ガバメントとしてのコミュニティ」という場合、国家もしくは行政主導のコミュニティのことである。しかし、ガバメントとガバナンスについては、前者から後者へと二分法的にとらえるのではなく、ガバニング様式の二つの「かたち」としてとらえるべきであるという議論もある［吉原、二〇〇二］。

国民挙げての）目標を達成するために、各種制度や経済システムその他すべてが強力かつ一元的に編成された」、つまり「『成長』という目標に向けて社会全体がきわめて『求心的』なものになった〔……〕戦後の日本社会」〔広井、二〇〇一：一六五〕にとってきわめて効率的で、都合のいい《コンビニエント》ものであった。ともあれ、カイシャ、家族そして町内会が一体となってコミュニティなるものを構成し、周辺が中心に一元化し、成長が野放図にすすむのを下支えすることになったのである。しかしいうまでもなく、こうしたコミュニティなるものは、それが機能すればするほど「生きられる共同性」から乖離するといった擬似的なものとしてあった。

さて、グローバル化の進展とともに、「ポスト戦後」社会への移行が現実のものとなった。しかもそれは、上述の擬似コミュニティの基盤を掘り崩すような形で、すなわち一方での雇用の流動化、他方での女性の社会進出の拡がり等をともなってすすんだ。このことは「インフォーマルな社会保障」が形骸化し、（擬似的にではあるにせよ）コミュニティとしての役割が果たせなくなることを意味した。実際、九〇年代に入ってから、みてきたようなコミュニティなるものの衰退が顕著にみられるようになり、セーフティネットの張り替えが喫緊の課題となった。町内会はといえば、たとえば、本書ですでにみたように新自由主義的な「自己責任」▼9と「非寛容《ゼロトレランス》」の原理に導かれた安全安心まちづくりに動員され、ますます上からの位置づけに馴化するようになっている。いうまでもなく、こうした動向は、「公助」をひたすら切り詰め、「自助」を（半）強制するといった新自由主義に特有の手法にともなうものである。ちなみに、「自助」は実質的に市場に委ねられ、そこにできた隙間を「古き良き地域社会、家族」を鼓吹する共同体主義《コミュニタリアニズム》で乗り越えようとする動きが目立っている。ここには、奇妙にもセーフティネットの張り替えをめぐって、新自由主義と共同体主義が共振するといった事態が観られるのである。

同時に、ここであらためて注目したいのは、新自由主義（＝「自助」）が共同体主義（＝古い「共助」

の強調）を巻き込んでいくら成長を強弁したところで、成長の限界がもはや誰の目にも明らかであるという点である。「ポスト戦後」社会は、カイシャの「転回《ターン》」によって大きく促されて立ちあらわれた、先に一瞥した「ポスト成長」社会と重なり合っている。いまや、多くの人びとはパイをいくら大きくしても「分配」の構造に手をつけないかぎり、成長が自分たちのセーフティネットの張り替えにならないこと、いやそもそも成長そのものが自分たちの足元を掘り崩す要素をはらんでいることに気づいている。そしてそうであればこそ、市場（＝「自助」）と国家の公共政策（＝「公助」）、さらに市民的互酬領域（＝「共助」）▼10との間に峻烈なせめぎあいがみられるいま、成長を下支えし、成長とともにあったかつてのコミュニティなるものに代わって、いかなるコミュニティをどのような方向にうち立てるかが鋭く問われている。

いずれにせよ、近代日本においてコミュニティとして語られてきたものはその実体的基盤を喪っており、もはや存立する余地はない。それに代わっていまもとめられているのは、「ポスト成長」の基盤構築にかかわって重要な役割を果たすと考えられる新たなコミュニティの形成である。詳述はさておき、そのためにどのような要件を整え、磁場を形成していくかがあらためて検討されねばならない。もちろん、そうし

▼9　周知のように、「自己責任」に関する議論は、新自由主義の台頭とともに高まる一方である。この場合、忘れてはならないのは、「官」＝「公」は無駄であり、逆に「民」は効率的であるという「小さな政府」論が受け皿になっていることである。「自己責任」が「公」の切り捨てに容易にむすびつくことは、一九九〇年代、とりわけバブル崩壊以降の政治動向をみれば明らかである。

▼10　ここでは、伝統的な「共助」と区別して市民的互酬領域がになう「共助」に照準している。しかし厳密にいうと、こうした分け方自体、問題をはらんでいるといえるかもしれない。なぜなら、「共助」を集団の形式といった次元で論じるなら、歴史貫通的な位相と歴史的な位相を区別しなければならないからだ。ちなみに、伝統的な「共助」にしても市民的互酬領域にしても歴史的な次元のものである。

た場合に再度問われるのが、町内会のありようである。近代日本、とりわけ戦後日本が町内会にたいして構造的に要請したものが「ガバメントとしてのコミュニティ」であるなら、町内会はいまこそ、近代とともにあったそうした構造的枠組みから離脱し、「ポスト成長」社会における自らの位置取り《ポジショニング》を示す必要があるだろう。▼11

もっともここでは、一足飛びに結論を出すわけにはいかない。とりあえず、次節では、上述の課題に照準して議論をすすめることにする。

3……「生きられる共同性」からの出発

「ポスト成長」社会は、一つの中心に諸力が集まるような社会ではなく、いくつもの中心からなる多焦点の社会である。成長とか発展に同調しない者があらわれると、ただちにそうした者を排除しようとする社会ではなく、むしろ相互に隔たっている者同士がぶつかり合いながら結びつくような社会である。それはまぎれもなく「成長」社会から反転したものであるが、「成長」社会が否定しつつ基層に据えてきた「生きられる共同性」にも深く根ざしている。たしかに、近代日本は、成長達成のためにコミュニティなるものを「生きられる共同性」からかけ離れた所で措定したが、「生きられる共同性」はなおもその基底において生き続けてきたと思われる。したがって、いま新たなコミュニティを展望する場合、「成長」社会と「ポスト成長」社会を通底する「生きられる共同性」から出発する必要がある。

いわば歴史貫通的なものとしてある「生きられる共同性」を特徴づけるものは、何よりもその時間性にある。すでに多くの論者によって述べられているし、筆者もまた何度か言及したことがあるが、「生きられる共同性」を向うにおいて立ちあらわれた、モダニティの概念として定着した時間観念は、「時間を社会的時間から切り離し、『時間の細分化』、『社会生活のタイムテーブル化と数学化』（ラッシュ&アーリ）、畢竟、グリニッジ標準時の発展を促した、それじたい、ニュートニアンの視圏内にある『単線的で同質的で連続的な時間』（ブルデュー）を打ち出し〔……〕まさにソローキンとマートンにはじまって、トムソンにおいて『仕事』への志向から『時間』への志向へと捉えられた『クロック・タイム』を絶対視するものであった」〔吉原、二〇〇二：一八〕。こうして真木悠介のいう「共通の計量化された時間」〔真木、二〇〇三〕が、「生きられる共同性」に底在している時間感覚から乖離して近代の時間になるわけであるが、それじたいは、未来へと限りなく、しかもまっすぐに伸張していく「成長」社会とものの見事に適合し、いっそう堅固なものになっていった。

それでは、「生きられる共同性」がその裡に豊かに湛える時間感覚とはどのようなものであろうか。実はこれについても、身体と結びついた「拡がりのある時間」として、すでに多くの先達によってその祖形に関する論議がなされている。たとえば、人間は根本的に時間的なものであり、自分自身の意味をその実在の時間的特徴のなかに見出そうとするハイデガーとか、時間を「生成の時間」としてとらえ、身体と結びついているとするベルグソンの理論的立場、また行為、事象、役割のなかに埋め込まれた時間に着目して、過去を変容させ未来に意味を与える「現在の創発性」を強調する、『現在の哲学』におけるミードの

▼11 ここで想起されるのは、かつての町内会論争である。詳述は吉原〔二〇〇〇b〕に委ねるが、二つの潮流のうちの「近代化」論が町内会を歴史的な次元で論じていたのにたいして、もう一方の「文化型」論が歴史貫通的な次元で論じていた点に、この論争の特徴があったし、またそこに限界がひそんでいた。二つの議論において共通にいえることは、町内会と町内（＝地縁）を混同していたことである。したがって、見かけ上は、両者は正反対の論調を編んでいるようにみえて、実は「遠くて近い」関係にあったのである。

理論的立場はそうした論議につながっている。「生きられた共同性」が帯同する時間意識は、時間が〈複数的〉に経過するというものであり、過去、現在、未来という等分化された「絶対的時間」／「外的時間」とは明らかに異なる、フッサールのいう「内的時間」[12]に近いものである。

前掲の広井は、こうしたものを「根源的な時間」といい、「めまぐるしく変化していく日常の時間の底に」ある「もっとゆっくりと流れる層〔＝時間〕」としてとらえている〔広井、二〇〇一：一五六〕。広井によると、こうした時間は「『市場／経済』の時間とは別の流れ方をする〔……〕『共同体（コミュニティ）の時間』」〔同上：一五六～一五八〕である、という。広井のこうしたとらえ方は、「根源的な時間」を「直線的な時間」の対向において（とらえて）いるようにみえる点で、近代の両義性をどう考えるのかとさらに聞いてみたい気がするが、大筋で「生きられた共同性」に内在する、感覚的、質的に生きる身体とむすびついた「拡がりのある時間」を示唆しているように思われる。

ところでこのようにみていくと、あらためて気になるのは、グローバル化論のなかのある種の議論、すなわちグローバル化にともなって、時間がいっそう迅速化し、合理化され、尺度としての性格を強め、結果としてみてきたような「拡がりのある時間」を呑み込んでしまうといった主張にどう対処するか、という点である。この種の議論は、既述した「成長」社会‐縮小社会に関する議論にも根強くみられるものであり、現にかなりのひろがりをみせている。ここでは、この点について、さしあたり次のように言っておきたい。

なるほど、グローバル化による世界の縮小は、均一的で標準化された空間を拡げ、生活世界を主体的に生き抜く人びとの、いわば社会的相互作用としての時間（↓「拡がりのある時間」）を損なうかもしれない。しかしグローバル化がもたらす「複合的で重層的、かつ乖離的な秩序」〔アパデュライ、二〇〇四：六八〕は、モダニティがその基底に伏流させてきた「生きられる共同性」／「拡がりのある時間」を、「ポスト成長」

社会の位相で、「共通の計量化された時間」の転回とは違ったやり方で押し上げる可能性をもっている。▼13 この場合、モダニティはそもそも歴史的にみて平衡からはおよそ遠いものである（→モダニティの両義性）といった認識が不可欠であるが、要は、歴史貫通的なものとしてある「生きられる共同性」が通時的な局面においていったん消え（＝脱埋め込み化）、そして再び甦る（＝再埋め込み化）と考えていいわけである。

ここまで述べてきていよいよ問われるのは、新たなコミュニティの形成に向けて、いまみた「拡がりのある時間」を介して、「成長」社会において眠ってしまったようにみえる「生きられる共同性」をどのよ

▼12　的場昭弘は、フッサールの「内的時間」を次のように概括している［的場、二〇〇七］。記憶のなかで再現される過去は一定の過去の事実としてあるのではなく、現在の書き換えられた記憶として頭に収納されている。同様に、未来は現在から自律して超越的に存在するのではなく、現在とかかわるかぎりで、まさに現在が変化するのにつれて変化する。したがって、こうした「内的時間」は過去、現在、未来という等分された「絶対的時間」／「外的時間」とは明確に区別される。それは過去、現在、未来の区分が中心的な課題となる年代記的《クロノロジカル》な問題設定からは出て来ない。過去はいうなれば引き出しとしてあり、現在によって自由に出し入れができるもの、また未来は現在からのみ想到できるものとしてある。このように「内的時間」は人びとの「生きられた記憶」としての現在に深く関連しているのである。

▼13　この場合、今日のグローバルな世界を通底する情報通信技術（ICT）の社会への作動面に着目する必要があるように思われる。そこでは、ドゥルーズが『差異と反復』で指摘しているように、いわゆる「ヴァーチャルなもの」が「実質的なもの」になる［ドゥルーズ、一九九二］。そして「世界は複雑に織り合う出来事の連続としてあらわれる」［Capra 1996: 30］のである。あらためて、「ヴァーチャルなもの」が「拡がりのある時間」としてあらわれる電子メディアの役割に注目すべきである。

うにして喚《よ》び起すか、という点である。詳述はさておき、そうした作業の一環として重要になってくるのは、「生きられる共同性」が上述の時間性とともに併せもっている空間性の〈解読《レクチユール》〉である。もっとも、ここでいう空間性は領域的なものへの帰属ではなくて、脱領域的なつながりが鍵となるものである。こうした空間性の「かたち」を、ここでは「創発的なもの」という概念を用いて説明するが、それはもともと日本文化の奥底に存在するものでもあると考えられる。それについては、たとえば西田幾多郎の言述が参考になるが（本書第8章参照）、さしあたり、次節でやや詳しく述べることにしよう。

4……つながりと隣接の再発見

「生きられる共同性」が内包する空間性をきわめてシンプルに「人と人との関係」というレヴェルでおさえると、その原構造はすでに中世に存在していたことになる。これに関して、土屋恵一郎によって興味深い立論がなされている。土屋は、松岡心平の『宴の身体』〔松岡、一九九一〕に依拠して、中世の集団形成のありようを連歌の場の形成と相同的におさえ、人びとが身分とか名前といった社会的関係（有縁）から離れて「無縁平等の共同性が支配する場」ととらえる。そしてそうした場合重要なのは、集団＝場が「物語の統一性を逸脱して、モザイク状の連鎖になっている」こと、つまり「異質の声、流れ、伝統の合流点を建設する」点にある、という〔土屋、一九九六：一七〜一二三〕。これは、土屋によると、「共同体論者」が求めるものとはまったく異なる。ちなみに、彼は、「共同体論者にとって、人間は、物語の統一性を生きる者であるとされる。その物語の根拠に、家族や都市、国家があらわれる」〔同上：一二四〕と述べている。「生きられる身体」を介してのこうした「人と人との関係」は、本書の第2章で言及した地縁の基層を成す集団形成原理にも通底するものである。そこで述べたように、地縁は通説として流通しているものとは違って、人間の多様性と経験の開かれた可能性を原理的に内包するものである（↓「選べる縁」としての地縁）。再び、土屋の言葉を引用するなら、それは「家族、身分、階級、といった、人間の出生にかかわる自然の共同性から離れ、無縁の者たちによって作られた人工の共同性」［同上：二二四］を成している。しかし、いみじくもここで「原理的」と述べたように、「生きられる共同性」を担保している地縁は、あくまでも歴史貫通的なレヴェルで措定されるものである。つまり、話を元に戻していうと、先に土屋の言説を引用して言及／類推した「生きられる共同性」に埋め込まれた空間性＝「人と人との関係」は、歴史的には、異なった顔を見せるのである。この点は注意深く議論する必要がある。

いずれにせよ、「人と人との関係」としてとらえられた空間性は、㈠原理的にいっそう推敲されねばならないこと、そして㈡どのような歴史的な局面で適用可能となるか、つまり、ここでいう「ポスト成長」社会においていかなる「かたち」で想到され得るか、が新たな課題として問われることになる。そこでとりあえず、前者から問い込んでいくことにする。

それは端的にいうと、「創発的なもの」を敷衍することに帰着するが、この「創発的なもの」についてはすでに本書の随所で触れている。したがって重複することになるかもしれないが、あえて約言するなら、「創発的なもの」として言及される状態は、複数の主体（変化をもたらす行為主体《エージェント》）が相互作用を介して行為することで、個々の行為を越えて新たな集合的特性／質的に新しい関係が生み出されることである。ここで着目しなければならないのは、上述の相互作用によってさまざまなつながりが交互に並び合い、交わり合い、結び合い、そして影響し合って、「予測のつかない突然の変化」（アーリ）が起こることであるが、その場合、重要なのは、変化にたいして構成諸主体が能動的に対応し、より高次の特性を生み出す（＝創発する）という点である。つまり、「創発的なもの」とは、諸主体間の交流としてある相互作用が新たな変化をもたらし、そうした変化が累積されることで人びとのつながりとか関係が変わり、システム自体の構造が変わっていくプロセスに主軸が置かれているのである。

もちろん、こうしたプロセスが可能となるには、指摘されるような相互作用が「内在に還ることなく『外』に向かって開かれている」〔ブランショ、二〇〇六：一八五〕ことが不可欠であり、またそうであればこそ、ナンシーのいう「無為の共同体」、すなわち、「分離されたままに、相互に関係をもつ。〔……〕隣り合っている者たちへとも開かれている。自分に閉じこもることなく、しかし、また全体に融合することもない」〔土屋、一九九六：五五〕共同性に目が向けられることになるのである。ここにはさらに、「相互に関係をもつ」ことを基礎にしている隣接への再発見／再解読がある。それは、最初に全体があってそこに還っていく世界ではなく、「隣接しあう関係のなかで、線で関係を拡大していく世界」〔同上：一〇〇〕へのまなざしとして立ちあらわれている。

本章では、こうした隣接の始原／原型を歴史貫通的な次元ですくい出すことに力点を置いているが、同時に、因果を線形的に描く、これまでの社会科学に支配的に観られた還元主義から離床することもめざしている。▼14 結局のところ、予測不可能な仕方で諸主体が関連し合う際の、諸主体が「ゆらぎ」ながらも、それをより高次の「生のコラージュ」へと展開していく状態（being）を自覚的に追求することが、「創発的なもの」を析出する際の要をなすのである。

ところで、「創発的なもの」の中核をなす、みてきたようなつながりとしての相互作用の性格は、「節合《アーティキュレーション》」という概念によってより適切に説明することができる。それは、行為主体の、異主体との交わりを通して獲得された「当事者性」と、社会の側の変容に即して練り上げた「他者性」とのすりあわせの「かたち」／状態を示すものとしてある。つまり、諸主体の「自由な越境」、畢竟、内に閉じていかないということを特徴とするものである。ともあれ、このように考えると、「節合」は諸主体の多元的で相互的なつながりを、横に広がる接面（interface）で示すものであり、システムの維持を前提とする「統合」

(integration) とも地域内部での完結性 (autonomy) を与件とする「内発的発展」とも異なっていることがわかる。そうした「節合」に埋め込まれた複層性、そしてそこに深く投錨している無秩序と不均衡こそ、「創発的なもの」にたいする磁場をなすものである。

しかしここまで述べてきて、「創発的なもの」が「生きられる共同性」が内包する空間性の要をなすことをある程度理解できたにしても、先に述べた(二)の課題、すなわち、「ポスト成長」社会にあって、それが既述した時間性と交差しながらどのように発現しているかについての解はほとんど得られていないことに気づく。ただ、「ポスト成長」社会がすでに述べたように、相互依存関係にあるハイブリッドなさまざまなネットワークやフローを驚くほど多産かつ多系的に生み出しているなかで、上述した時間性と空間性が近代の時間と空間の否定の上にではなく、そうしたものとの衝突と混交の繰り返しを通して立ち上がっていることは、かなりの程度確認できる。

5……むすびにかえて――市民的互酬領域へ／から

みてきたような「生きられる共同性」の、「ポスト成長」社会における再獲得は、けっして容易なことではない。そこでの時間性と空間性は相互にシンクロナイズしながらも、新たな「かたち」を示すまでに

▼14　いわゆる「線形的なもの」からの離陸《テイクオフ》は、今日の社会科学の根幹にかかわることがらである。とはいえ、それは同時に、現に「異質なものと共存する」とか「異主体と折り合う」といったことが単一文化への希求へと反転している事態への、現実的な深みから発せられた再帰的な問いかけから派生しているとも理解すべきであろう。

は至っていない。それでも本章では、あえて歴史貫通的なものとしてある「生きられる共同性」を「ポスト成長」社会のコミュニティの社会設計の基底に据えるべきであることを強調した。本書全体がそのための迂回路をたどることであったとすれば、こうした本章での試みは、それが成功しているかどうかは別にして、一応、終章としての体裁は保っていることになる。ちなみに、本書では、単なる過去への回帰でもなく、単一モデルの採用でもない歴史的な深みと、民主主義体制と信じ込まれている日本と権威主義体制と見なされているインドネシアとを複眼的に見据えた通文化的な拡がりへの目配りの上に、「生きられる共同性」が時間的にも空間的にもいかにゆがめられているか／ゆがめられてきたかを明らかにしようとした。そしてそうした展開を受けて、「ポスト成長」社会におけるコミュニティの形成は、グローバル化とのせめぎ合いのなかで、「生きられる共同性」の奪還／取り戻しを抜きにしてはあり得ないことを示唆した。本章が「生きられる共同性」が内包する時間性と空間性にこだわったのもそのためである。

さてそうした時間性と空間性を掘り起こした上で、新たなコミュニティの存立基盤と構成要件の起点をなすものが、そうしたものから派生《ペイオフ》する「創発的なもの」である、というのがここでの立場である。もはや繰り返すまでもないが、「創発的なもの」は、「成長」社会が基本ルールにしている「線形的なもの」を相対化するところから始まっている。この前提枠組みは、したがって新たなコミュニティを展望し構想するにあたって土台をなすものである。もっとも、「創発的なもの」の経験的な棚卸しはなされないままで終わろうとしている。最後に、このことについて一言触れておこう。

筆者は、いわゆる市民的互酬領域がここでいう「創発的なもの」の発現を最もヴィヴィドに伝えていると考えているが、その範型は、本書第1章の末尾でとりあげた事例の裡に観て取ることができる。そこで要となるのは、いかなる競技の場合でも、一つの価値で統合されるものではないこと、そして各々が各々の隣人（その場かぎり《アドホック》の隣人）と接するなかで自立した人間存在の拡がりを手にしていることである。市民的互酬領域は、結局のところ、効率の論理とは相容れない、「終わり」のないヨコに拡がるコミュニティとしてある。もちろん、そうしたものは、国家の公共政策に押し流されるのでもなく、無政府的な市場に組み敷かれるのでもない。そうしたものとのせめぎ合いが何よりも自らを鍛え上げるのである。ちなみに、これまで一貫して「ガバメントとしてのコミュニティ」としてあった町内会も、いわゆる「住縁アソシエーション」（岩崎信彦）として再組成することによって、こうした市民的互酬領域の側に立つことができる。

いずれにせよ、一つひとつの個性に溢れた物語がさまざまな交差と接触を経ていくつもの物語を紡いでいくということが来るべきコミュニティの（時間性と空間性の）根幹をなすこと、そして隣接の再発見がそのためのよすがとなるということについては、もはや繰り返すまでもないであろう。[15]

15　なお最後にくどいようだが、本書は、近代批判の文脈で立論してきたわけではないということを指摘しておきたい。近年のコミュニタリアンのコミュニティ論議の基底にあるものは、まぎれもなく近代批判である。しかしそうした近代批判の文法を仔細に検討してみると、皮肉なことに、「問いが答えにリンクする」歴史の単線理解の亜流もしくは「裏返し」状況に陥っていることがわかる。詳述はさておき、ここでの立論は、基本的にモダニティの差異を問う視角《アングル》からなされている。

第3刷にあたって

3・11から数えて五年になる。その間、被災地、とりわけ福島の復興はほとんど進んでいないようにみえる。そうしたなかで、常に注目されてきたのがコミュニティである。3・11直後、コミュニティに対する期待が異常なほどに高まった。しかしそうした期待は、必ずしもコミュニティの現状を踏まえたものではなかったようだ。ちなみに、管見では、コミュニティが被災者の生活の回復／復興に大きな影響を及ぼしたとは、とてもみえない。しかしそのことは、見方を変えると、この五年間にコミュニティのありようが変わったことを示しているとも言える。地域コミュニティではなくて、ネットワーク型のコミュニティの跳梁が際立っていた。それが被災者のセイフティネットの構築、そして、かれら／かの女らの「生活の共同」一般の形成において、どの程度の役割を果たしたかは定かではないが、コミュニティが新たな意味合いを帯びて登場していることはたしかだ。

本書は、そうした点で言うと、ポスト3・11の経験を踏まえて全面的に書き改めるべきであった。とはいえ、本書が3・11直後に設定したアジェンダは、いささかも旧《ふる》びていないと思う。むしろ本書で示したいくつかの問題構制は、ポスト3・11の地層において確証されたとも言える。とりわけ、ポスト3・11においてあきらかになった、長きにわたってコミュニティの前提とされてきた定住がもはやア・プリオリに想到し得ないこと、またコミュニティが生成されるもの、つまりコミュニティ・オン・ザ・ムーブとしてあることは、本書のなかであらかた示されている。ちなみに、ポスト3・11のコミュニティに照準して、拙著『絶望と希望――福島・被災者とコミュニティ　2011〜2016』（作品社）を、3・11の五年目にあわせて刊行する。本書と併せて読んでいただければ幸いである。

二〇一六年二月一六日

吉原直樹

あとがき

二〇一〇年は衝撃的な年であった。一月末に放送されたNHKスペシャル『無縁社会』では、引き取り手もなく「孤独死」する「無縁死」が年間三万二〇〇〇件にも及ぶと報じられた。その後、数々のメディアや雑誌等で無縁社会が取り上げられ、そのありようが種々論じられた。その動きは二〇一〇年が終わろうとしている、いまも続いている。そうしたなかでコミュニティが血縁や社縁とともににわかにクローズアップされるようになっている。そうした場合、論議として幅をきかせているのは、コミュニティが地縁に読み替えられ、地縁において担保されてきたとされるつながりとか絆が弱まったことが無縁社会をもたらしたというものである。こうした論議は、国民生活全般のところですすんでいる貧困、そしてそうしたものを加速させている個人の劣化と制度の劣化といった事態を必ずしも正確に把握するものではないが、人びとの無縁社会に関する関心を広く喚《よ》び起すことになったことは否めない。

あらためて問題となるのは、コミュニティをどう読むかである。今日、無縁社会に関する議論から聞こえてくるのは、昔に立ち返ってつながりとか絆をよみがえらせようというアナクロニズム的な議論である。こういった議論は、社会全体が内向き志向になるのと相まって、かなりの厚みをもって立ちあらわれているようにみえる。血縁とか社縁の衰退がいわれるようになってから久しいが、近年目立つのは、かつての三世代同居とか終身雇用の復活を没文脈的に説く論調である。先の議論はこうした論調と相同的《パラレル》に立ちあらわれており、いわゆるコミュニタリアンの主張と大幅に共振している。ここでは、そうした議論にたいして二つの点で疑問を呈示しておきたい。つまり、そこでは、かりにコミュニティの原型を地縁にみるとして、地縁が歴史貫通的に担ってきた／現に担っている「無縁」の含意を読み切れていないこと、そしてそれゆえ、無縁社会の基層にあるものをすくいだすことができていないようにみえることである。

無縁社会は歴史的には、少なくとも現段階では、「孤独死」／「無縁死」という言葉であらわされているように、あらゆる関係から切り離されたものとして考えられているが、そこを通底する地縁には、「有縁」から「無縁」への転回《ターン》においてはらむダイナミックスがヴィヴィドに読み取れるのである。この点については、本書の第2章で間接的にではあれ、述べている（直接的には、吉原［二〇一一］で論じている）。コミュニティ・スタディーズということで中心的課題としてせり上がってくるのは、まさにいま無縁社会の基層に隠れてしまっているようにみえる地縁のもつこうしたダイナミックスをポスト無縁社会において目にみえる形でどう「再身体化」するかという点である。

「創発的なコミュニティ」への旅はようやく始まったばかりであるが、上記の課題を基層に据える本書は、まさにそれに向けての第一歩を記すものである。もちろん、本書から拡がっていくであろう振幅は、容易に展望をはぐくむようなものとはならないであろう。一歩前進しながら二歩後退するかもしれない。しかし本書がきりひらいた視界は、何らかの「現実的必然性」にもとづくコミュニティ・スタディーズの戸口を照らしているような気がする。

筆者はいまバリに滞在している。バンジャールに魅せられてはじまったフィールドワークではあるが、そのコミュニティが近年大きくゆらいでいる。そのこと自体、一見何の変哲もないようにみえるが、視線を少しずらせば、われわれが日常的に目にするものとはまるで違う異風景が拡がっていることがわかる。この異風景を見据えながら、「創発的なコミュニティ」に照準するコミュニティ・スタディーズのありようを模索することは、どれほど心躍ることであろうか。

ここで本書が成立するまでの経緯を簡単に記しておきたい。筆者は数年前から畏友・金子勇氏とコミュニティ論の現状についてたびたび議論してきた。金子氏も筆者も社会学を専攻していることから、二人の議論は必然的に社会学の世界に流通しているコミュニティ論を俎上にのせることになった。そして他の世界に響かない／届かないコミュニティ論のありようにある種のもどかしさとともに危機感を抱くようになった。そこで二人で協議し、「外」に発信できるようなコミュニティに関する書籍をまとめようということになった。このプロセスを誘ったのは金子氏であった。しかし実際に原稿を持ち寄って検討をはじめたところ、二人の間の「距離」が予想以上に大きいことがわかった。そして企画をすすめていくことが困難になった。この点については、金子氏の企画趣旨に違背した筆者の責任が大きいと考えている。それにもかかわらず、金子氏は非常に寛容な態度を示され、相互の「違い」を認めた上で別々の企画として再出発しようということになった。本書はこの金子氏の友情に深く支えられている。

本書は以上のような経緯もあって、金子氏との共同企画段階で考えていたような全面書き下ろしのものではなく、既発表論文をベースに据えたものになっている。何よりも金子氏の友情に応えるために、早い段階でまとめる必要性が生じたのである。むろん、そのために当初の企画がおろそかになったということはない。むしろ、既発表のいくつかの作品があらたな企画の下で息を吹き返したといったほうが適切かもしれない。以下、それぞれの章の初出をあきらかにする。もちろん、本書への収録に際しては、少なからず加筆・修正をほどこしている（なお、第10章の初出論文は、松本行真氏およびイ・マデ・ブディアナ氏との共著であるが、本書への収録については事前に了解を得た）。

序章　書き下ろし

第Ⅰ部

第1章「コミュニティへの多元的な問いかけ」『東北都市学会研究年報』一〇、二〇一〇年

第2章「地縁再考」近畿大学日本文化研究所編『日本文化の美と醜』風媒社、二〇〇九年

第3章「解説：『戦後社会』と町内会」『復刻版　町会　町と生活』不二出版、二〇〇八年

第4章「防災ガバナンスの可能性と課題」吉原直樹編著『防災の社会学』（シリーズ・防災を考える一）、東信堂、二〇〇九年

第5章　書き下ろし

第6章「地域通貨における時間と空間」吉原直樹『時間と空間で読む近代の物語』有斐閣、二〇〇四年

第7章「まちづくりの論理と倫理」橋本和孝・藤田弘夫・吉原直樹編『都市社会計画の思想と展開』東信堂、二〇〇九年

第Ⅱ部

第8章「グローバル化とコミュニティ」コミュニティ・自治・歴史研究会『ヘスティアとクリオ』九、二〇一〇年

第9章　書き下ろし

第10章「バリ・コミュニティと多元的集団構成」倉沢愛子・吉原直樹編『変わるバリ　変わらないバリ』勉誠出版、二〇〇九年

第11章「バリにおける日本人社会と多重化する情報環境」『東北大学文学研究科研究紀要』五九、二〇一〇年

終章　書き下ろし

いうまでもなく、本書が刊行されるまでには、前出の金子氏以外に多くの人びとの支援があった。とりわけオータナティヴ・コミュニティ研究会（通称ＡＣ研）の方々には筆舌に尽し難い知的刺戟を受け、今日にいたっている。コミュニティを問うことは、世界における自己の立ち位置を確認することであることを、かれらとの論議を通して学んだ。かれらとは、近々、共同の作品を著わすことになっているが、かれらとの議論の積み重ねがなければ、本書もまた存在しなかったであろう。もちろん、コミュニティを通して自分を対象化したり自己了解する作業は、ＡＣ研以外のさまざまな場（行政の審議会／委員会の場とかまちづくりの現場等）でもなされたし、筆者が所属するいくつかの学会での議論に負うところも大きい。ここではいちいちとりあげないが、そうした作業／実践から学ぶことが多かったことを指摘しておきたい。

ともあれ、そんなこんなで本書は成り立っているわけであるが、書き方のスタイルが決まるまでには結構時間がかかった。そのため編集担当の内田眞人氏には多大な苦労をかけてしまった。実感としては、内田氏とともにまとめあげたという気がしてならない。いずれにせよ、氏にあらためて謝意をあらわす次第である。

吉原直樹

二〇一〇年一二月末日　バリ・サヌールにて

吉原直樹　2008c 「ハーヴェイをどう読むか――ひとつの覚書」『情況』2008年7月号，103-114.
吉原直樹　2008d 「防災ガバナンスの可能性と課題」吉原直樹編『防災の社会学』（シリーズ防災を考える1），東信堂.
吉原直樹　2009a 「地縁再考」近畿大学日本文化研究所編『日本文化の美と醜』風媒社.
吉原直樹　2009b 「曲り角に立つガヴァナンス論議」橋本和孝・藤田弘夫・吉原直樹編『都市社会計画の思想と展開』東信堂.
吉原直樹　2010 「グローバル化とコミュニティ」『ヘスティアとクリオ』第9号，19-32.
吉原直樹　2011 「無縁社会の基層」近畿大学日本文化研究所編『日本文化の攻と守』風媒社.
吉原直樹　近刊 「グローバル・ツーリズムと自閉するまちづくり」西山八重子編著『分断化社会と都市ガバナンス』日本経済評論社.
吉原直樹（編） 2005 『アジア・メガシティと地域コミュニティの動態』御茶の水書房.
吉原直樹（編） 2008 『グローバル・ツーリズムの進展と地域コミュニティの変容』御茶の水書房.
吉原直樹and Dwianto, R.D. 2001 「DKIジャカルタにおけるグラスルーツの一存在形態（5）」『東北大学文学研究科研究年報』51，173-200.
吉原直樹ほか　2005 「バンジャールの組織的構成と機能――アンケート結果第一次報告」『東北大学文学研究科研究年報』54，1-40.
Yoshihara, N. 2010 *Fluidity of Place*, Trans Pacific Press.
Yoshihara, N. and R.D. Dwianto (eds.) 2003 *Grassroots and the Neighborfood Associations*, Grasindo.
Young, I.M. 1990 *Justice and the Politics of Difference*, Princeton University Press.
Ziv, D. 2002 *Jakarta Inside Out*, Equinox.
Zorbaugh, H.W. 1929 *The Gold Coast and the Slum*, University of Chicago Press.（吉原直樹ほか訳〔1997〕『ゴールド・コーストとスラム』ハーベスト社）

鳥越皓之　1994 『地域自治会の研究』ミネルヴァ書房.
土屋恵一郎　1996 『正義論／自由論』岩波書店.
鶴見和子　1996 『内発的発展の展開』筑摩書房.
鶴見和子・川田侃（編）　1989 『内発的発展論』東京大学出版会.
鶴見太郎　2008 『柳田国男入門』角川書店.
内田隆三　2002 『国土論』筑摩書房.
上野千鶴子　1987 「選べる縁、選べない縁」栗田靖之編『現代日本における伝統と変容3 日本人の人間関係』ドメス出版.
Urry, J. 2000 *Sociology beyond Societies*, Routledge.（吉原直樹監訳〔2006〕『社会を越える社会学』法政大学出版局）
Urry, J. 2003 *Global Complexity*, Polity
Urry, J. 2005 "The 'system' of automobility," in Featherstone, M. et.al (eds.), *Automobilities*, Sage, pp.25-39.
Urry, J. 2007 *Mobilities*, Polity.
後房雄（編） 2007 『地域自治組織から近隣政府へ ――地域自治区、町内会、NPO』市民フォーラム21・NPOセンター.
Warren, C. 1993 *Adat and Dinas:Balinese Communities in the Indonesian State*, Kuala Lumpur: Oxford University Press.
渡辺登　2008 「韓国における地域社会のイニシアティブと市民運動」『ヘスティアとクリオ』7, 41-59.
渡辺靖　2007 『アメリカン・コミュニティ――国家と個人が交差する場所』新潮社.
矢作 弘　2005 『大型店とまちづくり』岩波書店（新書）.
山下晋司　2007 「ロングステイ、あるいは暮らすように旅すること」『アジア遊学』104, 108-116.
矢崎武夫　1988 『国際秩序の変化過程における発展途上国の都市化と近代化』慶應通信.
吉原直樹　1983 『都市社会学の基本問題』青木書店.
吉原直樹　1989 『戦後改革と地域住民組織』ミネルヴァ書房.
吉原直樹　1990 「大都市地域住民組織の変容――町内会を中心として」加藤哲郎・吉原直樹ほか『東京――世界都市化の構図』青木書店.
吉原直樹　1994 『都市空間の社会理論』東京大学出版会.
吉原直樹　2000a 「伝統的地域住民組織とまちづくり」橋本和孝・吉原直樹編『都市社会計画と都市空間』御茶の水書房.
吉原直樹　2000b 『アジアの地域住民組織』御茶の水書房.
吉原直樹　2002 『都市とモダニティの理論』東京大学出版会.
吉原直樹　2004 『時間と空間で読む近代の物語』有斐閣.
吉原直樹　2005 「イスラム化するバリ社会」『UP』東京大学出版会, 396.
吉原直樹　2006 「ミドルクラスとゲーテッド・コミュニティ」『アジア遊学』90, 141-144.
吉原直樹　2007 『開いて守る――安全・安心のコミュニティづくりのために』岩波書店（ブックレット）.
吉原直樹　2008a 『モビリティと場所――21世紀都市空間の転回』東京大学出版会.
吉原直樹　2008b 「アーバン・バンジャールの一存在形態」吉原編『グローバル・ツーリズムの進展と地域コミュニティの変容――バリ島のバンジャールを中心として』御茶の水書房.

Sennet, R. 1974 *The Fall of Public Man*, Cambridge University Press.（北山克彦・ 高階悟訳〔1991〕『公共性の喪失』晶文社）
Smith, Michael Peter. 2001 *Transnational urbanism*, Blackwell.
島村麻里　2007 「アジアへ向かう女たち——日本からの観光」『アジア遊学』104，92-99.
白川由利枝　2004 「まちづくりアーバンネット」東北都市学会編『東北都市事典』仙台共同印刷.
白水繁彦　2009 「エスニック・メディアと言語——在日外国人のメディア利用」『日本語学』28，163-172.
Soja, E.W. 2000 *Postmetropolis: Cultural Studies of Cities and Regions*, Blackwell.
Steger, M. 2002 "Robert Putnam, social capital, and a suspect named globalization," in Mclean, S., Shultz, D. and M. Steger (eds.), *Social Capital: Critical Perspectives on Community and 'Bowling Alone'"*, New York University Press.
菅磨志保　2007 「（コラム）災害NPOによる防災教育プログラム『我が街再発見ワークショップ』」大矢根淳・浦野正樹ほか編『災害社会学入門』（シリーズ災害と社会１）、弘文堂.
Susser, I.(ed.) 2002 *The Castells Reader on Cities and Social Theory*, Blackwell.
消防庁　2007 『消防白書』平成19年版，ぎょうせい.
多辺田政弘　1989 「環境と人間の共存システムに関する経済学的一考察」『国民生活研究』28-4，15-34.
田島英一　2009 「文脈と協働に見る『公共』の創出可能性」田島英一・山本純一編著『協働体主義——中間組織が開くオルタナティヴ』慶應義塾大学出版会.
高木鉦作　1961 「再編されつつある町内会部落会」『講座地方自治体と住民』第5巻，三一書房.
高木鉦作　2005 『町内会廃止と「新生活協同体の結成」』東京大学出版会.
竹内 好　1961 「『安保』１年私の決算書」『婦人公論』1961年6月号，96-101.
玉野和志　1993 『近代日本の都市化と町内会の成立』行人社.
田村 明　2005 『まちづくりと景観』岩波書店（新書）.
東北都市社会学研究会（編）　1995 『仙台市における町内会の構成と活動の実態』.
東北都市社会学研究会（編）　2006 『地方中枢都市における変貌する町内会の現状とその行方——2005年仙台市町内会・自治会調査結果報告書』.
東北都市社会学研究会（編）　2008a 『地方都市における転換期町内会の動向——2006年度山形市町内会・自治会調査結果報告書』.
東北都市社会学研究会（編）　2008b 『地方都市におけるゆらぐ町内会とその動態——2008年度青森市町内会・自治会調査結果報告書』.
東北都市社会学研究会（編）　2008c 『地方都市における町内会の転態とその実相——2008年度秋田市町内会・自治会調査結果報告書』.
東北都市社会学研究会（編）　2010 『地方都市における町内会の変容とその諸相——2009年度福島市町内会・自治会調査結果報告書』.
東北都市社会学研究会（編）　近刊 『地方都市における町内会の現状とそのゆくえ——2010年度盛岡市町内会・自治会調査結果報告書』.
東京百年史編集委員会（編）　1972 『東京百年史』第6巻，東京都.
東京都中央区役所（編）　1958 『中央区史』下巻.
東京都総務局行政部　1956 『町会自治会等実態闘査報告書』.

Nancy, Jean-Luc 2004 *La communauté désœuvrée*, C. Bourgois.（西谷修訳〔1985〕『無為の共同体』朝日出版社）
成田龍一 2003 『近代都市空間の文化経験』岩波書店.
名和田是彦 1998『コミュニティの法理論』創文社.
仁平義明・吉原直樹ほか 2008 「東北6県全市町村の防災研修ニーズ」東北都市学会『仙台都市研究』6号, 1-10.
日本都市センター 2004 『英・独・仏における「近隣政府」と日本の近隣自治』
二宮宏之 2000 「戦後歴史学と社会史」歴史学研究会編『戦後歴史学再考』青木書店.
西部忠 2000 「貨幣の未来、信頼を基礎に」『日本経済新聞』2000年8月24日.
西部忠 2002 『地域通貨を知ろう』岩波書店（岩波ブックレットNo.576).
西田幾多郎（上田閑照編） 1987 『西田幾多郎哲学論集』Ⅰ, 岩波書店（文庫).
似田貝香門 1994 『都市社会とコミュニティの社会学』放送大学教育振興会.
似田貝香門 2009 「コミュニティ・ワークと〈実践知〉」『ヘスティアとクリオ』9, 5-17.
似田貝香門・矢澤澄子・吉原直樹（編） 2006 『越境する都市とガバナンス』法政大学出版局.
大日方純夫 1993 『警察の社会史』岩波書店（新書).
奥田道大 1964 「旧中間層を主体とする都市町内会――その問題点の提示」『社会学評論』第14巻3号, 9-14.
奥田道大 1983 『都市コミュニティの理論』東京大学出版会.
大庭健 2000 「所有という問い」大庭 健・鷲田清一編『所有のエチカ』ナカニシヤ出版.
大西比呂志 2005 「地域住民組織と政党」『ヘスティアとクリオ』1, 12-25.
大島美津子 1994 『明治国家と地域社会』岩波書店.
Portes, A. 1998 "Social capital: its origins and applications in modern sociology," *Annual Review of Sociology*, Vol.24: 1-24.
Pringle, R. 2004 *A Short History of Bali: Indonesia's Hindu Realm*, Allen & Unwin.
Putnam, R.D. 1993 *Making Democracy Work: Civic traditions in Modern Itali*, Princeton University Press.（河田潤一訳〔2001〕『哲学する民主主義――伝統と改革の市民的構造』NTT出版）
Putnam, R.D. 2000 *Bowling Alone: The Collaps and Revival of American Community*, Simon & Schuster.（柴内康文訳〔2006〕『孤独なボーリング――米国コミュニティの崩壊と再生』柏書房）
Robinson, R. and Goodman, D.S.G. (eds.) 1996 *The New Rich in Asia: Mobile Phones, McDonald's and Middle-class Revolution*, Routledge.
斉藤日出治・岩永真治 1996 『都市の美学――アーバニズム』平凡社.
齋藤純一 2000『公共性』岩波書店.
齋藤純一 2008『政治と複数性』岩波書店.
斎藤成人 2003 「地域通貨の意義とコミュニティファイナンスへの応用可能性」『農業と経済』69-5, 32-40.
酒井隆史・高祖岩三郎 2005 「公共圏の解体と創出」『現代思想』第33巻5号, 56-86.
佐幸信介 2006 「問われる空間のパラドックス」阿部潔・成美弘至編『空間管理社会――監視と自由のパラドックス』新曜社.
佐藤寛 2001.「社会関係資本概念の有用性と限界」佐藤寛編『援助と社会関係資本――ソーシャル・キャピタル論の可能性』アジア経済研究所.

前山総一郎　2009b 『コミュニティ自治の理念と実践』東京法令出版.
マリー・ケオマノータム　2006 「バンコクの地域住民組織」『ヘスティアとクリオ』4，23-49.
Marbun, B.N. 1988 *Kota Indonesia Masa Depan: Masalah dan Prospek*, Penerbit Erlangga
Massey, D.B. 1993 “Power-geometry and a progressive sence of place,” in J. Bird et al. (eds.), *Global Politics: Globalization and the Nation-state*, Polity Press.（加藤政洋訳〔2002〕「権力の幾何学と進歩的な場所感覚」『思想』933号，32-44）
三上喜孝　2005 『日本古代の貨幣と社会』吉川弘文館.
三上喜孝　2006 「古代日本の隣保組織について」『ヘスティアとクリオ』4，5-22.
真木悠介　2003 『時間の比較社会学』岩波書店.
的場昭弘　2007 「『大きな物語』の再編とポストモダン」『神奈川大学評論』57，33-39.
松岡心平　1991 『宴の身体』岩波書店.
松本行真・吉原直樹　2009 「町内会の諸問題の解決法に関する一考察——町内会調査の再分析から」『ヘスティアとクリオ』第8号，19-51.
松下圭一　1968 『現代政治学』東京大学出版会.
松下圭一　1999 『自治体は変わるか』岩波書店（新書）.
Maturana, H. 1981 “Autopoeisis,” in M.Zeleny (ed.), *Autopoeisis: A Theory of Living Organization*, North Holland.
Merrifield, A. 2002, *Dialectical Urbanism: Social Struggles and the Capitalist City*, Monthly Review Press.
源川真希　2007 『東京市政』日本経済評論社.
見田宗介　1984 『宮沢賢治』岩波書店.
見田宗介　1996 『現代社会の理論』岩波書店（新書）.
見田宗介　2006 『社会学入門』岩波書店（新書）.
宮本憲一　1995 「都市経営から都市政策へ——震災の教訓と新しい街づくり」『世界』1995年4月号，86-96.
宮本憲一・遠藤宏一（編著）　1998 『地域経営と内発的発展』農山漁村文化協会.
水口憲人　2007 『都市という主題』法律文化社.
Morris-Suzuki, T. 2000 “For and against NGOs : the politics of the lived world,” *New Left Review*, Mar/Apr.（大川正彦訳〔2002〕「NGOにたいするイエスとノー」『思想』933号，223-245）
室崎益輝　2010 「マップが地域づくりの力に」『朝日新聞』2010年2月15日.
永野由紀子　2009 「エスニシティと移住者」倉沢愛子・吉原直樹編『変わるバリ　変わらないバリ』勉誠出版.
内藤辰美　2010 「小樽における都市形成と階層・コミュニティ」『ヘスティアとクリオ』9，33-53.
中田實　2007 「地域自治組織とコミュニティ」『ヘスティアとクリオ』5，5-18.
中川剛　1980 『町内会』中央公論社（中公新書）.
中川剛　1982 『行政評論——地縁・文化と法感覚』三省堂.
中村八朗　1990 「文化型としての町内会」倉沢進・秋元律郎編『町内会と地域集団』ミネルヴァ書房.
中村尚志　1994 『人びとのアジア』岩波書店（新書）.
中村雄二郎　1997 『術語集Ⅱ』岩波書店（新書）.

学研究』85, 161-165.
倉沢進　2007 「中国の社区建設と居民委員会」『ヘスティアとクリオ』6, 5-22.
黒田由彦・南裕子編著　2009 『中国における住民組織の再編と自治への模索』明石書店.
小地沢将之　2002 『誰にでも気軽に参加できるまちづくりの実現に向けて』宮城大学小地沢研究室.
小原隆治　2006 「地方分権化と地域コミュニティ」『ヘスティアとクリオ』2, 5-25.
小泉康一　2009a 『グローバリゼーションと国際強制移動』勁草書房.
小泉康一　2009b 「彼らは移動によって難民となる——グローバル化のなかで加速する国際強制移動」『おちこち』山川出版社, 31, 39-43.
金子郁容　1999 『コミュニティ・ソリューション』岩波書店.
河野哲也　2008a 「アフォーダンス・創発性・下方因果」河野哲也・染谷昌義・齋藤暢人編『環境のオントロジー』春秋社.
河野哲也　2008b 「知覚と生態学的環境の誕生」『思想』No.1015, 165-182.
今野裕昭　2007 「グローバル・ツーリズムとローカル社会」『ヘスティアとクリオ』5, 53-64.
菊池理夫　2004 『現代のコミュニタリアニズムと「第三の道」』風行社.
菊池理夫　2007 『日本を蘇らせる政治思想——現代コミュニタリアニズム入門』講談社(現代新書).
菊池美代志　1979 「地域住民組織とコミュニティ形成」『都市問題』70巻4号, 42-53.
北野尚宏・水野兼悟・城所哲夫　2001 「東南アジア住宅セクターの課題——インドネシア・タイ・フィリピン・マレーシア」『開発金融研究所報』第8号, 88-113.
小林丈広　2005 「公同組合の意義と町組織の歴史」『ヘスティアとクリオ』1, 5-11.
小浜ふみ子　2010 『都市コミュニティの歴史社会学』御茶の水書房.
今野裕昭　2006 「都市中間層の動向」新津晃一・吉原直樹編『グローバル化とアジア社会——ポストコロニアルの地平』東信堂.
子安宣邦　1996 『近代知のアルケオロジー——国家と戦争と知識人』岩波書店.
黒田明伸　2003 『貨幣システムの世界史』岩波書店.
Laclau, E. and Mouff, C., 1985 *Hegemony and Socialist Strategy Towards a Radical Democratic Politics*, Verso.(山崎カオル・石澤武訳〔2000〕『ポスト・マルクス主義と政治』大村書店)
Latouche, S., 2004 *Survivre au développement*, Mille et une nuits.(中野佳裕訳〔2010〕『経済成長なき社会発展は可能か?』作品社)
Lefebvre, H. 1976 *The Survival of Capitalism: Reproduction of the Relations of Production*, Allison & Busby.
Lefebvre, H. 1991 *The Production of Space*, Blackwell.(斎藤日出治訳〔2000〕『空間の生産』青木書店)
Leisch, H. 2002 "Gated community in Indonesia," *Cities*, Vol.19, No.5: 34-350.
Lin, Nan, & Erickson, Bonnie H. (eds.) 2008 *Social Capital: An International Research Program*, Oxford University Press.
Low, S. 2003 *Behind the Gates: Life, Security, and the Pursuit of Happiness in For Tress America*, Roulledge.
町村敬志　1999 『越境者たちのロスアンジェルス』平凡社.
前山総一郎　2009a 『直接立法と市民オルタナティブ——アメリカにおける新公共圏創出の試み』御茶の水書房.

廣瀬浩司　2008 「野生の世界の風景と出来事の暴力」『思想』No.1015, 8-27.
菱山宏輔　2008 「ポスト・スハルト期地域治安維持組織の位相」吉原直樹編著『グローバル・ツーリズムの進展と地域コミュニティの変容』御茶の水書房.
本間義人　2007 『地域再生の条件』岩波書店（新書).
穂坂光彦　2005 「福祉社会開発学への方法論的考察」（日本福祉大学COE推進委員会編『福祉社会開発学の構築』ミネルヴァ書房).
細谷昂　2006 「戦時体制下の村」『ヘスティアとクリオ』3, 5-30.
今村晴彦・園田紫乃・金子郁容　2010 『コミュニティのちから――“遠慮がちな”ソーシャル・キャピタルの発見――』慶應義塾大学出版会.
井上達夫　2001 『現代の貧困』岩波書店.
伊藤るり　2009 「『多文化共生』と人権――日本の文脈から」『学術の動向』第14巻第1号, 47-51.
伊藤嘉高　2005 「地域共同性の現代的位相と地域住民組織」『ヘスティアとクリオ』1, 58-82.
伊藤嘉高・高橋強　2006 「マカオ地域社会と『場所』のポストコロニアル性」『ヘスティアとクリオ』3, 76-97.
岩崎信彦　1989 「町内会はどのようにとらえるか」岩崎信彦・吉原直樹ほか編『町内会の研究』御茶の水書房.
岩崎信彦　2010 「『住縁アソシエーション』としての町内会・再論」『ヘスティアとクリオ』9, 5-17.
泉 留維　2001 「市民信用としての地域通貨」日本NPO学会『NPO研究2001』, 53-63.
泉 留維　2003 「地域通貨とは何か――過去、現在、未来」『農業と経済』69-5, 5-14.
Jacobs, J. 1965 *The Death and Life of Great American Cities*, Penguin Books.（黒川紀章訳〔1977〕『アメリカ大都市の死と生』鹿島出版会）.
神野直彦　2002 『地域再生の経済学』中央公論新社（新書).
鏡味治也　2000 『政策文化の人類学――せめぎ合うインドネシア国家とバリ地域住民』世界思想社.
金子郁容　2002 『コミュニティ・ソリューション――ボランタリーな問題解決に向けて』岩波書店.
金子郁容・松岡正剛・下河辺淳　1998 『ボランタリー経済の誕生――自発する経済とコミュニティ』実業之日本社.
金子勇　2007 『格差不安時代のコミュニティ社会学』ミネルヴァ書房.
加藤周一　2009 「日本」『現代思想』第37巻第9号（臨時増刊号), 28-41.
加藤敏春　2001 『エコマネーの新世紀』勁草書房.
川田稔　1998 『柳田国男のえがいた日本――民俗学と社会構想』未来社.
河合幹雄　2004 『安全神話崩壊のパラドックス』岩波書店.
河邑厚徳　2003 「ミヒャエル・エンデから学ぶ」『農業と経済』69-5, 50-56.
河邑厚徳＋グループ現代　2000 『エンデの遺産』NHK出版.
菊池美代志　2006 「戦後町内会の機能と構造の変化」『ヘスティアとクリオ』2, 26-33.
倉沢愛子　2002 『ジャカルタ路地裏フィールドノート』中央公論新社.
倉沢愛子　2006 「国家とコミュニティのはざまで揺れ動くジャカルタのRT/RW」『ヘスティアとクリオ』3, 31-51.
倉沢愛子　2009 「書評：グローバル・ツーリズムの進展と地域コミュニティの変容」『社会

Geertz, C. 1980 *Negara: The Theatre State in Nineteenth-century Bali*, Princeton University Press.（小泉潤二訳〔1990〕『ヌガラ――19世紀バリの劇場国家』みすず書房）
Geriya, I. Wayan 2002 *International Marriage: Tourism, Inter Marriage and Cultural Adaptation in the Family Life of Balinese-Japanese Couple in Bali*, Center for Japanese Studies, University of Udayana.
GHQ/SCAP, CIE 1948 *A Preliminary Study of the Neighborhood Associations of Japan*, AR-301-05-A-5.
Goldblum, C. and Wong, T.C. 2000 'Growth, crisis and spatial change: a study of haphazard urbanization in Jakarta, Indonesia,' *Land Use Policy*,17: 29-37.
Gregory, D. 2000 'Time-space compression,' in D. Gregory et al. (eds.), *The Dictionary of Human Geography*, Blackwell.
Habermas, J. 1992 *Fakitizität und Geltung : Beiträge zur Diskurstheorie des Rechts und des demokratischen Rechtsstaats*, Suhrkamp.（河上倫逸・耳野健二訳〔2002〕『事実性と妥当性：法と民主的法治国家の討議理論にかんする研究』上・下，未来社）
Hall, S. 1993 "When was the 'Post-colonial'?: thinking at limit," in I. Chambers and L. Curti (eds.), *The Post-colonial Question, Common Skies, Divided Horizons*, Routledge.（小笠原博毅訳〔2002〕「『ポスト・コロニアル』とはいつだったのか？」『思想』933号，114-138）
Hanifan, L.J. 1916 "The rural school community center," *The Annals of the American Academy of Political and Social Science*, Vol.67.
原田敬一　2005　「戦前期町内会の歴史」『ヘスティアとクリオ』1，26-39.
原口剛　2005　「公共空間の変容」『現代思想』第33巻5号，142-155.
Hardt, M. and Negri, A. 2000 *Empire*, Harvard University Press.（水嶋一憲ほか訳〔2003〕『帝国』以文社）
Harvey, D. 1989 *The Condition of Postmodernity*, Blackwell.（吉原直樹監訳〔2000〕『ポストモダニティの条件』青木書店）
Harvey, D. 2005a *A Brief History of Neoliberalism*, Oxford University Press.（渡辺治監訳〔2007〕『新自由主義――その歴史的展開と現在』作品社）
Harvey, D. 2005b *Spaces of Neoliberalization: Towards a Theory of Uneven Geographical Development*, Franz Steiner Verlag.（本橋哲也訳〔2007〕『ネオリベラリズムとは何か』青土社）
Harvey, D. 2006 *Spaces of Global Capitalism*, Verso.
Harvey, D. 2010 *The Enigma of Capital and the Crises of Capitalism*, Oxford University Press.
長谷部弘　2007　「大区小区制下の村」『ヘスティアとクリオ』6，33-53.
長谷川貴陽史　2005　『都市コミュニティと法』東京大学出版会.
長谷川貴陽史　2007　「建築協定とその運用」『ヘスティアとクリオ』6，23-32.
橋本和孝　2006　「社会工学としてのコミュニティ」『ヘスティアとクリオ』4，51-62.
波夛野 豪　2003　「地域通貨による地産地消の可能性」『農業と経済』69-5，66-74.
Heidegger, M. 1935 *Sein und Zeit*, Max Niemeyer Jerlag.（桑木務訳〔1960〕『存在と時間』上・下，岩波書店）
日高昭夫　2009　「『町内会の概念』再考――『コミュニティ活動基本法案』（仮称）を素材に」『法学論集』（山梨学院大学）63，103-138.
平山洋介　2006　「飛び地のランドスケープ」五十嵐太郎編『見えない震災』みすず書房.
広井良典　2001　『定常型社会』岩波書店（新書）.
広井良典　2009　『コミュニティを問いなおす』筑摩書房（ちくま新書）.

Bourdieu, P. 1964 *Les héritiers: les étudiants et la culture*, Editions de Minuit,1964.（石井洋二郎監訳〔1997〕『遺産相続者たち——学生と文化』藤原書店）
Burgess, E.W. 1925 'The growth of the city: an introduction to a research project,' in Park, R.E. and Burgess, E.W., et al, (eds.), *The City*, University of Chicago Press.（大道安次郎・倉田和四男訳〔1972〕『都市』鹿島出版会）
Capra, F. 1996 *The Web of Life*, Harper Collins.
Casey, E.W. 1998 *The Fate of Place: A Philosophical History*, University of California Press.（江川隆男ほか訳〔2008〕『場所の運命——哲学における隠された歴史』新曜社）
Castells, M. 1996 *The Rise of the Network Society*, Blackwell.
Castells, M. 1997 *The Power of Identity*, Blackwell.
Castells, M. 2001 *The Internet Galaxy*, Oxford University Press.（矢澤修次郎・小山花子訳〔2009〕『インターネットの銀河系』東信堂）
Castree, N. and D. Gregory (eds.) 2006 *David Harvey: a critical reader*, Blackwell.
Christensen, K. and D. Levinson (eds.) 2003 *Encyclopedia of Communities*, Sage.
Coleman, J. 1997 'Social capital in the creation of human capital,' in Haksey, A.H. et al (eds.), *Education: Culture, Economy, and Society*, Oxford University Press.
Davis, M. 1990 *City of Quartz: excavating the future in Los Angels*, Verso.（日比野啓訳〔1999〕「要塞都市ロスアンゼルス」『現代思想』27-11, 118-137）
Delanty, G. 2003 *Community*, Routledge.（山之内靖・伊藤茂訳〔2006〕『コミュニティ——グローバル化と社会理論の研究』NTT出版）
Deleuze, G. 1968 *Différence et repetition*, Presses universitaires de France.（財津理訳〔1992〕『差異と反復』河出書房新社）
Deleuze, G. 1990 *Pourparlers:1972-1990*, Les Éditions de Minuit.（宮林寛訳〔1996〕『記号と事件——1972-1990の対話』河出書房新社）
Douzimas, C. and S. Zizek, 2010 *The Idea of Communism*, Verso.
ドゥイアント, R・D 1999 「都市暴動と自警団——1998年5月ジャカルタ暴動をめぐって」『東北都市学会研究年報』1, 34-51.
Dwianto, R.D. 2002 'Present form and potential of neighborhood association: case study on Indonesia and Japan', Tohoku University (Doctoral dissertation).
Eisenstadt, S.N. and L. Roniger (eds.) 1984 *Patrons, Clients and Friends*, Cambridge University Press.
Erawan, I Nyoman, 1994, *Parawisata dan Pembanguan Ekonomi*, Denpasar: Upada Sastra.
Firman, T. 1997 'Land conversion and urban development in the northern region of West Java, Indonesia,' *Urban Studies*,34: 1027-1046.
Firman, T. 2000 'Rural to urban land conversion in Indonesia during boom and bust period,' *Land Use Policy*, 17: 13-20.
Florida, R.L. 2002 *The Rise of the Creative Class*, Basic Books.（井口典夫訳〔2008〕『クリエイティブ資本論』ダイヤモンド社）
Foucault, M. 2004 *Sécurité, territoire, population : Cours an Collège de Frans (1977-1978)*, ed. Senellart, M., Gallimard & Seuil.（高桑和巳訳〔2007〕『安全・領土・人口』筑摩書房）
布野修司 1991 『カンポンの世界——ジャワの庶民住居誌』Parco出版局.
Geertz, C. 1963 *Peddlers and Princes: Social Change and Economic Modernization in Two Indonesian Towns*, Chicago: University of Chicago Press.

引用・参照文献一覧

赤木須留喜　1990　『翼賛・翼壮・翼政』岩波書店.

Anderson, B. 1983 *Imigined Communities: Reflections on the Origin and Spread of Nationalism*, Verso.（白石隆・白石さや訳〔1987〕『想像の共同体――ナショナリズムの起源と流行』リブロポート）

Appadurai, A. 1996 *Modernity at large: Cultural Dimensions of Globalization*, University of Minnesota Press.（門田健一訳〔2002〕「グローバル文化経済における乖離構造と差異」『思想』933, 5-31；門田健一訳〔2004〕『さまよえる近代』平凡社）

Arai. K. 2001 'Only yesterday in Jakarta: property boom and consumptive trends in the Late New Order Metropolitan City,' *Southeast Asian Studies*, Vol. 38, No.4: 481-511.

荒木田岳　2007　「明治初年における地域支配の変容」コミュニティ・自治・歴史研究会『ヘスティアとクリオ』5, 19-30.

蘭信三　1994　『「満州移民」の歴史社会学』行路社.

蘭信三（編）　2009　『中国残留日本人という経験――「満州」と日本を問い続けて』勉誠出版.

Archer, M.S. 1995 *Realist Social Theory: The Morphogenetic Approach*, Cambridge University Press.（佐藤春吉〔2007〕『実在論的社会理論』青木書店）

有賀喜左衛門　1967　「公と私――義理と人情」『有賀喜左衛門著作集』Ⅳ, 未来社.

粟野晴子　2001　「社会関係資本の『負』の側面」『アジ研ワールド・トレンド』67号, 16-19.

Bali Government Tourism Office, 1997, *Bali 97, Bali Tourism Statistics*.

Barth, F. 1993 *Balinese Worlds*, University of Chicago.

Bauman, Z. 2000 *Liquid Modernity*, Polity Press.（森田典正訳〔2001〕『リキッド・モダニティ――液状化する社会』大月書店）

Bauman, Z. 2001 *Community: Seeking Safety in an Insecure World*, Polity.（奥井智之訳〔2008〕『コミュニティ』筑摩書房）

Bell, C. and H. Newby, 1976 'Comunion, communalism, class and community action: the sources of new urban politics,' in D. Herbert and R. Johnston (eds.) *Social Areas in Cities*, vol.2, Wiley.

Bernard, J.S. 1973 *The Sociology of Community*, Scott, Foresman.（正岡寛司監訳〔1978〕『コミュニティ論批判』早稲田大学出版部）

Berque, A. 1986 *Le sauvage et l'artifice—Les Japonais devant la nature*, Galimard.（篠田勝英訳〔1988〕『風土の日本』筑摩書房）

Berque, A. 2000 *Écoumène: Introduction à l'étude des milieux humains*, Éditions Belin.（中山元訳〔2002〕『風土学序説』筑摩書房）

Bestore, T.C. 1989 *Neighborhood Tokyo*, Stanford University Press.

Blakely, E.J. and M.G. Snyder, 1997 *Fortress America : Gated Communities in the United States*, Brookings Institution Press.（竹井隆人訳〔2004〕『ゲーテッド・コミュニティ』集文社）

Blanchot, M. 1983 *La communianté inavouable*, Éditions de Minuit.（西谷修訳〔2006〕『明かしえぬ共同体』朝日出版社）

米山俊直　071, 072

ら行

ライアン, D.　139, 237, 248, 249
ライシュ, H.　253, 256
ラクラウ, E.　230
ラッシュ, S.　355
ラトゥーシュ, S.　348, 349
ルフェーヴル, H.　067
レヴィ＝ストロース, C.　064
ロビンソン, R.　243

わ

渡辺靖　252, 254, 296
和辻哲郎　232

竹内好　197
田島英一　018, 026, 028, 135
多辺田政弘　163
玉垣良典　093
田村明　190, 195, 199, 200, 201
チブ, D.　245
チャプリン, C.S.　169
土屋恵一郎　358-360
鶴見和子　071
鶴見太郎　089
デイヴィス, M.　140, 146
デランティ, G.　016, 019
テンニース, A.　071, 072
ドゥイアント, R.D.　259, 263
ドゥルーズ, G.　237, 357
トクヴィル, A.de　182
トムソン, E.P.　355

な行

中川剛　082-084, 225
中野重治　015
中村八朗　087, 195
中村尚志　071
中村雄二郎　057, 059, 213
成田龍一　111
ナンシー, J.L.　057, 059, 139, 360
西田幾多郎　231, 232, 234, 358
西部忠　160, 163, 164, 169, 172, 173
二宮宏之　111
ニュービー, H.　220
ネグリ, A.　031, 209, 210

は行

ハイデッガー, M.　063, 066, 171, 217
ハーヴェイ, D.　024, 048, 065-067, 138, 217, 218, 242, 245, 250, 295
バウマン, Z.　296
バージェス, E.W.　237
波多野豪　172
パットナム, R.D.　016, 019, 160, 179, 182
ハート, M.　031, 209, 210
ハニファン, L.J.　178
ハーバーマス, J.　172
原口剛　203
平山洋介　236
広井良典　017, 019, 028, 349, 351, 352, 356
廣瀬浩司　203
福田徳三　076
フクヤマ, F.　211
フッサール, E.　356, 357
布野修司　239
ブランショ, M.　360
ブルデュー, P.　179, 355
ブレークリー, E.J.　140
フロリダ, R.L.　348
ベル, C.　220
ベルク, A.　069, 084, 085, 087, 093, 204, 223, 225, 234
ベルグソン, H.　355
穂坂光彦　025, 026
穂積陳重　074
ホール, S.　065, 069, 216, 219
ポルテス, A.　183
本間義人　188

ま行

真木悠介　355
松岡心平　358
マッキーバー, R.M.　071, 072, 091
マッシー, D.B.　066, 067, 069, 217-219
松下圭一　071, 086, 226
マトゥラーナ, H.　059
的場昭弘　357
マートン, R.K.　355
マルクス, K.　223
マンフォード, L.　190
見田宗介　092, 193　→真木悠介
ミード, J.H.　355
宮本憲一　071, 189
ムフ, C.　230
室崎益輝　154
メリフィールド, A.　203
望月照彦　072
モリス=鈴木, T.　219

や行

柳田國男　021, 089
矢作弘　190
山下晋治　300
ヤング, I.　140-142

人名索引

あ行

秋元律郎 195
アパデュライ, A. 346, 356
阿部潔 149
網野善彦 071, 072
蘭信三 345
アーリ, J. 031, 051, 059, 088, 090, 138, 211, 212, 213, 216, 230, 345, 355, 359
有賀喜左衛門 021, 089, 126
アーレント, H. 021, 349
粟野晴子 183
アンダーソン, B. 210, 296, 350
五十嵐太郎 146
石川啄木 092, 233
泉留維 161, 179
磯村英一 072
井上達夫 083
井上ひさし 185, 186
今村晴彦 160
イリイチ, I. 348
岩崎信彦 091, 363
上野千鶴子 070, 072, 224
ウェーバー, M. 182
ウォレン, C. 263, 264, 275, 278, 292
内橋克人 164
エンゲルス, F. 240
大庭健 197
大日方純夫 137, 138
奥田道大 049, 109

か行

鏡味治也 263, 265
カステル, M. 212
加藤周一 058, 140, 143
加藤敏春 164, 165, 169, 183
金子郁容 052, 136, 162, 164, 171, 195
河合幹雄 038
川田稔 087, 226, 227, 234
河邑厚徳 162-166, 171, 178, 181
ギアツ, C. 058, 239, 241, 262, 263, 266
菊池理夫 087, 088, 227
北野尚弘 241, 242
グッドマン, D.S.G. 243
倉沢愛子 293
クーリー, E. 071, 072
グリヤ, I.W. 299
グレゴリー, D. 066
黒田明伸 165
ケーシー, E. 092
ゲデス, P. 190
小泉康一 297, 345
河野哲也 088, 089, 199, 228, 229
コーエン, R. 118
小地沢将之 174
小宮信夫 039
子安宣邦 089
コールマン, J. 179
今野裕昭 243

さ行

齋藤純一 021, 022
斉藤貴男 149
斉藤日出治 042, 064, 214
酒井隆史 203
佐幸信 237
サッチャー, M. 138
佐藤寛 180
ジェイコブス, J. 152
白川由利枝 174
白水繁彦 335, 344
神野直彦 189, 192
スティーガー, M. 161
スナイダー, M.G. 140
スハルト 257, 267, 268
スミス, M.P. 067
セネット, R. 140, 142, 152
ゾーボー, H.W. 044

た行

高木鉦作 101, 102, 108

170-174, 180, 182, 216-218, 221, 230, 293, 345
——・イニシアティヴ　125
——・ガバナンス　115, 170-172, 182
——－ナショナル－グローバル　017, 020, 022
ロダット　285, 286, 288, 289

わ

ワークショップ　119, 130, 175, 191, 194
割れ窓理論　037, 039, 042, 147

アルファベット

BSD（Buni Serpong Damai）　247, 251
CSR（企業の社会的責任）　120, 198
GHQ　071, 073, 099, 100
——／SCAP　099
KIP　239, 240
ポスト——　240
KIPEM（キプム）　214, 269, 280
Kota Legenda　247, 251
Lippo Cikarang　247, 251
Lippo Karawaci　251, 252
〈nDK〉住居空間　108, 109
NHK衛星放送　336, 339, 343
Pesona Kayangan　258
PKK（婦人会）　239, 266, 267, 275-278, 281, 284-286, 289
Pondok Indah（分譲地／住宅団地）　247
RT／RW　213, 239, 259
STT（青年団）　266, 267, 275, 277, 278, 281, 282, 284-289

——コミュニティ　030, 113-115, 133, 136
——の知　036
——マップ　130, 131
自主——訓練　131-133
自主——組織　030, 114, 115, 121, 202-204
防犯　035, 037-039, 042, 049, 095, 100, 103, 127, 137, 146-148, 151, 153, 155, 156
——アカデミー　039
——環境設計　147
コミュニティの——　038
ボゴール　250
ポシアンドゥ（地域医療活動）　266, 267, 275-278, 281, 284-286
戊申詔書　077
ポスト近代　023
ポスト成長　347-349, 353, 354, 356, 359, 361, 362
ポスト戦後（社会）　029, 352, 353
『ポストモダニティの条件』　066, 067
ポツダム政令第一五号　072, 080, 100
ホモ・エコノミクス　018
ボランタリー・アソシエーション　048, 049, 051, 052, 182
ボランタリズム　058, 193
ホワイト・サバーバニゼーション　150

ま行

間（ま）　085
マクドナルド化　068, 219
マーケット・ソリューション　162, 171, 179, 180
まち意識　194
まちづくりチケット　174, 175
マネーの暴力　162, 163, 171
マルチチュード　211
宮城県　036, 060, 175
——大衡村　060
民間の効率　041
民俗の知　036
無為の共同体　059, 139, 360
虫の目　202
ムスリム　042, 214, 278-280, 282, 290, 292, 293
無知のヴェール　019
『無の自覚的限定』　231
明の世界　037
メディア　106, 164, 171, 172, 177, 179, 244, 334-340, 343-345, 357
エスニック・——　334, 335, 344, 345
グローバル・——　335
もう一つの記憶　091
『モダンタイムズ』　169
モダンのジレンマ　296
モデル・マイノリティ　042, 338
モビリティ　063, 065, 212, 216, 233, 345, 346
『モモ』　166-168, 170
文科省地震調査研究推進本部　036

や行

「役職」有力者　102
柳田民俗学　089
ヤヌスの双面　086
闇の世界　037
結（ゆい）　073
要塞都市　139, 146
よき生活　022
よそ者　144, 145
夜の世界　037
弱い普遍主義と弱い文脈依存性　017-020, 022, 024

ら行

ライフスタイル移民　300, 345
ラディカル・デモクラシー　230
リスク社会　152, 153, 199
リバタリアン　016, 017, 023, 045, 046, 048, 049, 349
リベラル・ナショナリズム　065, 216, 227
利便性　030, 186
領土内貨幣　179
臨床知　183
隣保制度　072, 074, 076, 077, 081
隣保組織　071-074, 076-078, 080, 081
レイヤー　032, 263
歴史の終わり　211
レッセフェールの機制　044
ローカル　017, 018, 020, 022, 027, 045, 065-067, 088, 115, 125, 157, 161, 162, 165,

322, 327-334, 339, 343
ジャカルタの——(ジャパンクラブ) 303
バリ—— 298, 300-303, 322, 333, 339
日本的「集団主義」 088
ニューリッチ 243-245, 250, 257
ヌサ・ドゥア 268, 300
ネオリベラル的なスタンス 066, 067, 217
根ざすこと 025, 032, 070, 204, 223
納税者の反乱 150
農村経済更正運動 078

は行

排除 022, 042-046, 085, 138, 141, 144, 145, 154, 165, 182, 188, 199, 225, 229, 237, 238, 246, 257, 258, 354
——と包摂 043-046
ハイチ 115
ハイブリッド社会 041
場所 016, 019, 040, 058, 063-069, 077, 078, 083, 086-090, 092, 113, 128-130, 142, 153, 154, 172, 173, 177, 183, 192, 212, 215-223, 230-234, 240, 242, 243, 251, 261, 264, 276, 285, 287, 298, 341, 342, 351
——と関係する帰属 016, 019
——のオルタナティヴな解釈 067, 222
——の自治 142
進歩的な——感覚 066, 217, 219
『場所を消費する』 212
裸のエゴ 057, 062
パトロン=クライエント関係 262, 263
場の規範 083, 086, 193
パブリックコメント(意見公募) 119
パリッシュ(イギリス) 055, 057
『バリフリーク』 339, 342, 343
反グローバリズム 066, 217
バンジャール 042, 213, 262-267, 271-278, 280, 281, 283-286, 288, 289, 291-293
——・アダット 213, 265, 267, 273, 274, 283, 284, 288
——・ディナス 213, 265, 267, 272-274, 280, 281
パルマン・—— 274, 275
バレ・—— 263, 274, 276, 277
パンチャシラデモクラシー 214
ヒエラルキー・ソリューション 136, 171, 179, 195, 199, 200
B級世界大会 061, 062
非社会科学的な問い 025
美的感受性 087, 088, 091, 092, 226, 227
批判地理学 065
開かれた学校 148
開かれた都市空間 137, 139, 140-144, 149, 150, 153
昼間の世界 037
貧困 031, 039, 103, 108, 180, 239-242, 245, 263
——の共有 031, 239, 241, 263
——のサブカルチャー 239
不安 038-041, 048, 113, 145, 149, 151, 152, 156, 333, 338
——社会 041
——連鎖 039
ブカシ 247, 250
複雑系(性) 029, 059, 086, 117, 212, 216, 229
普遍主義 017-020, 022, 024, 214
強い—— 018, 019
弱い—— 017-020, 022, 024
プマクサン(会衆組織) 264, 280, 282, 283, 292
プライバシーの保護 037
プライバタイゼーション(私化) 023, 116, 238, 256
プライメイトシティ 238-241, 245
部落会 072, 078-081, 084, 095
プレ科学 036
フローの空間 212
文化移民 032
プンガジアン 285, 287
文脈依存性 017-020, 022, 024
強い—— 018, 019
弱い—— 017-020, 022, 024
平滑化 138, 144
平成の大合併 053, 054, 056
防災 030, 035-038, 049, 113-121, 124-127, 129-136, 202-204
——ガバナンス 113, 114, 116-119, 121, 124-126, 133-136
——ガバメント 133

155, 157, 355
町内会　029, 030, 036, 037, 039, 040, 042, 043, 048-052, 054-056, 063, 070-073, 077-088, 090-095, 097-112, 114, 115, 121-129, 131-135, 138, 144, 145, 147, 153, 155, 156, 195, 202, 203, 213, 226-229, 239, 263, 289, 319, 350-352, 354, 355, 363
——調査（東北都市）　090, 091, 121-123, 125, 126, 128, 133, 155
——と街灯費　103
——と募金・寄附金　103
——はずし　110
地域コミュニティ＝——　121, 124, 125
町内と——　145
町内親睦組織　095
通態（トラジェ）　069, 204, 223
津波（ツナミ）　036
ディアスポラ　068, 219, 335, 343
——・メディア　335, 343
『帝国』　031, 209, 210, 211, 216
ディナス　213, 262, 263, 265-267, 272-275, 278, 280-284, 288, 289, 292, 293
デサ　213, 262, 264-267, 272, 278-280, 284-286, 288
——・アダット（慣習村）　213, 265
——・ディナス（行政村）　213, 265
——・プムチュタン・カジャ　272
徹底事項　079
デポック　258
デンパサール　264, 267, 269-272, 278-280, 298-300, 311, 313, 322, 323
同一性／アイデンティティ　020, 023, 026
領域的に囲われた——　026
動員型組織　125, 126, 135
同期性　350
討議的民主主義（deliberative democracy）　118, 134
東京　029, 072, 079, 080, 093-095, 098-100, 102, 104-108, 110-112, 186, 235, 236, 302, 311, 313, 322
——オリンピック　029, 094, 105, 106, 108, 110, 111
——スタディーズ　110, 111
ポスト世界都市——　235
当事者主権　135
同質化強制圧力　083
ドゥスン　262, 276, 278, 280-282, 284-289, 292
——／アダット　282
——／バンジャール　262, 278, 280, 281, 285, 289, 292
トゥバン　311, 313, 322
東北都市社会学研究会　091
透明な空間　148
都市　020, 030, 037, 039, 044, 049, 054, 055-057, 066, 075-077, 084, 087, 090, 091, 095, 106, 108-111, 123, 125-127, 137-144, 146, 149, 150, 152, 153, 156, 157, 174, 186-191, 194, 195, 199-203, 213, 215, 217, 235-243, 245-247, 249, 250, 253, 254, 256-259, 266-269, 271, 272, 278, 279, 282, 293, 301, 318, 330, 347, 348, 358
——計画　138, 140, 186-191, 200, 201
——内分権　054-057
——のメタボリズム　044
上からの「——計画」　188, 191
二重——　238
分裂——　238
閉じられた社会　193, 195
特権的主体　026, 230
トップヘヴィ　049, 090, 105, 127, 133
——の町内会体制　105
隣り合うこと　020, 022
隣組　071-073, 075, 077-081, 099, 122, 123, 145, 213, 239, 264, 289
飛び地のランドスケープ　235, 236, 238, 250, 258
トライショップ　175
鳥の目　202

な行

内発性　021, 026, 027, 050, 070, 095, 204, 223
内発的発展　070, 071, 223, 361
内務省訓令第一七号　078, 084, 098, 195
新潟県上越市　055
二分法的発想　021
日本人会　297, 298, 300-305, 314, 315, 317-

「全員一致」の原則　049
線形（的）（思考）　023, 028, 029, 032, 059, 062, 117, 118, 216, 360-362
　非——　028, 029
戦後社会　021, 029, 030, 093, 101, 102, 108-111, 351
　ポスト——　029
仙台市　039, 049, 061, 091, 125, 127, 128, 131-133, 176, 186, 201
　——青葉区　039
　——泉パークタウン工業流通団地　061
　——駅前および繁華街　194
選択縁（選べる縁）　029, 070-072, 359
　非——（選べない縁）　029, 070-072, 081, 087, 224
セントラル自動車　060
専門知　190
相違への権利　064, 214
相互性　021, 025, 170, 178
想像の共同体　210, 212, 350
創発（性）（emergence）　026-029, 031, 032, 048, 050, 051, 056, 059, 062, 069, 070, 084, 086, 088-091, 117, 132, 154, 155, 198, 203-205, 211, 220, 222-226, 228, 229, 232-234, 355, 358-362
総力戦体制　077, 094, 098, 153, 227, 232, 351
ソロ　264, 292
『存在と時間』　171

た行

体感治安　145
大政翼賛会　079
大東京祭　105-107
多元的市民社会　017, 018, 024, 027
多元的集団構成　031, 261-264, 266, 267, 271, 289, 291-293
他者　018, 030, 042, 043, 051, 062, 101, 119, 144, 145, 149-153, 170, 176, 178, 191, 193, 194, 199, 202, 224, 231, 233, 238, 252, 257, 258, 346, 360
　——性　030, 360
　——投企　191
　——の痛み　199
脱官僚　041
脱領域化　049, 215, 222
ダディア　264, 292
多文化　041, 042, 064, 214
　——共生　041, 042, 064
　——主義　042, 214
単一文化への希求　042, 361
タンゲラン　247, 250, 252
地域　017, 020, 022, 023, 029-031, 039, 040, 044, 047, 048, 050, 053-056, 060-062, 064, 066, 070, 076-079, 081-084, 090, 094, 095, 099, 102, 104, 105, 107-109, 111, 112, 114-121, 124-131, 133-135, 137-139, 147, 154, 159-166, 168-175, 177, 179-184, 188, 190, 193, 195, 197, 199, 202, 204, 211, 214, 217, 221, 224, 227, 229, 236, 237, 245, 250, 259, 262-264, 266, 267, 275, 284, 287, 289, 290, 292, 293, 299, 300, 305, 347-350, 352, 361
　——間競争　053
　——自治区／合併特例区　054, 055
　——審議会　055
　——力　030, 160, 183
地位社会（status community）　150, 242, 243
地縁　020, 021, 029, 063, 065, 070-073, 081-090, 092, 105, 131, 144, 192-195, 224-229, 231, 355, 358, 359
　——／町内会　070, 081-084, 086-088, 090, 092
　——による団体　105
地区評議会（イタリア）　055, 057
地方分権一括法　053, 054
中央地方関係　054, 055
中間組織（集団）　018, 019, 039, 047, 048, 051
中間領域　017, 018, 047, 135
　国家－——－市場　017
中心と周辺　043, 046
『町会』・『町と生活』　029, 093-095, 098, 101, 104, 106, 107, 109-112
町会連合会　095, 097, 101, 102, 107
　東京都——　102, 107
町内　037, 038, 043, 048, 050, 052, 095, 106, 138, 139, 142-144, 146, 148, 153,

市区委員会（ミュンヘン）　057
自己決定の主体　119, 121
自己責任　037, 053, 062, 119, 120, 138, 150, 162, 352, 353
自己組織化（性／系）　029, 059, 117, 229
自己反省的な主体　199
自主防災組織　030, 114, 115, 121, 202-204
至上のドイツ　057
地震　035, 036, 038, 075, 113, 122, 123, 128-130, 132, 320, 333
——予知　036, 038
宮城県沖——　036, 128
シスカムリン（自警団）　266, 267, 281, 285, 288
自生的秩序　087-089, 131, 227
自然地域（natural area）　044
下からの天皇制　083
自治体「自律」時代　053
『資本主義の存続』　067
資本の文明化作用　218
市民協働の作品　031, 190, 191, 198
市民社会　017, 018, 022, 024, 027, 028, 041, 042, 047, 135, 155, 162, 184, 193, 346
——論　027, 028, 346
多元的——　017, 018, 024, 027
日本型——　193
市民的公共圏　039, 047, 051
市民の政府　200
社会関係資本（ソーシャル・キャピタル）　016, 030, 142, 143, 159-161, 178-184
社会主義の実験　057, 060
『社会を越える社会学』　212
ジャカルタ　238-243, 245-247, 249, 256-259, 301-303, 341, 343
ジャボタベック　249, 250
ジャワ　213, 241, 245, 269, 282, 289, 291, 292, 304
東——　304
シャンティタウン　239, 269
住縁アソシエーション　091, 363
集合的／協同的主体　030, 187
銃後のまもり　079
集列化　350
縮小社会　347, 348, 356
修羅のささやき　048, 092, 233
循環する時間　166, 168, 170, 177, 181
ジュンブル　304
上意下達の受け皿　048
上越市方式　055
常会　078-080, 099
所有権者の論理　197, 198
所有的個人主義　138
神社神道　087, 226
新自由主義／ネオリベラリズム　023, 024, 031, 041, 048, 049, 056, 139, 154, 157, 189, 195, 199, 230, 235, 238, 240, 243, 250, 257, 259, 352, 353
——の建造環境　031, 235, 238, 243
ポスト——　041
ジンバラン地区　290
進歩的な場所感覚　066, 217, 219
スカ　264, 266, 275, 277, 278, 285, 289, 292
——・ドゥカ　292
スキャン（透視）空間　146
ストリートファーニチャー　194
スバック（水利組織）　264, 266, 282
住まうこと　192
スラバヤ　301, 303
税外負担　104
生活
——安全条例　149
——の共同　031, 040, 052, 100, 118, 143, 153, 178, 187, 203, 211, 233, 259
——保守主義　150
生権力（政治）　057, 149
政治の季節　041, 187
生成（becoming）　032, 059, 067, 070, 086, 107, 117, 135, 145, 204, 222, 355
——の時間　355
生の複数性　022, 023, 025
セキュリティ　146, 148-150, 152, 153, 214, 215, 236, 238, 256, 257
——都市　146, 149, 152
——の空間　238
節合（articulation）　023, 025, 028, 051, 052, 068, 086, 089, 117, 154, 192, 197, 218, 219, 228-232, 234, 360, 361
ゼロ・トレランス（非寛容）　030, 042, 144, 150, 200, 214, 352
遷移地帯（zone in transition）　044, 237

——にもとづく「まち」 202
——による触れ合い 200
——を駆使した他者との交わり 202
——を駆使して大地を領有 070, 204, 223
「ご近所の底力」 040, 229
国策移民 032, 345
五五年体制 029, 105
互酬性 016, 017, 019, 183
個人情報保護法 036, 037
個と共同体 057, 059, 060
『孤独なボウリング』 016
コト・デ・ガザ（Coto de Gaza） 252
異なる他者 030, 042, 043, 051, 062, 199, 224, 346
ゴトン・ロヨン（相互扶助活動） 281, 284, 285, 290, 291
五人組 072-078, 087, 095, 145
コプラシ（協同組合） 266, 285-287
コーポレイト・アイデンティティ 175, 199
コミュニタリアニズム（共同体主義） 057-059, 088, 182, 227, 229, 352
コミュニタリアン 016, 017, 021, 023, 027, 029, 040, 045, 046, 048, 049, 051, 065, 066, 088, 111, 140, 141, 145, 216, 217, 220, 223, 224, 227-229, 231, 233, 234, 349, 363
コミュニティ 015-020, 024-033, 035-048, 050-062, 065, 072, 080, 082, 083, 091, 105, 108, 110, 112-116, 120, 121, 124-126, 129-134, 136, 138-140, 142, 146-154, 156, 157, 159-162, 164, 170, 173, 175, 177-180, 182-184, 200, 207, 209-213, 215, 216, 218, 220-223, 227-240, 242, 243, 246, 249, 250, 252, 254, 256-259, 261, 262, 264, 265, 267, 279, 280, 282, 289, 291-293, 295, 297, 320, 322, 334, 335, 344-347, 349-354, 356, 357, 362, 363
——-アソシエーション 047
——・イリュージョン 024
——・インフレーション 045, 112, 227, 229, 349
——活動基本法 040, 121, 228
——・ソリューション 160, 164, 178, 180
——の科学 028
——のちから 030, 160, 180, 183
——・パラダイム 032, 173
——・ポリシング 147, 215
上からの—— 047, 048, 057, 200
オルタナティヴ・—— 228, 230-232, 234
規範的な—— 040
近隣／—— 153, 154
ゲーテッド—— 031, 044, 140, 148-151, 235-238, 240, 242, 243, 246, 249, 250, 252, 254, 256-259
想像上の—— 040
閉じる—— 156
内発的な—— 051
ネットワーク型—— 051, 052, 177, 221
バーチャル・—— 173
反措定としての—— 051, 060, 062
方法としての—— 047
リアル・—— 173
コモンズ 058, 071, 089, 181, 193
——の空間（自存的共同体） 071, 089, 193
ゴールデン・トライアングル 248, 249
混在社会 193

さ行

災害弱者 036
差異の承認 140
サイバースペース 180
再領域化 049, 222
差異論的人種主義 042, 064, 214
錯誤の文化 042
サヌール 268, 279, 280, 300, 311, 313, 322
サバーバニズム 139, 237
サバーバニゼーション 150, 236, 237
ホワイト・—— 150
時間 038, 051, 093, 154, 157, 166-171, 175-178, 181, 212, 221, 295, 296, 304, 314-316, 318, 331, 334, 351, 354-358, 361-363
共同体（コミュニティ）の—— 356
瞬間的—— 212
生成の—— 355
内的—— 356, 357
拡がりのある—— 355-357

上からの―― 154
貨幣の脱モノ化 163
過防備都市 146
『観光のまなざし』 212
監視 038, 074, 075, 137-140, 146, 148-150, 153, 155, 156, 200-202, 215, 236, 237, 243, 252
――カメラ 146, 201, 215, 236, 252
――される空間 237
――社会 139, 148, 155, 156, 237
相互――と異端摘発の社会 137, 138
官治的自治 050, 125
カンポン 240, 250, 256, 258, 259, 278-280, 282-289, 292, 293
寛容なき社会 139, 140
記憶 035, 087, 091, 145, 149, 227, 229, 357
――の掘り起こし 145
企業移民 032, 300, 345
企業的都市経営 188, 189
キプム（短期季節労働者） 042, 214, 269, 280-282, 284
九・一一 064
境界知 028, 029
共助 125, 352, 353
共生セクター 164
行政の貧困 108
競争セクター 164, 173
共同性 020-023, 042, 057, 059, 060, 062, 090, 098, 125, 129, 130, 143, 192, 221, 232, 258, 259, 293, 349-352, 354-362
生きられる―― 349-352, 354-359, 361, 362
地縁的―― 020, 021
――と公共性 020-022
共同体 018, 045, 056-060, 071, 072, 083, 087-089, 139, 161, 182, 193, 210-212, 227, 229, 231, 264, 295, 348, 350, 352, 356, 358, 360
――の再発見 056, 057, 060
想像の―― 210, 212, 350
無為の―― 059, 139, 360
協働体主義 135
「共」の空間 172, 173, 181, 182
近隣議会（ロサンジェルス） 057
近隣政府 055, 057
『空間の生産』 067
空間論的転回 212
草の根保守主義 105
クタ 268, 300, 304
グライヒシャルトゥング（強制的均質化） 195
クリアン 273, 274, 278
クロック・タイム 168, 169, 183, 355
グローバリゼーション・スタディーズ 027, 031, 210, 216
グローバルシティ東京 110-112
ポスト・―― 110-112
『グローバルな複雑性』 212, 216
グローバルな文化政治 064
経験知 190
「劇場国家」論 058
『ケチャック瓦版』 301, 302, 339
言語的コミュニケーション 163, 169, 170, 172
『現在の哲学』 355
建築自由の空間 195, 197
建築不自由の空間 198
現場の知 048, 052
講 073, 177, 178, 239, 275, 276, 287
コヴィナント（covenant）の論理 082, 083, 193
郊外 139, 141, 142, 150, 151, 242, 246, 250, 252, 256, 258, 264
交感 221, 224
公共（性） 018, 020-023, 025, 039, 047, 051, 068, 069, 105, 114, 116, 119-121, 140-142, 150, 174, 175, 179, 189, 219, 220, 236, 241, 252, 296, 348, 349, 353, 363
新しい―― 120
公－共－私 017, 020, 022
『公共性の喪失』 140
公私未分化 021, 094, 126, 350
『公正と差異の政治』 140
構造主義的人類学 064, 214
行程（トラジェ） 069, 070, 086, 117, 204, 222, 223
合理的行為理論 029
「個我」モデル 109
五感 070, 082, 191, 200, 202, 204, 223, 224

事項索引

あ行

アジア的共同体論　058
アジェグ・バリ（バリ復興運動）　042, 213-215
東都政　029
アダット　213, 215, 262, 263, 265-267, 272-275, 283, 284, 288, 289, 293
　――のディナス化　266
　バンジャール・――　213, 265, 267, 273, 274, 283, 284, 288
新しい公共　120
アーバンネット　159, 174-178, 182
アーバン・リストラクチャリング（都市構造再編）　044, 189, 195, 199, 236, 240, 242, 246, 249, 256
『アピ・マガジン』　339, 342
アフォーダンス　117, 229
『アメリカ大都市の死と生』　142
アリサン　239, 266, 275, 276, 278, 285, 287
安心のファシズム　149
安全安心　030, 137-139, 144, 149, 151-157, 200, 202, 352
　――な社会　138
　――まちづくり　030, 137, 144, 149, 151-157, 352
　「開いて守る」――まちづくり　151-157
安全神話　144-146
　ポスト――　146
安楽への隷属　149
イサカアワーズ　168
異質性　030, 069, 085, 086, 117, 145, 193, 203, 222
位相的関係態　090, 091
移民コミュニティ　032, 295, 297
入会　052, 058
インフォーマルな社会保障　351, 352
ヴァナキュラーなもの（脆弱性）　058, 136, 192
ヴァルネラビリティ　136
上からの組織化　121
氏神信仰　086, 087, 089, 226
ウダヤナ大学日本研究センター　266
衛生組合　095, 100
エスノスケープ　214
縁　051, 070, 071, 085, 193, 225
　伸縮自在な――　193
エンクレイブ　334, 335, 346
　文化的――化　334, 335
エンパワーメント　141
大きな政府　041, 163
大文字の地域振興　061
オートポイエーシス　059, 117
オルデバル（新体制）　242, 244, 245, 257, 267, 268

か行

カイシャ　350-353
開発　031, 058, 069, 084, 180, 188-190, 238, 239, 241, 242, 245-252, 254, 257, 261-263, 267, 279, 293, 304, 346
　ポスト――　031, 238, 257, 261-263, 267, 279, 293, 346
外部性　030
科学の知　183
囲むこと　032, 070, 091, 092, 204, 223, 233
価値のテクニシャン　191
合併特例旧法　053
ガバナンス（協治／共治）　020, 022-025, 030, 048, 050, 052, 113-119, 121, 122, 124-126, 133-136, 154, 155, 170-172, 182, 351
　ガバメントと――　020, 022, 155, 351
　ローカル・――　115, 170-172, 182
ガバメント（統治）　020, 022, 023, 030, 036, 040, 046, 048-056, 058, 060-062, 081, 115-118, 125, 130, 133-136, 149, 154, 155, 171, 182, 187, 190, 191, 242, 246, 257, 351, 354, 363
　――からガバナンスへ　048, 116, 155
　――の再構築　046, 049-052

【著者紹介】

吉原直樹（よしはら・なおき）

1948年、徳島県生まれ。慶應義塾大学経済学部卒業。同大学院社会学研究科博士課程単位取得退学。社会学博士。専攻：都市社会学、地域社会学、アジア社会論。立命館大学助教授、神奈川大学教授、東北大学大学院文学研究科教授を経て、現在、大妻女子大学社会情報学部教授、東北大学名誉教授（2011年4月より）。日本学術会議連携会員。インドネシア大学大学院客員教授、社会学系コンソーシアム理事長、地域社会学会会長、東北都市学会会長、東北社会学研究会会長、東北社会学会会長などを歴任。

◉主な著書

『都市社会学の基本問題——アメリカ都市論の系譜と特質』（青木書店、1983年）
『都市論のフロンティア——《新都市社会学》の挑戦』（共編著、有斐閣、1986年）
『戦後改革と地域住民組織——占領下の都市町内会』（ミネルヴァ書房、1989年）
『都市空間の構想力（21世紀の都市社会学シリーズ・第5巻）』（編著、勁草書房、1996年）
『都市空間の社会理論』（東京大学出版会、1994年）
『アジアの地域住民組織——町内会・街坊会・RT/RW』（御茶の水書房、2000年）
『都市とモダニティの理論』（東京大学出版会、2002年）
『時間と空間で読む近代の物語——戦後社会の水脈をさぐる』（有斐閣、2004年）
Grass Roots and the Neighborhood Associations（coeditorship, Gramedia Widiasarana Indonesia, 2003）
『開いて守る——安全･安心のコミュニティづくりのために』（岩波ブックレット、2007年）
『モビリティと場所——21世紀都市空間の転回』（東京大学出版会、2008年）
Globalization, Minorities and Civil Society（coeditorship, Trans Pacific Press, 2008）
Fluidity of Place（Trans Pacific Press, 2010年）
Global Migration and Ethnic Communities（editorship, Trans Pacific Press, 2012）
『防災の社会学　第2版』（編著、2012年）
『コミュニティを再考する』（共著、平凡社新書、2013年）
『「原発さまの町」からの脱却——大熊町から考えるコミュニティの未来』（岩波書店、2013年）
『東日本大震災と被災・避難の生活記録』（共編、六花出版、2015年）
『震災と市民　1・2』（共編、東京大学出版会、2015年）
『絶望と希望——福島・被災者とコニュニティ』（作品社、2016年）

◉主な訳書

『都市・階級・権力』（マニュエル・カステル、共訳、法政大学出版局、1989年）
『都市社会運動——カステル以後の都市』（S・ロー、共訳、恒星社厚生閣、1989年）
『プエルトリカン・ジャーニー』（W・ミルズほか、共訳、恒星社厚生閣、1991年）
『都市とグラスルーツ』（マニュエル・カステル、共訳、法政大学出版局、1997年）
『ゴールド・コーストとスラム』（ハーベイ・W・ゾーボー、共訳、ハーベスト社、1997年）
『ポストモダニティの条件』（デヴィッド・ハーヴェイ、共監訳、青木書店、1999年）
『場所を消費する』（ジョン・アーリ、共監訳、法政大学出版局、2003年）
『社会を越える社会学』（ジョン・アーリ、監訳、法政大学出版局、2006年）
『グローバルな複雑性』（ジョン・アーリ、監訳、法政大学出版局、2014年）
『モビリティーズ——移動の社会学』（ジョン・アーリ、監訳、作品社、2015年）

コミュニティ・スタディーズ
——災害と復興、無縁化、ポスト成長の中で、
新たな共生社会を展望する

2011年5月20日　第1刷発行
2016年3月11日　第3刷発行

著者————吉原直樹

発行者————和田 肇
発行所————株式会社作品社
102-0072東京都千代田区飯田橋2-7-4
tel 03-3262-9753　fax 03-3262-9757
振替口座00160-3-27183
http://www.sakuhinsha.com
編集担当————内田眞人
本文組版————編集工房あずる＊藤森雅弘
装丁————伊勢功治
印刷・製本————株式会社シナノ

ISBN978-4-86182-325-1 C0036

デヴィッド・ハーヴェイの著書

21世紀世界を読み解く
作品社の本

肥満と飢餓
世界フード・ビジネスの不幸のシステム
ラジ・パテル　佐久間智子訳

なぜ世界で、10億人が飢え、10億人が肥満に苦しむのか？世界の農民と消費者を不幸するフードシステムの実態と全貌を明らかにし、南北を越えて世界が絶賛の名著！《日本のフード・システムと食料政策》収録

［徹底解明］
タックスヘイブン
グローバル経済の見えざる中心のメカニズムと実態
R・パラン／R・マーフィー／C・シャヴァニュー
青柳伸子訳　林尚毅解説

構造とシステム、関連機関、歴史、世界経済への影響…。研究・実態調査を、長年続けてきた著者３名が、初めて隠蔽されてきた“グローバル経済の中心”の全容を明らかにした世界的研究書。

モンサント
世界の農業を支配する遺伝子組み換え企業
M・M・ロバン　村澤真保呂／上尾真道訳　戸田清監修

次の標的は、TPP協定の日本だ！PCB、枯葉剤…と史上最悪の公害を繰り返し、現在、遺伝子組み換え種子によって世界の農業への支配を進めるモンサント社——その驚くべき実態と世界戦略を暴く！

〈借金人間〉製造工場
“負債”の政治経済学
マウリツィオ・ラッツァラート　杉村昌昭訳

私たちは、金融資本主義によって、借金させられているのだ！世界10ヶ国で翻訳刊行。負債が、人間や社会を支配する道具となっていることを明らかにした世界的ベストセラー。10ヶ国で翻訳刊行。

なぜ私たちは、喜んで“資本主義の奴隷”になるのか？
新自由主義社会における欲望と隷属
フレデリック・ロルドン　杉村昌昭訳

“やりがい搾取”“自己実現幻想”を粉砕するために——。欧州で熱狂的支持を受ける経済学者による最先鋭の資本主義論。マルクスとスピノザを理論的に結合し、「意志的隷属」というミステリーを解明する。

なぜ、1％が金持ちで、99％が貧乏になるのか？
《グローバル金融》批判入門
ピーター・ストーカー　北村京子訳

今や、我々の人生は、借金漬けにされ、銀行に管理されている。この状況を解説し、“今までとは違う”金融政策の選択肢を具体的に提示する。